D1752054

Buch 3

DER DRITTE WELTKRIEG

Jan van Helsing

IN ZUSAMMENARBEIT MIT FRANZ VON STEIN

amadeus-verlag.com

Vom Autor sind außerdem erschienen:
Unternehmen Aldebaran,
1998, Ama Deus Verlag
Die innere Welt – Das Geheimnis der Schwarzen Sonne,
1998, Ama Deus Verlag
Die Akte Jan van Helsing,
1999, Ama Deus Verlag
Die Kinder des neuen Jahrtausends,
2001, Ama Deus Verlag
Hände weg von diesem Buch!
2004, Ama Deus Verlag
Wer hat Angst vor'm schwarzen Mann...?
2005, Ama Deus Verlag
Interview mit Jan van Helsing – 3 Audio-CDs,
2006, Ama Deus Verlag
Die Cheops-Lüge (Film),
2007, secret.TV
Die Jahrtausendlüge,
2008, Ama Deus Verlag

sechste Auflage

Copyright © 2008 by
AMA DEUS Verlag
Birkenweg 4
74579 Fichtenau
Fax: 07962-710263
www.amadeus-verlag.com

„Buch 3 – Der Dritte Weltkrieg" erschien ursprünglich 1996 bei:
Ewertverlag GmbH, 49762 Lathen (Ems)
(damalige ISBN 3-89478-573-X)

Druck:
Ebner & Spiegel, Ulm
Satz, Layout und Umschlaggestaltung:
Jan Udo Holey

ISBN-10: 3-9805733-5-4   ISBN-13: 978-3-9805733-5-1

INHALTSVERZEICHNIS

I. Die Basis:

Vorwort.. S.   9
Hinweis zum Umgang mit dem Buch........................... S. 20
Einleitung zur Neuauflage (Oktober 2004)................... S. 21
Grundlagen zum besseren Verständnis......................... S. 40
Was ist Prophetie?... S. 48
Das dunkle Zeitalter – Kali Yuga................................ S. 74
Verschiedene Voraussagen zur Jahrtausendwende......... S. 78

II. Das Geschehen:

Die wirtschaftliche Krise.. S. 108
Mehr zum Dritten Weltkrieg..................................... S. 113
Europäische Seherstimmen....................................... S. 120

Der Dritte Weltkrieg:
- Allgemeine Vorzeichen des Krieges.................... S. 137
- Besondere Ereignisse.. S. 144
- Soziale Unruhen und Revolutionen..................... S. 148
- Der Papst flieht aus Rom................................... S. 155
- Der Krieg im Nahen Osten................................. S. 156
- Der Funkenregen.. S. 159
- Der Ausbruch in Deutschland – Einmarsch des Angreifers aus dem Osten in drei Heersäulen........ S. 162
- B. Bouviers Vergleich der Prophezeiungen mit den heutigen NATO-Strategien................................ S. 171
- Chemische Kriegsführung.................................. S. 178
- Das menschliche Verhalten während des Krieges..... S. 180
- Die ersten Niederlagen der Angreifer................... S. 182
- Der gelbe Strich... S. 188
- Der Krieg in Skandinavien................................. S. 192

- Der Angriff auf Amerika... S. 194
- Der Einsatz von Atomwaffen... S. 195
- Die Zerstörung New Yorks... S. 197
- Auch Paris scheint betroffen.. S. 200
- Atombombenabwurf in die Nordsee... S. 202
- Die östlichen Angreifer werden geschlagen................................. S. 204
- Die Schlacht am Birkenbaum.. S. 207
- Der Planetoid... S. 214
- Das Kippen der Erdachse (Polsprung).. S. 224
- Drei Tage Finsternis.. S. 230
- Die Entrückung?.. S. 239

III. Die Chance:

Die Nachkriegszeit und das Goldene Zeitalter.................................. S. 251
Zur Datierung.. S. 266
Gibt es eine Gnadenfrist?... S. 272
Die Über-Sicht.. S. 274
Was lernen wir daraus?.. S. 318
Also.. S. 325

ANHANG:
1 Chronologie des III. Weltkrieges von Bernhard Bouvier............... S. 327
2 Einsatz reichsdeutscher Flugscheiben im ersten Golfkrieg........... S. 331
3 Mini-Chip unter der Haut.. S. 336
4 Aufrüstung Rußlands seit 1991.. S. 338

Verzeichnis der hier aufgeführten Seher.. S. 354
Literatur- und Quellenverzeichnis... S. 358
Namenregister.. S. 364
Sachregister... S. 365

Über den Autor Jan van Helsing.. S. 366

I. DIE BASIS

„Denn wenn sie sagen werden: *„Es ist Friede, es hat keine Gefahr"*, so wird sie das Verderben überfallen, gleich wie der Schmerz ein schwangeres Weib, und werden nicht entfliehen." (1. Thessal. 5, Verse 3 und 4)

Vorwort

Fast jedes halbe Jahr erscheint irgendwo auf der Welt ein neues Buch über Prophezeiungen oder Weissagungen. Ein großer Teil dieser Bücher hat dabei sein Augenmerk auf die Jahrtausendwende gerichtet (von 1998 bis zirka 2012), da den Sehern und Propheten in ihren Visionen anscheinend umwälzende und die Welt verändernde Ereignisse über diesen Teil der Geschichte gezeigt worden sind. Dies ist nicht allen unbekannt. Auch in der Offenbarung des Johannes im N.T. finden wir Beschreibungen für diesen Zeitraum, den manche als den *„Jüngsten Tag"*, das *„Strafgericht Gottes"* oder *„die Zeit, in der die Spreu vom Weizen getrennt wird"* bezeichnen, eine Zeit der Naturkatastrophen, Kriege und Unruhen. Einer der in diesem Buch beschriebenen Seher nennt es gar *„das große Abräumen"*. Man hat davon gehört. Meistens nur mit einem Ohr. Wer hört schon gerne was von unruhigen Zeiten, gar von einem „Dritten Weltkrieg", wo man doch gerade erst einen Bausparvertrag und eine Lebensversicherung abgeschlossen hat. Es sind nur noch ein paar Jahre bis zur wohlverdienten Rente. Da kann doch jetzt kein Bürgerkrieg kommen oder eine Überschwemmung. Nein, man will einfach nicht daran glauben. *„So was haben schon viele vorausgesagt"*, sagt man, *„und nichts ist passiert"*. So, ist denn wirklich nichts passiert? Auf den Hinweis, daß die gleichen Seher auch den Ersten wie auch den Zweiten Weltkrieg, den Irak- als auch den Kosovo-Krieg, ja sogar den Anschlag auf das World Trade Center und das Attentat auf Zoran Djindjics treffsicher vorausgesehen hatten, tritt meist betretenes Schweigen ein. Hauptsache, das Unangenehme ist erfolgreich verdrängt.

Warum schon wieder ein neues Buch zu dieser Thematik? Erneute Bestätigung für sogenannte „Schwarzseher" oder „Weltuntergangsapostel"?

Daß es also zahlreiche Bücher diesen Themas gibt, haben wir ja nun gerade festgestellt, vor allem an Zusammenfassungen und Auflistungen der verschiedenen Seher mangelt es nicht. Doch was wird durch diese beim Leser ausgelöst? Ist es denn nicht in den meisten Fällen Angst, Unsicherheit und Panik vor der Zukunft? Dadurch entstandene Depressionen, Isolation, Opferverhalten und falsche Demut? Der Drang zum Auswandern und Nahrungsmittelhorten? Ist es der Sinn und Zweck der Visionen, dies beim Leser hervorzurufen? Sich vom Leben zurückzuziehen? Kann ich mir ehrlich gesagt kaum vorstellen. Dann würden die Seherschauungen alles nur verschlimmern. Was sollten denn diese Visionen ursprünglich beim Menschen bewirken? Eine Aussortierung? Eine Elitebildung von Auserlesenen? Was steckt dahinter?

Nun, ich selbst habe mich auch mit diesen Schauungen auseinandergesetzt und fand dadurch interessanterweise das Gegenteil – Hoffnung, Mut, Kraft und Risikobereitschaft. Komisch, nicht wahr? Auch fand ich Ruhe, Bestätigung und Übersicht. Wie kann das sein? Habe ich denn auch wirklich die gleichen Prophezeiungen gelesen wie die anderen? Schon. Doch habe ich mir aufgrund der Visionen meine eigenen konfessionslosen Gedanken gemacht und kam dadurch auf völlig andere Schlüsse als die meisten anderen Autoren. Denn es kommt auf die Sichtweise an, aus welcher man die Geschehnisse auf der Erde betrachtet. Denn ein Zusammenbruch des gegenwärtigen Systems mit seinen extrem einseitig verteilten Machtverhältnissen hätte auf einen Milliardär, einen Großindustriellen, einen Computerfachmann, einen Börsenspekulanten oder einen materiell orientierten und von dieser Materie abhängigen Stadtbewohner eine andere Auswirkung als auf einen Obdachlosen, einen naturverbundenen Bergbauern, einen autonom lebenden Selbstversorger, einen Erfinder unterdrückter neuer Energieformen oder einen politisch Verfolgten. Durch das Verständnis der Natur- wie auch der geistigen Gesetze wurde mir klar, daß es nicht das Thema an sich ist oder die unbequemen Informationen, die schlußendlich Angst vor der Zukunft erzeugen, sondern daß es in den meisten Fällen die subjektive Sichtweise des jeweiligen Autors beziehungsweise des Lesers ist, in welcher er die gesammelten Visionen darstellt und dementsprechend in sein eigenes Weltbild einsortiert. **Nicht das Prophezeite ist das Problem, sondern das Weltbild, welches mit der Prophezeiung konfrontiert wird.** Man stelle sich die Frage, ob der Autor ein gläubiger Mensch oder ein Atheist ist, ein geistig-spirituell Orientierter oder ein Materialist. Bei einem Dritten Weltkrieg, einem Vulkanausbruch oder einem Erdbeben kann nur die physische Welt zerstört werden, jedoch nicht die geistige. Eine Angst wäre daher nur bei einem Materialisten verständlich. Dem Materialisten würde sein ‚ein und alles' genommen werden, da er die geistige Welt (auch *feinstoffliche* oder *jenseitige* Welt genannt) negiert. Für einen geistig Orientierten verändert jedoch nur die physische Welt ihr Aussehen, aber das Leben oder die persönliche Entwicklung – wenn nicht in dieser, dann in einer anderen Welt – geht trotzdem weiter. Der geistig Orientierte sieht sich (im Gegensatz zu dem Materialisten) möglicherweise noch von „lästigen" materiellen Bindungen und Kontrollen „befreit". Unter diesem Gesichtspunkt ist es nun von großer Bedeutung zu wissen, wes Geistes Kind der Autor eines solchen wichtigen Themas ist und aus welcher Sichtweise heraus (geistig oder materiell) er diese Szenarien behandelt und deren Bedeutung erklärt. Für viele Autoren handelt es sich bei den geschauten Visionen um „Strafen Gottes" für die sündigen Menschen, und die Rettung wäre der Beitritt in eine der Beamtenkirchen. Dort wird ihnen vor einem Satan, der ihnen angeblich das Leben schwer macht, Schutz geboten (wenn die Lemminge nur erkennen würden, daß sie sich dort ebenfalls in des „Teufels Küche" befinden).

Welches Buch über Seherschauungen zeigt dem Leser nach der Präsentation der umwälzenden Ereignisse, welche die Seher in ihren Visionen erblickt haben, auch einen Ausweg für den einzelnen? Ich meine keine neue Leitfigur (Jesusersatz) oder einen Guru. Keine äußeren Hilfsmittel wie Auswandern oder unterirdische Städte, sondern einen die Ursache angehenden Ausweg. Und vor allem einen einfach verständlichen und gleichzeitig praktisch anwendbaren Weg. Oder brauchen wir überhaupt einen Ausweg? Gibt es überhaupt etwas, vor dem wir weglaufen müssen? Sollten wir nicht vielleicht das Gegenteil tun? Sollten wir es nicht vielleicht sogar forcieren und beschleunigen? Und was sagen die Visionen über die Zeit „danach"? Ist denn nicht vielleicht etwas vorausgesagt, wofür es sich zu hoffen, ja vielleicht auch zu kämpfen lohnt?

Ein kleiner Gedankengang vorweg:
Es leuchtet sicherlich jedem ein, daß die Ölmultis kein größeres Interesse an einem Auto haben, das mit reinem Wasser angetrieben wird, oder

gar an einem Fahrzeug, welches nur einen bierkastengroßen Energiekonverter als Motor benötigt, der seine Energie aus rotierenden Magneten oder direkt aus dem Äther schöpft. Genauso verständlich scheint ein Desinteresse der Pharmaindustrie an Heilpraktikern, die durch Wiesenpflanzen einen Großteil der Krankheiten (Krebs und AIDS mit eingeschlossen) heilen können, oder gar an Geistheilern und Handauflegern, die nur durch geistige Energieübertragungen, die man nicht besteuern oder monopolisieren kann, ganzheitliche Genesung herbeiführen. Daß die mächtigste Industrie der Welt, die Waffenindustrie, durch einen Weltfrieden zugrunde geht, ist auch logisch, und daß ein zinsloses Geldsystem auch den Bankiers und Börsianern ihre Macht raubt, liegt ebenfalls nahe.

Und schließlich sollten hier auch die *Illuminati* nicht unerwähnt bleiben – die Schattenmänner der Weltgeschichte. Wer genau sind die Illuminati? Bei diesen handelt es sich um einen Zusammenschluß der reichsten Menschen dieses Planeten, gemäß dem linksextremen Slogan: *„Wer das Geld hat, hat die Macht, und wer die Macht hat, hat das Recht."* Buchautor Bob Frissell formuliert es ähnlich: *„Ob man sie nun Bilderberger, Geheimregierung, die Trilaterale Kommission, den Council on Foreign Relations oder Illuminaten nennt – der Name spielt keine Rolle. Die Geheime Regierung besteht einfach aus den reichsten Leuten der Welt, und diese zirka zweitausend Magnaten haben unsere sogenannten Regierungen seit langer Zeit fest im Griff. Sie entscheiden wer, wann und wo gewählt wird; sie bestimmen, wann ein Krieg stattfindet und wann nicht. Sie kontrollieren die Nahrungsmittel-Verknappungen auf der Erde und setzen die Inflationsraten der einzelnen Währungen fest. All diese Bereiche sind in der Hand der Illuminaten. Sie haben zwar keine Macht über die Naturgewalten, aber wo sie zu ihrem Vorteil manipulieren können, tun sie es auch."* (44)

Und das angestrebte Ziel der Illuminati ist die Weltherrschaft, der sie den wohlklingenden Namen **Neue Weltordnung** gegeben haben. Diese hatte George Bush Senior erstmals am 11. September 1990, also „zufälligerweise" exakt elf Jahre vor dem Anschlag auf das WTC, öffentlich ausgerufen. Hauptbestandteil der Neuen Weltordnung ist neben einer Weltreligion der bargeldlose Zahlungsverkehr über Kreditkarten und später über einen unter der Haut implantierten Chip, die es „Big Brother", wie George Orwell die Illuminati nannte, ermöglicht, alle Menschen zu beherrschen. (Mehr dazu im Kapitel über den Antichristen und im Anhang 3.)

Nun habe ich hier nur ein paar wenige Gründe aufgeführt, die uns aufzeigen, daß es momentan eine ganze Menge Menschen gibt, die ein größeres Interesse daran haben, daß *„die Dinge so bleiben wie sie sind"*. Vor allem unsere *illuminierten Freunde* können Erdbeben, einen kurzen Zusammenbruch unseres Erdmagnetfeldes, der alle so mühsam über Jahrzehnte gesammelten Computer- und Satellitendaten löscht, als auch andere Neuerungen gar nicht vertragen.

Daß aber solche Entwicklungen und Alternativsysteme – sprich Maschinen zur autonomen Stromerzeugung (genannt Freie-Energie-Maschinen) und ein praktischer Ausweg aus der Zinsknechtschaft – seit Jahrzehnten existieren, ist inzwischen durch verschiedene Publikationen bekannt geworden. Doch sind Versuche der Erfinder, ihre Erfindungen auf den Markt zu bringen und damit jedem einzelnen dieser Welt zur Verfügung zu stellen, bisher immer erfolgreich unterdrückt worden. Oft durch die Entsorgung dieser Entwicklungen samt ihrer Erfinder.

Mit diesem Vorwissen wäre ein Zusammenbruch dieser monopolträchtigen Machtstrukturen, zum Beispiel durch eine weltweite Erdbebenwelle, nicht unbedingt „schlecht". Denn durch solch ein Chaos in der „Ordnung" (oder Ordnung im Chaos?), wächst die Chance, genannte Erfindungen und andere bereichernde Entwicklungen ohne Einwände irgendwelcher Großindustriellen und Multinationalen dem Weltbürger zugänglich zu machen und somit die Machtverhältnisse auf der Erde neu auszurichten. Natürlich stellt sich auch eine andere Frage, nämlich ob die Masse mit solchen Erfindungen heute überhaupt „bewußt" umgehen könnte? Ist denn der Konsummensch schon reif genug, mit solchen Entwicklungen konfrontiert zu werden? Würden diese denn nicht wieder genauso für Kriegszwecke verwendet werden? Zur Ausbeutung des Nächsten?

Doch Maschinen hin oder her – sind die Machtstrukturen solcher Multinationalen erst einmal gebrochen, kommen unterdrückte Bereicherungen aller Arten auf den Weltmarkt, neben Freie-Energie-Maschinen auch neue Erziehungssysteme, Heilung für die Natur, ein liebevoller Umgang mit den älteren Menschen, eine neue Architektur nach der heiligen Geometrie, nach dem goldenen Schnitt und entsprechend dem Erdmagnetismus ausgerichtet, Wissen über die wahre Vergangenheit unseres Planeten, Offenlegung des geheimgehaltenen Wissens der Regierungen über Außerirdische und Zivilisationen im Innern unseres Planeten, die offene Diskussion über das Leben nach dem Tod, die Reinkarnation, Kontakt mit der geistigen Welt – dem Jenseits – und vieles mehr.

Sie sehen, so einfach ist dieses Thema „Prophezeiungen über den Dritten Weltkrieg" auch wieder nicht. Es wirft ganz neue Lebensaspekte auf und kann nicht einfach als „Katastrophe", die unbedingt umgangen werden muß, abgetan werden. Manche behaupten sogar, daß diese Umwälzungen, die uns prophezeit werden, die große Chance der Menschheit seien, ihr altes Leid (die destruktiven Kräfte) abzuwerfen und wieder gereinigt neu anzufangen. Alle Seher sind sich auch in dem wichtigsten Punkte einig – es ist kein End-Punkt, der prophezeit ist, sondern ein Wende-Punkt.

Klingt das nicht nach einer spannenden Zeit, auf die es sich hoffen läßt? Ein Abenteuer für jeden einzelnen von uns?

Wodurch unterscheidet sich nun dieses Buch von den anderen Prophezeiungswerken? Und was veranlaßt einen Autoren, der bisher Artikel und Bücher über das Wesen von geheimen Politmachenschaften und verborgenen Technologien verfaßt hat, sich mit diesem Thema auseinanderzusetzen? Es soll kein Geheimnis bleiben.

Durch meinen Freund Franz von Stein lernte ich Anfang 1995 Herrn Bernhard Bouvier kennen. Herr Bouvier (er war selbst Berufssoldat und Analytiker für Militärstäbe) hat sich über zwanzig Jahre nicht nur mit Nostradamus, sondern auch mit vielen anderen „ernst zu nehmenden" Sehern befaßt. Wie bei seiner beruflichen Tätigkeit kam es ihm auch hierbei zu Gute, daß er selbst intuitiv und visionär begabt ist. Seine hervorragende Kenntnis der französischen Sprache half ihm auch, Übersetzungen der Kopien der Nostradamus-Originale treffsicher neu darzustellen.

Nun hatte sich Bernhard Bouvier die Mühe gemacht, die verschiedensten Seher Europas (Irlmaier, Mühlhiasl, den blinden Jüngling von Prag, Nostradamus und viele andere) nach jahrelangem Studium aneinanderzureihen, um seinen Lesern ein klareres Bild über das zu vermitteln, was diese Seher visionär erfahren haben. Es ergab sich ein ziemlich deutliches Bild der Geschehnisse. Und zwar so deutlich, daß die Annahme berechtigt ist, daß diese Seher ein ähnliches oder möglicherweise sogar das gleiche Szenarium erblickt haben. Unterstützt wurde die ganze Sache noch dadurch, daß ein Bekannter Bouviers (Stephan Berndt – *Zukunftsvisionen der Europäer*) alle Visionen aller ihm auffindbaren Seher in seinen Computer eingab und diesen die Daten auswerten ließ. Das Ergebnis war verblüffend. Fast neunzig Prozent der Visionen dieser zahlreichen Schauungen verschiedenster Zeiten und Länder waren in den wichtigsten Punkten identisch und stimmten auch mit Bouviers Ergebnissen überein.

Doch ganz besonders hervorzuheben ist, daß Bouvier mit seiner Arbeit schon Mitte der achtziger Jahre fertig war. So beschrieb er beispielsweise die deutsche Wiedervereinigung, den Golfkrieg, wie auch den Krieg in Ex-Jugoslawien – alles schon 1987. Im Verlagswesen unerfahren, geriet er 1988 an einen kleinen Verlag, der offenbar nicht sogleich die Brisanz des Themas erfaßt hatte, denn es dauerte bis ins Jahr 1991, bis das Buch dann endlich erschien. Da jedoch inzwischen ein Teil der Ereignisse, die in dem Buch beschrieben sind, auch genau so eingetroffen waren, mußte alles, was seit Mitte der achtziger Jahre im Text stand, vom Futur in die Vergangenheit umgeschrieben werden. Quel malheur! (Ich besuchte damals extra den Schriftsetzer, der noch Bouviers Originaldiskette aus dem Jahr 1988 besaß, um dies tatsächlich bestätigt zu bekommen.)

Bouvier hatte daraufhin seine Buchrechte zurückgenommen und nach unserem ersten Treffen entschieden, auf neue Weise vorzugehen. Sein Buch ist nun neu erschienen unter dem Titel „Die letzten Siegel". Der ursprüngliche Gedanke war eigentlich gewesen, daß Franz und ich Bernhards Text neu bearbeiten, durch andere Schauungen ergänzen, den esoterischen Teil und die Lösung/Hoffnung hinzufügen und das Buch erneut herausgeben. Daß es nicht dazu kam, lag daran, daß Bouvier die Außerirdischen-Komponente wie auch amerikanische Seherschauungen, die für Franz und mich sehr wichtig sind und die einen elementaren Teil des vorliegenden Buches darstellen, nicht akzeptieren konnte und in dem wesentlichsten Punkt, nämlich, daß das vorhergesehene Geschehen absolut abwendbar ist (wenn auch schwierig), also den positiven Teil, die Hoffnung und die Chance für die Menschheit, anderer Meinung ist. So haben wir uns entschieden, auf getrennten Wegen vorzugehen, haben jedoch die Erlaubnis, Bernhards zum Teil hervorragende Kommentare als Militärstratege zum Kriegsgeschehen passagenweise zu zitieren, da wir glauben, daß seine Auslegungen an manchen Stellen einfach treffender sind. Und so entstand ein komplett neues Buch mit teilweise ganz neuen Ansichten und Lösungsvorschlägen. Diese kompakte Aneinanderreihung an ausgewählten Seherschauungen zusammengestellt durch Franz von Stein und mich, ergänzt durch Zitate von Bernhard Bouvier als Militärexperten und abgeschlossen durch die „andere Sicht" des Metaphysikers am Ende, ergeben eine Kombination aus seherischer Begabung und militärischer Strategie, die sicherlich einzigartig ist.

Um auf die Frage zurückzukommen, warum ein Publizist politisch-okkulter Werke jetzt dieses Thema für wichtig hält: Nun, bei den hier zusammengestellten Prophezeiungen handelt es sich in allen Fällen um Visionen, sogenannte „Seher-Schauungen", also um Ereignisse, bei denen Menschen verschiedenster Herkunft, Alters und Abstammung, ja sogar verschiedenster Zeiten, Dinge visionär oder intuitiv erfaßt haben, für die es an und für sich keine „schulwissenschaftliche" Erklärung, keine Recherchen, keine Quellenangaben und keine Beweise gibt. Visionen sind weder logisch noch willentlich herbeizurufen. Im Regelfalle „geschieht" es mit der betroffenen Person. Man stelle sich im Falle des **blinden Jünglings von Prag**, einer der in diesem Buch erwähnten Seher, eben einen Menschen vor, der nicht sehen kann, jedoch Bilder vor seinen blinden Augen wahrnimmt und Dinge und Ereignisse beschreibt, die er eigentlich gar nicht sehen „dürfte". Und etwas, für das es keine Beweise und keine logischen und erklärbaren Schlüsse gibt, wird von der Mehrzahl der Bewohner der westlichen Welt nicht beachtet.

Um so interessanter werden diese Schauungen natürlich, wenn man erkennt, daß die Prophezeiungen dieser einfachen Seher mit Insiderprognosen aus Politik und Wirtschaft wie auch aus dem Bereich der „Hintergrundpolitik" nicht nur einhergehen, sondern sogar zum größten Teil mit diesen identisch sind. Sprich, **diese Themen ergänzen sich gegenseitig**!

Dazu ein Beispiel: Wie ich in meinen vorhergehenden Büchern bereits ausführlichst beschrieb, hatten der Führer des „bayerischen Illuminatenordens" Mazzini und der „Souveräne Großmeister des Alten und Akzeptierten Schottischen Ritus der Freimaurer" Albert Pike (auch Gründer des Ku Klux Klan) im Jahre 1871 einen Plan erstellt, wie sie über drei Weltkriege, die Welt in ihre Gewalt bringen könnten. Auf dem Weg zur „Neuen Weltordnung" (Novus Ordo Seclorum), sollte der **Erste Weltkrieg** inszeniert werden, um das zaristische Rußland in die Hände des bayerischen Illuminatenordens zu bringen. Rußland sollte dann als „Buhmann" benutzt werden, um die Ziele der bayerischen Illuminaten weltweit zu fördern.

Der **Zweite Weltkrieg** sollte über die Manipulation der zwischen den deutschen Nationalisten und den politischen Zionisten herrschenden Meinungsverschiedenheiten fabriziert werden. Daraus sollte sich eine Ausdehnung des russischen Einflußbereiches und die Gründung des Staates Israel ergeben.

Der **Dritte Weltkrieg** sollte sich, diesem Plan zufolge, aus den Meinungsverschiedenheiten ergeben, die man zwischen den Zionisten und den Arabern hervorrufen würde. Es wurde die weltweite Ausdehnung des Konfliktes geplant.

Teil des Dritten Weltkrieges sei es ebenfalls, Nihilisten und Atheisten aufeinander loszulassen, um einen sozialen Umsturz, der durch noch nie dagewesene Brutalität und Bestialität erreicht werden würde, zu provozieren. Nach der Zerstörung des Christentums und des Atheismus würde man jetzt die wahre Luziferische Doktrin entgegenbringen und damit zwei Fliegen mit einer Klappe schlagen.

Die Erfüllung des Planes bezüglich der beiden ersten Weltkriege können wir nun im nachhinein alle bestätigen. Was den Dritten Weltkrieg angeht, so sieht die ganze Welt via CNN/n-tv live dabei zu, wie dieser durch die Krisenherde im Irak und in Israel/Palästina künstlich und voll bewußt herbeigeführt wird. Und die in diesem Buch aufgeführten Seher haben genau diese Inszenierung des Dritten Weltkrieges durch die Hintergrundmächte detailliert beschrieben – sprich: sie decken sich mit dem Plan von Mazzini und Pike. Zufall?

Das Szenarium, welches von den Sehern in diesem Buch beschrieben wird, ist nicht das, was uns unser Bundeskanzler für seine nächste Amtsperiode verspricht (Sicherheit und wirtschaftliches Wachstum). Mit anderen Worten, nach den Visionen dieser Seher wartet auf die Menschheit der Erde in den kommenden Jahren eine ziemlich harte und unruhige Zeit mit großen Veränderungen.

Ganz aktuell (Oktober 2004) kann ich hier folgendes anführen: Im Herbst 2001 erschien mein Buch *„Die Kinder des neuen Jahrtausends"*, in dem ich über das Phänomen der medialen Kinder berichte – auch als *Indi-*

go-Kinder bekannt –, wobei mich neben der Fähigkeit, mit dem Schutzengel oder Verstorbenen zu sprechen natürlich auch die Gabe der Prophetie brennend interessierte. Und tatsächlich sind unter den medialen Kinder drei gewesen, die nachweislich (durch Tagebuchaufzeichnungen belegt) bis zu zehn Monate zuvor den Anschlag auf das WTC vorausgesehen hatten. Sie hatten zwar nicht genau diese beiden Hochhäuser genannt, aber sich in etwa so ausgedrückt: *„Ich sehe ein Flugzeug, das in ein Hochhaus fliegt – wahrscheinlich in Amerika".*

Dann traf ich bei einem Speed-Reading-Seminar (Schnell-Lese-Kurs) einen jungen Mann, der ebenfalls den Anschlag auf das WTC vorausgesehen hatte. Dies ist durch Freunde von ihm als auch durch einen Krankengymnasten belegt, bei dem er in Behandlung war und der mir dies bestätigte. Er hatte dies in einer Vision gesehen. Als nächstes sah er ein Schiff, das – vermutlich in der gleichen Stadt – ungebremst in einen Hafen fährt. Dies hat sich ebenfalls erfüllt, nämlich als am 17.10.2003 ein Fährschiff ungebremst in den Hafen von New York raste und dabei einige Menschen ums Leben kamen.

Und die gleichen Kinder wie auch der junge Mann, von dem ich eben berichtete, hatten alle die selben Angaben für kommende Ereignisse gemacht: große Naturkatastrophe in den USA, bürgerkriegsähnliche Zustände in deutschen Großstädten, wobei es um Auseinandersetzungen zwischen Deutschen und Ausländern geht – vor allem in Berlin und Frankfurt –, und dann sprachen alle von Panzern, die von Osten her nach Deutschland rollen...

Über diese Ereignisse und vieles mehr erfahren Sie nun detailliert im Laufe dieses Buches. Interessant war aber hier nochmals, daß es sich um Kinder handelt beziehungsweise Jugendliche, die weder meine Bücher noch andere Literatur zu dieser Thematik kannten und ganz aktuelle Geschehnisse (WTC) visionär erfaßten.

Wie ich aber schon erwähnt habe, berichten alle Seher – und ebenfalls die Kinder – auch von der Zeit „danach", also von der Zeit, in der auf der Erde die „Spreu vom Weizen getrennt ist", nämlich dem „Goldenen Zeitalter". Eine Zeit ohne Kontrolle, eine Zeit der Freiheit des Geistes und eine Zeit der Liebe.

Keine Vision, doch ein Witz mit Hintergrund formuliert es so: *„Treffen sich zwei Planeten. Sagt der eine: „Meine Güte, Du siehst aber gar nicht gut aus, was ist denn mit Dir passiert?" „Ach", sagt der andere, „ich hab Homo sapiens." Mit einer beruhigenden Geste meint der erste Planet darauf: „Keine Sorge, das ist nicht so schlimm, das geht bald wieder vorbei."*

Wollen wir uns nun zusammen betrachten, was die Seher in ihren Visionen erblickt haben. Und am Ende ziehen wir dann ein Resümee und schauen, ob wir den kommenden Ereignissen ausweglos und fatalistisch gegenüberstehen müssen oder ob wir uns nicht durch neue Ursachensetzungen und vollkommeneres und bewußteres Handeln am eigenen Schopf aus der Misere ziehen können, ob wir das Geschehen, wenn es eintreffen sollte, als einzigartige Chance nutzen können, uns selbst nach vorne zu bringen, anstatt davor Angst zu haben.

Jan Udo Holey alias *Jan van Helsing*

„Eigentlich wär's wieder mal Zeit dafür!"   Zeichnung: Haitzinger

(Hohenloher Tagblatt vom 28. 8. 96)

Hinweis zum Umgang mit dem Buch:

Nachdem sich nun an die hunderttausend Leser den Inhalt dieses Buches zu Gemüte geführt haben, kam doch die eine oder andere – teilweise berechtigte – Kritik zurück. Dabei wurde einerseits behauptet, daß das Buch Angst machen würde, ein anderer meinte, daß wir die Prophezeiungen nur aneinandergereiht hätten und wenig eigene Meinung dazu beigebracht beziehungsweise vieles unkommentiert gelassen hätten. Das ist natürlich so nicht richtig. Es ist nur dieser spezielle Teil über die eigentlichen Kriegsgeschehnisse relativ neutral geblieben, ansonsten findet man sehr viel explosives Material von uns aufgeführt, das meines Wissens nie zuvor so kombiniert wurde, um den Lesern die Chance zu geben, das Prophezeite positiv in ihr Leben zu integrieren und wie ein Katapult zu einer persönlichen Weiterentwicklung zu verwenden.

Dennoch ist es richtig, daß die geballte Konfrontation mit dem Prophezeiten (über die Details des Kriegsgeschehens) heftig auf den Leser einwirken kann, vor allem, da wir diesen Teil des Buches wohl bedacht in zwei Teile aufgespalten haben:
1. ein paar wichtige Prophezeiungen in kompletter Form, um einen *groben Überblick* über das zu bekommen, was die Seher über den Dritten Weltkrieg empfangen haben, und
2. danach das Kriegsgeschehen *zeitlich gegliedert* aufgeführt.

Viele Leser werden wahrscheinlich in diesem zweiten Teil Schwierigkeiten bekommen, flüssig durchzulesen, da sich die Prophezeiungen in ihrem Inhalt mehr oder minder wiederholen (was ja auch die Bestätigung dafür ist, daß die Seher von teils verschiedenen Orten der Welt und aus verschiedenen Zeiten das gleiche Geschehen erblickt haben). Doch ist dies kein Buch, das man nach einmaligem Lesen einfach ins Bücherregal stellt. Spätestens wenn das nächste Großereignis die Welt bewegt, werden Sie sich erinnern, daß das irgendwo im Buch stand, werden es als Nachschlagewerk wieder in die Hand nehmen, diese Prophezeiung suchen und nachsehen, wo wir uns im Geschehen befinden. Dabei wird eben die beim ersten Lesen etwas zähe Aneinanderreihung der Prophezeiungen nun als sehr übersichtlich und nützlich erscheinen. So zum Beispiel beim Anschlag auf das World Trade Center. Dies war in der Chronologie am Ende aufgeführt und der Leser hatte dann die Möglichkeit im Mittelteil nachzusehen, wo wir uns momentan im Geschehen befinden, mit der Feststellung, daß danach ein neuer Krieg im Nahen Osten bevorstehen würde – wie ebenfalls eingetroffen.

Einleitung zur Neuauflage (Oktober 2004)

Man könnte behaupten, daß bis zum Jahr 1989 die Welt eigentlich noch so einigermaßen „geordnet" war – es gab noch ein Ostdeutschland; ein Sowjetimperium, das, als Träger des internationalen Kommunismus, die Welt in Schach zu halten schien; ein friedliches Jugoslawien; ein World Trade Center... Kaum einer hätte geglaubt, daß sich in den heutigen Tagen so schnell so viel verändern könnte. Doch es kam anders: zuerst der Fall der Mauer, dann der Zusammenbruch des Sowjetkommunismus, der erste Irak-Krieg, zwei Kriege auf dem Balkan, der Anschlag auf das World Trade Center, der Krieg in Afghanistan, der neue Irak-Krieg...

Nichts ist mehr wie es war. Die Wirtschaft geht weltweit bergab, die Menschen leben in Angst, und all das, nachdem man doch den Versprechen von angeblichen Sicherheitsorganisationen wie NATO und UNO geglaubt hatte, demzufolge die Welt einem utopischen Frieden und einem Welteinheitsstaat entgegenwächst. Wie lahm und schwach diese Organisationen jedoch wirklich sind, beziehungsweise gezielt gehalten werden, konnten wir ja bisher – vor allem in bezug auf den Konflikt zwischen Israel und den Palästinensern, den Angriffskrieg auf Afghanistan und den jetzigen Irak-Krieg – miterleben.

Und trotz dieser massiven Veränderungen, die in den Prophezeiungen exakt so beschrieben werden – und das Jahrzehnte im voraus –, glauben weiterhin die meisten, daß nun endlich durch die EU-Osterweiterung ganz Europa demokratisch wird, sich alle europäischen Länder nacheinander in die NATO einfügen und wir demzufolge einem tausendjährigen „demokratischen" Reich entgegengehen. Wie man vor allem das deutsche Volk mit dem TEURO über den Tisch gezogen hat – eine Währung, die man dem Volk so richtig „demokratisch" aufgezwängt hat –, haben viele schon wieder vergessen.

Tja, und dann war da der 11. September! Und durch diesen kam die Welt der *Neuen Weltordnung* ganz nahe. Wie das?

Also nach dem derzeitigen Stand der Untersuchungen sieht es so aus, daß der Terroranschlag auf das World Trade Center (WTC) mit sehr großer Wahrscheinlichkeit von einem Geheimdienst ausgelöst (oder zumindest toleriert) worden ist, in der Absicht, einen Kriegsgrund zu finden, um gegen Nahoststaaten vorzugehen, die große Ölvorkommen haben oder aber strategisch wichtig sind. Islamisten wurden dabei höchstens als Handlanger oder Marionetten eingesetzt. Bis zum Zeitpunkt des Erscheinens dieses Buches konnten die USA auch keine schlüssigen Beweise vorstellen, die einen definitiven Zusammenhang zwischen Al-Quaida und Osama Bin Laden zu den Anschlägen auf das WTC belegen.

Noch viel weiter lehnt sich aber der US-amerikanische Star-Anwalt Stanley Hilton aus dem Fenster, der an die vierhundert Familien der Anschläge vom 11. September gegen Bush, Rice, Cheney und Rumsfeld vertritt und der in einem Interview mit dem Radiosender „Prisonplanet" von sich gab: *„Der 11. September war komplett vorausgeplant. Es war eine von der Regierung angeordnete Operation. Bush persönlich hat den Terrorakt autorisiert. Er ist schuldig des Landesverrates und des Massenmordes."*

Kritische Stimmen hat es hierzulande auch nur wenige gegeben, die dies so direkt ausgedrückt hätten. Andreas von Bülow war einer der wenigen, deren Meinung unzensiert veröffentlicht wurde. In den USA selbst wurden Journalisten und Reporter sogar entlassen, nachdem sie es gewagt hatten, unangenehme Fragen zu stellen. Anders ist dies jedoch außerhalb der westlichen Welt. Saudi Arabien beispielsweise (übrigens ein Verbündeter der USA) sprach direkt davon, daß der Mossad „das Ding" gedreht habe: *„Eine saudische Zeitung klagte am Samstag an, daß der israelische Geheimdienst Mossad hinter den Anschlägen auf New York und Washington vom 11. September stehe, der tausende von Menschen das Leben kostete. Das Massenblatt Okaz führte in einem redaktionellen Beitrag aus, daß ein Angriff in dieser Dimension sowie mit derartiger Präzision nicht ohne die Hilfe interessierter Kreise innerhalb Amerikas beziehungsweise nicht ohne direkte Verbindung zur Regierung in Washington erfolgen konnte."* (The Times of India, 5.11.2001)

Inzwischen sind weltweit Bücher erschienen, die den Anschlag vom 11. September äußerst kritisch unter die Lupe nehmen. Eines davon ist von dem US-amerikanischen Autor Eric Hufschmid (*Time for Painful Questions*), der darin unter anderem folgende unangenehme Fragen stellt:
- Wieso hinterlassen beispielsweise Terroristen, die anonym bleiben wollen, Spuren wie eine trampelnde Elefantenherde? Normalerweise melden sich Terroristen nach einem Anschlag, propagieren ihre Forde-

rungen beziehungsweise Ideologien – im Fall Osama Bin Laden war das jedoch nicht der Fall. Die Terroristen zahlten mit Kreditkarten, meldeten sich bei ihren Fluglehrern mit ihrem richtigen Namen, hinterließen in ihrem Mietwagen in Boston einen Koran und Fluganleitungen in Arabisch, obwohl sie wußten, daß sie nie mehr zurückkommen würden. Ein Profi-Pilot, der in der Lage ist, solch ein schwieriges Flugmanöver auszuführen, wie wir es alle sehen konnten, braucht ganz bestimmt keine Fluganleitung mehr vor dem Start zu lesen. Dann meldeten die Medien am 13. September, daß ein Paß eines Terroristen in den Trümmern gefunden worden sei. Wie geht denn das, wenn die explodierenden Flugzeuge angeblich Stahl zum Schmelzen brachten, daß ein Reisepaß aus Papier dann aber unversehrt bleibt? Davon abgesehen, daß es sehr unwahrscheinlich ist, daß man bei tausenden Toten gerade einen Paß eines gesuchten Terroristen findet. Hauptterrorist soll Mohammed Atta gewesen sein, aber bei CNN konnte man nachlesen, daß keiner der Namen der Terroristen auf den Passagierlisten stand. Des weiteren hatte der Vater Mohammed Attas gegenüber der Öffentlichkeit verlauten lassen, daß er am 12. September, also einen Tag nach den Anschlägen, noch mit seinem Sohn telefoniert habe...

Bereits eine Stunde nach den Anschlägen erklärte dann Bush, daß es islamistische Terroristen gewesen seien, die diesen Anschlag verübt hätten, und jedes Land, das diesen Unterschlupf gewähren würde, potientielles Angriffsziel sei. Zu diesem Zeitpunkt gab es noch nicht die geringsten Beweise für solch eine Aussage, und trotzdem machte Bush überschnell Aussagen von solch weltpolitischer Tragweite.

- **Präsident Bush sah den ersten Flugzeugeinschlag vor neun Uhr:** In der offiziellen Website des Weißen Hauses sind zwei Interviews mit Präsident Bush veröffentlicht, in denen er gefragt wird, wie er sich gefühlt habe, als er von den Anschlägen hörte. Am 4. Dezember 2001 sagte Bush als Antwort: *„I was sitting outside the classroom waiting to go in, and I saw an airplane hit the tower. And I used to fly myself, and I said, well, there's one terrible pilot. I said, it must have been a horrible accident."* (www.whitehouse.gov/news/releases/2001/12/20011204-17.html)

Man stelle sich das vor: Der Präsident der Großmacht USA sieht, daß ein Flugzeug in das US-Wahrzeichen fliegt, aber er geht seelenruhig nach Plan in das Schulzimmer und läßt sich eine neue Leselehrmethode erklären. Er meint, es sei ein Unfall aufgrund eines „schrecklichen Piloten". Erstens herrscht über New York City ein Flugverbot, und zweitens würde kein Passagierflugzeugpilot in einen WTC-Turm fliegen. Allein schon diese Erklärung von Bush ist äußerst fadenscheinig.

Zwischen den beiden Einschlägen vergingen achtzehn Minuten. Bush wartete zunächst, dann wurde er empfangen, in die Schule und in das Schulzimmer begleitet, wo er die Kinder traf und sich die Erklärungen anhörte. Wie lange dauerte dies alles? Bestimmt zehn bis fünfzehn Minuten, eine sehr schnelle Abfolge der Programmpunkte vorausgesetzt. Das würde bedeuten, daß das, was Bush auf dem Bildschirm sah, höchstens drei bis acht Minuten nach dem ersten Einschlag ausgestrahlt wurde. Aber zu diesem Zeitpunkt sendete noch keine TV-Station Bilder des ersten Einschlags! Was hatte Bush also gesehen?! Kannte er das Szenarium bereits im Vorfeld?

Präsident Bush geht ins Klassenzimmer, und nach einer gewissen Zeit kommt sein Delegationsleiter Andrew Card und informiert ihn, daß ein zweites Flugzeug in den anderen WTC-Turm geflogen sei. Bush bleibt überraschend ruhig, hört sich sogar noch an, wie eine Gruppe von Kindern eine Tiergeschichte vorliest. Aber eine halbe Stunde später spricht er öffentlich von Vergeltung und Krieg.

- **Ominöse Geldgeschäfte mit Vorwissen:** Am 26. Juli 2002 hatte ein Herr Larry Silverstein die beiden WTC-Türme neu gepachtet. Dies war ihm dank der Vermittlung seines australisch-israelischen Partners Frank Lowy zu sehr günstigen Konditionen gelungen. Lowy ist ein Freund von Lewis Eisenberg, des Vorsitzenden der Hafenbehörde von New York, jener staatlichen Institution, der das WTC gehörte. Immobilien-Spekulant Larry Silverstein versicherte den WTC-Komplex sogleich für 3,55 Milliarden Dollar, die er nun mit anderen Bonuszuschüssen kassieren wird, wie der Mediensprecher seines Immobilien-Konzerns, Harold Rubenstein, öffentlich mitteilte, denn achtundvierzig Tage nach dem Pachtvertragabschluß mit Eisenberg war das WTC nur noch ein Berg aus Eisen, Stahl und Staub.

Doch noch Erstaunlicheres erfahren wir aus Christian Gutharts Buch *11. September 2001 – Ein Untersuchungsbericht*: „Das WTC galt seit einigen Jahren als asbestverseucht. Problematisch war dabei, daß das Asbest anderen Baumaterialien beigemischt worden war und sich daher nicht entfernen ließ. Eigentümer, Pächter und Mieter befürchteten Schadensersatzklagen von Mitarbeitern, die im WTC gearbeitet hatten und schwer erkrankt waren, zum Beispiel an Krebs. Die erste Klage hätte eine Lawine ausgelöst... Larry Silverstein hatte nun im Frühjahr 2001, also sechs Monate vor dem Terrorakt, die beiden Türme auf 99 Jahre gepachtet, obwohl ihm der Zustand beziehungsweise die nicht zu beseitigenden Asbestgefahren der beiden Türme bekannt waren. Die bekannte Spezialfirma Controlled Demolition hatte dazu ein Angebot abgegeben, das die fachgerechte Sprengung und die Beseitigung des Schutts für zirka 2-3 Milliarden Dollar beinhaltete. Das wäre die wirtschaftliche Alternative gewesen, gäbe es nicht strenge Vorschriften für die Beseitigung asbestverseuchter Gebäude, die eine Sprengung definitiv ausschließen. Das zulässige Verfahren sieht ein schrittweise Abtragung unter großen Vorsichtsmaßnahmen vor. Sämtliche Arbeiter müssen luftdichte Schutzanzüge mit Gasmasken tragen. Das Gebäude muß hermetisch verpackt werden, ebenso die herauszutragenden demontierten Bauteile. Die Kosten betragen etwa das zehnfache gegenüber der Sprengung... Silverstein besaß schon länger das WTC-Gebäude Nr. 7. Welcher Betriebswirt hätte aufgrund dieser Rentabilitätsrechnung eine derartige Entscheidung getroffen? Unmittelbar nachdem Silverstein die Pachtverträge im Frühjahr 2001 unterzeichnet hatte, schloß Silverstein eine Zusatzversicherung gegen terroristische Anschläge ab. Die Versicherungssumme betrug 3,5 Milliarden Dollar je Schadensereignis. Nach dem 11.9. forderte Silverstein von den Versicherungen sogleich 7 Milliarden Dollar, da es sich ja um zwei Flugzeuge, also zwei Schadensereignisse, gehandelt habe. Der Abschluß dieser Zusatzversicherung war insofern ungewöhnlich, als in den USA die All-Risk-Deckung üblich ist, und die Gebäude damit ohnehin gegen Schäden aller Art versichert sein sollten. Diese normale Versicherungsform deckt aber nur den tatsächlich entstandenen Schaden ab. Silversteins Zusatzversicherung zielte darüber hinaus auf pauschale Summen, unabhängig vom tatsächlichen Schadensumfang...

Durch eine Reihe von seltsamen Zufällen konnte Silverstein also seinen Reichtum erheblich vermehren. Er hatte mit geringsten Kosten maximalen Profit erzielt. Bezahlt wurde eine Rate der Pacht und eine Versicherungsprämie. Erzielt wurde die Entsorgung der verseuchten Gebäude auf Staats-

kosten, eventuell die Finanzierung der Neubauten, wenn es dazu kommt, sowie zusätzliche 3,5 bis 7 Milliarden Dollar, je nach Ausgang des Gerichtsverfahrens..." (142)

Dem aber an Absonderlichem nicht genug, finden wir in der PHI (Politische Hintergrundinformationen) noch den Hinweis, daß eben diese Firma *Controlled Demolition Inc.* von der US-Regierung den Auftrag erhalten hatte, die beiden Türme des WTC und das niedrigere Hochhaus Nr. 7 zu verminen und zur Sprengung vorzubereiten und zwar mit folgender Begründung: *„Es habe schon einmal einen Anschlag auf das WTC gegeben und solche Anschläge könnten sich wiederholen. Für den Fall, daß infolge terroristischer Akte oder Unfälle oder Naturkatastrophen eines dieser Gebäude umkippen würde, wäre es eine große Katastrophe, weil die Folge eintreten könnte, daß eine ganze Reihe Wolkenkratzer, die in New York die sogenannte „Sky Line" bildeten, in einem Dominoeffekt nacheinander umstürzen würden oder zu einem Umsturz gebracht werden könnten. Durch die vorbereitete Sprengung sollte im Katastrophenfall bewirkt werden, daß die Türme in sich zusammenfallen und nicht die anderen Türme in Mitleidenschaft ziehen. Als die Türme 1 und 2 und das Gebäude Nr. 7 eine gewisse Zeit brannten, habe die Regierung die Anweisung gegeben, die Sprengung auszulösen, um die Gefahr des Dominoeffekts abzuwenden, bei dem dann noch weit mehr als 2.700 Menschen umgekommen wären. Wegen der zu erwartenden Schadensersatzforderungen wären alle Mitarbeiter der Controlled Demolition zur Geheimhaltung verpflichtet worden."* (143)

- **Der französische Autor Thierry Meyssan** veröffentlichte in seinem Buch „Der inszenierte Terrorismus" Fotos von der Einschlagstelle des Flugzeugs im Pentagon. Dazu blendet er die Größe des Boing-Flugzeugs in das Foto ein und vergleicht die Proportionen. Die Spannweite des Flugzeugs ist etwa dreimal so groß wie die relativ schmale Einschlagstelle! Auch ist umstritten, ob überhaupt Flugzeugtrümmer gefunden wurden. Hat hier überhaupt ein Flugzeug eingeschlagen? Oder wurden auch hier Bomben eingesetzt? Das würde erklären, warum das Flugzeug von niemandem gesehen wurde. Aber wo war dann das entsprechende Flugzeug, das als vermißt gemeldet wurde?

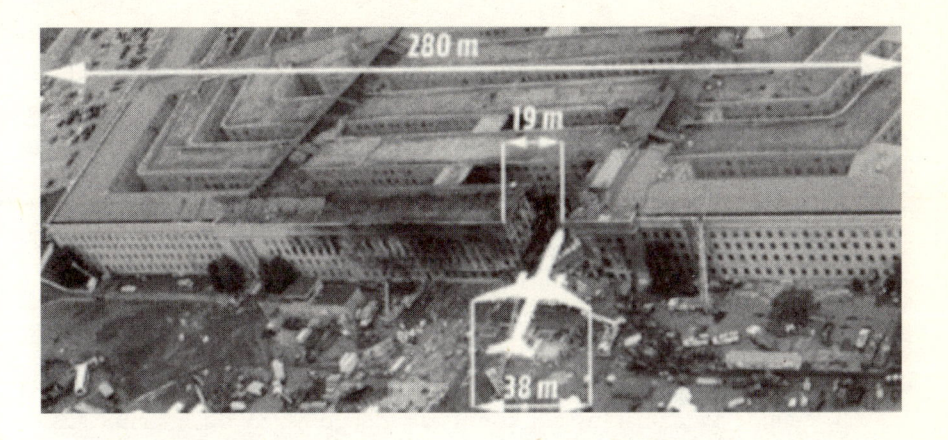

Das Loch im Pentagon ist genau 19 m breit. Das Flugzeug, das dort angeblich hineingeflogen ist, ist aber 38 m breit. Wieso blieb das Gebäude an den Stellen, an denen die Tragflächen hätten auftreffen müssen, unversehrt?

- **Die geheimen Bush-Blair-Aufzeichnungen:** Am 8. Oktober 2002 veröffentlichte die große und angesehene englische Zeitung „London Telegraph" die Information, daß die IRA in den Besitz von geheimen Aufzeichnungen mehrerer Telefongespräche von Bush und Blair gekommen sei. Darin verrate Bush seine geheimen Absichten mit dem Irak-Krieg und auch sein Vorauswissen bei den Anschlägen vom 11. September. Im Internet lautete die Überschrift des London-Telegraph-Artikels „Bush-Blair transcript ‚seized by IRA spies'" (Bush-Blair-Transkript von IRA-Spionen entdeckt), verfaßt vom Irland-Korrespondenten Thomas Harding. Darin schreibt Harding: *„Die geheimen Dokumente, die in den Besitz der IRA-Spione gekommen sind, beinhalten Transkripte von Telefongesprächen zwischen Tony Blair und Präsident Bush. Dies wurde gestern von Sicherheitsquellen (security sources) bestätigt... Die Mitteilung, daß IRA-Mitglieder Zugang zu geheimen Informationen bekommen haben, wird in den USA wahrscheinlich Stürme von Entrüstung auslösen. David Trimble, der nordirische Premierminister und Vorsitzende der ‚Ulster Unionists' kommentierte, diese Republikanische Spionage sei ‚zehnmal schlimmer als Watergate'."*

Die geheimen Dokumente enthüllen, was Bush gegenüber Blair über seine Irak-Absichten verriet. Bush sagt, er habe Schwierigkeiten, den Irak-Krieg zu beginnen, weil die geheimen Nachforschungen alle ergeben hätten, daß vom Irak keine militärische Bedrohung ausgehe. In diesem Zusammenhang diskutierten Bush und Blair auch die Öl-Frage. Bush betont, daß die saudiarabischen Ölvorräte viel geringer seien als die des Irak. Der Irak ist jetzt für das Bush-Imperium sehr wichtig geworden, da sie einen 11-Milliarden-Gerichtsfall gegen die Firma *Texaco* gewonnen haben. Dadurch kann nun die Bush-Firma *Pennzoil* das vormalige Texaco-Territorium Irak in Angriff nehmen.

Als weiteres geht aus den Dokumenten hervor, daß Bush befürchtet, der lebende Saddam Hussein könnte als Zeuge gegen Bush senior aussagen, vor allem hinsichtlich der Inszenierung des Krieges des Irak gegen den Iran. Damals wurde gegen den Iran unter anderem Giftgas eingesetzt, dessen Bestandteile von der Firma *American LaFarge* stammte. Bush senior war ein Haupteigentümer dieser Firma gewesen. Direktorin dieser Firma war damals Hillary Clinton!

In den Gesprächen sprechen Bush und Blair auch über die Gefahr, daß sie vom Mossad erpreßt werden könnten, indem ihnen ein Vorwissen über die Anschläge nachgewiesen werde.

Die weitere Verbreitung dieser Information wurde sogleich durch eine „D-Notice" von höchster Stelle unterbunden. Sollte dennoch irgend etwas rausdringen, wurde behauptet, diese Meldung beruhe auf einer Fälschung. Wenn jemand die gesetzlich verankerte „D-Notice" in England verletzt, darf eine Sonderabteilung der Polizei in der schuldigen Redaktion die Computer und Druckmaschinen konfiszieren, ja sogar die Autos und alle verdächtigen Bürogegenstände.

- **Die Öl-Komponente:** Es war seit längerer Zeit bekannt, daß im Gebiet des Kaspischen Meers (Georgien, Tschetschenien!) große Ölvorräte entdeckt wurden. US-Ölkonzerne wollen eine Pipeline hinunter zum Arabischen Meer bauen, durch Afghanistan und Pakistan. Mittlerweile haben beide Länder eine Regierung, die willig ist, mit den US-Konzernen zusammenzuarbeiten. Die Firma, die den Bau dieser Pipeline durchführen soll und bereits eine Expertise verfaßt hat, heißt *Halliburton*, und ihr letzter Chef ist jetzt unter Präsident Bush Junior Vizepräsident geworden: Richard „Dick" Cheney, der unter Vater Bush Verteidigungsminister gewesen war und im Ölkrieg genannt „Golfkrieg" die US-Interessen entsprechend „verteidigte".

• **Der US-Angriff auf Afghanistan war schon vorher geplant:** Niaz Naik, ein ehemaliger Staatssekretär des pakistanischen Außenministeriums, sagte gegenüber der BBC, er habe schon Mitte Juli von hochrangigen US-Beamten erfahren, daß ein Militäreinsatz auf Mitte Oktober geplant war, noch bevor in Afghanistan der Schneefall beginne. (BBC News, 18.9.2001, von George Arney)

• **Die Wahl des Datums:** Der 11. September war schon öfters Datum für wichtige Ereignisse. Am 11.9.1978 wurde der Camp-David-Vertrag unterzeichnet. Am 11.9.1990, kurz nach Iraks Invasion in Kuwait, hielt Präsident Bush senior eine Rede, in der er zum erstenmal öffentlich eine **Neue Weltordnung** forderte. Auf den Tag genau elf Jahre danach geschahen am 11.9.2001 die Anschläge, nach denen die Welt nicht mehr sein würde wie vorher. Dies war 23 Jahre nach Camp David, was uns an Wilsons Romane „Illuminatus" erinnert, in denen die Zahl 23 als Schlüsselzahl der Hintermächte hervorgehoben wird. Inzwischen gibt es auch einen deutschen Film unter gleichem Namen („23"), der dieses Thema aufgreift. Zählt man nun auch noch das Datum zusammen (11 + 9 + 2 + 1) erhalten wir erneut die 23. Auch das Pentagon, eines der Ziele der Anschläge, ist mit diesem Datum verbunden. Das Zeremoniell zur Grundsteinlegung dieses Gebäudes mit der okkult bedeutsamen fünfeckigen Form fand am 11.9.1941 statt. Der sechzigste Jahrestag wurde mit einem Feuerwerk besonderer Art „gefeiert"!

Vom 11.9. sind es genau 111 Tage bis zum Jahresende. Mit diesen Zahlen und Daten sind verschiedene okkulte Faktoren verbunden, die wir uns weiter hinten im Buch noch näher betrachten werden. Islamistische Terroristen würden niemals Termine mit Numerologie und Astrologie, die für sie zu den „Werkzeugen des Satans" gehören, auswählen. Wieso? Weil sie ihre Wurzel in der Lehre ihrer religiösen Konkurrenz hat – in der Kabbala.

- **Profite an der Börse:** Am 17. September strahlte CBS ihre Sendung „60-Minutes" aus. Darin wurde berichtet, daß hochrangige Personen aus dem Umkreis der Regierung und der CIA kurz vor dem 11.9. ihre Airline-Aktien verkauft hatten. Offiziell hieß es, die Spur dieser Börsengewinne werde verfolgt, aber es geschah nichts, und das Thema wurde in den Medien nicht mehr besprochen.

Unabhängige Investigatoren fanden heraus, wer einer der Hauptaktiven in dieser Börsenaffäre war: der amtierende „Executive Director" der CIA, ein Herr namens A. Krongard. (136)

- **NESARA (National Economic Security and Reformation Act):** Eine weitere und vor allem äußerst spannende Geschichte ist die NESARA. Kurz die Hintergründe: Die US-amerikanische Bauerngewerkschaft (farmers union) hat gegen den Staat und gegen diverse Banken wegen existenzgefährdenden Hypotheken-Kündigungen geklagt. Diese Klage ging bis zum obersten US-Gerichtshof, dem Supreme Court, und wurde dort im Jahre 1993 zugunsten der Farmer entschieden: Etliche amerikanische Banken, darunter auch die Federal Reserve, sind wegen widerrechtlicher Hypotheken-Kündigungen schuldig gesprochen worden. Aufgrund des Umfanges und der Schwere dieser Straftaten mußte das Gerichtsurteil sehr weitgehende Maßnahmen umfassen, da sämtliche US-Regierungsstellen betroffen waren. Aus diesem Grunde wurden die das Urteil betreffenden Maßnahmen in einem Gesetz formuliert – das NESARA-Gesetz, das Präsident Bill Clinton am 10. Oktober 2000 unterzeichnet hatte. Da aber die Reformen so gewaltig sind, sind auch einige Voraussetzungen und Vorbereitungen zu erfüllen. Denn das Gesetz wird erst wirksam mit dem sogenannten ‚Announcement', der Bekanntgabe, die bundesweit gleichzeitig erfolgen muß. Doch bis dahin war ein neuer Präsident gewählt – George W. Bush.

So enthält NESARA folgende schwerwiegende Änderung des Wirtschafts- und Finanzwesens: Das bisherige Geldsystem der sogenannten Federal Reserve Bank (FED) – der Zentralbank der USA – wurde als widerrechtlich erkannt und soll abgeschafft werden, ersetzt durch ein bundeseigenes Treasury-Bank-System, ein Schatzamt-Bank-System.

Nachdem davon auszugehen ist, daß nur wenige wissen, was der Unterschied der FED zu anderen Zentralbanken ist, möge hier eine kurze historische Rückschau zusätzliche Aufklärung bringen. Ich zitiere aus meinem Werk „*Hände weg von diesem Buch!*":

„*Gegen Ende des 19. Jahrhunderts starteten die Banken, die durch das Rothschild-Imperium kontrolliert waren, eine große Kampagne, um die reiche US-Wirtschaft unter ihre Kontrolle zu bekommen. Die europäischen Rothschilds finanzierten die J.P. Morgan & Co. Bank, die Bank von Khun Loeb & Co., John D. Rockefellers Standard Oil Co., Edward Harrimans Eisenbahn und Andrew Carnegies Stahlwerke. Diese Verbindung war zum damaligen Zeitpunkt mehr als nur ein Standbein in der US-Wirtschaft. Um das Jahr 1900 sandten die Rothschilds einen ihrer Agenten in die USA, Paul Warburg, um mit der Khun Loeb & Co. Bank zusammenzuarbeiten. Jacob Schiff und Paul Warburg starteten eine Kampagne für die Errichtung der ‚Federal Reserve Bank' (FED) als fest installierte* **private Zentralbank** *in Amerika. Jacob Schiff ließ die New Yorker Handelskammer bei einer Rede 1907 wissen: ‚Wenn wir keine Zentralbank mit einer ausreichenden Kontrolle über die Kreditbeschaffung bekommen, dann wird dieses Land die schärfste und tiefgreifendste Geldpanik seiner Geschichte erleben.'*

Gesagt, getan, stürzten sie daraufhin die USA in eine Währungskrise, deren daraus resultierende Panik am Kapitalmarkt das Leben zehntausender Menschen im ganzen Land ruinierte. Die Panik an der New Yorker Börse brachte den Rothschilds neben mehreren Milliarden US-Dollar auch den gewünschten Erfolg. Genau diese Panik benutzte man nun als Argument, endlich eine Zentralbank zu errichten, um Vorfälle wie diesen zu vermeiden. Paul Warburg sagte dann dem Bank- und Währungskomitee: ‚Das erste, was mir auf die Panik hin in den Kopf kam, ist, daß wir eine nationale Clearing-Bank (Zentralbank) brauchen...'

Die endgültige Version des Beschlusses, die FED einzuführen, entstand auf einem Privatgrundstück J.P. Morgans, auf Jekyll Island, Georgia. Die Einführung der FED im Jahre 1913 ermöglichte nun den internationalen Bankiers, ihre finanzielle Macht in den USA sehr zu festigen. Paul Warburg wurde der erste Vorsitzende der FED. Dem FED-Beschluß folgte der 16. Zusatzartikel der amerikanischen Verfassung, der es nun dem Kongreß ermöglichte, das persönliche Einkommen der US-Bürger zu besteuern. Das war die Konsequenz, nachdem die US-Regierung nun kein eigenes Geld mehr drucken durfte, um ihre Operationen zu finanzieren. Dies war das erste mal in der Geschichte seit der Gründung der USA, daß das Volk Einkommenssteuer bezahlen mußte.

Die wichtigsten Aktienbesitzer der FED waren damals:
1. *Rothschild Banken aus London und Paris*
2. *Lazard Brothers Bank aus Paris*
3. *Israel Moses Seif Bank aus Italien*
4. *Warburg Bank aus Amsterdam und Hamburg*
5. *Lehmann Bank aus New York*
6. *Khun Loeb Bank aus New York*
7. *Rockefellers Chase Manhattan Bank aus New York*
8. *Goldman Sachs Bank aus New York*

Kongreßmitglied Charles Lindbergh beschrieb schon damals die neu entstandene Federal Reserve Bank als die „unsichtbare Regierung", durch ihre Geldmacht.

Wie funktioniert die FED eigentlich? Das ‚Komitee des offenen Marktes' der FED produziert ‚Federal Reserve Noten' (Dollar-Scheine). Diese Noten werden dann für Obligationen (Schuldverschreibungen) der US-Regierung verliehen, die der FED als Sicherheit dienen. Diese Obligationen werden durch die FED-Banken gehalten, die wiederum die jährlichen Zinsen darauf beziehen. Bereits 1992 waren die Obligationen, die durch die FED gehalten werden, bei rund 5.000.000.000.000 Dollar, und die Zinszahlungen der Steuerzahler steigen ständig. Und dieses ganze Vermögen hat die FED erschaffen, indem sie der US-Regierung Geld verleiht und dafür hohe Zinsen kassiert, das die FED an und für sich nur Farb- und Druckgebühren kostet.

Nochmals im Klartext: Der Dollar wird nicht von der US-Regierung herausgegeben, sondern von der FED, einem Zusammenschluß privater Banken, welcher der Regierung das Geld zur Verfügung stellt und dafür kräftig Zinsen kassiert und Steuern erhebt.

Das ist mit der größte Schwindel in der Geschichte der USA und kaum einem fiel das auf. Dazu kommt, daß die FED durch die Obligationen der US-Regierung das Pfandrecht, staatlich und privat, auf den Grundbesitz *der gesamten Vereinigten Staaten von Amerika hat. Zahllose Gerichtsverfahren waren bisher ohne Wirkung, um das FED-Gesetz rückgängig zu machen. Der erste, der sich versuchte, war Präsident John F. Kennedy, der damals einen Gesetzeserlaß einbrachte, um die FED zu kippen. Das Resultat kennen wir – Mord! Nun mag ein Kritiker einwenden, daß dies Spekulation wäre. Doch die erste Amtshandlung seines Nachfolgers Lyndon B. Johnson war es, genau diese letzte Amtshandlung seines Vorgängers rückgängig zu machen."* (149, S. 195 f.)

Vor diesem Hintergrund wird Ihnen nun sicherlich auch klar, welche Sprengkraft NESARA hat – nicht nur für die USA und die Bankiers, welche die FED halten, sondern auch für die gesamte Welt.

Und nun raten Sie mal, zu welchem Datum die öffentliche Bekanntgabe von NESARA erfolgen sollte, gefolgt von bestimmten Computer-Abgleichs-Aktionen: am 11.9.2001. Und was glauben Sie, wo sich das Computerzentrum von NESARA befand: im ersten und zweiten Stock des WTC! Viele der NESARA-Mitarbeiter hatten bereits mehrere Nächte durchgemacht, um die Proklamation zu diesem Datum möglich zu machen. Und nun wollen wir Sie nochmals raten lassen: Wo denken Sie, hat sich ein neues Computer-Zentrum von NESARA zur Koordinierung von Radio-Proklamationen befunden? In genau dem Teil des Pentagons, in den ein Flugzeug flog (beziehungsweise das gesprengt wurde)!!!

NESARA hätte am 11.9.2001 als erste Amtshandlung den Präsidenten abgesetzt und im nächsten Schritt die reichsten Familien Amerikas und die Illuminati – sprich die Geheimregierung – entmachtet. Ist das nicht interessant? (135)

Diese eben aufgeführten Beispiele, liebe Leserinnen und Leser, legen nahe, daß dieser Anschlag von langer Hand geplant war. Und das wird auch von den Prophezeiungen bestätigt (auf Seite 300 der ersten Auflage dieses Buches aus dem Jahr 1996 fand sich bereits der Text: *„Terroristischer Sprengstoffanschlag auf Hochhäuser im Zentrum New Yorks mit verheerenden Folgen"*).

Neben dem Ausschalten des NESARA-Beschlusses wurde dieser Anschlag von den USA geschickt genutzt, um nach Afghanistan einzumarschieren, um von dort aus an das größte derzeit bekannte vorderasiatische Ölvorkommen unter dem Kaspischen Meer zu gelangen. Neben den Ölinteressen, die ja auch im Irak-Krieg nur allzu gut bekannt sind, steckt aber ein noch viel diabolischerer Plan – nämlich die schleichende Versklavung und Überwachung der Menschen dieses Planeten. Unter dem Deckmantel der Terrorismusbekämpfung erlaubt man sich alles: Aufhebung des Bankgeheimnisses, amerikanische Soldaten in europäischen aber auch asiatischen Häfen und Flughäfen zur Überwachung der Transporte von Menschen und Gütern; Einmarsch in spontan von den USA zu Schurkenstaaten erklärten Länder; Verschärfung der Kontrollen auf Flughäfen und öffentlichen Plätzen durch Videokameras und die Einführung der Iris-Erkennung; zielstrebige Einführung der Cashless-Society, der bargeldlosen Gesellschaft; Überwachung der Autokennzeichen, bis hin zur Einführung des Mikrochips unter der Haut von Menschen (siehe Artikel dazu im Anhang).

Bei all den interessanten Informationen, die nun immer mehr zum Vorschein kommen – seien es Hintergründe zum Anschlag auf das WTC oder des Irak-Kriegs oder dem Abschuß des Space-Shuttles Columbia – sollte man nicht die Über-Sicht aus den Augen verlieren. Viele Interessierte verzetteln sich nämlich bei diesem Thema oft im Detail – ob sich nun diese Prophezeiung gerade erfüllt oder jene. Wir dürfen die Zielvorgabe der Illuminati, der geheimen Weltherrscher, nicht vergessen: und das ist die Weltherrschaft (wie im Plan von Mazzini und Pike offengelegt). Um dieses Ziel zu erreichen, und damit auch die totale Kontrolle über die Erdbewohner, haben diese verschiedene Pläne ausgearbeitet – es gibt sozusagen mehrere Wege zum gleichen Ziel. Hätte das mit dem WTC und dem Afghanistan-Krieg nicht so gut geklappt oder jetzt mit dem Irak-Krieg, dann hätten sie Alternativ-Pläne in der Schublade gehabt. Ob man jetzt Nordkorea als Vorwand nimmt oder Syrien, spielt dabei keine große Rolle. Es werden solche Konflikte benutzt, um neue Gesetze – globale Gesetze – zu erlassen, welche die Privatsphäre und die Freiheit des einzelnen weiter einschränken beziehungsweise gänzlich aufheben – was das eigentlich angestrebte Ziel ist!

Sie meinen, das wäre eine zu gewagte Aussage? Was sagen Sie dann zu dem Kommentar Wesley Clarks, dem ehemaligen Oberbefehlshaber der Nato-Streitkräfte, der überzeugend vermittelte: *„Ich warne die Europäer davor zu glauben, daß die USA im Rahmen der* **Neuen Weltordnung** *Skrupel haben würden, auch in Europa militärisch zu intervenieren, wenn unsere Interessen gefährdet sind, und zwar mit allen Mitteln, einschließlich Atomwaffen. Im allgemeinen werden die USA danach streben, die meisten Länder im Zustand der Armut zu belassen, mit korrupten, aber gehorsamen Regimes. Ich gehe jedoch davon aus, daß die USA auch in Westeuropa intervenieren würden, auch wenn dies gegenwärtig manchen Leuten als absurde Idee vorkommen mag. Die USA würden eine europäische nukleare oder wirtschaftliche Großmacht nicht lange dulden!"* (137)

Und George Bush senior meinte nach dem Golfkrieg 1991: *„Nur die USA sind moralisch berechtigt, die* **Neue Weltordnung** *anzuführen!"* (138)

Alles klar? Aber die mediengläubige, hirngewaschene Masse glaubt ja den Mist, der über die Massenmedien verbreitet wird – von Schurkenstaaten bis hin zur Abrüstung Rußlands. *„Die Sowjetunion ist hinüber und damit auch die Gefahr aus dem Osten für immer vorbei. Zu mächtig ist die Streitmacht des Westens"*, behaupten manche. Nun, ich hoffe, daß die Auflistung russischer Aufrüstung seit 1991 im Anhang 4 Ihnen diesen faulen Zahn endgültig zieht.

Bouvier schreibt dazu: *„Militärexperten, die die Arsenale und strategischen Möglichkeiten analysieren und werten, nicht befangen vom Zeitgeist, beurteilen die Lage skeptischer: Rußland produzierte bis vor kurzem monatlich etwa dreihundert modernste Kampfpanzer. Das entspricht in etwa der Ausrüstung einer ganzen Panzerdivision – pro Monat! Und so ging das Jahr für Jahr. Die Bundeswehr hat etwa sechs Divisionen, Rußland schon im Frieden mehr als siebzig.*

Und diese modernen Truppen sind gut ausgestattet. Besonders Rußland und die Ukraine verfügen weiterhin über ein riesiges Potential an Bodentruppen und über strategische Waffen: Raketen, Fernbomber, chemische Waffen und Schlachtflotten auf den Weltmeeren, allen voran eine Unzahl von strategischen Unterseebooten.

Daß der friedliche und erfolgreiche Umbau eines bankrotten Imperiums ohne außenpolitische Turbulenzen möglich ist, das ist nur unbedarften Fernsehzuschauern mit Erfolg zu vermitteln.

Trotz der Flammenzeichen an der Wand werden wir tanzen und schmausen bis zum Schluß." (18)

Die Welt läßt sich von Rußland täuschen. Doch nicht alle sind auf dem russischen Auge blind. Otto von Habsburg beispielsweise prognostizierte am 19.11.2002 in der Wochenzeitung „Zur Zeit", daß Rußland eine nationalsozialistische Regierungsform bekommen würde, jedoch nicht hitler'scher Prägung, sondern von speziell russisch-putin'scher Prägung.

Und im Moment (2004) wird gerüstet wie nie zuvor.

So findet man in den „Vertraulichen Mitteilungen" die Meldung vom Dezember 2002, daß die neue russische Wunderwaffe, das Flugzeug- und Raketenabwehrsystem S-400, kurz vor der Serienreife steht. Nach Expertenansicht wird das S-400 das weltweit wirkungsvollste Flugzeug- und Raketenabwehrsystem und mit seinen 400 Kilometern Aktionsradius deutlich effizienter als vergleichbare amerikanische Systeme sein.

Im September 2002 berichtete die gleiche Quelle über den Stapellauf des weltweit größten Atom-U-Boots in Sewerodwinsk, der geheimen russischen U-Boot-Schmiede an der Küste des Weißen Meeres. Die „Dmitri Donskoi" stellt mit seinen 172 Metern nicht nur die untergegangene „Kursk" in den Schatten, sondern ist sogar noch zwei Meter länger als die US-amerikanische „Ohio", die bisher das weltweit größte Atom-U-Boot war. Die „Dmitri Donskoi" ist mit 20 Raketen ausgerüstet, die Zehnfachsprengköpfe tragen, und von Geheimdienstkreisen ist zu erfahren, daß dem Schiff eine Zerstörungskraft zugeschrieben wird, die bislang noch kein anderes U-Boot erreichte. Mit dieser Bestückung kann die „Dmitri Donskoi" 200 große Überwasserziele, jedes 7.000 Quadratkilometer groß, in 10.000 Kilometern Entfernung angreifen. Und dies irgendwo im Weißen Meer aus 50 Metern Tiefe, im Gegensatz zu den US-U-Booten, die nur aus 25 Metern Wassertiefe feuern können. Von dort aus *„kann das Boot gleichzeitig dutzende Städte wie New York zerstören oder ein kleines europäisches Land oder halb Afghanistan dem Erdboden gleichmachen"*, freute sich die Moskauer Zeitung *Komsomolskaja Prawda*.

Und russische Militärs ließen bereits vielsagend anklingen, daß das neue Schiff Moskau in seinem Bestreben helfen will, wieder und dann endgültig zu den tragenden Weltmächten zu gehören. (139)

Bedenkt man dabei, daß unter unseren letzten – egal welcher Partei angehörenden – Verteidigungsministern die Bundeswehr zum Infrastrukturskelett abgerüstet worden ist, scheint die Lage gar völlig aussichtslos, sollte es zu einem Einmarsch feindlicher Truppen kommen. Militärexperten wissen, daß, wenn alle Mittel vorhanden wären, es Jahre dauern würde, die Bundeswehr wieder in Höchstform zu bringen. Die Panzer sind zerlegt und eingemottet, das Fachpersonal ist abgebaut – für einen Angreifer daher kein Problem, uns in wenigen Tagen zu überrollen.

In Wirtschaftsfragen ist es nicht anders. Schon in wenigen Jahren werden wir erkennen, daß die Prognosen unserer Politiker und Wirtschaftsleute erstunken und erlogen waren, daß man längst wußte, daß bald der große Knall kommen würde. Die Masse hat man durch Fernsehen, Sport und andere Ablenkungsmanöver ruhig gehalten, während die Fassaden bereits bröckelten. So sagte beispielsweise der ehemalige Bundesbankpräsident Pöhl in einem Interview in „Bild am Sonntag" vor rund zehn Jahren, daß unsere Währung ganz stabil und bestens gesichert sei. Drei Tage später auf einem Bankierstreffen in der Schweiz meinte er dagegen, daß die Währungen weltweit zusammenbrechen würden, wenn von den rund 1.400 am Eurodollarmarkt engagierten Banken nur eine oder zwei nicht mehr mitmachten oder kein neues Geld mehr einschössen.

Die Realität sah die ganze Zeit ganz anders aus, nur war sie gut retouchiert. Diese Tatsache wird von den meisten Menschen nicht wahrgenommen. Erst im nachhinein erscheint all das logisch, zielgerichtet und vorhersehbar, was in der jeweiligen Situation anders beurteilt wurde.

Doch wenn es im nachhinein vorhersehbar war, muß es dies im voraus auch gewesen sein. Und es gab schon immer Menschen, welche die Gabe hatten, Ereignisse, schöne wie auch weniger schöne, vorauszusehen – genannt Propheten, Visionäre, Medien oder Seher. Und es gibt etliche dieser Seher, alleine im süddeutschen Raum, die bereits den Ersten und Zweiten Weltkrieg vorausgesehen hatten, doch man hatte ihre Mahnungen nicht ernst genommen. Und die gleichen Seher, welche die anderen Kriege vorhergesehen hatten, haben auch für unsere Zeit, die Jahrtausendwende, Voraussagen gemacht. Und wenn die anderen Voraussagen eingetroffen sind, warum soll es sich dann bei den anderen ändern?

Der visionäre **Bauer aus Krems** (um 1976) sagte beispielsweise zu einem anderen Bauern auf dem Felde über den Krieg in Jugoslawien: *„Jetzt geht das schon ins dritte oder vierte Jahr. Es ist ein grausiges Morden auf dem Balkan, und worum es geht, weiß ich nicht – jeder bringt jeden um!"* (18)

Treffender kann die Aussage nicht sein. Es ist exakt so eingetroffen. Und dieser Seher hat noch ganz andere Dinge über die kommenden Jahre zu sagen. Wird er auch da Recht behalten?

Die Seher rufen seit Jahrzehnten ihre Mahnungen hinaus, doch nur wenige wollen hören. Folgen wir ihren Gesichten und Schauungen, so erfahren wir, was uns wohl schon in wenigen Jahren ins Haus stehen soll. Und dabei handelt es sich nicht nur um den Tod eines Präsidenten, ein Erdbeben oder einen weiteren Terroranschlag, nein, es geht um einen Umbruch, wie ihn die Menschheit seit Jahrzehntausenden nicht mehr erlebt hat.

Aber nicht nur unsere jetzigen Wirtschafts- und Gesellschaftssysteme sind verkorkst, nein, unser komplettes Denken, Fühlen und das daraus folgende Handeln. Auch unser Verhältnis zu unserer Heimstätte, der Mutter Erde. Wie wir mit unserem „Haus" in beziehungsweise auf dem wir leben umgehen, gleicht dem Verhalten der Person, die an dem Ast sägt, auf dem sie selber sitzt. Und wir fahren weiter ignorant fort, diesen Planeten und seine Bewohner zu zerstören.

Moira Timms drückt sich so aus: *„Unser Planet wurde vom modernen Menschen schlimm behandelt, und zwar genau deshalb, weil zivilisierte Kulturen, wie man sie zur Zeit definiert, nicht in Harmonie mit dem Universum stehen. Bedürfnisse und Abfälle der Produktion und der Technologie haben während des Prozesses der Unterhaltung dieses speziellen Modells von Kultur den Planeten entweiht und verschmutzt. Besonders diese Bedingungen werden karmisch korrigiert werden, auf Arten, die diesen Bedingungen angemessen sind. Der Planet hat sich in der Vergangenheit kaum zu Wort gemeldet, er hat den Menschen Unterhalt gegeben und sie freundlich ernährt, und als Gegenleistung wurde er ausgeplündert. Aber all dies steht vor dem Wendepunkt: verschiedene Störungen der Natur, geographische Verschiebungen, Eruptionen* *und Erdbeben werden nur Symptome der Reaktion des Planeten auf vom Menschen geschaffene ökologische Ungleichgewichte sein, die nicht mehr ausgehalten werden. Wie ein kranker Körper wird die Erde rebellieren, in ihrem Versuch, das Gleichgewicht wiederzugewinnen. Die Hopi-Indianer nennen dieses Phänomen ‚die Zeit der großen Reinigung'."* (109, S. 31 u. 32).

Um vielleicht in einem einzigen Satz auszudrücken, was auf dem dritten Planeten unseres Sonnensystems – der Erde – wie auch in und mit uns Menschen falsch läuft, könnte der folgende dienen: *„Man hat uns gelehrt, mit den Ohren zu hören, aber nicht mit dem Herzen!"*

Oder ein anderer: *„Der ungeistige Mensch aber nimmt nicht an, was vom Geist Gottes kommt. Torheit ist es für ihn, und er kann es nicht verstehen, weil er nur durch Geist geprüft werden kann."* (1. Korinther 2:14)

Es ist nicht unsere Absicht, den Leserinnen und Lesern Angst zu machen, sondern die Dringlichkeit der Zeiten, in denen wir leben, klarzumachen. Es hat in der Geschichte des Menschen schon lange keinen Zeitpunkt mehr gegeben, wo so viel auf dem Spiel stand und der Lohn so hoch war. In der kosmischen Geschichte wie auch in den Angelegenheiten der Menschheit, kommt eine Zeit für die Vollendung des Zeitalters und für die Wiederherstellung aller Dinge. Das bedeutet, daß wir uns sehr schnell einer Zeit nähern, in der das Destruktive im Leben, so wie wir es jetzt kennen, keine Möglichkeit mehr haben wird zu existieren (und wir selbst auch nicht, falls wir uns nicht ändern).

So wollen wir Ihnen spätestens mit unserem Resümee soviel Kraft und Wissen vermitteln, daß verständlich wird, daß alles, was wir zur Weiterentwicklung, zur Rettung oder Lösung unserer Probleme brauchen, noch vorhanden ist und auch immer vorhanden war. Wir brauchen es nur einfach – aber schnell – wiederzuentdecken. Das ist alles. Alles, was wir brauchen, ist in uns.

Grundlagen zum besseren Verständnis

„Vieles ist für den im Materialismus wurzelnden Menschen absolut unerklärlich, denn dieser sieht in der Schöpfung nur blind waltende Kräfte materieller Eigengesetze.
Die Erkenntnis dieser Zusammenhänge kann nur erreicht werden, wenn es dem Einzelindividuum gelingt, in das wahre Wesen der Natur einzudringen, indem das Eigenbewußtsein im göttlichen Bewußtsein aufgeht."

Willy G. Fügner

Die Wissenschaft ist immer noch geteilter Meinung darüber, wie das Universum entstanden ist, aber über eines ist man sich einig – daß im Universum eine Ordnung herrscht. Eine Ordnung ist *„eine Entsprechung mit Gesetzen"*, und das Wort *„ordentlich"* wird im Lexikon als *„gut geführt"* erklärt. Wir leben in einem Kosmos, (griech.; Ordnung). Doch was genau ist diese Ordnung im Universum?

Lassen Sie uns hier kurz diese Gesetze der erwähnten Ordnung betrachten, um besser verstehen zu können, was in diesem Buch ausgedrückt werden soll:

Das Gesetz der Kausalität

Dies ist das Gesetz von Ursache und Wirkung (oder Karma) – kosmische Gerechtigkeit. Das Wort „Karma" (Sanskrit) bedeutet „die Tat" oder auch „Handeln". In folgendem Vers ist es in vollem Umfang erklärt.

„Alles, was Du Gottes Geschöpfen antust, ob Gutes oder Schlechtes, ob Menschen, Tieren oder Pflanzen, kommt irgendwann als Gutes oder Schlechtes auf Dich zurück."

Den meisten geläufig als: *„Was man sät, das erntet man auch!"*

Wir wissen mit Sicherheit, daß alle Manifestationen der Natur von kosmischen Gesetzen regiert werden, die einfach und unveränderlich sind. Das kosmische Gesetz ist der gemeinsame Nenner des sich verändernden Spektrums der Physik und der Metaphysik. Die Metaphysik beschreibt die Gesetze der geistigen Welt und die Physik die der materiellen Welt. Physik und Metaphysik sind verschiedene Zustände der einen Wissenschaft.

Es ist also kein Wunder, sondern Gesetz, wenn wir Kartoffeln säen, daß wir auch Kartoffeln ernten. So ist es auch gesetzmäßig, daß wenn man „*Idiot*" in den Wald schreit, auch „*Idiot*" zurückhallt und nicht „*Liebling*". Sät man Ärger und Haß, so wird man diesen auch ernten. So wie man lebt, so ist das Leben auch zu einem zurück. Das Leben selbst ist dabei völlig wertfrei, wie ein Computer. Dem Computer ist es gleich, ob der ihn Bedienende Schönes hineinschreibt oder Häßliches – er druckt es trotzdem aus. Und wenn dann Schweinereien auf dem ausgedruckten Papier vorzufinden sind, ist bestimmt nicht der Computer schuld.

So ist es auch mit den Lebensgesetzen.

Das amerikanische Volltrance-Medium Edgar Cayce sagte dazu: „*Man muß sich letztlich darüber klar werden, daß alles Karma vom Verstand erschaffen wird. Ein falsches Verhalten entspringt einem falschen Bewußtsein. Daher kann ein Mensch nicht hoffen, sein negatives Karma zurückzuerstatten, wenn er seine eigene geistige Beziehung zur kreativen Energie nicht versteht. Der Mensch tritt sich ständig selbst gegenüber. Wie ER sagte: „Tue Gutes denen, die Dir Böses getan haben" und Du überwindest in Dir, was Du Deinem Mitmenschen angetan hast.*" (109, S. 17)

Das Gesetz der Polarität

Es ist das Gesetz der Gegensätze männlich-weiblich, negativ-positiv, Materie-Antimaterie und so weiter. Auf diesem Prinzip basierend, kann sich die Natur selbst fortsetzen. Die scheinbaren Gegensätze helfen, in versöhntem oder harmonischem Zustand, unserem geistigen Wachstum und liefern Verständnis von der uns umgebenden phänomenalen Welt.

Der Mensch ist als Meister der Gegensätze, als Meister der Polarität, erschaffen worden, um durch Disziplin und Bewußtsein sich selbst und die Polaritäten zu meistern.

Begriffe wie „Gut" und „Böse" sind nur subjektive Auffassungen derselben Wahrheit. Solche Begriffe verlieren ihre Wirkung, wenn ein Ereignis, das als solches bewertet wurde, in das Licht des höheren Verständnisses gerückt wird. In Wirklichkeit sind es keine Gegensätze, sondern einfach nur Realität. Sie scheinen sich zu verändern, je nachdem wie wir sie wahrnehmen. So wie es ohne die Erfahrung des Süßen kein Saures gibt, so kann man auch kaum wirklich wissen, was Liebe ist, wenn man nicht auch einmal den Haß in sich wahrgenommen hat. Die Trennung oder Zersplitterung des Lebens in Aspekte wie Gut und Böse variiert im Individuum und in den Kulturen, und sie verändern sich mit der Entwicklung und der Wahrnehmungsfähigkeit des einzelnen. Ein Geschehen in der Vergangenheit, welches man damals als „schlecht" bezeichnet hatte, mag zehn Jahre später ganz anders bewertet werden. Gehen wir mit einem aufnahmefähigen Bewußtsein, Flexibilität und Offenheit durchs Leben, statt mit Sturheit und verschlossener Engstirnigkeit, dann wird uns offensichtlich, daß Angst und Unwissenheit uns Leid bringen, während Liebe und Aufgeschlossenheit zum Glück führen.

Das Gesetz der Schwingung (Resonanzgesetz)

Das gesprochene Wort erzeugt Schwingung und dadurch entsteht Dualität beziehungsweise Polarität, denn Bewegung erzeugt Gegensätze (entgegengesetzt gerichtete Bewegungen).

Das Aussprechen eines Wortes ist ein Werkzeug der Macht, es gibt dem Gedanken Form und Ausdruck. Worte bekleiden einen Gedanken mit einer Matrix von Vibrationen, verstärken ihn und erleichtern ihm den Weg in die physische Welt der Materie und des Handelns.

Moira Timms schreibt dazu: *„Gewöhnlich denken wir bei Schwingungen an die Töne, die nur vom Ohr aufgenommen werden. Die Ohren erfassen nur einen kleinen Bruchteil des Spektrums. Die Vibrationen aller Dinge bilden ihr eigenes Energiemuster: Felsen, Insekten und Pflanzen unterscheiden sich voneinander durch ihre Vibrationsrate. Jedes Molekül im Körper wird im Zusammenhang mit allen anderen deshalb an seinem Platz gehalten, weil es auf seine Frequenz programmiert ist. Wir wissen, daß subtile Materie, von der wir früher glaubten, daß sie aus kleinsten Teilchen bestünde, jetzt als eine Wellenerscheinung identifiziert ist. Faraday hat zuerst das elektromagnetische Feld als niedrigstes Element der physikalischen Realität begriffen, und heute wird dieses unsichtbare Prinzip der nicht-linearen Bindung von der Wissenschaft als „Resonanz" anerkannt. Eine Stimmgabel, die auf einen bestimmten Ton abgestimmt ist, läßt andere Objekte der gleichen Frequenz und der gleichen Harmonie, mit denen sie in Berührung kommt, mitschwingen, genau wie ein Lächeln, ein Gähnen oder eine Verärgerung. In diesem Sinne **zieht Gleiches***

Gleiches an, und Objekte von ungleicher Schwingung beharren auf ihrer Umlaufbahn um ihr gemeinsames Prinzip, den Resonanzfaktor, auf ihrer eigenen Frequenz. Auf der menschlichen Ebene ist es die Liebe, die die schöpferische Kraft und das zusammenhaltende Element darstellt. Ohne sie wären wir isoliert und stünden außerhalb der Harmonie mit anderen. Wird dieses Modell verwendet, so kann man leicht sehen, wie Individuen, von einem gemeinsamen positiven Ziel und der richtigen Motivation zusammengehalten, andere um sich herum, wie die Wellenerscheinungen, umformen können – ja sogar die Welt. Eine Dissonanz kann destruktive Kräfte der gleichen Macht erzeugen."* (109, S. 14 und 15)

Und an anderer Stelle: *„Die Moleküle eines Eiswürfels vibrieren schneller, wenn er erwärmt wird und er sich zu Wasser, dann zu Dampf umformt. Die Veränderung seines Zustands ist die Folge des Schmelzens, dann der Verdampfung, was schlicht die Erregung seiner Moleküle zu einem schnelleren Tanz bedeutet. Niemand von uns stellt das in Frage, und doch können manche Menschen nicht verstehen, daß Materie selbst die Verdichtung einer Energie darstellt, die man gewöhnlich Geist nennt; ein Zustand, zu welchem sie zur gegebenen Zeit mittels der Evolution zurückkehrt. Die gefrorene Welt des Eises ist wie die materielle Welt; die unsichtbare Welt des Dampfes ist wie der Geist. Die physikalische Welt wird vom Geist erschaffen, der sich zu Materie umformt. Alle Materie besteht aus Energie, und alle Energie manifestiert sich durch das Bewußtsein."* (109, S. 15 u. 16)

Dem Gesetz der Resonanz unterliegt der Mensch ebenso wie eine Stimmgabel oder ein Radioempfänger. Ist ein Radio auf UKW eingestellt, kann es keine Mittelwelle empfangen. Ist ein Mensch verärgert, ist er für Liebe nicht empfänglich und umgekehrt. Auch die Aussage *„Jeder sieht nur das, was er sehen will"* beruht auf dem Resonanzgesetz.

Und so zieht *„Gleiches auch wieder Gleiches an"*. Man pflegt auch zu sagen: *„Die Umwelt ist ein Spiegel Deiner selbst"*. Wir haben das um uns, womit wir in Resonanz stehen.

Eine weitere Analogie ist *„Wie innen, so außen"*. Ist ein Mensch innerlich verärgert, wird er diesen Ärger auch in der Außenwelt vorfinden.

Aus diesem Grund ist es fast aussichtslos, im Nahen Osten Frieden zu schaffen, da die meisten Menschen dieser Region keinen Frieden in sich haben. Ist ein Mensch in sich selbst friedlich, kann er auch tatsächlich Frieden in der Welt finden.

Das Gesetz des Rhythmus

Rhythmus kann als geregelte Vibration beschrieben werden. Vibration verhält sich zu Musiknoten wie Rhythmus zur Melodie. Rhythmus hat mit Wiederholung und mit Zyklen zu tun. Alan Watts sagt dazu: *„Was immer wir als existent erfahren, als in der Zeit voranschreitend, ist kaum beständig, sondern eher ein sich wiederholender Rhythmus."* (109, S. 18)

Das ganze Universum kann durch Begriffe wie Vibrationen, Rhythmen und Wellen definiert werden – als eine Folge von strukturierten, periodischen Phasen, die jedem Ereignis innewohnen.

Die Einheit der Schöpfung manifestiert sich bei ihrer ständigen Ausweitung immer perfekt in Teilungen ihrer selbst, und das erzeugt zwei Grundkräfte – Ausdehnung und Zusammenziehen. Die östlichen Kulturen haben diesen Vorgang schon lange verstanden und diese wechselnden Kräfte, die sich gegenseitig ergänzen und doch abstoßen, als Yin und Yang bezeichnet, die in ständigen Spiralen der Kraft und der Trägheit miteinander verschmelzen und sich umwandeln.

„Beim Groß-Sein geht es weiter, beim Weitergehen entfernt es sich, wenn es sich entfernt hat, kehrt es zurück." (Lao Tse beim Beschreiben des Tao)

Das Leben und alles, was dazugehört, dehnt sich in einer Progression von Zyklen aus, die von spiralförmiger Natur sind, und zieht sich ebenso wieder zusammen. Alles verkehrt sich zu gegebener Zeit in sein Gegenteil.

Hierzu gehört auch das Gesetz der Reinkarnation.

Galaxien sind Spiralen, genauso wie Wolkenformationen auf aus dem Weltraum aufgenommenen Wetter-Fotos. Spiralen bilden auch der Wind; Hurrikane; Tornados und Zyklone; das Wasser, das spiralförmig in den Abguß läuft; die Fingerabdrücke und die Struktur des Haarwuchses; Kristalle, die aus molekularen Spiralen bestehen oder die DNS.

Das Gesetz der Analogie (wie oben so unten)

Im Makrokosmos wie im Mikrokosmos herrschen die gleichen Gesetze und regieren die gleichen Systeme. So wie unser Sonnensystem einen Kern hat (die Sonne), hat auch jede Zelle und jedes Atom einen Zell- beziehungsweise Atomkern.
Ein anderes Beispiel: Die Bäume und Wälder auf der Erde ziehen für unseren Planeten Energie an sich, wandeln Gifte der Atmosphäre in notwendigen Sauerstoff um und bieten Kühle, Wärme und Schutz. Ist es dabei nicht interessant, daß die feinen Kapillaren an der Grenzfläche zwischen unserer äußeren und unserer inneren Umgebung, die Haare unseres Körpers, die gleiche Funktion haben?
St. Barbe-Baker, der Mann, der einen beachtlichen Teil der Sahara wieder aufgeforstet hat, sagte es so: *„Ein Mensch kann nicht überleben, wenn seine Körperoberfläche nicht wenigstens ein Drittel intakter Haut aufweist, und ein Planet kann nicht überleben, wenn seine Landoberfläche nicht zu einem Drittel von Bäumen bedeckt ist."* (109, S. 19)

In diesem Zusammenhang können wir auch die Sonnenflecken erwähnen: Die Forschungsergebnisse der „Foundation for the Study of Cycles" haben ergeben, daß die Sonnenfleckenaktivität eng mit historischen Massenereignissen, Epidemien und Zyklen menschlichen Verhaltens (wie auch Wetter-Zyklen) zusammenhängt. Es wurden die Aufzeichnungen aus zweiundsiebzig Ländern studiert, zurückreichend bis ins Jahr 500 vor Christi Geburt. Sie zeigten Perioden minimaler, maximaler und abnehmender Erregbarkeit bei den menschlichen Angelegenheiten während des Elf-Jahres-Zyklus der Sonnenflecken. Man nimmt an, daß der Einfluß des Maximums der Sonnentätigkeit auf das Zentrum des Nervensystems Impulsen Energie verleiht, die aus dem Massen-Unbewußten stammen und potentielle Energie in besonders hervorstechende Arten von Aktion umwandeln. Dies führt in den meisten Fällen zu Blutvergießen, da die Massen den Weg des geringsten Widerstandes vorziehen.
Jedes der großen Erdbeben im Bereich von San Franzisko seit 1836 ereignete sich innerhalb von zwei Jahren nach einer Periode intensiver Sonnenfleckentätigkeit.

Russische Forscher, die mit der Kirlian-Fotografie arbeiten, einer Fotografietechnik, mit der unter anderem auch das menschliche elektrische Feld sichtbar gemacht werden kann, haben herausgefunden, daß die menschlichen Felder in Übereinstimmung mit dem Aufflackern auf der Sonnenoberfläche ebenfalls aufflackern.

Noch mehr zu Zyklen: Moira Timms erklärt uns folgendes: *„Wir beziehen uns auf die Geschichte und auf den Ursprung der Arten als Evolution, und doch würde es richtiger „Involution" genannt, da sie Leben im Vorgang des Werdens darstellt. Sie verläuft nicht linear, wie im traditionellen „Marsch der Zeit", sondern zyklisch, spiralenförmig.*

Energie, die die erste und subtilste Lebens-Welle bildet, wird zunehmend komplizierter bei ihrer Umwandlung in immer wundervollere und komplexere Formen – Gase, Minerale, Pflanzen, Tiere. Der Höhepunkt der Schöpfung wird im sechsten Stadium der Entwicklung in der Form des Menschen erreicht, der mit dem Privileg der senkrechten Wirbelsäule und kreativem Verstand lebt. In diesem Sinne kommt die menschliche Form aus der Welt und nicht in die Welt. Wir repräsentieren eine direkte Metamorphose des Bodens; wir sind nicht getrennt. Energie gebärt Gase, die wiederum Mineralien bilden. Diese Mineralien, die im Boden stecken, ernähren Pflanzen, die Tieren zur Nahrung dienen. Wir werden von diesen Pflanzen und Tieren unterhalten. Von da an kann man sagen, daß wir uns „ent-wickeln" (als Gegenteil von ver-wickeln), da Materie nach Erreichen ihres vollständigen Ausdrucks am komplexesten ist und durch Verfeinerung zu ihrem Ursprungspunkt zurückzukehren sucht; wir wachsen auf und kehren heim, wie es war. Dann entwickelt sich der menschliche Organismus zurück zu seinem Ursprung und nimmt das ganze Wissen und die Weisheit, die er durch die Erfahrung eines ganzen Lebens angesammelt und in die Psyche integriert hat, mit sich. Wieder einmal verwandelt sich Materie sanft zurück in den Geist.

Hier auf der sechsten Ebene der Form existieren Menschen in verschiedenen Stadien der persönlichen Entwicklung. Diejenigen, deren Bewußtsein sich noch in den frühen Stadien des Erwachens befindet, repräsentieren die Mensch-Tier-Natur insofern, als sich das Ego auf sich selbst und auf seine eigenen Bedürfnisse konzentriert, weitgehend unter Ausschluß des Wohlergehens anderer. Es weiß nichts von den höheren Prinzipien, und es hat auch nicht den Wunsch zu lernen; es ist in erster Linie auf die niedersten Zentren des Bewußtseins fixiert, deren Charakteristika Sicherheit, sexuelle Empfindungen und Macht sind. Mühsal und Erfahrung des Lebens geben uns manche Ohrfeige und lehren uns, uns so zu verhalten, wie wir es von anderen uns gegenüber möchten; damit wächst die Empfänglichkeit, das Bewußtsein dehnt sich aus, und das Ego gewinnt ein wohlerworbenes Interesse am Wohlergehen aller Lebensformen, es sieht sich nachempfindend an jedermanns Stelle. Ist das Herz einmal aktiviert, erweitert sich die Kreativität, und man sucht das Wissen der höheren Weisheit. Mit der Entwicklung dieses Vorgangs kann man dann sagen, daß die menschliche Form Gott-Mensch repräsentiert." (109, S. 49 u. 50)

Deshalb stand über dem Orakel von Delphi:
„*Mensch erkenne Dich selbst, dann erkennst Du Gott.*"

Weiter ist das **Gesetz der Mentalität** zu erwähnen:

Es ist die Kraft des Denkens. Dinge, Ereignisse, Wörter entstehen im Denken. Gedanken sind das zugrundeliegende kausale Prinzip, mit dem die Menschen bei ihrem Schöpfen und Erschaffen von Realität arbeiten müssen. Die Gedanken sind dabei neutral. Die Wertung bekommen sie erst durch den Beweggrund des Denkenden. So liegt es an jedem selbst, was er denkt, Schönes oder weniger Schönes. Doch die Kraft der Gedanken ist Gesetz. Wiederum ist es abhängig vom Denkenden, wie stark er denkt und wie bewußt er denkt. So ist es einer ganzen Reihe an Personen möglich, Kraft ihrer Gedanken Gläser zu verschieben, Metall zu verbiegen oder gar zu heilen. Doch sind auch destruktive Gedanken übertragbar.

Alle Gesetze nochmals zusammengefaßt können in dem eben schon erwähnten Satz wiedergegeben werden: „*Alles was Du Gottes Geschöpfen antust, ob Gutes oder Schlechtes, ob Menschen, Tieren oder Pflanzen, kommt irgendwann als Gutes oder Schlechtes auf Dich zurück.*"

Nur diesen Satz müssen wir uns merken. Haben wir diesen verstanden, haben wir auch die große Lernaufgabe des Lebens verstanden.

Die Verletzung dieser Gesetze beziehungsweise die unbewußte oder destruktive Anwendung derselben, ist die Ursache der meisten Störungen auf dieser Welt. Und schon sind wir wieder beim Thema des Buches: die Voraussagen über umwälzende Veränderungen und den Dritten Weltkrieg. Verursacht nicht durch „Gott" – sondern durch UNS!

Was ist Prophetie?

Was sind eigentlich Prophezeiungen? Im Groben unterscheiden wir dreierlei Arten der Voraussage:
- die rechnerische Prophetie,
- die Vision und
- das mediale Empfangen von Durchgaben – das sogenannte „Channeling" („Kanal sein").

Unter die **rechnerische Variante** fallen die Astrologie, die Numerologie und die Alchimie. Grundlage der Alchimie sind die Naturgesetze wie auch die hermetisch-geistigen Gesetze: *„Wie oben, so unten; wie innen, so außen; im Mikrokosmos, wie im Makrokosmos"* – diesen liegt wiederum das Gesetz von *„Ursache und Wirkung"* zugrunde – und damit das Basiswissen über den Aufbau des Lebens und der Schöpfung. Ist dem Alchimisten der Aufbau der Materie geläufig und hat er die Prinzipien und Gesetzmäßigkeiten verstanden, auf welchen die Materie sowie auch das Leben aufgebaut ist, ist es ihm auch möglich, Materie wieder aufzulösen. Er kann die Materie verändern, kann das Energiemeer, aus welchem wir bestehen und in welchem wir schwimmen, anzapfen und dadurch beispielsweise kostenlos Energie gewinnen, das heißt auch elektrisch umsetzen. Er kann aber auch, aufgrund des Wissens über die Maßeinheiten im Mikrokosmos wie auch im Makrokosmos, zum einen die aufgelöste beziehungsweise unbegrenzt vorhandene Energie nach Belieben neu zusammensetzen und zum anderen natürlich auch exakte Berechnungen über Ereignisse anstellen. Dies ist deshalb möglich, da das Leben wie auch die Zeit zyklisch verlaufen, also wiederkehrend und daher auch berechenbar sind.

Die Astrologie und die Numerologie sind zwei der Werkzeuge, mit welchen man den Zyklus des Lebens darstellen und auch interpretieren kann. Wie mit einem Thermometer kann man das Leben damit messen. Es sind nicht nur die Planeten selbst, die uns beeinflussen (Ebbe und Flut), sondern anhand der zyklischen Bewegungen der Planetenrotationen und Konstellationen kann man entsprechend dem Gesetz *„Wie im Großen, so im Kleinen"* erkennen, welcher Zyklus sich auch im Kleinen, im Innern des Menschen abspielt. Dies ist die Grundlage der sogenannten Hermetik. Das

Leben, im Mikrokosmos wie im Makrokosmos, ist ordentlich, es bildet eine Ordnung, und so wie die Planeten nicht zufällig, sondern zyklisch und klaren Gesetzmäßigkeiten unterliegend ihre Bewegungen machen, so ist es auch im menschlichen Leben der Fall. Das Leben bewegt sich zyklisch, ist wiederkehrend und meßbar. Doch dieses Wissen ist natürlich dem darüber nicht unterrichteten wie auch zum großen Teil uninteressierten Durchschnittsmenschen nicht mehr geläufig. Durch die Astrologie zum Beispiel ist der Zyklus des Lebens, der an den Planetenrotationen am leichtesten erkennbar ist und auf den Mikrokosmos (den Menschen) gesetzmäßig übertragen werden kann, ablesbar und natürlich auch vorhersehbar. Genauso, wie man Jahrtausende zuvor berechnen kann, an welchem Tag welcher Planet mit einem anderen in Konjunktion stehen wird und an welchem Tag er sich an dem jeweiligen Punkt seiner Umlaufbewegung befinden wird, genauso ist anhand der Astrologie erkennbar, zu welchem Zeitpunkt die Möglichkeit besteht, daß es auf der Erde zu einem Eklat, einem Krieg oder etwas ähnlichem kommen wird – nicht zufällig, sondern gesetzmäßig.

Eine **Vision** dahingegen „geschieht" mit der betroffenen Person. Sie wirkt entweder von außen oder von innen auf sie ein. Ein Beispiel für solch eine Vision ist eine Marienerscheinung, während der einer Person von einem nicht physischen Wesen eine Botschaft „sichtbar" übermittelt wird, die diese dann den anderen Menschen weitergibt.

Eine innere Vision kommt manchmal auch durch Träume, oftmals während eines Unfalls oder einem Nahtoderlebnis zustande.

Die dritte erwähnte Art der Voraussagen ist das sogenannte **„Channeln"**. Hierüber schreibt Karl Schnelting: *„Da gibt es den erfolgreichen Geschäftsmann, der selbst am meisten verblüfft ist, daß er ganz unvermittelt eine innere Stimme wahrnimmt, die ihn mit Themen der Veränderung seines Lebens und des Lebens überhaupt konfrontiert. Er muß feststellen, daß er zu einem ‚Medium' geworden ist. Und schon bald darauf gibt er einen Informationsdienst heraus, der inhaltlich das wiedergibt, was er ‚innerlich' hört.*

In fast jeder Stadt kann man heute ‚Sitzungen' bei Medien buchen, die sich nach Willen in einen anderen Bewußtseinszustand, sei es Halb- oder Voll-Trance, versetzen und den Klienten mit Aussagen über seine Vergangenheit und Zukunft erstaunen. Besonders gesucht sind Sensitive, die den Besucher in

Kontakt bringen mit seinem geistigen Begleiter (dem ‚Schutzengel' der Religionen), der seinen Schützling am intimsten kennt und deshalb am besten in weltlichen und spirituellen Fragen beraten kann. In New York gibt es einen eigenen Stadtführer, der alle Sensitiven auflistet und ihre spezifischen Fähigkeiten beschreibt. Die Medien, die sich als Kanal, als ‚Channel' für andere Bewußtseinsebenen verstehen, erhalten vielfach Eingebungen für ganze Buchmanuskripte, so daß sich weltweit eine eigene Sparte ‚gechannelter' Bücher entwickeln konnte.

Die Qualität des Vermittelten hängt von der Ebene ab, aus der die Botschaften kommen. Die Ebene wiederum, an die sich ein Medium anschließen kann, hängt vom Grad seiner Lauterkeit und Neutralität ab. Ein auf sein Ego zentriertes und emotionsgeladenes Medium ist kaum geeignet, klare und reine Botschaften aufzunehmen." (55, S. 3).

Jakob Lorber (1800-1864), ein Musiklehrer aus Graz, der ebenfalls eine innere Stimme hörte, die ihm sagte „*Nimm Deinen Griffel und schreibe!*", schrieb in vierundzwanzig Jahren nach innerlich gehörtem Diktat fünfundzwanzig Bücher, die alle in der Ich-Form Christusworte formulieren. Seine Aussagen sind daher so interessant, weil sich eine Vielzahl an Voraussagen auch bewahrheitet hat. Zum Beispiel die Darstellung der Atome. Man kann in seinen Schriften schon damals über den erst sehr viel später entdeckten Planeten Jupiter lesen oder von der Erfindung des Dampfmotors, des Explosionsmotors, des Fließbandes, des Roboters und vieles mehr. So wurde ihm auch folgendes diktiert:

„*In dieser Endzeit werden die Menschen zu einer großen Geschicklichkeit in allen Dingen gelangen und mancherlei Maschinen erbauen, die alle Arbeiten verrichten werden wie lebende Tiere und vernünftige Menschen. Dadurch aber werden viele Hände arbeitslos, und der Menschen Elend wird sich steigern bis zu einer unglaublichen Höhe und es wird weiter kommen, daß die Menschen große Erfindungen machen und auch auf die Natur der Erde so einzuwirken beginnen, daß diese am Ende ordentlich leck werden muß.* **Die Folgen davon werden als sichere Strafe des schlecht verwendeten Willens hervorgehen, aber nicht von Gott gewollt, sondern durch den Eigenwillen der Menschheit hervorgebracht...**

Zwar wird eine reine Gemeinde fortbestehen, jedoch umgeben von völlig glaubenslosen Menschen, die nur gewinnbringende Industrie treiben und sich weder um meine Lehre noch um das Heidentum Roms kümmern werden. Diese Industriezeit wird aber eine derart karge werden, daß die stolzen Beherrscher mit aller Gewalt sogar Steuern von dem fordern werden, was die Menschen essen und trinken. Daraus wird entstehen große Teuerung, Not und Lieblosigkeit unter den Menschen, die sich gegenseitig betrügen und verfolgen werden. Da wird eine magere Zeit über die Erde kommen, daß die Armen von der Erde wegsterben. Werden sich die Reichen der Armen annehmen und ihren Wucher einstellen, dann sollen auch die Gerichte aufgehalten werden. Im Gegenfalle aber soll alles ins Verderben geraten, denn es ist dann auch die Erde selbst schon zum Sauerteige geworden...

Wenn es auf Erden einmal zu viele Epikuräer (Prasser auf Kosten der Armen) geben wird, dann wird bald ein allgemeines Weltgericht über alle Menschen von Gott zugelassen werden. Und das Feuer des Gerichtes wird heißen Not, Elend und Trübsal, wie die Erde eine größere noch nie gesehen hat. Glaube und Liebe werden erkalten, und alle armen Menschengeschlechter werden klagen und verschmachten. Aber die Großen und Mächtigen werden den Bittenden nicht helfen ob der Härte ihrer Herzen. So wird auch ein Volk sich erheben wider das andere und wird es bekriegen mit tödlichen Feuerwaffen. Dadurch werden die Herrscher in unerschwingliche Schulden geraten und werden ihre Untertanen mit untragbaren Steuern quälen, die Teuerungen und Hungersnöte hervorgehen lassen...

Es werden Zeiten kommen schlechter als jene, wie sie vor der großen Sintflut Noahs waren. Sie werden dem Golde und Silber ihr Elend zu verdanken haben, und nichts als ein Feuer aus den Himmeln, das da verzehren wird all den Unrat der Hölle, wird die Menschen erlösen von dem Elend des Elends...

Solange nicht die reine Liebe und wahre Demut die Völker leiten wird, wird es auch finster bleiben auf dieser Erde. Die im Lichte wandeln werden, derer wird es stets nur wenige geben. Solange nur weltgroße und über alle Maßen stolze und ruhmsüchtige Herrscher die Welt regieren, wird auch in allen Schichten der Menschheit der Same des Hochmuts und der Mitherrschaft fortwuchern. Und es werden Finsternis, Selbstsucht, Neid, Geiz, Verfolgung und Verrat durch die wahren Elemente der Hölle nicht weichen, bis zur großen Zeit des großen Gerichts, in der die Erde von neuem durch Feuer gereinigt wird. Danach wird kein Mächtiger mehr ein Volk der Erde beherrschen, sondern herrschen wird allein das Licht Gottes, und das wird von jetzt an gerechnet in nahezu 2.000 Jahren eintreten...

Eine Art läuterndes Feuer wird darin bestehen, daß ich schon etliche hundert Jahre vor dem Endgerichte stets heller erleuchtete Seher, Propheten und Knechte erwecken werde. Diese werden die Menschen klar und wahr über mein Wort belehren und sie dadurch befreien von allerlei Trug und Lüge, durch die sich die falschen Propheten und Priester Meines Namens in nicht allzulanger Zeit den Weg zu ihrem Untergange bahnen werden...

Wenn von nun an eintausend und nicht ganz tausend Jahre verflossen sind und Meine Lehre in der tiefsten Materie begraben sein wird, da werde Ich wieder Männer erwecken, die das hier Geschehene wortgetreu aufschreiben und in einem großen Buche der Welt übergeben werden...

In einem künftigen großen Weltgerichte will Ich der Hure Babels ein völliges Ende bereiten, in einem Gerichte wie zur Zeit Noahs. Es werden große Zeichen geschehen auf der Erde, dem Meere und am Himmel. Und Ich werde Propheten aufstehen lassen, die werden aus Meinem Worte weissagen und mehrfach das kommende Gericht verkünden. Aber der Hochmut der Menschen wird ihrer spotten und wird sie als Narren verlachen. Dies jedoch wird das sicherste Zeichen sein, daß das große Gericht bald eintreffen und durch das Feuer alle Täter des Übels verzehren wird. Auch werden in derselben Zeit so manche Jünglinge Gesichte haben und Mägde weissagen von Dingen, die da kommen. Wohl denen, die sich dadurch bessern und wahrhaft bekehren...

Die Machthaber werden sich der Menschen abermals wie der Tiere bedienen und werden sie kaltblütig und gewissenlos dahinschlachten, wenn sie sich nicht ohne Widerrede der glänzenden Macht fügen. Die Weltmächtigen werden die Armen plagen mit allerlei Druck und werden jeden freien Geist (!) mit allen Mitteln verfolgen; dadurch wird eine Trübsal unter die Menschen kommen, wie noch nie eine war...

Es werden kommen große Erdbeben und Stürme, und das Meer wird an vielen Orten die Ufer gewaltig überfluten."

Auf die Frage, ob man das Kommende verhindern könne, schreibt er: *„Bei der vollen menschlichen Willensfreiheit kommt es auf dieser Erde zunächst darauf an, was die Menschen selbst wollen und wie sie danach handeln. Ich kann euch im voraus als bestimmt nur sagen, daß über euch dies oder jenes kommen wird, wenn ihr so oder so wollt oder handelt... Weiß ich auch, was in der Folge geschehen wird, so darf ich dennoch nicht hindernd dazwischentre-*

ten mit meiner göttlichen Allmacht. Täte ich dies, so hörte der Mensch auf, ein Wesen mit freiem Willen zu sein und wäre nur eine belebte Maschine."

Über die Wahrscheinlichkeit einer noch möglichen Umkehr äußerte er sich so: Es wird „*wohl kaum ein Drittel der Menschen zur erforderlichen Reife der Erkenntnis gelangen.*" Die anderen heißt es, „*will ich ihrem eigenen Willen freigeben.*" Sie würden „*von der Erde Boden wie nichtige Schemen verschwinden, so daß die Übriggebliebenen tagelange Reisen machen müssen, bis sie auf ein Wesen ihresgleichen stoßen werden.*" (98, S. 22-37)

Nach der Reinigung werden „*nichts als Lichter aus den Himmeln... die Menschen erlösen.*" Was sind diese Lichter aus den Himmeln? Lesen wir weiter, so erfährt man, daß es sich dabei um Raumschiffe außerirdischer Besucher handelt, welche die Erde bereits seit langem beobachtet haben, doch nicht eingreifen durften. Doch „*nun kommt die Zeit, wo ich den Bewohnern der größeren Planeten den Blick auf die Erde öffnen... werde. Dann wird ein lauter Ruf durch den Weltraum erschallen, von der Venus bis zur Urka.*" (55, S. 7)

Und im **Alten Testament** lesen wir im Buch Joel, Kapitel 3 folgendes: „*Und es soll geschehen in den letzten Tagen, da will ich ausgießen von meinem Geist auf alle Menschen; und eure Söhne und Töchter sollen weissagen, eure jungen Männer sollen Gesichte sehen, eure Alten sollen Träume haben; und auf meine Knechte und Mägde will ich in jenen Tagen von meinem Geist ausgießen, und sie sollen weissagen...*"

Welchen Zweck erfüllen die Prophezeiungen?

Auf diese Frage werden wir ganz intensiv am Ende des Buches eingehen. An dieser Stelle kann zumindest schon einmal gesagt werden, daß alle Gedanken und Gefühle, die ein Mensch hat, in seinem Magnetfeld abgespeichert werden wie auf der Festplatte eines Computers. Wiederum hat jeder Planet ein eigenes Magnetfeld, welches alle Daten aller Lebewesen abgespeichert hat. Das Geschehen auf der Erde entspricht dem Kollektiv aller Gedanken und Gefühle und den daraus entstandenen Handlungen aller Menschen. Diese Daten (Gefühle und Gedanken) sind sozusagen als

Geschehen auf der Erdoberfläche „ausgedruckt" – beziehungsweise erkennbar. Eine Vision eines Sehers ist daher eine Momentaufnahme des kollektiven Magnetfeldes zu dem Zeitpunkt, als er sie geschaut hat. Demzufolge wird dem Seher sichtbar gemacht, welche Wirkungen die Bewohner der Erde aufgrund ihrer Ursachensetzungen bis dahin erfahren werden, falls sie sich nicht ändern. Es sind also keine willkürlichen Szenarien, die hier einem Seher gezeigt werden, sondern es ist eine Art „Lebensfilm" der Erde, durch den dem Mensch vor Augen gehalten wird, was er bisher verursacht beziehungsweise getan hat und was die Wirkungen seiner Handlungen sein werden.

Doch wozu einen Seher und Prophezeiungen?
Durch die Prophezeiungen wird uns Wesen, die auf diesem Planeten zur Schule gehen (durch Geist belebte Seelen, die physische Körper bewohnen, um in der dritten Dimension mit den Körpern (als Vehikel) das „Spiel" Leben-in-der-Materie spielen zu können), vor Augen gehalten, was wir bisher „geschöpft" haben, um uns bewußt werden zu lassen, welche Wirkungen unsere Taten haben. Die Erde ist das Spielfeld der Seelen, um sich darauf entwickeln zu können, eine Art Lebens-Schule. Durch die Hilfe und Unterstützung der geistigen Welt, also durch Wesen, die außerhalb von Raum und Zeit existieren und daher einen größeren Überblick haben als wir, werden uns diese Visionen als Warnung gezeigt, da wir offenbar mit unseren Schöpfungen sehr einseitig und destruktiv umgegangen sind.

So erklärt sich nun auch der Doppelcharakter der Prophetie: Sie ist Warnung und Voraussage zugleich. Hat sie als Warnung Erfolg und bewirkt beim Menschen eine Umkehr, so braucht sie als Voraussage keinen Erfolg zu haben. Erkennt der Mensch durch die Voraussage seine Handlungsweise und verändert ab diesem Moment sein Handeln, so hat er neue Ursachen gesetzt, wird neue Wirkungen erfahren und die Voraussage hat ihren Zweck als Warnung erfüllt und wird nicht eintreffen.

Aus dieser Sichtweise heraus ist die Zukunft ein sich ständig veränderndes Webmuster, sich verändernd durch das Denken, Fühlen und Handeln der Menschen. Unsere Zukunft ist nicht ein willkürliches Schicksal, von irgendeinem Gott geplant und unveränderbar, sondern unsere Zukunft ist die Wirkung der Ursachen, die wir jetzt setzen.

Eine apokalyptische Vision ist daher nicht nur eine Zukunft, die verändert werden KANN, sondern die verändert werden SOLL. Unter diesem Gedankenaspekt behandeln wir in diesem Buch das Thema Prophetie und den Dritten Weltkrieg.

Inwiefern jedoch das Geschehen, welches auf den folgenden Seiten beschrieben ist, noch verändert werden kann, ist fraglich, da wir doch sehr kurz vor dem stehen, was seit Jahrtausenden prophezeit worden ist. Karl Schnelting formulierte, *„daß nach den mir zugänglich gewordenen Prophetien eine **weitgehende Unumkehrbarkeit** eingetreten ist. Generell wird die Chance, ein angekündigtes Ereignis zu vermeiden, um so geringer, je näher es zeitlich heranrückt und je globaler es ist – so wie man bei einem schweren Tanker auf See eine längere Strecke braucht, um ihn zu bremsen oder auf anderen Kurs zu bringen."* (55, S. 2)
Wir werden am Ende noch weiter darauf eingehen.

Ein Beispiel solcher Visionen sind die Untersuchungen des **Dr. Chet Snow**. Er arbeitet als Therapeut mit der sogenannten Regressionstherapie, eine Art der Rückführung, bei welcher der Patient unter leichter Hypnose in seine Vergangenheit (Kindheit oder Vorleben) oder auch in seine Zukunft versetzt werden kann. Dies ist daher möglich, da auf seelischer und geistiger Ebene die Grenzen von Raum und Zeit nicht existieren. Durch diese Art der Rückführung wird der Patient in seine Kindheit, zu seiner Geburt oder in eine vorherige Inkarnation geführt, um ursächliche Ereignisse für ein seelisches oder körperliches Leiden zu finden. Karl Schnelting dazu: *„In der Übereinstimmung des hierbei Erlebten mit historischen Tatsachen sehen viele einen Beweis für die Realität der Reinkarnation, doch stellen es die Therapeuten nicht auf diese Grundsatzfrage, sondern nur auf den Behandlungserfolg ab."* (55, S. 5)
So kam man auf die Idee, mit Hilfe dieses hypnotischen Verfahrens tausende von Menschen in die Zukunft zu versetzen und die Ergebnisse nachher miteinander zu vergleichen und so auch mit dem Weltgeschehen. Ein kurzer Auszug aus Chet Snows Buch „Zukunftsvisionen der Menschheit" mag uns einen kleinen Überblick über die Ergebnisse des Therapeuten geben: *„In Einzelsitzungen mit acht Freiwilligen ging sie (Dr. Wambach, Psychologin in Zusammenarbeit mit Dr. Snow) von der Gegenwart aus Jahr*

um Jahr auf das Jahrtausendende zu. Ein Muster von Ereignissen schien sich zu wiederholen, u.a. inflationärer Anstieg der Lebensmittelpreise, unsicherer werdende Börsenkurse, weltweite hohe politische Spannungen, Naher und Mittlerer Osten als bleibende Unruheherde, ungewöhnliche Wetterbedingungen mit verheerenden Auswirkungen auf die Landwirtschaft, gesteigerte Vulkantätigkeiten und starke Erdbeben. Soweit eine drastische Steigerung dessen, was wir heute schon erleben.

Doch dann zeichnete sich ab, als würde eine Kombination aus Naturkatastrophen und vom Menschen verschuldeten Katastrophen binnen relativ kurzer Zeit große Teile der Bevölkerung auslöschen. Keine Übereinstimmung bestand über den genaueren Zeitpunkt... Ein atomarer Holocaust wurde nicht erlebt." (55, S. 5)

Die Probanden von Dr. Snow hatten kein Kriegsgeschehen erblickt, da die Untersuchungen in den USA stattfanden und der Dritte Weltkrieg sich, den anderen Sehern zufolge, hauptsächlich auf dem europäischen Kontinent abspielen soll. Doch sahen sie ebenfalls die Zerstörung New Yorks, das Auftauchen von Atlantis, das Erdbeben in Kalifornien, den Untergang Japans und vieles mehr.

Nostradamus

Der berühmteste Seher, den man vielleicht als eine Mischung aus Visionär, Astrologen und Alchimisten bezeichnen könnte, ist ohne Zweifel der Franzose **Michael Nostradamus**, im Gegensatz zur landläufigen Meinung kein weltabgeschiedener Sonderling, sondern ein dem Leben zugewandter berühmter Arzt.

Wollen wir hier einen kleinen Ausflug durch sein Leben machen:
Nostradamus wurde am 14. Dezember 1503 als Sohn eines jüdischen Notars in Saint Rémy in der Provence geboren. Sein bürgerlicher Name war Michel de Notre Dame. Die ersten Lebensjahre wuchs er bei seinem Großvater, dem Vater seiner Mutter, Johann de St. Rémy, auf. Als Leibarzt und engster Vertrauter des Königs René, Herzog von Anjou, der unter anderem Titularkönig von Jerusalem war, ist der Großvater von Nostradamus so zu den Eingeweihten zu rechnen. Nostradamus wurde von diesem in der jüdischen Geheimlehre unterwiesen.

Nach dem Tode seines geliebten Großvaters und Lehrers studierte er zunächst in Avignon Rhetorik und Philosophie. Ab 1529 studierte er in Montpellier Medizin und promovierte 1532.

Er heiratete die wohlhabende Witwe Anna Gemella und wurde so 1549 in Salon, Provence, niedergelassener Arzt und Geheimwissenschaftler. 1555 veröffentlichte er den Hauptteil seiner Prophezeiungen. 1568, nach seinem Tode, veröffentlichte sein Schüler, Jean de Chavigny, den Rest seiner Schauungen, die vollständig von 1555 bis zum Jahre 3797 reichen.

Hervorzuheben ist, daß Nostradamus zwischen 1532 und 1549 längere Aufenthalte in der Abtei von Orval in Lothringen und im Kloster von Chambéry hatte. Orval war die Schwesterabtei des Klosters Clairvaux, benannt nach dem Heiligen Bernhard von Clairvaux, einem Mitbegründer des Templerordens. Der Nostradamus-Forscher Gérard de Sède behauptet, Nostradamus sei während der achtzehn Monate in Orval in ein furchtbares Geheimnis eingeweiht worden.

Nach Gerard de Sède unterstand Nostradamus von diesem Zeitpunkt an der straff organisierten Geheimgesellschaft „Prieuré de Sion", einer Nachfolgerin des Templerordens. Folgen wir den Angaben des obengenannten Forschers, ist es anzunehmen, daß Nostradamus dadurch Zugang zu den Geheimnissen des Templerordens hatte. Wäre es so, würde er in Verbindung stehen mit dem Wissens von Henoch, Moses, Ezechiel, Johannes von Patmos und anderen. Sie alle kannten, durch den Zugang zu gewissem Wissen (Astrologie, Alchimie und der Kabbala) wie auch zu speziellen Gerätschaften, die Marschroute unserer Menschheit, unseres Planeten, hatten Zugriff auf die sogenannten „Schlüssel des Henoch" oder die Struktur- und Koordinationspläne der Evolution.

Doch worauf gründet sich dieses Wissen, was steht dahinter? Wollen wir hier kurz auf die sogenannten Anunnaki der sumerischen Schrifttafeln eingehen. Nach den Recherchen von Zecharia Sitchin („Der zwölfte Planet") waren die „Anunnaki", übersetzt: *Jene, die vom Himmel kamen*, Außerirdische von einem noch unentdeckten oder besser gesagt von den Autoritäten bereits entdeckten, doch vor der Öffentlichkeit verschwiegenen, weiteren Planeten unseres Sonnensystems – von den Sumerern „Nibiru" genannt –, der mit einer Umlaufbahn von 3.600 Jahren unsere Sonne umkreist.

Den sumerischen Schrifttafeln zufolge sind die Anunnaki (die Nephilim des A.T.) vor rund 450.000 Jahren zum erstenmal auf der Erde gelandet, um ihren eigenen Planeten zu retten. Und zwar förderten sie Gold und andere Rohstoffe, die sie für ihre Atmosphäre brauchten, und schufen, da sie den Abbau mit eigener Hand leid waren, durch eine genetische Manipulation an Hominiden-Weibchen den HOMO SAPIENS (vor zirka 350.000 Jahren). Das Zweistromland war demnach ihre erste Kolonie.

Henoch lebte vor der Sintflut und verließ im Alter von 365 Jahren auf Geheiß Gottes (Anunnaki) die Erde. *„Und weil er mit Gott wandelte, nahm ihn Gott hinweg, und er ward nicht mehr gesehn."* (1. Mose 5:21-24) Er war der erste der Menschen, die auf der Erde geboren waren und von den Anunnaki gelehrt wurden. Zur Aufrechterhaltung der Kommunikation erhielten die Menschen – hier läßt die Überlieferung Unklarheit – Formeln, Tafeln oder Geräte, mit deren Hilfe das außerirdische Wissen gespeichert und die Kommunikation zu den Außerirdischen aufrechterhalten wurde. Einige der Anunnaki, die sich entgegen der Gesetze des kosmischen Rates mit den Töchtern der Erde gepaart und somit in die menschliche Evolution eingriffen hatten, wurden zu den Anunnaki der Erde und mußten hier bleiben – die sogenannten Gott-Menschen des Alten Testaments.

Henoch wurde von den oberen Anunnaki ausgesucht, der jungen Menschheit einen Teil ihres Geheimwissens beizubringen. Das Buch Henoch schildert so schon vor 12.000 Jahren die Eckpfeiler der zukünftigen menschlichen Geschichte – den sogenannten „roten Faden". Das zweite Buch, das nur die für Eingeweihte bestimmten, codierten Geheimnisse enthält, wurde behütet und später von Noah vor der Sintflut gerettet und von Abraham aus Ur mitgebracht; schließlich von Moses in die von ihm auf dem Berg Sinai unter außerirdischer Anweisung gebaute Bundeslade verbracht. Die Bundeslade wurde zuletzt vom Propheten Jeremia vor den Feinden, den Heeren des Nebukadnezars, in einer Höhle am Berge Nebo versteckt. Danach ist der Verbleib unklar; es ist möglich, daß sie zu diesem Zeitpunkt unter dem zweiten Tempel Salomos versteckt wurde.

In seinem Werk *„Hände weg von diesem Buch!"* erkläre Jan genauer, was wir hier nur kurz über das Templer-Vermächtnis zusammenfassen:

Im Jahre 1094 n.Chr. hatte der französische Jüngling Bernhard von Clairvaux, der später vom päpstlichen Kollegium heiliggesprochen wurde *(Heiliger Bernhard)*, in der Kapelle des Schlosses, in dem er lebte, eine Vision. In dieser Vision erschien ihm seinen Worten nach „*ein Engel Gottes*", der ihm mitteilte, daß er nach Jerusalem in das Heilige Land reisen und die von König Salomo am Gründungsort – ein Tempel nahe des Felsendoms – in einer Gruft verborgene „*Bundeslade*" ausgraben und mit einem Schiff nach Frankreich transportieren soll.

Aus Bernhard von Claivauxs späteren Aufzeichnungen erfahren wir, daß er den Auftrag erhielt, die „Bundeslade" nach der Inbesitznahme mit dem Schiff nach Südfrankreich in die Nähe der heutigen Stadt Nizza zu bringen. Diesen Ort, einen kahlen Berg *(Mont Chauve)*, würde er vom Schiff aus sehen können, wenn das Schiff die Spitze von Cap Ferrat erreichte. Und wenn er die Bundeslade dorthin gebracht habe, solle er dort, an einem ganz bestimmten Ort, an dem sich eine Grotte befindet, nach *„bestimmten Maßen und nach bestimmten Himmelsrichtungen ausgerichtet, eine Pyramide errichten"*.

Doch wozu dieser Aufwand? Bernhard erklärte, daß es der Sinn und Zweck dieses Auftrages sei, wie ihm der Engel mitteilte, *„den Inhalt der ‚Bundeslade' neu in das Denken der Menschen zu integrieren, da die Menschheit wieder reif sei, die kosmischen Gesetze zu verstehen und zu begreifen, und die Menschen erkennen können, daß Gott als Wesenheit real existiert und ihre Seelen durch die ‚Gedankenkraft' Gottes erschaffen wurden"*.

Der Engel hatte ihm des weiteren berichtet, daß in der „Bundeslade" das Wissen über den Sinn und Zweck allen Seins niedergeschrieben steht – so, wie es vor Tausenden von Jahren zum letzten Male der Menschheit offenbart worden ist.

Dies bestätigt auch der Templerexperte Louis Charpentier, der erklärt: *„Die Pilger sind gekommen, um etwas besonders Wichtiges zu finden, zu schützen und mitzunehmen, etwas besonders Heiliges, das sich im (2.) Tempel Salomos befindet: die Bundeslade."*

Nachdem man den damaligen Papst Urban II. in diese Vision eingeweiht hatte, wurde der Entschluß gefaßt, die Christen zu einem „Heiligen Krieg" aufzurufen, um auf diese Weise nach Jerusalem zu gelangen und die „Bundeslade" zu bergen.

Sie kämpften bis ins Jahr 1114 und eroberten fast das gesamte „Heilige Land" für das Christentum zurück. Nachdem in Jerusalem wieder Ruhe eingekehrt war, gingen die Ritter zu dem Ort, der Bernhard von Clairvaux in der Vision gezeigt worden war, und sie fanden dort eine Gruft vor, die sie auszuheben begannen. Als erstes fanden sie viele Skulpturen und anderes religiöses Beiwerk. Nachdem sie jedoch tiefer in die Gruft vordrangen, fanden sie in einem anderen Raum die sogenannte Bundeslade, wobei es sich um 19 Steinsarkophage handelte. Diese waren mit Lederrollen gefüllt, die mit Schriftzeichen und Zeichnungen versehen waren. Außerdem befanden sich in den Sarkophagen Modelle aus heute noch unbekannten Materialien sowie speziell geschliffene Kristalle, mechanische Geräte, deren Anwendungszwecke in der damaligen Zeit unbekannt waren, und viele weitere, den damals lebenden Menschen unbekannte Gegenstände.

Nachdem sie alles gesichtet hatten, verschlossen sie die Gruft wieder, um den besten Zeitpunkt abzuwarten, an dem alles abtransportiert werden konnte. Im Jahre 1119 wurden die Sarkophage schließlich von den Templern zum *Mont Chauve* in der Nähe von Nizza gebracht, wie es in der Vision gezeigt worden war. Dort bauten die Templer nach den Weisungen, die Bernhard von Clairvaux erhalten hatte, über der Grotte eine Pyramide aus den Steinen des Berges, die bis zum heutigen Tage dort existiert, wenn auch kaum noch als solche erkennbar und nur schwer zugänglich.

Die Ritter beförderten alles in die Pyramide und begannen damit, den Inhalt der Sarkophage und die Schriften zu studieren. Es gab nur ein Problem – alles war in einer unbekannten Schrift verfaßt, die sich später als atlantischen Ursprungs herausstellen sollte. Diesen Texten entnahmen die Templer, daß es einst einen Kontinent namens „Atlantis" gab und erfuhren weiter, daß es auch vor den Atlantern schon andere Zivilisationen gegeben hatte, die technisch hoch versiert waren und den Weltraumflug kannten – die Anunnaki?

Der Templerorden wurde schnell sehr mächtig. Schon im Jahre 1300 hatte er alleine in Frankreich zwei Millionen Hektar Grundbesitz und wurde zum Finanzier fast aller gotischen Kathedralen, die alle Notre Dame geweiht wurden.

Jan auf den Überresten der Pyramide, die von den Tempelrittern im Jahre 1119 am Fuße des Mont Chauve erbaut wurde. In der darunterliegenden Grotte (vor ihm) wurden die atlantischen Sarkophage geöffnet und der Inhalt entschlüsselt. Jan und Stefan Erdmann verbrachten im September 2004 eine Nacht auf dieser Pyramiden-Ruine und hatten selbst visionäre Erfahrungen.

Im Jahre 1307 wurde der Templerorden zerschlagen, existierte aber im Untergrund weiter, so unter anderem im Kloster Orval und in der Familie der Herzöge von Anjou, womit die Verbindung zu Nostradamus wieder hergestellt ist. Es ist daher nicht auszuschließen, daß Michel de Notre Dame, Nostradamus, Zugang zu diesem Wissen „der Götter" hatte! Es ist anzunehmen, daß sein Wissen zur Berechnung der Ereignisse auf die Informationen zurückzuführen ist, die mit der Bundeslade und dem „Stein der Weisen" einhergehen.

Da wir gerade die Bundeslade erwähnt haben, wollen wir noch etwas dazu ergänzen: Der Verbleib nach der Verfolgung der Tempelritter ist ungewiß, doch finden wir bei Paracelsus einen Hinweis, der darauf hindeuten könnte, wo sie sich heute eventuell befindet.

Die Prophezeiung des **Theophrastus Paracelsus**:
„Sie werden mich nicht einmal in meinem Grab ruhen lassen, sondern wieder ausgraben und gegen Osten legen. Ich sage es euch: drei große Schätze liegen verborgen, einer bei Meiden in Friaul, einer zwischen Schwaben und Bayern. Den Ort verrate ich nicht, um Streit und Blutvergießen zu vermeiden. Der dritte befindet sich zwischen Spanien und Frankreich. Wer sie findet, wird durch sie zu unvorstellbarem Ruhm und Ansehen gelangen.

Mit dem Schatz zwischen Schwaben und Bayern wird man überaus kundige Kunstbücher finden, außerdem Edelsteine und auch einen Karfunkel. Die Leute, die die Schätze finden, sind 32, 50 und 28 Jahre alt.

...Übrigens: Der Schatz zwischen Bayern und Schwaben besteht aus einer Barschaft, die größer ist als die von 12 Königreichen. Außerdem aus einem Karfunkel, der so groß ist wie ein Ei. Kein Kaiser könnte ihn bezahlen. Der Schatz zwischen Frankreich und Spanien ist ebenfalls bedeutend, aber doch etwas kleiner als dieser.

Zum Schatz zwischen Bayern und Schwaben gehört meine höchst geheime Kunst – nämlich das Wissen, wie man gemeines Metall in wertvolles verwandeln kann, wie sich Gold verflüssigen läßt – und der ‚Stein der Weisen.'

Derjenige, der nach Gottes Willen und Ratschluß die rechte Tür zu diesem Schatz aufschließen darf, der wird den Karfunkel und andere Edelsteine finden. Sie liegen in einer Truhe verschlossen, die von Menschenhand geschaffen ist und selbst aus lauter Gold und Edelsteinen besteht. Der Schlüssel dazu liegt obenauf. Die Truhe steht in einem goldenen Sarg, der goldene in einem silbernen und der silberne in einem aus Zinn (Bundeslade = elektrischer Akkumulator, bei Berührung tödlicher Stromschlag). *Gott der Allmächtige wird den, der diesen Schatz findet, in allem Glück und Sieg mit seiner göttlichen Macht stärken und ihm Gewalt verleihen, alles Böse klein zu halten und alles Gute zu erschließen..."* (84)

Soviel zur Bundeslade.

Wie ist es aber den Außerirdischen möglich, in die Zukunft zu schauen und die Eckpfeiler der Geschichte zu berechnen?

Schon Max Planck erkannte, daß es Materie an und für sich nicht gibt – sie ist nichts als verdichteter Geist. Meditation ist ein Weg, seinen Geist in die Weiten des Astralraumes, des Hyperraums, wie es die Physiker nennen, schweifen zu lassen. Dort ist die unendliche Fülle von allen jemals dagewesenen Informationen vorhanden. Vom holistischen Weltbild ausgehend, trägt jedes Atom im Universum alle Informationen des gesamten Universums in sich. Je nach Stand des Betrachters lassen sich so die Ereignisse alles Seins in den nebeneinander existierenden Parallelwelten betrachten (die Stanford-University untersucht Parallel-Universen). Dort gibt es keine Zeit, alles existiert parallel. Unsere Wirklichkeit also, die Wirklichkeit, die wir erleben, weil wir sie von unserem Standpunkt aus, mit unserem Denken, durch unsere Objektive betrachten, ist nur eine der vorhandenen Realitäten. Variieren wir nur leicht den Blickwinkel, so sehen wir eine andere Realität. Sie können beispielsweise von einem Hologramm eine Ecke abreißen, in einen anderen Raum gehen und dort durch die abgerissene Ecke sehen, und sie würden wieder das gesamte Hologramm erblicken. Jedes Atom hat alle Informationen des gesamten Universums in sich. Durch einen Blutstropfen kann man alle Informationen aus einem Körper erfahren und auch umgekehrt. Versteht man die wirkenden Kräfte in einem Atom, kann man auch einen Anti-Gravitationsantrieb herstellen und in das große Atom, den Weltraum, fliegen.

Durch die Betrachtung eines Hologrammes und durch das Wissen, daß sowohl im Mikro- wie auch im Makrokosmos stets dieselben Gesetzmäßigkeiten gelten und alles miteinander verbunden ist, verifiziert sich das „Holistische Weltbild"!

Jeder Teil des Hologrammes trägt also alle Informationen des gesamten Hologrammes – natürlich vom jeweiligen Betrachtungsstandpunkt aus – in sich!

Dieses holistische Zeitennetz umfaßt somit alle möglichen Realitäten oder deren Aufeinandertreffen oder Aneinandervorbeilaufen. In manchen Szenarien existiert ein Ereignis, in anderen nicht. Das Raumzeitkontinuum läßt uns alle Möglichkeiten offen, alle Szenarien können gleichzeitig oder alternativ ablaufen, mal berühren sie sich, mal eben gerade nicht!

Wir schlußfolgern: Alles ist möglich!

Ein anderes Beispiel wäre ein Fluß, dem man eine Probe entnimmt, um diese im Labor zu analysieren. Diese Analyse wäre niemals eine Analyse des gesamten Flusses, sondern nur von der Stelle, von der sie entnommen wurde, und auch nur zu jenem Zeitpunkt. Der Fluß ist wie das Leben – er fließt, verändert und wandelt sich, unterliegt allen Einflüssen, und jede Veränderung wirkt auf sein Ganzes.

Aus der Sicht des Betrachters, nehmen wir als Beispiel einen Seher, ist es sehr wesentlich, ob er vor fünfhundert Jahren oder vor fünfzig Jahren oder vor einem Jahr auf ein Geschehen geblickt hat. Einerseits hatten die Akteure Handlungsspielraum, das heißt sie hatten Zeit, neue Ursachen zu setzen (konstruktiv wie destruktiv), andererseits haben auch die Blickperspektiven, die zeitlichen Umstände und Reifeprozesse Einfluß darauf!!

Wollen wir hier noch etwas tiefer auf die großen Zyklen und ihre Eckpfeiler eingehen:

Die Erde dreht sich um die Sonne, welche sich wiederum um die Zentralsonne – das Zentrum der Galaxis, auch „Schwarze Sonne" genannt – dreht, die sich wiederum um die nächstgrößere Sonne dreht. Alle bewegen sich während ihrer eiförmigen Bewegung (nach Viktor Schauberger) auch noch mit dem zu umkreisenden Körper nach vorne, und so ergibt sich eine spiralförmige Bewegung. Das heißt, daß jeder Himmelskörper nach einer vollen Umdrehung nicht an derselben Stelle wieder ankommt, sondern sich fortbewegt hat. Bei speziellen Konstellationen und Bewegungen der Planeten kommt es zu einer Frequenzerhöhung, was sich wiederum auf die Entwicklung auf den Planeten auswirkt. Genauso wie es bei der Helix der DNS, welche dieselbe Spiralbewegung macht, auch an ganz bestimmten Punkten zu Ausschüttungen von Information kommt. Wie im Großen, so im Kleinen. Doch speziell jede volle Umdrehung ist von Wichtigkeit, da sie einen vollendeten Zyklus darstellt. Jede volle Umdrehung eines Planeten, sei es die Erde oder der Mars, wiederum auch die volle Umdrehung unserer Sonne um die Zentralsonne, hat jeweils eine Frequenzerhöhung und eine damit verbundene Informationsausschüttung zur Folge.

So ergeben sich automatisch und gesetzmäßig durch die zyklischen, spiralförmigen Bewegungen des Universums und des Lebens sogenannte Eckpunkte – kein „Zufall", sondern Rhythmus.

Ein Beispiel: Durch die zyklischen und geordneten Bewegungen des Mondes um die Erde kommt es zu dem ebenso zyklisch wiederkehrenden Geschehen von Ebbe und Flut. Es ist der freie Wille des einzelnen, bei Flut am Strand stehen zu bleiben oder nicht. Und wie sich die Mond-Erde-Konstellation zyklisch auf das Leben auf der Erde auswirkt und rhythmische Ereignisse auf der Erde bewirkt, so tun es auch die anderen Planetenbewegungen. Jede Konstellation und jede Rotation eines Gestirns hat einen Einfluß auf das Geschehen auf der Erde beziehungsweise das Geschehen im Makrokosmos ist auf den Mikrokosmos zu übertragen, auch wenn dieses für den Laien nicht auf Anhieb zu erkennen sein mag.

So wie es durch die Mond-Erde-Konstellation physisch zu Flut und Ebbe (ausdehnen, zurückziehen) kommt, führen andere Konstellationen metaphysisch zu Aggression, Depression, Krieg oder Frieden, Rückentwicklung oder Weiterentwicklung.

So wie man die nächste Ebbe und die nächste Flut vorhersehen, ja sogar berechnen kann, so kann auch ein Sommer, ein Winter, eine Eiszeit oder eine Sintflut berechnet werden. Ebenso kann ein Astrologe wie auch ein Astronom erkennen und vorhersagen, wann es zur nächsten spezifischen Planetenkonstellation und dem damit einhergehenden metaphysischen Ereignis kommt – keine Hexerei, sondern Physik und Mathematik.

Damit ergibt sich eine sehr grobe Struktur. Es kann daher beispielsweise der zyklisch wiederkehrende Winter vorausgesagt werden. Wenn jedoch ein Ungläubiger die Voraussage des kommenden Winters in den Wind schlagen sollte und trotzdem sein Saatgut im Spätherbst aussät, hat er seinen zu erwartenden Mißerfolg selbst verursacht. Und wenn man anhand eines viel größeren Zyklusses einen ebenso wiederkehrenden großen Winter – eine Eiszeit – vorhersehen kann oder eine spezielle Konstellation, zu der es zyklisch zu großen Umwälzungen auf der Erde kommt, ist man auch dann selbst verantwortlich, wenn man sich nicht darauf vorbereitet hat.

Ein Beispiel hierzu: Die „normalen" Landwirte kennen den Zyklus der Gezeiten und säen so in bestimmten Wochen ihr Saatgut aus. Sie kennen diesen Rhythmus. Die Anthroposophen hingegen kennen auch den noch kleineren Zyklus, den der Mondphasen, und säen nach diesem ausgerichtet ihr Saatgut aus. Und es ist kein „Zufall", daß deren Früchte größer und kräftiger im Geschmack sind, sondern konsequente Umsetzung ihres Wissens. Sie wählen eine Aktivphase auf der Erde aus, eine Phase, in der sich die Natur ausdehnt, und alles, was zu dieser Zeit unternommen oder gesät wird, nützt berechnend genau diese Momente aus und wächst dadurch besser als Samen, der einen Tag später oder gar in einer Passivphase gesät wurde. Die Berechnung und Aussaat nach den Mondphasen ist seit Jahrtausenden bekannt und wird auch heute noch, auch in Deutschland, von vielen Landwirten praktiziert. Das Wissen ist vorhanden, doch ebenso die Ignoranz des technisierten und modern ausgerichteten Landwirts.

Ebenso wissen die Frauen über den Menstruationszyklus Bescheid, der auch nach dem Mond orientiert ist. Doch kennen nur wenige den noch kleineren Mondzyklus, nach dem ihre Empfängnis verläuft. Denn jede Frau kann nur dann empfangen, wenn der Mond in ihrem Horoskop an der exakt gleichen Stelle steht wie zu ihrer eigenen Geburt. Wer dies weiß, kann sich alle chemischen Verhütungsmittel ersparen und lernt zudem auch noch den Zyklus im eigenen Körper kennen.

Nun kann man also anhand der zyklischen und rhythmischen Bewegungen des Lebens erkennen, ob es in der großen Struktur zu einem Einziehen oder Ausdehnen kommt, einer Depression oder einer Aggression, einer passiven Phase oder einer aktiven, einer Rückentwicklung oder einer Weiterentwicklung, zu einer ruhigen Zeit oder einer umwälzenden.
Das wäre die kosmische, ordentliche und vorgegebene Struktur (wie auch das Fallgesetz oder Schwingungsgesetz), die Ordnung, nach der das Universum arbeitet. Wie ein Computer mit seinen festgelegten Programmen – die Eckpfeiler.
Die zweite Komponente für den groben Verlauf der Geschichte, zum Beispiel auf der Erde, sind die Ursachensetzungen der Menschen, durch die sich dann der „rote Faden" im Geschehen auf der Erde ergibt. Nehmen wir an, zu einer bestimmten Konstellation besteht eine Aktivphase, die alles, was zu dieser Zeit geschieht, also als Ursache gesetzt wird, aktiv unterstützt. Nun hat sich die Menschheit während einer solchen beziehungsweise mehrere solche Aktivphasen entschieden, ihre Schöpfungen (Gedanken, Gefühle und Handlungen) materiell auszurichten und ein materielles Potential, eine einseitig materiell ausgerichtete Macht zu schaffen und sich weiterhin auf diese auszurichten. Sie hätte sich aber auch geistig-spirituell und verinnerlicht ausrichten können, hat sie aber nicht.
Da der eigentliche Zweck des Lebens jedoch nicht aus der einseitigen materiellen Ausrichtung besteht und schon gar nicht aus dem Festhalten daran, ist es vorhersehbar, daß es auch wieder verschwinden wird. Es ist berechenbar, zu welchen Konstellationen es zu Frequenzerhöhungen kommt. Durch diese steigt die Bewußtwerdung der Bewohner und die logische Schlußfolgerung: die Zerstörung alter Systeme und der Aufbau von Neuen. Und wir stecken nun auf der Erde inmitten einer solchen Frequenzerhöhung und erleben beides mit.

Das Wissen um die zyklischen Bewegungen des Lebens, der Planeten, verbunden mit den großen Ausrichtungen der menschlichen Interessen zu speziellen Zeitpunkten ergeben die daraus folgenden Hauptpfeiler des roten Fadens der menschlichen Entwicklung.

Fassen wir nochmals zusammen: Die großen Eckpfeiler der Geschichte der Planeten sind berechenbar. Die Punkte A, B, C stehen nach den Ursachensetzungen der Menschen in den letzten Jahrtausenden ziemlich fest, doch der Weg des einzelnen von A nach B und nach C wird bestimmt vom freien Willen der Akteure, er kann durchs Paradies oder über qualvolle Pfade führen. Ändert sich am Kurs einer Gesellschaft, an der Qualität ihres Denkens, ihrer geistigen Entwicklung, also am Betrachtungsstandpunkt nichts, so kann ein Betrachter oder Seher aufgrund der ihm einsichtigen Fakten ein Wahrscheinlichkeitsbild „vorhersehen". Er wird dann recht behalten und seine Schauungen treffen zu. Unter diesen Umständen wäre es unklug, auf seine Kassandrarufe nicht zu hören und ins Verderben zu rennen! Da wir aber bis zuletzt die Wahl haben, das Geschehen zu verändern, ist es bis kurz vor dem Crash immer noch möglich, für uns eine der anderen Realitäten zu wählen – mit jeweils anderem Ausgang.

Doch wollen wir nun die Frage beantworten, wie es den Anunnaki möglich war, diese Eckpfeiler beziehungsweise die große Erdenentwicklung schon Jahrtausende zuvor vorherzusehen. Es ist anzunehmen, daß sie mit ihren Geräten oder auch auf geistige Weise auf die „Festplatte", also den „Datenspeicher" der Erde schauen und sehen können, wie die Ursachensetzungen der Menschen auf der Erde momentan aussehen. Sie beobachten daher, ob es uns gelingt, noch schnell genug neue zu setzen oder nicht. Falls wir neue Ursachen setzen und damit das Ruder noch herumreißen können, werden sie wahrscheinlich eines Tages friedlich landen, da die Menschen mit höherem Bewußtsein kein Problem damit haben. Falls wir es nicht schaffen sollten, werden sie wahrscheinlich nur dann eingreifen, wenn wir den Planeten vernichten sollten und erst nach der großen Völkerschlacht landen, wenn die destruktiven Kräfte sich gegenseitig beseitigt haben.

So zumindest sehen es die Seher.

Und so wie die Anunnaki den Zugang zur Festplatte haben, haben ihn auch verschiedene Erdenbürger, ausgestattet mit dieser Technologie oder auf mediale Weise (zum Beispiel Henoch), wie auch die hier im Buch erwähnten Seher.

So, nach diesem etwas größeren Ausflug möchten wir aber wieder zu dem eigentlichen Thema dieses Abschnittes zurückkommen: **Nostradamus**. Offenbar hatte er Zugang zu Wissen gehabt, ob aus der Bundeslade oder aus seinem Studium der Alchimie, der Astrologie, der Astronomie und der Kabbala, durch welches es ihm wohl gelungen war, sogenannte Eckpunkte wahrzunehmen oder zu berechnen. Dies hat er in Versen verschlüsselt den Menschen zurückgelassen.

Der Prophetie-Forscher Dr. Adalbert Schönhammer schreibt über ihn: *„...(er) hat es aber leider für notwendig erachtet, die Reihenfolge der Verse nach einem bisher unbekannten Schlüssel doppelt zu versiegeln; erst nach 500 Jahren soll es gelingen, die richtige Reihenfolge wiederherzustellen. Infolgedessen haftet allen seinen Vorhersagen eine gewisse, beabsichtigte Unsicherheit an; auch Namen wurden von ihm entstellt, ein Antichrist kommt mehrfach vor. Infolge dieser beabsichtigten Unsicherheiten weiß man nie genau, ob eine bestimmte Stelle auch zu der fraglichen Zeit gehört..."* (98, S. 34-35)

Nostradamus-Experte Bernhard Bouvier ergänzt: *„Was die Deutung seiner Prophezeiungen außerordentlich erschwert, ist, daß die Verse nicht in geschichtlicher Folge vorliegen, sondern daß Nostradamus sie in scheinbar willkürlicher Art und Weise verwürfelt hat. Er dürfte dabei ein kompliziertes Schlüssel-System angewandt haben. Selbst mit modernen Computeranlagen ist es nicht gelungen, die richtige Reihenfolge der Verse wiederherzustellen.*

Zum anderen haben es die Verse selbst in sich. Für den Laien sind sie meist unverständlich, wenn nicht scheinbar völlig sinnlos.

Was die Begriffe, die Nostradamus in den Versen verwendet, betrifft, so benutzt er Decknamen für Länder und Personen. Hitler ist Hadrie oder Hister (H für Hitler, ister = lat. Donau, für den Herkunftsraum). Frankreich wird der Hahn genannt, Deutschland der Greif, England der Löwe oder wegen seiner Flotte Neptun, das Papsttum das Schiff. Israel ist die Synagoge, die Araber der Halbmond usw.. Darüber hinaus benützt er altfranzösische Begriffe, Latein und astrologische Fachworte bunt gemischt, so daß die Ent-

schlüsselung seiner Verse einiges Grundwissen voraussetzt. Vor allem ist die gute Kenntnis des Französischen erforderlich, da durch Übertragung in andere Sprachen der verborgene Sinn verloren geht...

...Der Ruhm des Sehers nahm seinen Anfang bereits vier Jahre nach dem Erscheinen seines Werkes. Nostradamus hatte seinen König, Henry II., vor der Gefahr gewarnt, die ihm in einem Duell drohe. Der französische König schlug die Warnung jedoch in den Wind. Schließlich war ein Duell für einen König kaum vorstellbar.

Der unerwartete Tod wird in Vers I/35, im Jahre 1555 veröffentlicht, vorausgesagt. Er lautet:

Le Lyon jeune le vieux surmontera,
En champ bellique par singulier duelle,
Dans cage d'or les yeux luy crevera,
Deux classes une puis mourir mort cruelle.

Übersetzung:

Der junge Löwe wird den alten überwältigen,
Im Kriegsfeld durch sonderbares Duell,
In den Käfig aus Gold die Augen ihm zerstechen,
Zwei Ränge einer dann sterben grausamen Tod.

Diese Prophezeiung erfüllt sich im Juli 1559: Im Turnier kreuzt Henry II. mit dem Leutnant Graf Montgomery, dem jungen Löwen, die Lanzen. Da dringt ein langer Holzsplitter der Waffe Montgomerys durch das vergoldete Gitter des Visiers, stößt dem König ein Auge aus und dringt ihm tief in das Gehirn. Nach schrecklichen Qualen stirbt er erst zehn Tage später. Von zwei hochgestellten Rängen ist einer – der König, der Alte, überwältigt worden. Zwei Klassen/Ränge enthält darüber hinaus den Hinweis auf Henry II., Heinrich dem Zweiten.

Nostradamus wird als Seher weit über seine engere Heimat hinaus bekannt. Mit Vers I/35 beginnen seine Schauungen einzutreffen. Vom französischen Königshaus wird er mit Gunstbezeugungen überhäuft. Frankreichs Regentin, Catharina von Medici, empfängt ihn 1556 bei Hofe, wo er mit größten Auszeichnungen bedacht wird. Der Herzog von Savoyen begibt sich persönlich nach *Salon*, um ihn zu sehen, Karl IX. bestellt ihn zu seinem Leibarzt und überschüttet ihn mit königlichen Wohltaten. Nostradamus wird berühmt." (18)

Ein anderes tolles Beispiel seiner Sehergabe ist das folgende: In seiner Vorrede an *Heinrich den Glücklichen*, den er als den zukünftigen Herrscher Europas oder in Europa sieht, schrieb **Nostradamus** über die ehemalige Sowjetunion folgendes: „*...zugleich aber wird mit der Vermehrung des neuen Babylon* (die rote Ideologie und der Aufbau des sowjetischen Imperiums) *die elende Tochter* (die kommunistische Doktrin) *emporwuchern durch die Greuel des ersten Brandopfers* (I. WK), *doch wird sie nur 73 Jahre und 7 Monate bestehen.*" (18)

Das ist höchst interessant und äußerst bemerkenswert: Das sowjetische Imperium, so wie wir es kannten, hat von der Machtergreifung im November 1917 bis zum Juni 1991 existiert. Das sind exakt 73 Jahre und 7 Monate.

Obwohl die nun nachfolgenden Schauungen bayerischer oder anderer europäischer Seher schon ein sehr deutliches Bild über das ergeben, was in den nächsten Jahren offenbar zu erwarten ist, wollen wir auch Nostradamus' Verse mitverwenden, da er doch etliche detaillierte Hinweise über das Geschehen liefern kann.

Doch auch bei den anderen Sehern, von denen ein großer Teil im letzten Jahrhundert lebte, sind die Botschaften nicht immer so leicht zu deuten. Gehen wir davon aus, daß in der Akasha-Chronik, dem „Datenspeicher" der Erde, keine Zeit existiert, kann dem Seher auch kaum ein genaues Datum übermittelt werden. So sieht der Seher in der Vision meist eine Aneinanderreihung von Geschehnissen wie auf einer Filmrolle, wobei es sich bei dem Abstand zwischen den einzelnen Bildern um einmal kurze und ein anderes Mal längere Zeitabstände handelt. Man weiß zwar, daß Bild drei dem Bild zwei folgt, doch wie lange die dazwischenliegende Zeitdauer ist, kann man nur schwer sagen, wenn überhaupt. Das Geschehen auf der Erde steht immer in einer Wechselbeziehung zu dem Bewußtsein seiner Bewohner. Dem Interpretierenden bleibt also meistens nur übrig, die Geschehnisse aneinanderzureihen und zu sehen, ob sich Bild um Bild erfüllt. So finden wir beispielsweise beim **Lothringer** folgende Angaben: „*Der Mann* (Hitler) *und das Zeichen* (Hakenkreuz) *verschwinden, und es weiß niemand wohin... Dann erheben sich die Leute selbst gegeneinander, denn der Haß und Neid* *wachsen wie das Gras und (die Leute) kommen noch immer weiter in den Abgrund* (Wirtschaftskrise). *Die Besatzungen* (USA-UdSSR) *lösen sich voneinander und ziehen ab mit der Beute des Geraubten... und das Unheil des dritten Weltgeschehens bricht herein. Rußland überfällt den Rücken Deutschlands, aber (nur) kurze Zeit... Um diese Zeit soll es furchtbar zugehen..."* (18)

Wie wir sehen, sind beim Lothringer keine Zeitangaben gemacht worden und doch hat sicherlich jeder Leser die Entwicklung, die der Lothringer hier schildert, bis zum heutigen Tage verfolgen können.

Der Tod Hitlers ist bis heute nicht wissenschaftlich geklärt. Sogar Stalin fragte im Juli 1945 auf der Potsdamer Konferenz die anderen Beteiligten, ob sie wüßten, wo sich Hitler aufhalten würde. Eine äußerst eigenartige Frage, nachdem doch die russischen Truppen den verbrannten Leichnam Hitlers am 30. April 1945, also Wochen zuvor, im Führerbunker gefunden hatten!

Es gibt Gerüchte, Hitler sei mit dem ‚letzten Bataillon' verschwunden, welches am 2. Mai 1945 mit 120 U-Booten aus Norwegen in die Antarktis in das deutsche Gebiet Neuschwabenland und mit zwei weiteren U-Booten nach Argentinien und Brasilien ausgelaufen ist. Steht die Aussage des Lothringers, er sei verschwunden *„und niemand weiß wohin"* damit im Zusammenhang?

Als nächstes Ereignis erkennen wir den Abzug der Besatzer, welcher sich erst vor kurzer Zeit vollzogen hat. Auch daß der Haß und der Neid wächst, können wir bestätigen. In Rußland scheint es zu bürgerkriegsähnlichen Zuständen zu kommen und die Sache der Regierung aus der Hand zu gleiten. Neu aufflammender Nationalismus könnte die Ursache einer neuen Krise sein. Und wie wir gleich weiter unten erfahren, soll ein neuer russischer Führer auftreten, der Gros Mastin, der mächtige Bluthund. Kurz darauf kommt es dann dem **Lothringer** zufolge zum Dritten Weltkrieg durch den Einmarsch der Russen nach Deutschland. (18)

Kritische Leserinnen und Leser mögen einwerfen, daß aber schon öfter in der Geschichte von verschiedenen Gruppierungen der „Weltuntergang" prophezeit worden ist, doch an dem jeweils angegebenen Datum nichts geschah. Daher folgern manche Leute, daß niemals irgend etwas geschehen wird. Nun, zum einen handelt es sich in keiner der hier aufgeführten Visionen um einen „Weltuntergang", sondern, wie schon erwähnt, um eine Welten-Wende, ein „Spreu vom Weizen trennen" – eine Neustrukturierung, nach der es besser, freier und friedvoller zugehen soll als zuvor. Und auch bezüglich der „Weltuntergangspropheten", die bereits vor Jahrhunderten wie auch mehrmals in diesem Jahrhundert (zum Beispiel Zeugen Jehovas) solch einen Untergang erwartet hatten, wissen wir nicht, auf wessen Visionen und Schauungen man sich in diesen Fällen bezogen hatte. Doch die Seher dieses Buches, und es sind fast einhundert, stimmen darin überein, daß das Geschehen um das Jahr 2000 beziehungsweise bis zum Jahr 2012 stattfinden soll. Weiterhin ist den der Prophetie Kundigen längst geläufig, daß der Dritte Weltkrieg erst *nach* der Wiedervereinigung stattfinden soll, schildert doch der Seher **Irlmaier** den Aufmarsch der Russen an die Kanalküste mit drei Armeen als Stoß *durch* das Gebiet der ehemaligen DDR und nicht *aus ihr heraus*. Auch **Nostradamus** hatte die Wiedervereinigung in seiner Rede an Heinrich den Glücklichen prophezeit, und erst im Anschluß daran erscheint seiner Aussage nach der *Gros Mastin*, der *große Bluthund*, der alles vernichtet: „*Großer Friede und große Eintracht werden nun gestiftet werden zwischen einigen der Kinder, deren Grenzen* (Eiserner Vorhang) *durch verschiedene Regierungen getrennt sind... Ein Königreich des Wilden* (Hitler/Deutschland) *wird (wieder) vereinigt werden, obgleich dieser bisher den Weisen spielte.*"

Und weiter: „*Die Länder, Dörfer, Städte, Reiche und Provinzen* (Sowjetische Republiken und abhängige Staaten, z.B. das Baltikum), *die die ersten Wege verlassen haben, um sich zu befreien, und die damit sich selbst in eine viel tiefere Knechtschaft begaben, werden heimlich ihrer Freiheit überdrüssig sein. Sie werden beginnen, nach dem völligen Verlust der christlichen Religion, abgestoßen von der linken (!) Seite, sich nach rechts zu wenden. Die lange unterdrückte Geistlichkeit wird zusammen mit der heiligen Schrift wieder in ihre alten Ehren eingesetzt werden, nachdem der große Hund den größten Köter hervorbringen wird, der die größte Zerstörung überall anrichten wird und selbst das vernichtet, was vorher vollendet war.*" (18)

Sehr interessant ist an diesem Abschnitt, wie Nostradamus im Jahre 1555 die Begriffe „links" und „rechts" verwendet, waren diese zu der damaligen Zeit sicherlich ohne politische Bedeutung. Für uns heute sind sie dies aber nicht mehr.

Auch sind uns keine Schauungen bekannt, in denen genaue Jahreszahlen genannt werden (außer beim **Lothringer** für den Zweiten Weltkrieg). Es werden Aneinanderreihungen von Ereignissen beschrieben, die sich mehr oder weniger in die Länge ziehen können oder gar nicht eintreffen, da die Menschen neue Ursachen gesetzt haben. „Genaue" Datierungen stammen üblicherweise von Menschen, die irgendwelche Schauungen gelesen, sich ihre eigenen Gedanken und Berechnungen gemacht haben und dann mit einem Datum an die Öffentlichkeit gehen, um entweder ihr Ego zu nähren, zu manipulieren oder weil sie wirkliche Untergangsfanatiker sind und Angst vor der Macht der Eigenverantwortung und einer freien Entwicklung der Menschheit haben. Oder es sind Menschen, die einfach naiv im guten Glauben, etwas Tolles berechnet zu haben, mit solch einem Datum hausieren gehen. Wie wir aber noch sehen werden, liegt genau darin die große Chance der Menschheit, nämlich daß die Prophezeiungen manchmal eintreffen und manchmal nicht, und wir durch die Beschäftigung mit der Prophetie erkennen, daß wir tatsächlich einen FREIEN WILLEN haben.

Zusammenfassend kann somit über die Prophetie gesagt werden:

Alle Lebewesen haben ein Magnetfeld, in dem alle ihre Gedanken, Gefühle und Handlungen abgespeichert sind. So, wie sie diese aussäen, so kommen sie auch wieder auf sie zurück. Das Erdmagnetfeld hat wiederum alle Informationen aller Lebewesen abgespeichert, und das Weltgeschehen ist ein Spiegel dessen, was die Lebewesen in sich tragen (planetarer Datenspeicher, im Sanskrit als „Akasha-Chonik" bezeichnet, was als das „Buch des Lebens" übersetzt wird).

Maschinell, rechnerisch oder medial ist es möglich, die Informationen aus dem Erdmagnetfeld abzurufen, um zu sehen, wie der (Ursachen-)Stand der Dinge ist. Und die Seher dieses Buches hatten jeweils zu ihrer Zeit auf die eine oder andere Weise Zugang zum Datenspeicher der Erde, und wir erfahren nun, was sie gesehen haben beziehungsweise was die Lebewesen auf der Erde verursacht haben – und was sie aufgrund dessen nun als Wirkung erwartet, falls sie nicht schleunigst etwas daran verändern.

Das dunkle Zeitalter – Kali Yuga

Darüber schreibt A. Voldben in seinem Buch „Die großen Weissagungen über die Zukunft der Menschheit": *„In der hinduistischen Lehre hat die heutige Zeit den Namen Kali Yuga, das dunkle Zeitalter, das zu einem großen Äquinoktialzyklus namens Manvantara gehört. Dieser Zyklus dauert insgesamt 25.920 Jahre* (diese Angabe variiert bei den verschiedenen Autoren um etwa 70 Jahre in beide Richtungen; A.d.Verf.), *das sind die Erdenjahre, welche die Sonne braucht, um wieder an die Stelle zurückzukehren, wo sie sich zur Frühlingsgleiche befindet. Der Zyklus besteht aus vier Phasen: Devapara Yuga, Tetra Yuga, Satya Yuga und Kali Yuga, sie sind wie die Jahreszeiten eines großen kosmischen Jahres. Das Leben des gesamten Universums verläuft wie das des Individuums in wechselnden, wiederkehrenden Zyklen, in einer geordneten Progression, nach einem göttlichen Plan und durch Gesetze bestimmt. Während dieser Zeitabschnitte vollziehen sich auf unserem Planeten grandiose Phänomene wie die Dislokation der Pole und das darauf folgende Schmelzen der Eismassen sowie das Untergehen und Auftauchen des festen Landes mit der natürlichen Verschiebung klimatischer Zonen und dem Entstehen und Vergehen verschiedener Rassen und Kulturen.*

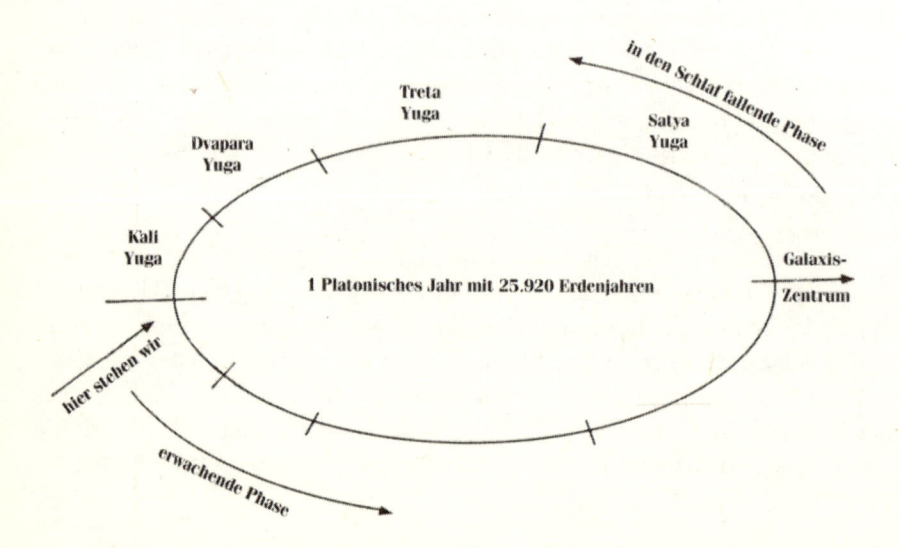

12.960 Erdenjahre

12.960 Erdenjahre

= 25920 Erdenjahre
= 1 Weltenjahr
= 12 x 2160 Jahre
(Häuser des Tierkreises)

Frühlingspunkt der Präzession

◄ Galaktisches Zentrum

Polsprung zwischen heute und 2012?

letzter Polsprung mit Sintflut vor ca. 13.000 Jahren

2160 Erdenjahre

Wassermann-Zeitalter

Photonenring

Christusgeist

Friedensreich

Bewußtseinssprung der Menschheit

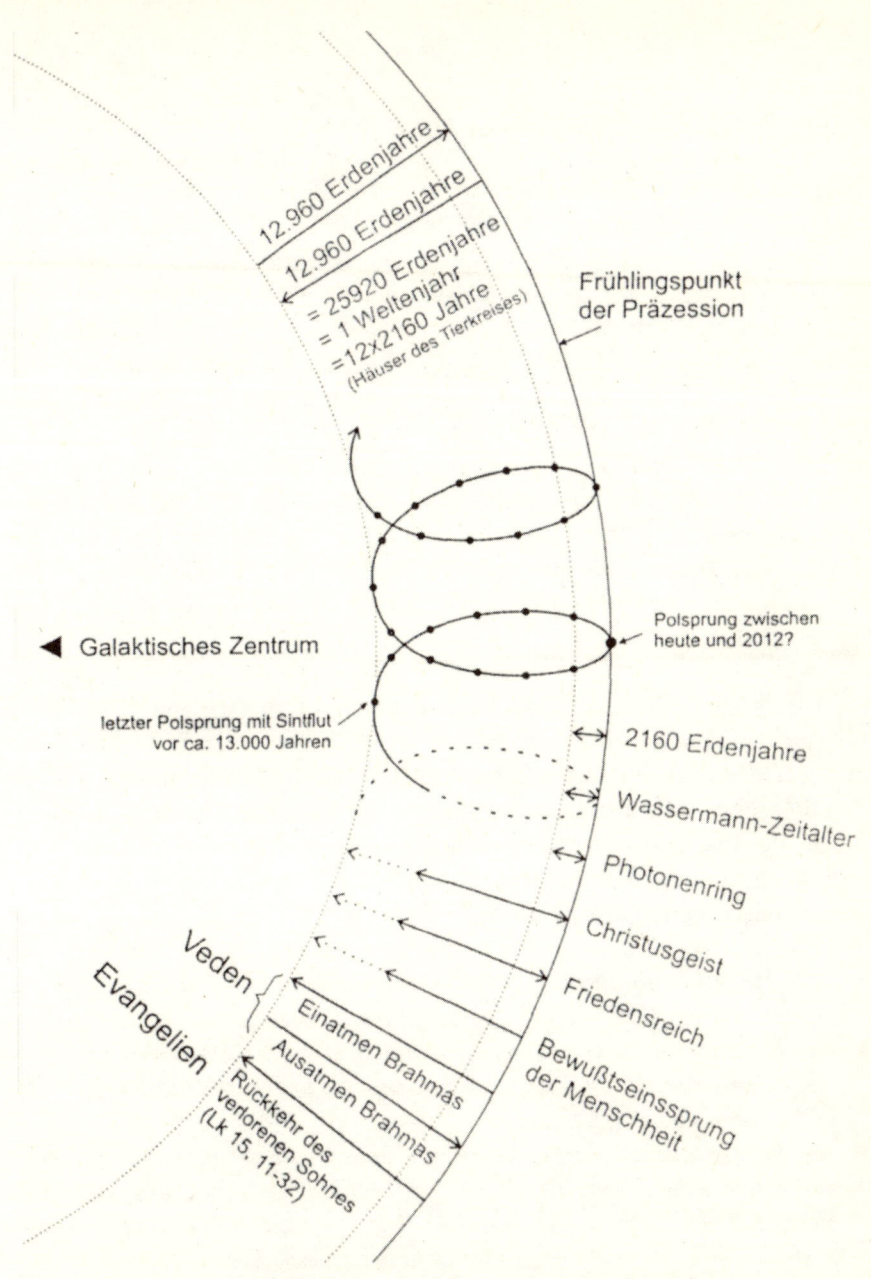

Veden
Evangelien

Einatmen Brahmas
Ausatmen Brahmas
Rückkehr des verlorenen Sohnes (Lk 15, 11-32)

Das Vorrücken von Tagundnachtgleichen in 25.920 Erdenjahren, dem platonischen Weltenjahr

Die uralten Überlieferungen des Hinduismus sind durch die chaldäische, die hebräische, die ägyptische und die griechische Kultur ins Abendland gelangt. So schreibt Hesiod von den vier Phasen: Die erste ist das goldene Zeitalter, die zweite das silberne, die dritte das kupferne und die vierte das eherne. Das entspricht der orientalischen Einteilung. Was die Dauer betrifft, so sind die vier Yuga des Manvantara, obschon alle durch 25.920 teilbar, doch nicht gleich. Wenn wir also für den gesamten Zyklus die 10 annehmen, dann entfallen auf die erste, die längste Phase 4, auf die zweite 3, auf die dritte 2 und auf die letzte, die kürzeste 1. Das steht im Einklang mit den anderen Prophezeiungen, die alle von der kurzen Dauer des schlimmsten Zeitalters sprechen, denn die Gewalttätigkeiten wirken unmittelbar in ihrer zerstörerischen Kraft, während die schöpferischen Handlungen das konstruktive, langsame Werden eines dauerhaften Werkes zeigen. Über die Phase, die der gegenwärtigen dunklen Zeit folgen wird, sind sich alle Prophezeiungen einig; denn der Zyklus wird wieder mit einer glücklichen Epoche, einem goldenen Zeitalter, von vorne anfangen." (113, S. 15ff)

Aus dieser Sichtweise heraus könnte man das Kali Yuga mit dem Winter vergleichen, dem der Frühling, das goldene Zeitalter folgt. Wir leben heute in der allerletzten Phase des Kali Yuga und wechseln nun in das goldene Zeitalter über. Die Prophezeiung, die vom Kali Yuga handelt, steht im **Visnu Purana**, einem der ältesten heiligen Texte Indiens. Der Leser wird feststellen können, daß diese jahrtausendealte Prophezeiung eine ziemlich genaue Beschreibung der heutigen Zeit enthält:

- *"Die Herrscher, die auf Erden regieren werden, werden gewalttätig sein, sie werden sich der Güter ihrer Untertanen bemächtigen.*
- *Die Kaste der Sklaven und der Kastenlosen wird die Oberhand gewinnen und allen befehlen. Ihr Leben wird kurz sein, unersättlich ihre Gier; Mitleid werden sie kaum kennen.*
- *Die Besitzenden werden Ackerbau und Handel aufgeben, sie werden selbst zu Sklaven oder andere Berufe ausüben. Die Herrscher werden unter dem Vorwand von Steuern und Abgaben ihre Untertanen plündern und ausrauben, und das private Eigentum werden sie vernichten.*

- *Die sittliche Gesundheit und das Gesetz werden Tag für Tag abnehmen, bis die Welt ganz verdorben sein und Gottlosigkeit unter den Menschen herrschen wird.*
- *Einziger Beweggrund für die Frömmigkeit wird die physische Gesundheit sein; einziges Band zwischen den Geschlechtern die Leidenschaft; einziger Weg zum Erfolg die Falschheit.*
- *Die Erde wird nur wegen ihrer materiellen Schätze verehrt werden.*
- *Die Priestergewänder werden die Priestereigenschaften ersetzen.*
- *Eine einfache Waschung wird Reinigung bedeuten, die Rasse wird unfähig sein, göttliche Geburten hervorzubringen.* Wo sind die Goethes und Schillers geblieben im Land der Dichter und Denker (nun Land der Richter und Henker...)?
- *Die Menschen werden fragen: Was sollen wir uns noch an die überlieferten Schriften halten?*
- *Die Hochzeiten werden kein Ritual mehr sein.*
- *Akte der Frömmigkeit, auch wenn sie noch geübt werden, werden wirkungslos bleiben.*
- *Jede Lebensordnung wird unterschiedslos für alle gleich sein.*
- *Der Besitzende, der das meiste Geld unter die Leute verteilen wird, wird über die Menschen herrschen, denn das Ziel ihrer Wünsche ist Reichtum, gleichviel, ob rechtmäßig erworben oder nicht.*
- *Jedermann wird sich für einen Brahmanen halten.*
- *Die Leute werden Angst haben vor Tod und Hungersnot; und nur deshalb werden sie eine rein äußerliche Religion bewahren.*
- *Die Frauen werden die Wünsche ihrer Männer und ihrer Eltern nicht mehr befolgen. Egoistisch, verworfen, lügnerisch und haltlos werden sie sein und liederlichen Männern anhängen. Sie werden herabsinken zum Gegenstand sexueller Befriedigung.*" (113, S. 15-21)

Diese Ausführungen benötigen keines weiteren Kommentars. Sie sind erschütternd genug, da sie hundertprozentig auf unsere jetzige Zeit zu übertragen sind.

Verschiedene Voraussagen zur Jahrtausendwende

Zuerst mögen ein paar Prophezeiungen und Prognosen, welche die Jahrtausendwende ganz allgemein betreffen, eine kleine Übersicht darstellen und schon andeuten, warum die kommende Jahrtausendwende eine ganz besondere ist.

Charles Berlitz beschreibt in seinem Buch „Weltuntergang 1999": „Überall in unserer heutigen Welt, die wahrhaftig schon zur Genüge mit anderen Sorgen und Problemen belastet ist, breitet sich auch die wachsende Angst vor drohenden kosmischen Veränderungen aus. Die Zunahme der Erdbebentätigkeit im letzten Jahrzehnt, sowohl an Häufigkeit wie an Stärke, wird von Wissenschaftlern und Hellsehern gleichermaßen als Anzeichen dafür gewertet, daß die auf uns zukommende globale Katastrophe bereits ihren Anfang genommen hat und die großen Erdbeben der sechziger Jahre in Peru, China, Alaska, Mexiko, der Türkei und Persien nur Vorboten künftiger, viel größerer Erdbebenkatastrophen waren.

Nach Ansicht der britischen Astronomen John Gribbin und Stephen H. Plagemann (The Jupiter Effect, 1974) werden diejenigen unter uns, die im Mai des Jahres 2000 noch auf Erden weilen, eine besonders gefährliche Situation erleben. Zu diesem Zeitpunkt nämlich werden Merkur, Mars und Erde in einer Linie mit den gewaltigen Planeten Saturn und Jupiter, sowie mit Jupiter und unserem Mond stehen, und Venus wird Merkur sehr nahe sein. Die durch diese Konstellation hervorgerufenen Erdbeben können stark genug sein, die Rotation der Erde zu beeinträchtigen, wodurch sie in eine schwankende Bewegung um ihre Achse geraten und womöglich eine magnetische Polumkehrung eintreten könnte. Diese schlimmste aller Möglichkeiten, die von unseren zeitgenössischen Astronomen, Geologen und Ozonographen immer häufiger diskutiert wird, wurde schon vor mehr als 2.300 Jahren von dem babylonischen Astrologen und Historiker **Berossos** erkannt und kommentiert. Man fragt sich, mit Hilfe welcher Geräte und verschollener Techniken Berossos und die babylonischen Magier (wie man damals die Astronomen bezeichnete) ihre Berechnungen anstellten. Der römische Dichter und Philosoph Seneca berichtete etwa dreihundert Jahre später von dem, was Berossos ursprünglich in Keilschrift auf Tontafeln einritzen ließ: „...Berossos sagt, daß diese Katastrophen mit den Bewegungen der Planeten zusammenhängen. Er ist sich deswe-

gen so sicher, daß er sogar ein genaues Datum für die Feuersbrunst und die große Flut angibt. Alles Irdische wird, so behauptet er, verbrennen, wenn alle Planeten, die jetzt verschiedenen Bahnen folgen, im Zeichen des Krebses zusammentreffen und sich so ausrichten, daß man sie durch eine gerade Linie verbinden könnte. Die große Flut aber werde kommen, wenn dieselben Planeten sich im Zeichen des Steinbocks treffen. Im Zeichen des Krebses vollzieht sich die Sommersonnenwende, im Steinbock die Sonnenwende des Winters..."'*
(15, S. 20)

Mit dem „Jahr", von dem Berossos sprach, war das bereits erwähnte „Siderische" oder „Platonische" Jahr gemeint, das Sternenjahr, das Vorrücken der Tag- und Nachtgleichen, das sich seinen Recherchen nach über einen Zeitraum von 25.827 Erdenjahren (25.920 Jahre bei anderen Autoren) erstreckt. Zu der Frage, ob es eine Prophezeiung oder eine auf jahrtausendelange Beobachtungen und Forschungen gestützte, sachkundige Vermutung war, mit der Berossos seiner Zeit um weitere Jahrtausende vorauseilte, schreibt Berlitz: „*Die Dauer des siderischen Jahres kann man aus der Summe der gekreuzten Diagonalen der großen Pyramide von Gizeh ablesen, die 25.826,6 Pyramiden-Zoll ergibt. Aber wie konnte Berossos oder irgend jemand anderer in der Zeit der IV. ägyptischen Dynastie über die Dauer des siderischen Jahres Bescheid wissen? Und dabei ist dies nur eines von vielen Beispielen für die in der großen Pyramide enthaltenen Informationen über den Kosmos.*" (15, S. 23)

Berlitz weiter: „*Auch wenn man bedenkt, daß bei diesen in den Abmessungen der Pyramiden enthaltenen Prophezeiungen die Interpretation – die größtenteils nach vollendeten Tatsachen erfolgte – natürlich eine gewichtige Rolle spielt, ist es doch faszinierend und verblüffend, daß gewisse Hinweise, die anscheinend auf Ereignisse der jüngsten Vergangenheit zutreffen, schon zu Beginn des 20. Jahrhunderts, als man den Schlüssel zu den Geheimnissen der Pyramiden zu haben glaubte – also durchaus im voraus –, entdeckt wurden. In den Maßen der Galerien scheinen verschlüsselte Hinweise auf die Daten wichtiger Ereignisse enthalten zu sein, die den Daten des I. Weltkrieges, des Waffenstillstands des Zweiten Weltkrieges, des Atomzeitalters und entscheidende Ereignisse der fünfziger und siebziger Jahre entsprechen. Doch mit dem Jahr 2001 brechen alle Vorhersagen – die Geschichte selbst – ab.*" (15, S. 23)

Er beschreibt dann weiter, daß auch eine Berechnung Heraklits, des griechischen Philosophen aus Ephesos, als Voraussage gedeutet werden kann, dieser zufolge die Erde von periodisch wiederkehrenden Flut- und Feuerkatastrophen heimgesucht wurde und wird. Er rechnete damit, daß die Erde 10.800 Jahre nach ihrer letzten Katastrophe erneut von einer solchen Beinahevernichtung heimgesucht werden würde. Berlitz schreibt weiter: „*Wenn wir unseren Berechnungen Heraklits Zeitspanne zyklisch wiederkehrender Zerstörungen zugrunde legen und das Datum, das Platon für den Untergang von Atlantis anführt (neuntausend Jahre vor seiner Zeit), als Ausgangspunkt nehmen,* **so müßte die nächste Katastrophe um das Ende des zweiten Jahrtausends eintreten.**" (15, S. 23)

Der Maya-Kalender

Den Hochkulturen war immer bekannt, daß die Erde um das Jahr 2000 in eine kritische Phase der Veränderung gerät. Dies wußten auch die Mayas durch ihren Kalender, der ein 13-Monate-Kalender ist (28-Tage-Rhythmus). Nach dem Maya-Kalender hat jeder Tag eine andere Energie und ist auch nach Farben aufgeteilt. Der mexikanische Forscher José Arguelles (*The Mayan Factor*) hat die Kodierung des Maya-Kalenders entschlüsselt, und seinen Auslegungen zufolge soll die Erde nun in eine neue Entwicklungsphase kommen. Nach Arguelles ist ein Platonisches Jahr (25.920) zu Ende, die Erde geht in eine höhere Schwingung über, und wer wandlungsfähig ist, wird mit der Erde die neue Zeit erleben und auch überleben. Die anderen sterben und entwickeln sich auf einem anderen Planeten weiter. Der Erde fließt Energie zu, da sich unsere Galaxis nun wieder zur Zentralsonne zurückbewegt und sich dadurch die Schwingung erhöht. Nach den Interpretationen dieses Forschers läuft das Reinigungsprogramm von 1987 bis ins Jahr 2012. Äußerst interessant ist daran, daß der Maya-Kalender, der mindestens 5.000 Jahre lang seine Gültigkeit hatte, im Jahre 2012 aufhört. Verglichen mit den Prophezeiungen der Cheopspyramide, die im Jahre 2001 aufhörten, nachdem sie jahrtausendelang zutrafen, scheint es sich um eine ganz extrem wichtige Zeit zu handeln.

Die Prophezeiungen der Hopis

Den Hopis, einem stolzen und friedlichen Indianerstamm im Südwesten der USA, der seit Jahrhunderten im Einklang mit der Mutter Erde lebt, hat der „Große Geist" in seiner Petroglyph-Prophezeiung (Steinschrift) folgendes geoffenbart: Die Prophezeiung spricht von der allmählichen Zerstörung der natürlichen Prozesse der Erde aufgrund der Einmischung der Menschheit. Ein alter Hopi sagte dazu: *„Wenn der weiße Mann seine Versuche aufgeben würde, uns das Christentum zu lehren, und anfangen würde, darauf zu hören, was der Große Geist der Hopis gelehrt hat, dann würde alles zur Harmonie mit der Natur zurückkehren. So wie es ist, zerstört aber der weiße Mann dieses Land."* (109, S. 133)

Auf dem Stein findet sich eine Zeichnung mit großer Symbolik. Man sieht darauf einen Hopi mit Pfeil und Bogen, welches die Werkzeuge sind, die der Große Geist den Hopis gegeben hat. Dieser dort abgebildete Hopi deutet auf eine Zeichnung, die den Pfad der Menschheit darstellt. Man sieht darauf zwei Linien, den Pfad der Hopis und den des weißen Mannes. Auf dem Pfad des weißen Mannes ist auch ein Hopi abgebildet, was die Zuwendung mancher Hopis zum Leben des weißen Mannes symbolisiert (wie auch geschehen). Dann sind darauf drei Kreise abgebildet. Der erste steht für den Ersten Weltkrieg, der zweite für den Zweiten Weltkrieg und der dritte für den Dritten Weltkrieg, von dem die letzten noch lebenden Hopis glauben, daß seine Zeit jetzt ist. Nach der Läuterung wird es Nahrung und Wasser im Überfluß geben, der Große Geist wird zurückkehren und der weiße Mann wird langsam aber sicher verschwinden (aus dem Gebiet der Hopis).

John Lansa, der damalige Führer der Hopis, sagte über den Inhalt der Prophezeiungen folgendes: *„Die Hopi-Prophezeiungen sind auf einem Felsen in Black Mesa aufgezeichnet. Die Prophezeiungen sagen, daß eine Zeit großer Läuterungen kommen wird. Dies ist die Zeit. Die Prophezeiung sagt, daß es Pfade am Himmel geben wird. Die Pfade sind Flugzeuge (Kondensstreifen und Luftkorridore). Es wird Spinnweben in der Luft geben. Das sind die Überlandleitungen (gigantische Überlandleitungen überspannen die Wüste von Black Mesa nach Los Angeles und nach Las Vegas). Nach den Prophe-*

zeiungen wird man einen „Kürbis aus Asche" erfinden, der, wenn man ihn vom Himmel fallen läßt, die Meere verkochen und das Land verbrennen wird, und der machen wird, daß viele Jahre nichts wächst. (Atombombe)... Die Prophezeiung sagt, daß Menschen zum Mond und zu den Sternen reisen werden, und das wird Zerrüttung verursachen und die Zeit der großen Läuterung wird sehr nah sein. Es ist schlimm, daß Raumfahrer vom Mond Dinge mitgebracht haben (Mond-Bakterien aus einer Apollo-II-Bodenprobe haben bei NASA-Versuchen drei Arten von irdischen Bakterien getötet; das ist der Grund für die jetzt obligatorische Quarantäne der Astronauten). Der Große Geist sagt in der Prophezeiung, ‚daß der Mensch nicht mehr weitergehen wird, wenn er eine Stadt am Himmel baut.' Das ist die russische Raumstation MIR. [wohl eher die ISS; A.d.Verf.] Und es heißt dazu: ‚Wenn dies geschieht, wird als nächstes die große Läuterung kommen.'"* (109, S. 144)

Und Charles Berlitz wußte über die Hopis zu berichten: „*Die Hopis, ein Indianerstamm mit sehr alter Tradition, wußten anscheinend, daß die Erde sich um ihre Achse dreht. In einer Hopi-Legende wird die Erdachse von zwei Riesen des Weltalls bewacht, und wenn einer von ihnen seinen Posten verläßt, bringt er damit die Erdachse aus dem Gleichgewicht, was zu einem Weltuntergang und zu einem Beginn eines neuen Zeitalters führt, das nach einer gewissen Zeit von einem neuen abgelöst wird. Die Hopis glauben, daß sich das Ende der heutigen oder der vierten Welt, das nach dem Erscheinen eines derzeit noch unsichtbaren, aus den Tiefen des Weltalls auf die Erde zurasenden Sterns eintreten wird, bereits jetzt abzeichnet. Eigenartigerweise deckt sich die Ansicht der Hopis über das Ende der Welt in Folge einer Verlagerung der Erdachse mit der von einigen Wissenschaftlern sowohl unserer als auch vergangener Tage geäußerten Befürchtung, daß der Weltuntergang durch eine starke Zunahme des Polareises, eine Veränderung der Strömungen im Magma des Erdinneren, eine Serie von Erdbeben und Vulkanausbrüchen oder aber durch einen Zusammenstoß oder Beinahe-Zusammenstoß mit einem anderen Himmelskörper verursacht werden könnte; im Grunde sagen sie also das gleiche vorher wie die Propheten der Hopis, nämlich das Weltende durch Erdbeben und Feuer.*" (15, S. 24)

Dannion Brinkley

Wollen wir hier noch eine andere interessante Geschichte aus Amerika mit einfügen, da sie sehr schön den Doppelcharakter der Prophetie – Warnung oder Zukunftsvision – widerspiegelt. Und zwar beschreibt Karl Schnelting in seinem Referat „Zukunfts-Szenarien aus Geisteswissenschaft und Prophetie" die Geschichte des **Dannion Brinkley**: *„Seit alters her gibt es Erlebnisberichte von Menschen, die die Schwelle des Todes überschritten hatten, also klinisch tot waren, dann aber ins Leben zurückkehrten. Seitdem die moderne Medizin die Möglichkeiten der Wiederbelebung erweitert hat, wurden Tausende von Nahtod-Erfahrungen dokumentiert.*

Der amerikanische Psychiater Dr. Raymond Moody hat in seinem Buch „Leben nach dem Tod" (Rowohlt TB), das Millionen von Lesern fand, aus 50 Beispielen das Muster der in der Regel wiederkehrenden Erlebnisse herausgearbeitet. Hierzu gehört ein blitzartig ablaufender Film über alle wichtigen Stationen des Lebens (manchmal auch früherer Inkarnationen), **wobei alle Gedanken und Handlungen eine Bewertung allein unter dem Gesichtspunkt erfahren, ob sie von der Liebe motiviert waren oder nicht.** *Im deutschen Sprachraum sind auch die Bücher des ungarischen Architekten Stefan von Jankovic über seine Nahtod-Erfahrungen bekannt geworden. Relativ selten kann ein Rückkehrer über Einblicke in künftige Geschehnisse berichten, wie dies bei dem Amerikaner Dannion Brinkley der Fall war (Zurück ins Leben: Die wahre Geschichte des Mannes, der zweimal starb, Knaur TB, 1994).*

Dannion Brinkley, der 1975 vom Blitz getroffen wurde und überlebte, berichtete dem Nahtod-Experten Dr. Moody, daß er im klinisch toten Zustand 12 Wesen sah, die ihm nacheinander Filme über bevorstehende Ereignisse auf der Erde zeigten. Dr. Moody notierte gewissenhaft 117 „künftige Ereignisse", an die Brinkley sich erinnern konnte. Beide hielten die Realisierung für im höchsten Grade unwahrscheinlich. Doch nach drei Jahren, ab 1978, trafen die ersten Ereignisse ein, und bis 1993 wurden von den 117 Ankündigungen 95 (!) Wirklichkeit, so u.a. das für 1986 vorausgesehene Unglück von Tschernobyl, der für 1990 angekündigte Golfkrieg und der Zusammenbruch des Kommunismus. **Brinkley war von den Wesen darauf hingewiesen worden, daß die Zukunft nicht in Stein gemeißelt sei, sondern sich mit dem Verhalten der Menschen ändere.** *Hiernach könnte man einige nicht eingetretene Katastrophen als Folge gewisser positiver Kurskorrekturen sehen (verstärkte ökolo-*

gische oder Friedensbemühungen?). So war für 1995 ein im einzelnen beschriebener zweiter russischer Atomunfall in einem der Nordmeere angekündigt. „Das Wesen machte mir klar, daß die Menschen mit der Atomenergie eine schreckliche Kraft wachgerufen hatten, die sie nicht beherrschen konnten." (Womöglich ist ein solcher Atomunfall geschehen, das Wissen darum aber der Öffentlichkeit vorenthalten worden!)

Zu den Szenen eines Dritten Weltkrieges, den Brinkley an hundert Plätzen gleichzeitig toben sah, sagte ihm das Lichtwesen, daß 1994-1996 die kritischen Jahre wären, in denen sich entscheide, ob dieser Krieg ausbricht. Für die nähere Zukunft sah Brinkley u.a. einen ökologischen Kollaps der Welt, der schließlich zum Bankrott der USA bis spätestens zur Jahrtausendwende führt. Aber das Ende Amerikas als Weltmacht kommt durch zwei entsetzliche Erdbeben vor dem Jahr 2000. In einer kurzen Vision sah er Ägypter in Straßenkrawallen, und eine Stimme sagte ihm, daß Ägypten bis 1997 von religiösen Fanatikern übernommen würde. Eine Vereinbarung zwischen Israelis und Arabern betraf ein neues Land im Nahen Osten, während Jordanien aufhörte zu existieren. Dies beinhaltete, daß die Israelis eine Polizeitruppe aus Israelis und Arabern schufen, die brutal die Bevölkerung unterdrückte, so daß Israel sich weltweit isolierte.

Dann Szenen, wie wir sie von Sarajewo kennen: moderne Städte, in denen Kriege wüten, weil ihre Einwohner sich aus Gründen bekämpfen, die von Rassismus bis zur Religion reichen. Ihm zeigte sich eine zunehmende Balkanisierung der Welt, eine Spaltung der großen Länder. Einer der Filme enthielt gewaltige Bilder von Umweltzerstörung: „Ich sah Teile der Welt, die strahlten wie ein Leuchtzifferblatt in der Nacht." Vor allem auch hier viele Bilder von Naturkatastrophen: Fruchtbare Erdregionen werden zur Wüste, in anderen Erdteilen reißen sintflutartige Regenstürme tiefe Furchen in die Erde und waschen die Ackerkrume weg, mit Hungersnöten als Folge." (55, S. 7-8)

Edgar Cayce

Edgar Cayce (1877-1945) war ein moderner amerikanischer Mystiker. Moira Timms weiß über ihn folgendes: *„Er wurde voll Achtung „der schlafende Prophet" genannt, und „der Prophet des neuen Zeitalters"... Dieser bemerkenswerte Mann wurde auf einer Farm in der Nähe von Hopkinsville, Kentucky, geboren. Während seiner Kindheit blieben seine Talente ziemlich* *unbeachtet, sie wurden als überaktive Einbildung abgetan. Er beeindruckte seine Eltern jedoch mit der Entwicklung eines bis zu einem gewissen Grad fotografischen Gedächtnisses."* (109)

Henri Schnyder fügt dem hinzu: *"Als Kind hatte er, als er eines Tages im Wald spielte, eine Vision: Er müsse sein Leben lang den anderen helfen. Seine Schulaufgaben erledigte er, indem er auf seinen Büchern schlief. Zeitlebens war er ein guter Schüler. Bei allen lebendigen Dingen konnte er eine Aura, ein Energiefeld erkennen; und oft genug sprach er mit verstorbenen Freunden und Verwandten."* (97)

Moira Timms weiter: *"Viel später, als junger Schreibwarenverkäufer, wurde seine Stimme von einer allmählich fortschreitenden Lähmung der Kehlkopfmuskeln bedroht. Die Ärzte konnten die Ursache des Problems nicht herausfinden, und Hypnose brachte nur zeitweise Erleichterung. Edgar erinnerte sich seiner Lernfähigkeit während der Kindheit und bat einen Freund, ihn in der Hypnose zu unterweisen, so daß er in eine selbsterzeugte Trance versinken konnte. Sehr zu seiner eigenen Überraschung wußte er dann genau, welche Medikamente und welche Therapie er sich selbst zu verordnen hatte – und er war bald geheilt.*

Eine Gruppe ansässiger Ärzte hörte von dieser ungewöhnlichen Fähigkeit, und bald stellte Edgar Cayce Diagnosen für deren Patienten. Seine Trance-Fähigkeiten entwickelten sich so schnell, daß er sogar in Abwesenheit der Patienten diagnostizieren und verordnen konnte, der Name und die Anschrift genügten. Die Nachricht von Mr. Cayces Kunst verbreitete sich schnell, und nachdem die New York Times eine Geschichte über ihn gebracht hatte, begannen Menschen aus dem ganzen Land, seine Hilfe zu suchen." (109, S. 146-147)

In einem Zeitraum von vierzig Jahren hatte Cayce über vierzehntausend Menschen diagnostiziert ohne nur eine einzige Fehldiagnose. Doch war der Bereich der Krankheitsdiagnose nur einer von vielen. Cayce machte unzählige Prophezeiungen und Voraussagen über das Weltgeschehen, die Entwicklung der Menschheit und deren spirituell-geistiges Fortschreiten. So enthalten seine Schauungen unter anderem folgendes:

• Nahrungsmittelmangel in der Welt: *"Alles, was dem Lebensunterhalt dient, ist ein Produkt des Erdbodens. Man muß daher zur Erde zurückkehren. Jeder Mensch muß in der Lage sein, daß er durch seine Tätigkeit wenigstens das erzeugt, was den Körper am Leben hält – aus dem Boden oder wo er diese*

Dinge den Aktivitäten zur Verfügung stellt, die dem Leben aller solchen Nutzen bringen."

• Landveränderungen: Die großen Seen würden in Zukunft in den Golf von Mexiko münden (über das Mississippi-Tal). Im Atlantik und im Pazifik würde neues Land erscheinen, darunter Poseidon, eine der fünf beim Untergang von Atlantis übriggebliebenen Inseln. Dieses Land wurde 1974 von archäologischen Forschern vor der Küste einer der Bimini-Inseln in den Bahamas entdeckt – genau dort, wo Cayce gesagt hatte. Anderes Land, sagte er, würde versinken.

Bei einer Lesung 1932 wurde er gefragt, wie bald die Veränderungen der Erde zu erwarten wären. Er antwortete: *„Bei der ersten Veränderung von Bedingungen in der Südsee (Südpazifik), also wenn dort etwas auftaucht oder versinkt, oder auf der gegenüberliegenden Seite, im Mittelmeer und im Bereich des Ätna, dann wissen wir, daß es angefangen hat."*

Weiter sagte er, daß wenn die Kette der Erdveränderungen angefangen hätte, größere Teile Japans im Meer versinken würden und daß sich der obere Teil Europas *„in einem Augenblick"* verändern würde. Weiter: *„Im nördlichen Teil Grönlands wird es offenes Wasser geben, und Südamerika wird von einem Ende zum anderen erschüttert werden."*

Über die USA sagte er: *„Die größte Veränderung wird an der Nordatlantikküste auftreten. Beobachten Sie New York, Connecticut und Umgebung! Viele Teile der Ostküste werden zerstört werden, wie auch viele Teile der Westküste, und auch der Mittelteil der Vereinigten Staaten. Der größte Teil von San Franzisko und von Los Angeles wird zerstört werden, sogar noch vor New York. Teile der jetzigen Ostküste von New York, oder die Stadt New York selbst, werden verschwinden...*

Land wird vor der Ostküste Amerikas auftauchen. Es wird zu Umwälzungen in Arktis und Antarktis und als Folge zu einem Polsprung kommen... Das geschieht zwischen '58 und '98, bevor Sein Licht in den Wolken erscheint."

Und als Warnung für die Ereignisse an der Westküste, und wie diese zu erkennen seien, sagte er: *„Wenn es zu größeren Aktivitäten des Vesuv und des Pelée kommt, dann kann die Südküste von Kalifornien – und das Gebiet zwischen Salt Lake und dem südlichen Teil Nevadas – innerhalb von drei Monaten eine Überschwemmung durch ein Erdbeben erwarten."*

Er sprach auch eine Warnung aus: *„Was wird auf der Erde am meisten gebraucht? Daß die Söhne der Menschen gewarnt werden, daß der Tag des*

Herrn kurz bevorsteht, und daß jene, die ohne Glauben waren und sind, sich mit den Dingen befassen müssen, die sie jetzt erleben werden."

Als man ihn drängte zu erklären, was er mit „Tag des Herrn" meinte, antwortete er: *„Das, was von den Propheten und von den Weisen aller Zeiten versprochen wurde; wenn die Zeit und eine halbe Zeit um ist und sich erfüllt hat, an diesem Tag und bei dieser Generation, und daß auf dieser Erde bald wieder der Eine erscheinen wird, durch den viele aufgerufen werden, sich zu jenen zu gesellen, die den Weg für seine Tage auf der Erde vorbereiten. Der Herr wird dann kommen, „gerade so, wie ihr Ihn habt gehen sehen"."*

Und auf die Frage, wie bald all das geschehen werde, antwortete er: *„Wenn jene, die Sein sind, den Weg für Sein Kommen gesäubert und gangbar gemacht haben... Es gibt jenen Zustand, daß die Aktivität von Individuen, in der Denkweise und in der Verhaltensweise, manche Stadt und manches Land intakt hält, durch Anwendung der spirituellen Gesetze ...Wenn es auf der Erde jene Gruppen gibt, die genug den Frieden gewünscht und gesucht haben, dann wird der Frieden beginnen. Es muß im Selbst geschehen."* (aus registrierten Aufzeichnungen Edgar Cayces aus dem „Association for Research and Enlightenment"-Center in Virginia Beach, Virginia, 109, S. 147-152)

Marienerscheinungen

Bei den sogenannten Marienerscheinungen, die an vielen Plätzen der Erde stattgefunden haben, sind den Visionären und oft auch Stigmatisierten (Menschen, welche die „Wundmale Jesu" tragen) Wesen erschienen, die sich als Mutter Maria, als Erzengel Michael und als Jesus Christus ausgegeben haben. Ob es sich bei diesen Erscheinungen tatsächlich um die genannten Persönlichkeiten handelte oder um uns liebevoll beschützende Außerirdische oder einfach um hohe Wesen aus den geistigen Sphären, mag an dieser Stelle als zweitrangig eingestuft werden. Sinn und Zweck der Erscheinungen war es jedesmal, die Menschheit durch die Botschaften, die ihr durch die Medien übermittelt wurden, nochmals wachzurütteln und darauf hinzuweisen, daß das egoistische und selbstsüchtige Handeln der meisten Menschen nicht ohne Wirkung bleiben würde.

Bevor wir uns anhören, was den Menschen prophezeit wurde und wird, falls sie sich nicht ändern, möchten wir kurz den Worten des stigmatisierten **Kapuzinerpaters Pio** lauschen, zu dem Jesus um 1965 ebenfalls sprach:

„Man schreibt mir Wunder, Prophezeiungen, Bilokationen, Wundmale usw. zu. Doch ich war nichts weiter als ein unwürdiges Werkzeug des Herrn. Ohne himmlischen Regen bringt die Erde nur Disteln und Dornen hervor. In irgendeiner Form muß sich Jesus irgendeiner Seele bedienen, um der Welt sein Dasein und seine Allmacht zu beweisen. Vielen Seelen hat der Herr viele Gnaden gewährt; dann aber hat er sie zurückgenommen, denn er will, daß man sich ihrer würdig erweist. Der Same muß sprießen. Das Erdreich muß fruchtbar sein.

Man muß Gott, der anklopft, hereinlassen. Wenn man ihm aber die Herzenstür nicht großmütig auftut... geht er vorüber..., wird er nicht Wohnung nehmen. Man muß Bereitschaft zeigen! Das ist Pflicht! Alles übrige tut er, und er tut es gut. Die Seele aber, die von Gott heimgesucht werden will, muß sich vom Lärm der Welt zurückziehen. Der liebe Gott hat mich gerufen... in der Einsamkeit und im Gebet. Er hat an meiner Herzenstür geklopft, und ich habe ihn aufgenommen, überzeugt, daß es meine Pflicht sei, Gott, der mich erschaffen hat, zu empfangen. Gott zu lieben ist die höchste Lebenspflicht! Und das habe ich schon als Kind verstanden, wie es auch heute noch Kinder verstehen, die die Welt noch nicht verdorben hat. Die Familien sind es, die dem Licht der Sonne die Tür verschließen! Es sind die zeitverschleißenden Eltern um das Fernsehen herum, umgeben von ihren Kindern. Sie sind nur mehr auf interessante Sendungen erpicht und kümmern sich nicht um die Kleinen, die soviel Gift in ihre unschuldigen Herzen aufsaugen..., und so geht der Herr vorüber!

Das ist unsere heutige Zeit! Vorübergang Gottes, dem man die Freiheit des Rastens verwehrt! Und dann..., arme Familien, die aus ihrem Haus eine Hütte der Revolte machen! Ich habe durch Gottes Gnade meine Lebenstage ausgefüllt, und ich glaube, meine Pflicht erfüllt zu haben, indem ich der Ewigen Liebe all das gegeben habe, was sie auf dem Kreuzweg mir geschenkt hat. – Wenn man nur wüßte, wie Gott jede kleinste Liebestat hundertfach belohnt!"
(125, Nr. 15, S. 3)

Das sind sehr bewegende Worte. Durch diesen Mann, von dem man wirklich behaupten kann, daß er auch das gelebt hat, was er sprach, hatte der ihm erschienene Jesus über die Probleme auf der Welt und in den Menschen folgendes zu sagen: „*Was ich Dir nun mitteile, lieber Bruder, magst Du unbehindert verbreiten, denn es ist höchste Zeit, daß die Menschheit erwache und nicht weiterlebe im Schlamm der Schuld; daß sie die Allmacht Gottes anerkenne und daß aus ihrem Herzen Milch und Honig fließe und nicht Groll.* **Der Mensch ist es, der die Strafgerichte auf sich herabzieht durch seine Rebellion gegen den Allerhöchsten.** *Der Mensch, von Gott sich selbst überlassen, schreitet zum Abgrund der Verlorenheit... Der Herr hat euch viele Möglichkeiten zur Verfügung gestellt, um gut zu leben. Vor allem aber hat er euch kostbare Hilfen zur Rettung eurer Seelen bereitgestellt. Eure Intelligenz müht sich ab, Erfindungen auszuwerten; nur für die Seele, die für die Ewigkeit geschaffen wurde, findet sie keine Schwingen, um sich zu ihrem Schöpfer und Erlöser emporzuheben. – Ihr lebt ein vollendetes Heidentum, weil euer Herz käuflich, ich-süchtig ist. Jeder liebt sich selbst zum Schaden seines Bruders, weil ihr den Weg der wahren Gottesliebe verlassen habt. Denkt ernstlich darüber nach! Der Herr vermag euren Stolz, eure Anmaßung, euer in der Sünde versteinertes Herz nicht mehr zu ertragen!"* (125, Nr. 15, S. 3)

Nun zu den Prophezeiungen über den Dritten Weltkrieg

Die bekannteste Marienerscheinung der Welt ist die von **Fatima**. Am 13. Mai 1917 erschien Maria, die Mutter Jesu, in der Cova da Iria, nahe dem portugiesischen Dorf Fatima drei Kindern (Lucia, Francisco und Jacinta) und übermittelte ihnen wichtige Botschaften über den Zustand der Welt und die zu erwartenden Wirkungen der verkorksten „Schöpfungen" des Menschen. Die wichtigste Botschaft ist dabei das sogenannte dritte Geheimnis von Fatima (übermittelt am 13. Juli 1917), welches, im Gegensatz zu den anderen beiden, bis zum April 2000 nicht vom Vatikan veröffentlicht worden war. Nach allen bekannten Aussagen von Päpsten und ihren Beratern mußte es sich um einen so *„unglaublichen"* Inhalt gehandelt haben, daß es kein Papst gewagt hatte, die Menschheit offiziell über den Inhalt zu informieren.

Nun, unter den Prophezeiungsexperten wird stark angezweifelt, daß es sich bei dem nun veröffentlichten dritten Geheimnis um das *echte* handelt. Im Jahre 1942, am 25. Jahrestag der Erscheinung, ließ nämlich Papst Pius XII. eine stark zensierte Version durch Kardinal Schuster bekanntgeben, die Papst Paul VI. in dieser sogenannten „diplomatischen Fassung" 1963 an die Atommächte weiterleitete. Und diese „zensierte" Fassung des dritten Geheimnisses von 1942 ist wesentlich inhaltsreicher und aussagekräftiger, und vor allem auch erheblich länger, als das nun veröffentlichte „wahre" dritte Geheimnis. Doch entscheiden Sie selbst. Hier der Text aus dem Jahr 1942: „Sorge dich nicht, liebes Kind, ich bin die Muttergottes, die zu dir spricht und dich bittet, die folgende Botschaft in meinem Namen der ganzen Welt zu verkünden. Du wirst dabei stark angefeindet werden. Doch sei stark im Glauben, und du wirst alle Anfeindungen überstehen. Höre und merke dir, was ich dir sage: Die Menschen müssen sich bessern. Sie müssen um die Vergebung der Sünden flehen, die sie begangen haben und weiterhin noch begehen werden. Du verlangst ein Wunderzeichen von mir, damit alle Welt meine Worte, die ich durch dich zur Menschheit spreche, versteht. Das Wunder hast du soeben gesehen (sie bezieht sich auf das Sonnenwunder von Fatima, welches von Ufologen als UFO-Sichtung gedeutet wird; A.d.Verf.). Es war das große Sonnenwunder! Alle haben es gesehen, Gläubige und Ungläubige, Bauern und Städter, Wissenschaftler und Zeitungsleute und Laien und Priester. Und nun verkünde in meinem Namen:

Über die ganze Menschheit wird eine große Züchtigung kommen, noch nicht heute, noch nicht morgen, aber in der zweiten Hälfte des 20. Jahrhunderts. Was ich in La Salette (Ort anderer Marienerscheinungen; A.d.Verf.) *bereits durch die Kinder Melanie und Maximin zum Ausdruck brachte, wiederhole ich heute dir gegenüber. Die Menschheit hat sich nicht so entwickelt, wie es Gott erwartete. Die Menschheit hat gefrevelt und das Geschenk, das ihr gegeben wurde, mit Füßen getreten. Nirgends mehr herrscht Ordnung. Selbst in den höchsten Stellen regiert Satan und bestimmt den Gang der Dinge. Er wird es verstehen, sogar in die höchsten Spitzen der Kirche einzudringen. Es wird ihm gelingen, die Köpfe der Wissenschaftler zu verwirren, die Waffen zu erfinden, mit denen man die Hälfte der ganzen Menschheit in wenigen Minuten vernichten kann. Er wird die Mächtigen der Völker in seinen Bann schlagen und sie veranlassen, daß diese Waffen in Massen erzeugt werden. Wenn sich die Menschheit dagegen nicht wehrt, werde ich gezwungen sein, den Arm meines Sohnes fallen zu lassen. Wenn die hohen Spitzen der Welt und der Kirche diesem Geschehen nicht in den Arm fallen, werde ich es tun und Gott, meinen Vater, bitten, das große Strafgericht über die Menschen kommen zu lassen.*

Und siehe, Gott wird dann die Menschen strafen, noch härter und schwerer als er sie durch die Sintflut gestraft hat. Und die Großen und Mächtigen werden dabei ebenso zugrunde gehen wie die Kleinen und Schwachen. Aber auch für die Kirche kommt eine Zeit der allerschwersten Prüfungen. Kardinäle werden gegen Kardinäle und Bischöfe gegen Bischöfe sein. Satan tritt mitten in ihre Reihen. Und auch in Rom wird es große Veränderungen geben. Was faul ist, fällt und was fällt, soll nicht gehalten werden. Die Kirche wird verdunkelt und die Welt gerät in Bestürzung.

Der große, große Krieg fällt in die zweite Hälfte des 20. Jahrhunderts. Feuer und Rauch werden dann vom Himmel fallen und die Wasser der Ozeane werden verdampfen und die Gischt wird gen Himmel zischen und alles wird umstürzen, was aufrecht steht. Und Millionen und aber Millionen von Menschen werden von einer zur anderen Stunde ums Leben kommen, und die, welche dann noch leben, werden diejenigen beneiden, die tot sind. Und Drangsal wird sein, wohin man schaut und Elend auf der ganzen Erde und Untergang in allen Ländern. Siehe, die Zeit kommt immer näher und der Abgrund wird immer größer, und es gibt keine Rettung, und die Guten werden mit den Schlechten sterben und die Großen mit den Kleinen und die Kirchenfürsten mit ihren Gläubigen und die Herrscher der Welt mit ihren Völkern, und überall wird der Tod regieren, von irrenden Menschen zu seinem Triumph erhoben und von den Knechten Satans, der dann der einzige Herrscher auf Erden ist. Es wird eine Zeit sein, die kein König und Kaiser und kein Kardinal und Bischof erwartet, und sie wird dennoch kommen nach dem Sinne meines Vaters, um zu strafen und zu rächen. Später aber, wenn die, die alles überstehen, noch am Leben sind, wird man erneut wieder nach Gott und seiner Herrlichkeit rufen und wieder dienen wie einstens, als die Welt noch nicht so verdorben war. Ich rufe auf alle wahren Nachfolger meines Sohnes Jesus Christus, alle wahren Christen und die Apostel der letzten Zeiten. Die Zeit der Zeiten kommt und das Ende aller Enden, wenn die Menschheit sich nicht bekehrt und diese Bekehrung nicht von oben kommt, von den Regierenden der Welt und den Regierenden der Kirche. Doch wehe, wehe, wenn diese Bekehrung nicht kommt, und alles bleibt, wie es ist, ja alles noch viel schlimmer wird. Geh hin, mein Kind, und verkünde das! Ich werde dir dabei immer helfend zur Seite stehen." (113, S. 217ff)

Und nun im Vergleich dazu die Version, die Papst Johannes Paul II. am 19. April 2000 veröffentlichen ließ: *„Ich schreibe aus Gehorsam gegenüber Euch, meinem Gott, der es mir aufträgt, durch seine Exzellenz, den Hochwürdigsten Herrn Bischof von Leiria, und durch Eure und meine allerheiligste Mutter.*

Nach den zwei Teilen, die ich schon dargestellt habe, haben wir links von unserer lieben Frau etwas oberhalb einen Engel gesehen, der ein Feuerschwert in der linken Hand hielt; es sprühte Funken, und Flammen gingen von ihm aus, als sollten sie die Welt anzünden; doch die Flammen verlöschten, als sie mit dem Glanz in Berührung kamen, den unsere liebe Frau von ihrer rechten Hand auf ihn ausströmte: den Engel, der mit der rechten Hand auf die Erde zeigte und mit lauter Stimme rief: Buße, Buße, Buße! Und wir sahen in einem ungeheuren Licht, das Gott ist: „etwas, das aussieht wie Personen in einem Spiegel, wenn sie davor vorübergehen", einen in Weiß gekleideten Bischof „wir hatten die Ahnung, daß es der Heilige Vater war". Verschiedene andere Bischöfe, Priester, Ordensmänner und Ordensfrauen einen steilen Berg hinaufsteigen, auf dessen Gipfel sich ein großes Kreuz befand aus rohen Stämmen wie aus Korkeiche mit Rinde. Bevor er dort ankam, ging der Heilige Vater durch eine große Stadt, die halb zerstört war, und halb zitternd mit wankendem Schritt, von Schmerz und Sorge gedrückt, betete er für die Seelen der Leichen, denen er auf seinem Weg begegnete. Am Berg angekommen, kniete er zu Füßen des großen Kreuzes nieder. Da wurde er von einer Gruppe von Soldaten getötet, die mit Feuerwaffen und Pfeilen auf ihn schossen. Genauso starben nach und nach die Bischöfe, Priester, Ordensleute und verschiedene weltliche Personen, Männer und Frauen unterschiedlicher Klassen und Positionen. Unter den beiden Armen des Kreuzes waren zwei Engel, ein jeder hatte eine Gießkanne aus Kristall in der Hand. Darin sammelten sie das Blut der Märtyrer auf und tränkten damit die Seelen, die sich Gott näherten."

Also unserer Meinung nach handelt es sich bei der nun veröffentlichten „wahren" Version um eine Irreführung. Wie kann die diplomatische Fassung denn länger sein als das Original? Und die Begründung des Vatikans, warum man sich denn nun im Jahr 2000 zu einer Veröffentlichung entschied, ist, daß es sich bei dem geschilderten Anschlag auf den Papst um das Attentat am 13.5.1981 gehandelt hätte und daß nachdem die Sowjetunion 1991 zerbrochen sei, sich die Prophezeiungen damit erfüllt hätten.

Daß das betreffende Ereignis in der „wahren" Geheimnisversion zwar völlig anders geschildert wurde, scheint hierbei offenbar niemanden zu stören. Und warum hatte man nach dem Zusammenbruch des Sowjetkommunismus dann noch neun Jahre gewartet? Aber lassen wir das.

Die Aussagekraft der weiteren Marienbotschaften ist stark genug, um festzustellen, was Mutter Maria den Menschen wirklich sagen wollte. Am 22. Mai 1958 ließ Jacinta, eines der drei Kinder, durch den Pater Agustiono Fuentes der Öffentlichkeit erneut eine Botschaft mitteilen, bei der es sich um einen nochmaligen Aufruf an die Menschheit handelte. Darin beklagt sich Maria erneut, daß die Menschen überhaupt nicht auf die Prophezeiungen von Fatima reagiert hätten und daß *„wir uns den letzten Tagen nähern würden"*.

Und im Jahre 1971 sagte Jacinta zu ihrer Pflegemutter, die es wiederum an den Papst weitergab, daß *„die Welt geschüttelt wird und daß unsere liebe Frau den Arm ihres geliebten Sohnes nicht mehr zurückhalten kann, der durch die Sünden sehr beleidigt wurde, die man in der Welt begeht.* **Wenn die Welt sich jedoch entschließen würde, noch Buße zu tun, so würde ihr unsere liebe Frau noch zu Hilfe kommen.** *Im entgegengesetzten Fall jedoch würde das Strafgericht unfehlbar über sie kommen, weil man es an Gehorsam gegenüber dem Heiligen Vater hat fehlen lassen"*. (125, Nr. 15, S. 2)

Die stigmatisierte **Marie-Julie Jahenny**, zu der Christus 1938 sprach, hatte unter anderem folgende Worte zu übermitteln: *„Die Menschen haben auf die Worte meiner heiligsten Mutter in Fatima nicht gehört. Wehe wenn sie jetzt nicht auf meine Worte hören... Ich muß um meiner Gerechtigkeit, um meines Namens willen kommen, weil die Menschen die Zeit der Gnade nicht erkannt haben. Das Maß der Sünde ist voll. Aber meinen Getreuen, die ich kenne, wird kein Haar gekrümmt werden. Ich kenne die Meinen und die Meinen kennen mich!... Wenn die Welt sich in Sicherheit wiegt, komme ich wie ein Dieb in der Nacht. In Blitzesschnelle bin ich da."* (125, Nr.15, S. 2 und 3)

Über die *Neue Weltordnung* heißt es in einer Botschaft vom 7.12.1977: *„Eure Welt, die Menschheit, entwickelt nun die „Eine-Welt-Regierung" und die „Eine-Welt-Religion", die Meinen Sohn beiseite wirft. Wehe, sage ich euch, wie ich es früher berufen habe: wenn ihr nicht betet, wenn ihr jetzt nicht handelt, dann wird sich 666 selbst in Rom, in der ewigen Stadt einnisten, dann wird es Sitz der nichtchristlichen Kräfte werden. Könnt ihr nicht begreifen, was geschieht? Ich weine bittere Tränen der Trauer."* (125, Nr. 17, S. 1)

In einer anderen Botschaft heißt es: *„In früheren Botschaften wurde die Zahl 666 bereits mit einer Warnung vor der UNO, einer „internationalen Religion" und einem Anti-Papst verbunden, der den Halbmond im Wappen trägt. In dieser Zeit werde der Massenmord an ungeborenen Kindern übergehen in die Tötung von „Betagten, Gebrechlichen und Kranken", denn der Wert des Lebens wird vernichtet sein. Die „geheimen Gesellschaften" würden endgültig unter der Kontrolle Satans stehen, und die bösen Kräfte 666 werden eine Rotte von Feinden gegen Garabandal (Ort vieler Marienerscheinungen) führen. Die Zerstörung der Kirche werde begleitet mit dem Plan der „einen Welt" und der „einen Kirche", die „gottlos sein wird". Zum Hauptinstrument Satans in dieser Zeit würde sich das Fernsehen („mechanische Agenten, teuflische Maschine") entwickeln."* (125, Nr. 17, S. 1)

Den Begriff der **Neuen Weltordnung** finden wir auf der Ein-Dollar-Note verewigt, und zwar auf dem „Großen Siegel". Dieses sehen Sie rechts vergrößert. Über der Pyramide steht „Annuit Coeptis" (*„er hat dem Vorhaben zugestimmt"*) und darunter „Novus Ordo Seclorum" (*„Neue Weltordnung"*). Beides bezieht sich auf das Ziel der geheimen Weltherrscher, der Illuminati: die Weltherrschaft. In der untersten Stufe der Pyramide finden wir die römische Zahl 1776. Offiziell steht diese Jahreszahl für das Gründungsdatum der USA am 1. Mai 1776. Tatsächlich ist das amerikanische Siegel aber das Siegel des „Bayerischen Illuminatenordens", der von Adam Weishaupt im Jahre 1770 im Auftrag des Bankhauses Rothschild in Ingolstadt gegründet wurde. Im Jahre 1776 wurde der Geheimorden offiziell eingeführt. Die dreizehn Stufen der Pyramide sind die dreizehn Einweihungsgrade des Illuminatenordens, und das „Allsehende Auge" an der Spitze ist das Auge Luzifers. Luzifer, der Lichtträger, ist für die Logenmitglieder der Träger und Verwahrer des höchsten Wissens.

Das Große Siegel, die Pyramide mit dem Allsehenden Auge, der aus dreizehn Sternen bestehende Davidstern über dem Phönix, der Phönix selbst, das Staatswappen auf der Rückseite des Siegels sowie das Sternenbanner-Original mit den dreizehn Streifen und dreizehn Sternen sind alte und wichtige Freimaurersymbole, die zwar im Auftrag der Rothschilds geschaffen und von Adam Weishaupt plaziert worden sind, jedoch von ihrer Symbolik bis ins alte Ägypten zurückgehen. Der Entwurf der Illuminaten-Dollar-Pyramide stammt von Philipp Rothschild, wie von seiner Geliebten Ayn Rand in ihrem Buch „*Atlas Shrugged*" enthüllt wurde.

John Todd, selber einst Mitglied der Illuminati, beschreibt die Pyramide wie folgt:
„Das Siegel wurde auf Anordnung der Familie Rothschild in London kreiert. Es ist eine luziferische Organisation und die Rothschilds sind deren Kopf. In dieser Organisation kann man Freimaurern, Kommunisten und Mitgliedern anderer Vereinigungen begegnen. Diese Organisation ist sehr weit verbreitet. Es geht um Politik und Finanzen und man hat die Auffassung, eine einheitliche Weltregierung zu schaffen. Diese Organisation wird alles tun, um diese Weltregierung herbeizuführen und kalkuliert sogar den Dritten Weltkrieg mit ein. Sie nennt sich die „Illuminati". Das Wort bedeutet: „Die Lichtträger"...
Wenn man einen Oberhexer fragt, wer die mächtigste Hexe der Welt sei, dann wird man die Antwort bekommen: Ruth Carter Stapleton, die Schwester des ehemaligen US-Präsidenten Jimmy Carter. Ich weiß nicht, ob Jimmy Carter zu den Freimaurern gehört. Wenn man in den USA Politiker ist, dann ist man gewöhnlich Freimaurer, denn damit kommt man in die politischen Kreise hinein. Seit Wilson, dem Präsidenten im Ersten Weltkrieg, hat es keinen Präsidenten gegeben, der nicht zu den Illuminati gehört hatte, außer Eisenhower, und der war von ihnen kontrolliert. Es gibt etwa fünftausend Leute auf der Welt, die eine tiefere Erkenntnis über die Illuminati besitzen. Für diese arbeiten dann Millionen von Menschen. So ähnlich ist es auch bei den Freimaurern. Nur die, die im 33. Grad des Schottischen Ritus sind, haben auch das Wissen. Die anderen haben die Erkenntnisse nicht. Ihnen (den Illuminati) gehört jede große Benzin produzierende Gesellschaft in der Welt; alle großen Versandhäuser in den USA und neunzig Prozent der großen Kaufhäuser gehören dazu. Alle elektrischen Computerkassen in den USA sind mit

einem riesigen Computer in Dallas (Texas) verbunden, der „The Beast" (das Tier) genannt wird. Dieser ist wiederum verbunden mit zwei weiteren Computern in Brüssel und Amsterdam, die auch „The Beast" genannt werden." (144)

Vor der *Neuen Weltordnung* warnte aber nicht nur die Offenbarung des Johannes, sondern auch ein visionärer Namensvetter von ihm, **Johannes von Jerusalem**, der vor etwa neunhundert Jahren prophezeite:

Wenn das Jahrtausend, das nach dem Jahrtausend kommt,
zu Ende geht,
entsteht eine finstere, heimliche Ordnung. Neid wird ihr Schlachtruf sein und Gift ihr Schwert. Sie wird schrankenlos Gold raffen und den Erdkreis unter ihre Peitsche zwingen. Durch einen Blutkuß schmiedet die Ordnung den finsteren Pakt. Sie zwingt ihr heimliches Gesetz den Menschen ohne Macht und den Menschen guten Herzens auf. Aus der Finsternis heraus befiehlt die Ordnung ihr einziges Gesetz. In die Gotteshäuser hinein verspritzt sie ihr schwarzes Gift. Mit dem Giftstachel des Skorpions unter ihren Schuhen schreitet die Erde in ihr Verderben.

Wenn das Jahrtausend, das nach dem Jahrtausend kommt,
zu Ende geht,
werden Zwingherren ohne Glauben regieren. Tyrannen werden sie sein über hilflose und ahnungslose Menschenströme. Die Gesichter der Bösartigen werden verhüllt sein und die Namen der bösartigen Herrscher geheim. Tief in unzugänglichen Forsten verbergen sich ihre uneinnehmbaren Zwingburgen. Das Schicksal aller Menschen halten sie in ihren eisernen Fäusten. Kein Unberufener findet Zugang zu den Festungen ihrer heimlichen Ordnung.
Die Menschen glauben, frei von ritterlichem Reichtum zu sein. Aber in Wahrheit sind sie Leibeigene und Sklaven. Nur die aus den Behausungen in der Wildnis, diejenigen, die als Ketzer verflucht werden, sind imstande, den Aufstand zu wagen. Aber sie werden geschlagen und bei lebendigem Leibe verbrannt werden. (126)

Der Antichrist

Offenbarung des Johannes, Kapitel 13, Vers 1-18:
"Und ich sah ein Tier aus dem Meer steigen... Und der Drache gab ihm seine Kraft und seinen Thron und große Macht... Und ihm wurde gestattet, gegen die Heiligen Krieg zu führen und sie zu überwinden; und ihm wurde Macht gegeben über alle Stämme, Völker, Sprachen und Nationen...
Und ich sah ein zweites Tier aus der Erde heraufsteigen... Und es übt alle Macht des ersten Tieres mit dessen Zustimmung aus und bringt die Erde und die darauf wohnen dazu, das erste Tier anzubeten... Und es (das zweite Tier) tut so große Zeichen, daß es auch Feuer vom Himmel auf die Erde fallen läßt vor den Augen der Menschen; und es verführt die Menschen, die auf der Erde wohnen, durch die Zeichen, die es mit Zustimmung des Tieres tun darf; und befiehlt denen, die auf der Erde wohnen, ein Bild zu errichten für das Tier, das die Schwertwunde hatte und lebendig geworden war. Und ihm wurde gestattet, dem Bild des Tieres Geist zu verleihen, damit es sprechen und bewirken könnte, daß alle, die es nicht anbeteten, getötet würden. Und es bewirkt, daß alle, die Kleinen und Großen, die Reichen und Armen, die Freien und Sklaven, sich ein Zeichen an die rechte Hand oder an die Stirn machen, und daß niemand kaufen oder verkaufen kann, wenn er nicht das Zeichen hat, nämlich den Namen des Tieres oder die Zahl seines Namens – Hier geht es um Weisheit! – Wer Verstand hat, der deute die Zahl des Tieres, denn es ist die Zahl eines Menschen, und seine Zahl ist 666."

Hier sollte kurz bemerkt werden, daß Johannes eine Vision gezeigt wurde, Bilder, für die es zu dieser Zeit überhaupt keine Worte gab (Fernseher, Bombe, Kreditkarte), und er diese in seinen sehr einfachen Worten interpretierte. Das „Tier" sollte man sich nicht als solches vorstellen, sondern repräsentiert in diesem Fall das Gegenstück zum „Geist" – also die Materie oder den Materialismus und die Organisation, die diesen propagiert.

In diesem Auszug sind nun mehrere wichtige Teile enthalten, die ich bereits in *„Hände weg von diesem Buch!"* entschlüsselt hatte:

1. *„Und ich sah ein Tier aus dem Meer steigen... Und der Drache gab ihm seine Kraft und seinen Thron und große Macht... Und ihm wurde gestattet, gegen die Heiligen Krieg zu führen und sie zu überwinden; und ihm wurde Macht gegeben über alle Stämme, Völker, Sprachen und Nationen."*

Der Drache könnte als der Teufel (Satan) interpretiert werden, und das erste Tier könnten die Illuminati sein (die FED-Banken und die Wall Street), die von Satan auf den weltlichen Thron gesetzt und mit finanzieller Macht ausgestattet worden sind (siehe dazu im A.T.: 2 Chr. 9, 13 sowie 1 Kön. 10,14: *„Das Gewicht des Goldes, das alljährlich bei Salomo einging, betrug 666 Goldtalente..."*). Jesus hatte nicht umsonst im Tempel unter den Geldverleihern aufgeräumt. Er hatte dazu auch eine klare Begründung, denn er sagte zu ihnen (Joh. 8,44): *„Ihr habt den Teufel zum Vater, und was eurem Vater gefällt, das wollt ihr tun..."*

2. *„Und ich sah ein zweites Tier aus der Erde heraufsteigen... Und es übt alle Macht des ersten Tieres mit dessen Zustimmung aus und bringt die Erde und die darauf wohnen dazu, das erste Tier anzubeten..."*

Das zweite Tier könnten als die dem ersten Tier Dienstbaren interpretiert werden – die Regierungen, die den Illuminati und ihrem Werkzeug, der Wall Street, hörig sind. Wie formulierte man in der Süddeutschen Zeitung während der letzten US-Präsidentschaftswahl doch so treffend: *„Es ist egal, ob George W. Bush oder Al Gore Präsident wird – Alan Greenspan ist der Chef der Notenbank..."*

Muß es noch deutlicher sein?

3. *„Und es tut so große Zeichen, daß es auch Feuer vom Himmel auf die Erde fallen läßt..."*

Das klingt verdächtig nach einem Atombombenabwurf. Und wer hat die erste Atombombe abgeworfen? Die Amerikaner, im Auftrag des Personenkreises, welcher der amerikanischen Regierung befiehlt, was diese zu tun hat – die Illuminati.

4. *„Und ihm wurde gestattet, dem Bild des Tieres Geist zu verleihen, damit es sprechen und bewirken könnte, daß alle, die es nicht anbeteten..."*

Diese Aussage ist ziemlich eindeutig: ein Bild, das sich bewegt und das sprechen kann – das Fernsehen und der Computer! Und nun nennen Sie mir ein Volk auf der Erde, welches das Fernsehen nicht anbetet beziehungsweise den Computer. Man stelle sich den Seher Johannes vor, der eine Szene aus der Zukunft vor Augen hat und einen heutigen Menschen erblickt, der entweder gebannt vor der Glotze sitzt oder vor seinem Bildschirm am Arbeitsplatz oder zuhause. Wie würde er das wohl anderen Menschen seiner Zeit beschreiben? Er sieht die Menschen der Zukunft, *die ein Bild anbeten, das sich bewegt.* Und das Fernsehen ist das wichtigste Werkzeug der Weltbeherrscher. Und jeder weiß, wo sich die Meinungsschmiede befindet, welche die Welt heutzutage prägt: im Land der Wall Street, in den Verunreinigten Staaten.

5. *„Und es (das zweite Tier) bewirkt, daß sie alle, die Kleinen und Großen... sich ein Zeichen an die rechte Hand oder an die Stirn machen, und daß niemand kaufen oder verkaufen kann, wenn er nicht das Zeichen hat, nämlich den Namen des Tieres oder die Zahl seines Namens – Hier geht es um Weisheit! – Wer Verstand hat, der deute die Zahl des Tieres, denn es ist die Zahl eines Menschen. Und seine Zahl ist 666."*

Dieser letzte Abschnitt ist mehrfach zu deuten:

Die Zahl 6 symbolisiert in der Kabbala, wie auch die Tarotkarte Nummer 6 („Die Liebenden"), die Versuchung, der Weg aus dem Geistigen in die Materie, während die Zahl 9, die Zahl der Weisheit, den Weg aus der Materie zurück ins Geistige symbolisiert.

Die Hopi-Indianer in Nord-Arizona haben auch eine Prophezeiung und die sagt: *„Keiner wird kaufen oder verkaufen können, wenn er nicht das Zeichen des Bären hat. Wenn dieses Zeichen zu sehen sein wird, dann kommt der Dritte Große Krieg."*

Das Zeichen des Bären sieht so aus:

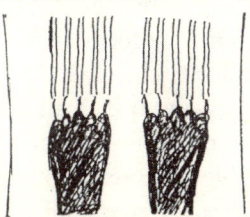

Nun vergleichen wir das einmal mit dem „Strich-Code":

Wir sollten uns vor Augen halten, wie dem Indianer vor mehreren hundert Jahren eine Vision gezeigt wird, in der er den Strich-Code erblickt. Da er diesen natürlich nicht unter diesem Namen kennt, beschreibt er, daß dieses Zeichen aussieht wie die Spuren des Bären, wenn er seine Krallen schärft. Die Strichmuster auf den einzelnen Handelsprodukten enthalten verschiedene Linien, die nach Stärke und Abstand eine bestimmte Zahl darstellen, wodurch das bestimmte Produkt nach einem binären Zahlensystem identifiziert werden kann. Sie sehen die zwölf kürzeren Doppelstreifen, wie die Krallenspuren des Bären, sechs links und sechs rechts (zu Anfang waren es fünf). Dazu kommen DREI längere, links außen, rechts außen und in der Mitte. Wenn Sie jetzt bei den kürzeren Streifen auf der rechten Seite die Zahl 6 heraussuchen (zwei dünne Striche) und sie mit den längeren Streifen vergleichen, werden Sie sehen, daß die längeren Streifen auch eine 6 darstellen, nur steht sie unter diesen nicht. Die drei längeren Streifen sind und bleiben auf jedem Strich-Code auf der Welt gleich, nur die kürzeren verändern sich. Der Computer ließt also immer 666.

Und die westliche Welt, vor allem die USA, kann ohne den Strich-Code bereits nicht mehr existieren beziehungsweise ohne die Kreditkarte nicht mehr einkaufen. Und schon bald bekommen die Menschen diesen dann eben auf die Hand oder die Stirn beziehungsweise an dieser Stelle unter die Haut. Und warum gerade diese Stellen? Weil der Chip durch eine kleine Batterie beziehungsweise eine Art Wärmepumpe angetrieben wird, die sich durch den Wechsel zwischen warm und kalt auflädt. Und sowohl die Hand als auch die Stirn sind die beiden Stellen, an denen es am Körper zu den häufigsten Temperaturwechseln kommt und die auch praktisch am leichtesten zur Personenerkennung dienlich sind.

Symbolisch interessant ist hierbei auch, daß der größte Computer der Welt, an den alle anderen angeschlossen sind, in Brüssel steht und „La Bête" („The Beast") also „das Tier" genannt wird.

Daß die Zahl 666 mit dem Strich-Code, dem Kreditkartensystem, also mit Banken und Geld zu tun hat, zeigt sich auch schon deutlich darin, daß der Code der Weltbank-Nummer 666 ist oder beispielsweise die Karten der australischen Nationalbank die 666 aufweisen. Die Scheck-Verrechnungsstelle für indische Banken in Bombay trägt den Nummernschlüssel 666. Neue amerikanische Kreditkarten zeigen jetzt die Vorziffer 666. Das „Olivetti-Computer-System P 6060" gebraucht jetzt Nummern, die mit 666 beginnen. Überall in den USA tragen Computerquittungen eine Gruppe von grauen Punkten, welche die Zahl 666 umgeben. Auf jedem israelischen Lotterieschein ist die Zahl 666 aufgedruckt. Die Übersee-Telefonnummer Israels lautet 666 und so weiter...

Und wer sind die Personen, die das Kreditkartensystem eingeführt haben und bereits die Lasertätowierung in verschiedenen Bereichen verwenden? Es sind die privaten internationalen Bankiers, die Illuminati! Es sind diejenigen, die das Federal Reserve System 1913 eingeführt haben; diejenigen, welche die Wall Street steuern und über die Wall Street Konzerne ruinieren oder übernehmen, ja sogar ganze Länder.

Und genau diese Kameraden, welche die Welt über ihr Zinseszins-System knechten, werden einen künstlich herbeigeführten Banken-Crash (eventuell mit einem Krieg als Vorwand) dazu nutzen, das Bargeld durch Plastikgeld zu ersetzen, und damit den nächsten Meilenstein zu ihrer Einen-Welt-Regierung, der *Neuen Weltordnung* setzen. Wie das gehen soll? Nun, ganz einfach. Es kommt zu einer Inflation und es muß, damit das wirtschaftliche Leben weitergeht, Geld gedruckt werden, so wie wir das aus den letzten Inflationen auch kennen. Man wird jedoch argumentieren, daß neues Geld nicht so schnell gedruckt werden kann, um alle Menschen damit zu versorgen (die Menschheit hat sich ja erheblich vermehrt seit dem letzten Banken-Crash...) – man wird an die Einführung des Euro erinnern und daran, wie lange diese vorbereitet sein mußte... Und man wird mit der perfekten Lösung aufwarten, nämlich mit der *cashless society*, der bargeldlosen Gesellschaft durch virtuelles Geld (oder Plastikgeld). Da sowieso jeder Kontobesitzer eine EC-Karte hat, wird erklärt, daß das Geschäftsleben weitergehen kann, wenn mit der Karte bezahlt wird. Um den jeweiligen Kurs der Währung braucht sich der Konsument nicht zu kümmern, das machen schon unsere Chefs (Big Brother) an der Wall Street. Wie sagt doch eine Bankenwerbung so schön: *„Leben Sie, wir kümmern uns um den Rest."* Und ruck-zuck hat sich die Offenbarung des Johannes erfüllt!

Wollen wir uns nun aber noch einmal die letzten Zeilen der Offenbarung betrachten: *„...wenn er nicht das Zeichen hat, nämlich den Namen des Tieres oder die Zahl seines Namens – Hier geht es um Weisheit! – Wer Verstand hat, der deute die Zahl des Tieres, denn es ist die Zahl eines Menschen. Und seine Zahl ist 666."*

Hier handelt es sich um Numerologie, das heißt die Berechnung des Namens. Wie der Ausschnitt aus der Bibel schon sagt, geht es um die Zahl seines Namens (des Tieres). Nach der Kabbala entspricht jeder Buchstabe auch einer Zahl. Jede Zahl und jeder Buchstabe hat wiederum eine Bedeutung beziehungsweise einen Charakter. Kennt man die Bedeutung der Zahlen, kann man aus der errechneten Zahl eine Charakter- und Schicksalsbestimmung vornehmen. Da es verschiedene Zahlenschlüssel gibt, gibt es auch ebensoviele Interpretationsvarianten. Ein Schlüssel ist beispielsweise, daß man die Buchstaben ihrer Reihenfolge im Alphabet nach abzählt (A=1; C=3; U=21). Nimmt man diesen Wert nun mal sechs (A=6; C=18; U=126), kann man zu folgenden Entschlüsselungen kommen:

C	O	M	P	U	T	E	R	
18	90	78	96	126	120	30	108	= 666

K	I	S	S	I	N	G	E	R	
66	54	114	114	54	84	42	30	108	=666

Neben der hier dargestellten Variante gibt es noch weitere Zahlenschlüssel, die zu äußerst interessanten Ergebnissen führen! Numerologisch können hierbei auch Firmennamen entschlüsselt werden oder auch das www vor jeder Website im Internet. Das „w" entspricht in der Kabbala der Zahl 6 und somit gibt man symbolisch immer die 666 ein, wenn man eine Website besucht (beispielsweise www.jan-van-helsing.de). Es handelt sich hierbei um den selben Symbolgehalt wie beim Strich-Code mit seinen drei verlängerten Strichen – die 666 ist immer dabei! (Wie weit wir bereits in diesem Spiel sind, sehen wir auch, wenn wir uns die Rückseite des BRD-Personalausweises betrachten und diesen dann auf den Kopf stellen: Dort erkennen wir den Totenschädel des Tiers – den Ziegenbock mit seinen Hörnern, Baphomet oder Satan –, über dem die Krone schwebt.)

Festzuhalten bleibt nun bezüglich der letzten Zeilen des obigen Offenbarungstextes, daß es sich um einen Menschen handelt, dessen numerologische Aufschlüsselung des Namens den Wert 666 ergibt und der durch sein Charisma und seine Hofierung durch die Weltmedien die Massen in seinen Bann ziehen wird. Und diese Person wird als der *Antichrist* bezeichnet – der Gegenspieler Jesu. Sein Ziel ist die Herbeiführung der Neuen Weltordnung mit einer Welt-Einheitsreligion.

Und über diesen Burschen und sein Auftreten erfahren wir nun auch etwas von einigen der Seherinnen und Seher. Dabei soll es sich um eine Person handeln, die Anfang der sechziger Jahre im Bereich Israel oder Naher Osten (hier variieren die einzelnen Visionen) geboren worden sein und in Kürze die Weltbühne betreten soll.

Jeane Dixon, ein Medium aus den USA, erklärt uns: *„Sein Wirkungsgebiet wird die individuelle Verführung der Menschheit sein, das heißt, eine Ideologie, die sich aus politischen, philosophischen und religiösen Begriffen zusammensetzt und die Menschen in eine tiefe Glaubenskrise stürzen wird... Während der Prophet des Antichristen seine Ideologie verbreiten wird, werden die Menschen vom Fortschritt der Technik und äußerem Wohlergehen geblendet sein. Die Gesellschaft wird sich schließlich selbst und ihre materiellen Errungenschaften anbeten, bis zu dem Augenblick, in dem der Mensch sagen wird: Ich bin die Kraft und brauche keinen Gott. Nur meine menschliche Wissenschaft habe ich nötig."* Er soll dann Wunder vollbringen, die aber nur durch die Errungenschaften der menschlichen Technologien ermöglicht werden.

Jeane Dixon ist auch davon überzeugt, daß der Antichrist im wesentlichen ein Phänomen politischen Charakters sein werde. *„Er wird eine militärische Gestalt sein. Mit den modernsten Waffen wird er die Erde erobern und auch in Schach zu halten verstehen... Er wird sich selbst zum „Friedensfürsten" ausrufen... Er wird eine eigentümliche und im Grunde antimenschliche Religion einführen, deren Grundlage der Atheismus und der Kampf gegen jede Form von Religion ist."* (113, S. 159ff)

Die amerikanische **Seherin Mary** soll 1930 gesagt haben, daß sich in dieser Zeit *„Luzifer einen Leib aus der Materie machen (wird), um als Mensch unter den anderen Menschen zu erscheinen."* (113, S. 159ff)

Um das Wesen des Antichristen zu verstehen, müssen wir auf Christus schauen, dessen Gegenbild er ist. A. Voldben schreibt dazu: *„Christus ist die Macht des Guten, das Prinzip der Liebe, die Synthese des Großen Lichtes,* *fähig, den Menschen zu erlösen und zu retten. Was nicht mit ihm im Einklang steht, ist gegen ihn. Der Angelpunkt des menschlichen Lebens ist der Kampf, aber nicht gegen die anderen, sondern der Kampf der inneren Kräfte, die jeder in sich trägt. Die anderen sind nur die falschen Gegenstände und manchmal auch Vorwände für die Kräfte, die in unserem Inneren am Werk sind. Es ist ein Kampf, der sich ohne Unterlaß bis zum Ende wiederholt und mit der Niederlage der negativen Kräfte, des Antichristen, der in jedem von uns ist, zu Ende geht. So ist jeder Mensch ein Schlachtfeld. Was noch an Tierischem und Rohem in ihm ist, wie Hochmut, Egoismus, Haß und Wollust, das verschwindet allmählich wie der Schatten vor der Sonne, denn das Licht des Guten rückt immer weiter voran. Die negativen, Christus entgegengesetzten Kräfte des Bösen mit ihren hundert Namen und ihren tausenderlei Aspekten (Dreisthaftigkeit, Herrschsucht, Intoleranz, Gewalt) sind in der Gestalt des Antichristen verkörpert, dem Bösen schlechthin, dem direkten Boten des Teufels (Paulus, 2. Brief an die Thessalonicher, II,9), dessen Erfolge illusorisch und begrenzt sein werden. Denn im Buch Hiob steht geschrieben: „Der Teufel schadet nur, wenn Gott es zuläßt."* (113, S. 195ff)

So mag es durchaus sein, daß die Person des sogenannten Antichristen nur symbolisch auf das übermäßige Ausleben des Egos in der Zeit vor dem goldenen Zeitalter hinweist. Doch ist es auch möglich, daß tatsächlich noch eine Person erscheint, die als der „Antichrist" ausgemacht werden kann.

Die Rolle Rußlands

Am 31. Dezember 1951, während einer anderen Erscheinung, erläuterte Maria im Detail die Botschaft von **Fatima** und sagte: *„Durch furchtbaren Kampf und schreckliches Unheil wird die Welt, die sich abgewandt hat von der Dreifaltigkeit, zurückkommen zur Kirche. Darum sage ich nochmal: Rom, ergreife deine Chance. Sei großzügig und handle. Nur mit Liebe! Liebe kann diese zerrüttete Welt retten. Bringe alle Völker zurück zu ihrem Schöpfer. Lehre sie, wie einfach es ist, den Schöpfer zu sehen. Diese zwei Dinge halte ein jeder fest, und ihr habt die Kirche von Rom fest in euren Händen. Einfach glauben, das kann den Menschen Rettung bringen. In **Rußland** wird eine große Umkehr kommen. Dann wartet die Frau und sagt ganz deutlich und langsam: ‚**Nach viel Kampf**'."*

Bei einer anderen Erscheinung hält Maria die Hand über den Papst und sagt: *"Es kommt eine große Erregung über die Welt. Die **Russen** lassen es nicht so. – Verfall, Verfall! – Rußland wird alles zum Schein tun."* Es komme eine totale Umwälzung der Erde: *"Die Natur verändert sich auch."* Bezüglich Wirtschaftskrisen und Wirtschaftsboykott sieht die Seherin in einer Vision einen Hammer und eine Sichel – *"aber der Hammer trennt sich von der Sichel, und das alles wirbelt jetzt durcheinander."* Direkt darauf folgt der Satz: *"Der Sonnenzeiger ist gewendet."* Russen und andere würden eine „höllische Waffe" einsetzen, die eine Art von Pest oder Cholera erzeugt. Dann häufen sich die Warnungen an Deutschland und an den Papst. Es solle Rundschreiben schicken. *"Gerade Deutschland braucht doch sehr den guten Geist. Diesen Geist können sie bringen."* (125, Nr. 12)

Im zweiten Geheimnis von **Fatima** heißt es unter anderem: *"Wenn man meine Bitten erfüllt, wird sich Rußland bekehren und es wird Friede sein. Wenn nicht, so wird es (Rußland) seine Irrtümer in der Welt verbreiten, Kriege und Verfolgungen der Kirche hervorrufen; die Guten werden gemartert werden, der Heilige Vater wird viel zu leiden haben; mehrere Nationen werden vernichtet werden..."* (125, Nr. 12)

1980 hatte Papst Johannes Paul II. in Fulda auf die Frage: *"Was ist mit dem dritten Geheimnis von Fatima?"* geantwortet: *"Wegen des schweren Inhalts, um die kommunistische Weltmacht nicht zu gewissen Handlungen zu animieren, zogen meine Vorgänger im Petrusamt eine diplomatische Abfassung vor."* (11) Na ja...

Und am 26. September 1987 hatte der australische Seher **Little Pebble** folgende Botschaft von Maria an Deutschland zu verkünden: *"Meine lieben Kinder von Deutschland, euch wurde viele Male gesagt, wie auch anderen Nationen gesagt wurde, daß bald ein großer Krieg kommen wird. Und viele eurer Landsleute werden sterben, werden ihr Blut vergießen, und es wird meistens vergeblich sein, denn der große Krieg, der alle Kriege beenden wird, wird die ganze Welt erfassen. **Warum, ihr lieben Kinder von Deutschland und der Welt, habt ihr eure Berufung vergessen, Christus gleich zu sein in eurem täglichen Leben?**... Das Deutsche Volk hat so oft gelitten und es wird wieder leiden. ...Betet für eure Nachbarländer, besonders für Rußland, das eines Tages in euer Land kommen und es versklaven wird."* (125, Nr. 12, S. 3)

Eine Prophezeiung aus Tibet

Des weiteren ist uns eine Prophezeiung aus Tibet bekannt – die **Heilsbotschaft des Smaragdsterns!** Dr. Adalbert Schönhammer sagt dazu folgendes: *„In den Prophezeiungen ist des öfteren die Rede davon, daß insbesondere die gottlosen und bösen Menschen das Strafgericht Gottes nicht überleben werden. Man könnte geneigt sein zu vermuten, daß hier die christlichen Seher in ihrem moralisierenden Eifer eine gewisse Tendenz in ihre Visionen hineinverwoben haben; Gott läßt doch seine Sonne scheinen über Gerechte und Ungerechte. Doch sollte zu denken geben, daß ähnliche Gedankengänge auch in einer uralten Prophezeiung enthalten sind, die aus einem Lama-Kloster im Himalaya stammen soll. Bekanntlich widmen sich diese Klöster besonders der mystischen Versenkung. Die hier in Frage kommende Vorhersage ist die Heilsbotschaft des Smaragdsterns. Viele jahrtausendealte tibetanische Prophezeiungen sprechen von der Heilsbotschaft, die ein neuer Stern verkünden werde, wenn der letzte große Krieg vorüber sei.*

Mitten in dem schrecklichen Geschehen eines ungeheuren Weltbrandes werde sich auf Erden eine gewaltige Veränderung vorbereiten. An diesem Krieg würden sich die Völker der gesamten Welt beteiligen. Das große „unsichtbare Band" – das uralte Wahrzeichen kosmischer Strafe – werde über der Welt erscheinen und alle treffen, die Verrat geübt hätten.

Während noch gekämpft werde, bereiten sich – weiterhin diesen tibetanischen Weissagungen zufolge – große Kräfte der übersinnlichen Welt darauf vor, alle diejenigen Menschen auf der Erde auszulöschen, die nicht würdig seien, den Abglanz des großen Lichtes zu empfangen. Auf diese Weise werde das in uralter Zeit verlorengegangene Gleichgewicht wiederhergestellt. Denn wenn Völker oder Kontinente die geistigen Prinzipien preisgeben und ausschließlich irdischem Besitz und Genuß nachstreben, zerstören sie am Ende in großen Kriegen das, was sie bis dahin als ihren höchsten Lebenswert betrachteten.

Wenn aber Millionen Menschen ihren physischen Leib verloren hätten, würden die Überlebenden empfänglich für das höhere Licht werden und zeigten sich dann imstande, den Auftrag auszuführen, die neue Erde als geistiges Friedensreich aufzubauen.

Sobald der Wandel auf Erden eingetreten und die furchtbare Menschheitskatastrophe vorüber sei, werde als Verkünder neuen Heils und Abglanz des ewigen großen Lichtes der Smaragdstern am Himmel erscheinen. Alle Leben-

den würden dann die Gewißheit empfangen, daß die Gerechtigkeit auf Erden wiederhergestellt sei. Der Abstieg der Menschheit sei dann beendet, und der Wiederaufstieg zu den Höhen, von denen der Mensch einstmals kam, werde beginnen.

Im neuen Zeitalter der großen Verwandlung werde der Smaragdstern an Größe und Helligkeit zunehmen und ständig am Himmel sichtbar bleiben – der Menschheit für alle Zukunft ein Zeichen der Hoffnung und des Vertrauens (eine zweite Sonne; A.d.Verf.)." (98, S. 163-164)

Wie man schon diesen wenigen Auszügen entnehmen kann, scheint es sich bei dem Szenarium der kommenden Jahre nicht nur um ein wirtschaftliches und politisches beziehungsweise kriegerisches Ereignis zu handeln, sondern gleichfalls um ein neu strukturierendes, im Mikrokosmos wie auch im Makrokosmos, im Innern eines jeden Menschen wie auch im kompletten Sonnensystem. Es handelt sich nicht um das Aus für die Menschheit, sondern um einen radikalen Abbruch, Umbruch und eine Neuorientierung – einen erneuten „Wendepunkt" in der Geschichte der Menschheit. Es ist eine Weiterentwicklung. Wer die Krise übersteht, wird sehen, daß sie für Europa und die Welt nicht das Ende bedeutet, sondern den Beginn eines neuen, goldenen und friedlichen Zeitalters!

II. DAS GESCHEHEN

Die wirtschaftliche Krise

Über diese schreibt Walter Wittmann, Autor des Buches „Das globale Desaster": *„Die Geschichte der öffentlichen Finanzen ist die Geschichte der Bankrotte – vom Altertum bis in die Gegenwart.*

Dem Staat ist es immer wieder gelungen, Geldgeber von der Notwendigkeit und Nützlichkeit eines „Lebens auf Pump" zu überzeugen. Sobald er sein Ziel erreicht hatte, ging er nicht mehr zimperlich mit seinen Geldgebern um: Er weigerte sich zu tilgen und zu verzinsen, machte bankrott oder inflationierte seine Schulden weg. Den krönenden Abschluß bildete eine Währungsreform. Das Schuldenspiel konnte von neuem beginnen.

Auch in den letzten Jahrzehnten reihte sich eine Schuldenkrise an die andere. Sie endeten alle, ob in Lateinamerika, in den ehemaligen Ostblockstaaten, in Afrika oder Asien, mit einem – faktischen – Totalverzicht der Gläubiger.

Bankrott machten bislang jeweils nur einzelne Länder oder wenige Staaten zugleich, ein Flächenbrand konnte verhindert werden, weil die Industrieländer einsprangen. Heute sind jedoch alle Staaten der Welt, auch die Industrieländer, in hohem Maße verschuldet, ebenso Unternehmer, Konsumenten und die Sozialversicherung, deren Schulden weit höher als jene der öffentlichen Hand sind. Die Verschuldung hat definitiv globalen Charakter angenommen.

Die nächste Schuldenkrise ist daher vorprogrammiert, sie kann jederzeit ausbrechen. Weder die großen Industrienationen noch der IWF und die Weltbank können sie verhindern. Die Zeitbombe tickt bereits. Wenn sie schließlich explodiert, werden die Finanzmärkte crashen, die Absicherungen durchbrennen, die Wirtschaft wird in eine Krise stürzen.

Der Anleger wird im Regen stehen – in Armut fallen. Das kann er nur vermeiden, wenn er rechtzeitig und konsequent jene Anlagepolitik umsetzt, die bei Staatsbankrotten angezeigt ist." (122, im Einband)

An anderer Stelle schreibt Wittmann: *"Nur Blinde sind nicht davon zu überzeugen, daß eine Finanzkrise jederzeit ausbrechen kann. Sie wird wie ein Blitz aus heiterem Himmel zuschlagen und nicht nur Laien und Amateure, sondern auch Professionelle überraschen. Letztere können es sich gar nicht leisten, von einer unmittelbar bevorstehenden Krise zu sprechen. Ihre Verantwortung verbietet ihnen, Panik zu machen. Ihre „Pflicht" ist es, so lange wie möglich zu beruhigen, Mahnungen als Schwarzmalerei zu disqualifizieren, sie als schädlich zu brandmarken. Das hat zur Folge, daß selbst Professionelle sich nicht darauf vorbereiten und von einer Krise, die sie verheimlichen, überrumpelt werden (können)."* (122, S. 121 u. 122)

Wittmann erwähnt als mögliche auslösende Faktoren: ein Erdbeben in Japan, einen GAU in Europa, einen Umsturz in Rußland oder ein Erdbeben an der Westküste der USA, aber auch die Zahlungsunfähigkeit der Schuldner. Was er nicht erwähnt, ist die ganz gezielte Wirtschaftskrise, um nach dem globalen Crash verschuldete Staaten erpressen zu können, das Papiergeld überhaupt wegzulassen und nur mehr Kreditkarten zu benutzen. Durch ein solches Vorgehen erhält der Staat die absolute Kontrolle über den Bürger. Kann dieser nur mehr mit einer Kreditkarte bezahlen, ist er kontrollierbar und vor allem überwachbar. Der Großcomputer zeigt sofort an, wo man sich befindet, was man gekauft hat, was man besitzt. Und bezüglich der kommenden Wirtschaftskrise handelt es sich um solch einen geplanten Crash. Gekoppelt mit einem geplanten Weltkrieg, wie wir es dem Plan von Mazzini und Pike (im Vorwort) entnehmen konnten, ist es ein leichtes, auch den Rest der noch starken Staaten und ihre Wirtschaften zu monopolisieren.

Man kann mit Sicherheit davon ausgehen, daß eine Krisenzeit und ganz besonders Kriegsvorbereitungen massiv verschleiert werden. Dies soll bei uns weniger den Gegner täuschen – denn es bleibt keiner Spionage-Organisation verborgen, weil die Zeichen doch recht offensichtlich sind –, sondern es soll vielmehr dem Zweck dienen, die Wehrlosigkeit der Bevölkerung bei einem Kriegsausbruch zu verstärken und so einen Total-Zusammenbruch herbeizuführen – nicht nur der Staatsstruktur, sondern auch der meisten Familien. Ein weiterer Zweck ist, daß bei Unkenntnis der

Bevölkerung über die Situation die wirtschaftlichen Gewinne aus einem kommenden Krieg wesentlich erhöht werden.

Als Vorzeichen einer Krise beziehungsweise eines Krieges kann man hauptsächlich erkennen: Auf der einen Seite schreit alles *„Frieden, Frieden!"*, bekommen über die Massenmedien immer mehr Menschen den Friedenswillen des potentiellen Gegners glaubhaft gemacht, und immer mehr Verführte reihen sich in die Schar der Friedensbewegungen ein.

Auf der anderen Seite sollte man sich die Börsen betrachten. Es werden immer plausible Gründe für Einzelentwicklungen angegeben, aber das Zusammenspiel macht die Musik. Und hier gibt es bedrohliche Anzeichen. Lesen Sie den Wirtschaftsteil einer großen Zeitung nach diesen Kriterien. Im politischen Teil fischt jeder Möchtegern-Politiker, Journalist und andere Interessierte im Trüben und lügt im allgemeinen Konzert mit.

1. Suchen Sie die immer wiederkehrenden Jahresvergleiche von kriegswichtigen Rohstoffen an den Warenterminmärkten und sehen Sie, wie diese Stoffe in ihrem Wert für die Zukunft eingeschätzt werden. Die Aktienkurs-Entwicklung ist nicht so wichtig. Besonders bedeutsam sind: Zinn, Blei, Zink, Aluminium, Kupfer, Chrom, Kobalt, Nickel, Ronadium. Wichtig ist auch Titan für die Herstellung von Flugzeugen, aber das wird fast nirgends angeführt. Weiterhin ist die Kursentwicklung von Weizen, Mais, Soja und Baumwolle beachtenswert. Die Warenterminmärkte sind wesentlich solidere Informanten als Aktienmärkte, da hier der einzige Basar der Weltindustrie ist. In Krisenzeiten werden die Preise in die Höhe getrieben durch erhöhten Bedarf und zweitens Steigerung der strategischen Reserven und Hortungen von privater Seite.

2. Gibt es plötzliche Verknappungen (z.B. Edelstähle, Gummi, Titan, Öl usw.)? Fährt die bisher notleidende Stahlindustrie Sonderschichten? Haben Länder ohne nennenswerte eigene Rüstungsindustrie plötzlich Handelsbilanzdefizite ohne glaubhafte Begründung?

3. Steigen die Edelmetallpreise, besonders Platin (ebenfalls ein strategisch wichtiges Material)?

4. Gibt es eine Inflation? Nur eine Hyperinflation verhindert die riesigen Schulden (auf Kosten der Sparer und Lebensversicherungsbesitzer). Der riesige Schuldenberg wurde großteils aufgehäuft, damit wenige, riesige Sachwerte an Land, Bergwerken und Produktions-Kapazitäten weltweit aufgekauft werden konnten. In der nachfolgenden Währungsreform werden die noch höchstens in Promille zu bemessenden Realschulden (die Sachwerte sind ja wertstabil, nur Geld verliert seinen Wert) durch entsprechend geringen Anteil der Sachwerte bestritten.

5. Werden wir Menschen der näheren Umgebung unruhig, wie die Tiere vor einem Erdbeben? Häufen sich Unfälle, Flugzeugabstürze?

6. Ein weiteres Vorzeichen für einen unmittelbar bevorstehenden Krieg ist die Flankensicherung des Ostens. Für uns ist die Nordflanke – sprich Nord-Norwegen – am offensichtlichsten, die der Osten in der Hand haben muß, um die Ausfahrt seiner Murmansk-Flotte zu sichern. Ein Blick auf die Landkarte genügt zur Bestätigung.

7. Gefährlich und gleichzeitig augenöffnend ist die Rückführung der US-Streitkräfte oder eventuell sogar einzelner, besonders wertvoller militärischer Einheiten in die USA oder in entfernt gelegene europäische Teile (Irland, Spanien). Dies gilt auch für andere „Verbündete" wie die Franzosen. Denn wie Henry Kissinger schon 1979 in Brüssel sagte: *„Ihr Europäer müßt schon verstehen, daß, wenn es in Europa zu einem Konflikt kommt, wir Amerikaner natürlich keineswegs beabsichtigen, mit euch zu sterben."* (114)

Wer sich auf die kommende Wirtschaftskrise bezüglich seiner Finanzen vorbereiten möchte, findet in dem Buch „Das globale Desaster" von Walter Wittmann (Langen Müller/Herbig) gute Hinweise.

Dies war das Geschehen aus der Sicht zweier Strategen. Hören wir dazu die Stimme des Ehepaars Gauch-Keller, das in der Broschüre „Aufruf an die Erdbewohner" prophetische und zugleich warnende Botschaften außerirdischer Besucher zusammengefaßt hat. Die Durchgaben enthalten folgende Informationen über unser Weltwirtschaftssystem: *„Unser Geldsystem, das nur noch eine kurze Weile aufrechterhalten und gestützt werden* *kann, bricht total zusammen. Das Geld hat dann noch soviel Wert wie der Sand am Meer. Seine Kaufkraft geht verloren, und kein Institut, keine Bank und keine Regierung wird fähig sein, dies zu verhindern. Die gesamte Wirtschaft, die auf dem Prinzip der Einzelbereicherung beruht, bricht sehr bald weltweit zusammen. Tausende, ja Millionen von Menschen verlieren dadurch ihre Arbeitsstelle.*

Wir werden uns an nichts mehr, was rein materiell ist, anlehnen können. Und viele Menschen werden in dieser Zeit mit dem Versuch zu überleben so sehr beschäftigt sein, daß sie sich nur noch um ihre eigenen Probleme kümmern und den Nächsten schmählich im Stich lassen. Durch all das werden viele Menschen sehr verzweifelt sein. Sie beginnen zu jammern wie kleine Kinder, werden depressiv und denken an Selbstmord. Viele gutgemeinte Vorsätze werden dann vergessen oder einfach ignoriert, denn das heutige Recht wird keine Gültigkeit mehr haben." (47, S. 34)

Mehr zum Dritten Weltkrieg

„Ihr werdet aber von Kriegen und Kriegsgerüchten hören, sehet zu, erschrecket nicht, denn es muß so geschehen; aber es ist noch nicht das Ende. Denn ein Volk wird sich wider das andere erheben und ein Königreich wider das andere, und es werden hin und wieder Hungersnöte, Pest und Erdbeben einhergehen." (Matthäus, 24:8)

Zur Zeit werden die westlichen Streitkräfte in Mitteleuropa, nicht nur die der Bundesrepublik, derart reduziert und umgegliedert, als sei es nie wieder nötig, in Europa zu kämpfen. Daß jedoch ein Interesse an einem Dritten Weltkrieg durchaus besteht und auch von hohen Militärs in deren Strategien ganz selbstverständlich mit einbezogen wird, untermauern folgende Zitate:

Ra'anan Gissin, Chefberater des israelischen Ministerpräsidenten Sharon: *„Der Dritte Weltkrieg kommt. Wir haben in den vergangenen achtzehn Monaten einen Krieg geführt, der der Vorbote des Dritten Weltkrieges ist. Die Welt wird – ob es ihr paßt oder nicht – kämpfen. Ich bin mir sicher."* (27.4.2002, im Gespräch mit dem Arizona Daily Star)

US-Konteradmiral Gene R. La Rocque: *„Die Amerikaner gehen davon aus, daß der Dritte Weltkrieg ebenso wie der Erste und der Zweite Weltkrieg in Europa ausgefochten wird."* (Frankfurter Rundschau, 29.4.1981)

US-Verteidigungsminister C. Weinberger: *„Das Schlachtfeld des nächsten konventionellen Krieges ist Europa und nicht die Vereinigten Staaten."* (Frankfurter Rundschau, 29.4.1981)

US-General Collins erklärte schon 1949: *„Es ist genug, daß wir Waffen liefern, unsere Söhne sollen nicht in Europa verbluten. Es gibt genügend Deutsche, die für unsere Interessen sterben können."* (Hessisch-Niedersächsische Allgemeine, 24.10.1981)

General Sir John Hackett, ehemaliger Oberbefehlshaber der Britischen Rheinarmee und gleichzeitiger Oberbefehlshaber der Heeresgruppe Nord der NATO schrieb ein Buch mit dem verheißungsvollen Titel *„Der Dritte Weltkrieg – Schauplatz Europa"*. (Goldmann-Verlag, 1978)

Samuel Cohen, US-Kernwaffenexperte und Mitbauer der für deutschen Boden bestimmten Neutronenbombe, erklärte auf die Frage nach dem Einsatz der Bombe: *„Der wahrscheinlichste Schauplatz wäre Westdeutschland; Ich halte es für eine akademische Frage, sich den Kopf darüber zu zerbrechen, auf welche Art der Feind zu Tode kommt."* (Bild-Zeitung, Hamburg 16.10.1977)

Und unser ehemaliger Kanzler äußerte etwas, das man sich wirklich auf der Zunge zergehen lassen sollte: *„Die Politik der europäischen Einigung ist und bleibt für Deutschland und Europa eine Frage von existentieller Bedeutung. Sie ist – und ich wiederhole das ganz bewußt – in Wirklichkeit auch eine Frage von KRIEG und FRIEDEN. Deshalb müssen wir den europäischen Einigungsprozeß entschlossen voranbringen und ihn politisch unumkehrbar machen."* (Auszug aus der Regierungserklärung von Helmut Kohl vor dem Bundestag in Bonn am 7.12.1995)

Die Regierenden wissen Bescheid. Man versucht nach außen hin das Lächeln zu bewahren, während im Hintergrund bereits alles zu bröckeln beginnt. Das gemeine Volk dagegen, die Masse, wird ruhig gehalten. Gezielt abgelenkt durch Fernsehen, Fußball und andere Oberflächlichkeiten, hat man sie zu modernen Sklaven umfunktioniert. Man braucht solche Menschen nur als Arbeiter und für eine Wählerstimme, ansonsten will man nichts mit ihnen zu tun haben. Der moderne Mensch ist heute nur noch Ware, eine EDV-mäßig erfaßte Nummer. Er wird weder aufgeklärt noch beschützt. Er ist uninteressant. Wenn der Pöbel zu stark wächst, muß er dezimiert werden. AIDS und andere Werkzeuge aus der Trickkiste des „Großen Bruders" (Big Brother), ein bißchen Hunger bei anderen „nutzlosen Essern", helfen dabei sehr gut. Je mehr die Masse mit Krankheiten und Steuern beschäftigt ist, desto weniger kommt sie zum Nachdenken. Durch die Gehirnwäsche im Fernsehen und den restlichen kontrollierten Medien beschäftigt man das Massengehirn durch gezielte Desinformation und lenkt vom eigentlichen Geschehen ab.

Das Militär hingegen weiß ganz genau, daß es jederzeit losgehen kann. Die Insider an den Börsen informieren sich bereits seit zwei Jahren gegenseitig darüber, daß schon bald der große Crash kommen wird und man noch schnell Gold aufkaufen sollte. Doch der Plebs darf nichts davon wissen. Seine Geldanlagen will man ja abschöpfen! *„Die da oben"* bereiten sich bereits auf das kommende Chaos vor. Sie kaufen Grund und Boden im Ausland; haben sich und ihren Familien einen Platz in den unterirdischen Basen reserviert; legen sich Waffen zu, um sich vor dem eifersüchtigen Pöbel später auch verteidigen zu können; lagern Vorräte... und so weiter. Die Massen hingegen werden nicht einmal mehr die Zeit finden, blöd dreinzuschauen, da die östliche Streitmacht – folgen wir den Visionen – mit ihren Panzermassen voraussichtlich innerhalb weniger Tage Deutschland überrannt haben wird.

Militärstratege Bernhard Bouvier meint: *„Im Falle eines Dritten Weltkrieges rechnet unser Militär mit einer Vorwarnzeit von mehreren Monaten und lagert daher die Ausrüstung ein. Damit eröffnet sich natürlich für einen östlichen Machthaber die Möglichkeit zu einem Blitzkrieg in Europa. Das militärische Potential für ein solches Vorhaben steht nach wie vor bereit."* (18)

Und offenbar wird es genau so kommen! Hören wir, was **Bruder Adam** in einer Marienerscheinung übermittelt bekommen hatte: *„Das große Geschehen wird sich bald, sehr bald erfüllen. Der Krieg wird im Südosten (Jugoslawien?) ausbrechen, aber das ist nur eine List. Dadurch soll der Feind irregeführt werden; Rußland hat seinen Angriffsplan längst vorbereitet. Jeder russische Offizier hat den Marschbefehl bereits in der Tasche und wartet nur noch auf das Stichwort."* (18)

Ein Angriff aus dem Osten ist daher nicht auszuschließen. Gerade nach den letzten Kriegen im Kosovo und Afghanistan reift eine solche Möglichkeit stärker heran. Wieso? Nun, wie bereits zuvor angeschnitten, befindet sich unter dem Kaspischen Meer angeblich das größte momentan bekannte Ölfeld Vorderasiens, das Experten zufolge die Menschheit für Jahrzehnte versorgen könnte. Wegen dieses Ölfeldes kämpften die Russen über zehn Jahre lang gegen die Tschetschenen, denn Zugang zu diesem Ölfeld gibt es nur über Tschetschenien. Da sich die Amerikaner dieses Ölvorkommen aber nicht wegschnappen lassen wollten, haben sie die Tschetschenen jahrelang unterstützt.

Das eigentliche Problem ist aber der Abtransport des Öls, welches nur über zwei Wege in westliche Raffinerien gelangen kann: über eine Pipeline durch den Kosovo zum Mittelmeer und eine andere über Afghanistan zum

Arabischen Meer. Doch beide Länder beziehungsweise sowohl Milosevic als auch die Taliban wollten dabei nicht mitspielen. Daher gab es Krieg. So einfach ist das für die USA. Der Krieg gegen Afghanistan war bereits Monate vor dem Anschlag auf das World Trade Center beschlossene Sache. Das war wie bei Pearl Harbor.

Zur Erinnerung: Präsident Roosevelt hatte die Japaner damals zum Kriegseintritt gereizt, indem er am 26. November 1941 ein Kriegsultimatum stellte, in dem er verlangte, die Japaner sollten sämtliche Truppen aus Indochina und China (Mandschurei) abziehen.

Dies ist eine historische Tatsache, jedoch ein wohlgehütetes Geheimnis. Roosevelts Kriegsultimatum ist dem amerikanischen Kongreß vorsätzlich bis nach dem Angriff auf Pearl Harbor vorenthalten worden. Alle waren sich darin einig, daß den Japanern keine andere Möglichkeit als Krieg bleiben würde. Die Japaner selbst hatten fast alles getan, um einen Krieg mit den USA zu verhindern. Prinz Kenoye, der Botschafter Japans in den USA, hatte wiederholt darum ersucht, nach Washington oder Honolulu kommen zu dürfen, um sich mit Roosevelt zu treffen und eine Alternative zu finden. Er war später sogar bereit, die Forderungen der USA zu befolgen, um dem Krieg aus dem Weg zu gehen, doch Roosevelt lehnte es mehrmals ab, mit ihm zu sprechen, da der Krieg mit Japan ja schon längst geplant war – wie auch der mit Deutschland.

Gleichzeitig erklärte Roosevelt dem amerikanischen Volk:

„Während ich zu euch Müttern und Vätern spreche, mache ich Euch noch eine Zusicherung. Ich habe dies schon früher gesagt, und ich werde es immer und immer und immer wieder sagen: Eure Jungs werden nicht in irgendwelche ausländischen Kriege geschickt werden."

Daß die Japaner Pearl Harbor zuerst angreifen würden, war den amerikanischen Militärs aus mehreren Quellen schon vorher bekannt:
1. Der US-Botschafter in Tokio, Joseph Grew, schrieb in einem Brief an Roosevelt am 27. Januar 1941, daß im Falle eines Krieges zwischen Japan und den USA, Pearl Harbor das erste Angriffsziel wäre.
2. Kongreßmitglied Dies hatte Präsident Roosevelt im August 1941 nicht nur das Angriffsziel Pearl Harbor, sondern auch noch den

strategischen Angriffsplan mit Karte überreicht. Er wurde zum Schweigen gezwungen.
3. Dazu kommt, daß es dem amerikanischen Geheimdienst 1941 gelungen war, den diplomatischen wie auch den militärischen Code der Japaner zu entschlüsseln. Roosevelt und seine Berater kannten im voraus das genaue Datum, die Uhrzeit und das Angriffsziel.

Al Bielek, einer der beiden Überlebenden des „Philadelphia-Experiments" erzählte Jan im September 1991, daß er damals auch in Pearl Harbor stationiert gewesen war, jedoch eine Woche vor dem Angriff abgezogen wurde, da er später mit Nikola Tesla am „Philadelphia-Experiment" arbeiten sollte. Ihm wurde damals auch gesagt, daß er wegen des Angriffs weggeholt wurde, da er zu kostbar wäre, um dort zu sterben...

Pearl Harbor selbst wurde es jedoch erst zwei Stunden vor dem Angriff mitgeteilt und es war somit natürlich nicht darauf vorbereitet. Es ging erbarmungslos unter. Das war es, was Roosevelt wollte, denn nun konnte er die Japaner als *„hinterlistige Schweine"* hinstellen, und die USA mußten auf diese Attacke Vergeltung üben.

Und nun raten Sie mal, was George W. Bush auf seiner ersten Ansprache an seine Nation nach dem Anschlag auf das World Trade Center erklärte: *„Dies ist ein zweites Pearl Harbor!"*

Für seine Logenbrüder und alle anderen, die sich mit Hintergrundpolitik auskennen, war dies das klare Signal dafür, daß das der Startschuß für den Krieg in Afghanistan war.

Nun haben also die USA Zugriff auf das Ölfeld und gleichzeitig Rußland weiter eingekesselt. Ebenso durch die US-amerikanische Präsenz im Kosovo. Dort befindet sich nämlich inzwischen die größte US-Basis der Welt außerhalb ihres eigenen Landes. Warum wohl?

Zu glauben, Rußland mit Putin als Führer sei weltpolitisch nicht mehr von großer Bedeutung und würde mit den USA stets kooperieren, ist nicht nur durch das Kapitel im Anhang 4 widerlegt, sondern auch noch durch folgende Episode:

Am 11. und 12. Juni 1999, nach Beendigung der Bombardierung, waren zweihundert in Bosnien stationierte russische Soldaten unmittelbar nach dem Rückzug der serbischen Armee ins Kosovo eingerückt. Und ausgerechnet diesen wertvollen Stützpunkt hatten die Russen in einem Überraschungscoup ohne Absprache mit der NATO besetzt, bevor die NATO-Truppen richtig in ihr neues Protektorat Kosovo eingedrungen waren. Aufgrund ihrer großen, unangreifbaren unterirdischen Anlagen und Rollfelder hat die Basis Slatina wohl im ganzen Kosovo die größte strategische Bedeutung. Die russischen Truppen besetzten die Nordseite des Slatina-Flugfeldes und widersetzten sich Aufforderungen der NATO, das Gebiet zu verlassen.

Der amerikanische General Wesley Clark hatte dem britischen General Jackson befohlen, mit britischen und französischen Truppen die Übernahme der serbischen Luftwaffenbasis Slatina durch russische Truppen mit Waffengewalt zu verhindern. Nach Aussagen von Stabschef Shelton vor dem Senatsausschuß soll General Jackson seinem amerikanischen Vorgesetzten Clark geantwortet haben: *„Nein, das werde ich nicht tun. Dafür lohnt es sich nicht, den Dritten Weltkrieg anzufangen."*

Der britischen Nachrichtenagentur ITN zufolge waren bereits amerikanische Hubschrauber und britische und französische Truppen in Mazedonien für den Angriff zusammengezogen worden. Ohne Jacksons Weigerung hätten sie Clarks Befehle ausgeführt.

Washington war über den vorsorglichen Schachzug der Russen tief beunruhigt. *„Gab es wirklich die reale Gefahr einer militärischen Konfrontation an jenem Freitag?"*, wurde der stellvertretende US-Außenminister Strobe Talbott am 30. August in einem BBC-Interview gefragt. *„Ja, ich glaube ja"*, war seine Antwort.

Dieser Zwischenfall von Slatina zeigt uns, wie nahe wir einer solchen Konfrontation waren, weil die amerikanische Seite die Russen nicht mehr ernst genommen hatte. Dies sollte besonders uns Europäern eine Warnung sein. Rußland wird sich wohl kaum weiter einkesseln, geschweige denn sich einfach so das Öl vor der Nase wegschnappen lassen.

Wie schreibt doch **Jakob Lorber**: *„Siehst Du nicht, wie der nordische Eisbär sich die Zähne spitzig schleift? Ihn lüstet schon lange nach den Schafen und Rindern des Südens. Bald wird er aus den Zähnen seines Gebisses lauter*

Reißzähne geschliffen haben, dann wehe den fetten Rindern und Schafen des Südens. Ich sage Dir, ihr Fett wird sehr gerinnen an den Eisküsten Sibiriens."
(98, S. 48)

Solch ein naives Verhalten seitens unserer Regierung ist nur schwer verständlich, glaubt man an einen demokratischen Rechtsstaat und die Gültigkeit seiner Gesetze. Sieht man das Weltgeschehen jedoch durch die Brille des „Großen Bruders", ist ein solches Vorgehen sowie der Nutzen eines dritten globalen Krieges schon allein strategisch sinnvoll und auch nachvollziehbar (erinnern wir uns an die Worte von Pike und Mazzini).

Daß die Illuminati an ihrem Ziel ankommen, erlauben wir uns jedoch zu bezweifeln. Im hinteren Teil des Buches werden wir sehen, daß die Visionen der Seher auch über diesen Aspekt Aufschluß geben.

Europäische Seherstimmen

"In Europa geschieht immer wieder etwas Unerwartetes, das die bestehenden Verhältnisse wandelt, die Kugeln des Spiels wieder ins Rollen bringt. Man kann es sich nicht vorstellen, solange es nicht da ist, so wie man bei schlechtem Wetter nicht an gutes glaubt; aber Verlaß ist darauf."

Golo Mann

Wollen wir uns nun zu Beginn des eigentlichen Themas, dem „Dritten Weltkrieg", ein paar europäische Prophezeiungen betrachten, um einen gewissen Überblick über das Geschehen dieses Krieges zu bekommen, welches wir uns später dann im Detail ansehen wollen.

Ein wichtiger Zeuge für das künftige Kriegsgeschehen ist ein Zivilist, der **Lothringer** genannt, der im August 1914 von den vorrückenden deutschen Truppen bei Metz kurze Zeit gefangengehalten und als Spion verdächtigt wurde. Was er einem Offizier erzählte, schrieb der deutsche Soldat, Andreas Rill, in zwei Feldpostbriefen nach Hause.

Der Brief vom 24.8.1914: *„Wenn Ihr wüßtet, was alles bevorsteht, würdet Ihr heute noch die Gewehre wegwerfen und wir dürften ja nicht glauben, daß wir von der Welt etwas wüßten. Der Krieg ist für Deutschland verloren, dann kommt Revolution, aber kommt nicht recht zum Ausbruch, denn einer geht und der andere kommt. Und reich werden wir; alles wird Millionär (Inflation der zwanziger Jahre) und so viel Geld gibt's, daß man's beim Fenster hinauswirft und klaubt's niemand mehr auf. Der Krieg geht unter der Fuchtel weiter und es geht den Leuten nicht schlecht, aber sie sind nicht zufrieden."*

Daß die Deutschen den Ersten Weltkrieg verlieren sollten, wollte Andreas Rill, der die Briefe schrieb, wohl gar nicht glauben. Auch die anderen Äußerungen waren ihm eher suspekt.

Er schreibt: *„...(Es) kommt ein Mann (Hitler) aus der niederen Stufe, und der macht alles gleich in Deutschland, und die Leute haben nichts mehr zu reden, und zwar mit einer Strenge, daß es uns das Wasser aus allen Fugen treibt. Der nimmt den Leuten mehr, als er gibt, und straft die Leute entsetzlich, denn um diese Zeit verliert das Recht sein Recht, und es gibt viele Maul-*

helden und Betrüger. Die Leute werden ärmer, ohne daß sie es merken. Jeden Tag gibt es neue Gesetze, und viele werden dadurch manches erleben oder gar sterben.

Die Zeit beginnt um 1932 und alles geht auf eines Mannes Diktat. Dann kommt die Zeit 1938. Völker werden überfallen und es wird zum Krieg gerüstet. Der Krieg (Zweiter Weltkrieg) *endet schlecht für diesen Mann und seinen Anhang. Das Volk steht auf mit den Soldaten, denn es kommt die ganze Lumperei auf. Man soll in dieser Zeit kein Amt oder dergleichen annehmen, alles kommt an den Galgen oder wird unter der Haustür aufgehängt, wenn nicht ans Fensterkreuz hingenagelt. Sachen kommen auf, unmenschlich. Leute werden sehr arm und die Kleiderpracht hat aufgehört. Die Leute sind froh, wenn sie sich noch in Sandsäcke kleiden können* (Nachkriegszeit). *Die Sieger bekommen auch nichts. Deutschland wird zerrissen und ein neuer Mann* (Adenauer) *tritt auf, der das neue Deutschland leitet und aufrichtet. Wer dann das fleißigste Volk hat, erhält die Weltherrschaft. England wird dann der ärmste Staat in Europa, denn Deutschland ist das fleißigste Volk der Welt."*

Im zweiten Brief vom 30.8.1914 schreibt er: „*Steht an der Jahreszahl 4 und 5* (1945), *dann wird Deutschland von allen Seiten zusammengedrückt und das zweite Weltgeschehen ist zu Ende und der Mann verschwindet und niemand weiß wohin, und das Volk steht da und wird noch ausgeraubt und vernichtet bis ins Unendliche, aber die Feinde stehen auch nicht gut miteinander. Die Dunklen werden es leiten, die Völker mit großen Versprechen zu beruhigen, und die Sieger kommen in das gleiche Ziel der Besiegten.*

In Deutschland kommen dann Regierungen, aber können ihr Ziel (Wiedervereinigung in den fünfziger Jahren) *nicht ausführen, da ihr Vorhaben immer wieder vereitelt wird. Der Mann und das Zeichen* (Hitler und das Hakenkreuz) *verschwinden und niemand weiß wohin, aber der Fluch im Inneren bleibt bestehen. Die Leute sinken immer tiefer in der Moral und werden schlechter. Die Not wird noch viel größer und fordert viele Opfer. Die Leute bedienen sich sogar mit allen möglichen Ausflüchten und Religionen, um die Schuld an dem teuflischen Verbrechen abzuwälzen. Aber es ist den Leuten alles gleich, denn der gute Mensch kann fast nicht mehr bestehen während dieser Zeit und wird verdrängt und vernichtet.*

Dann erheben sich die Leute selbst gegeneinander, denn der Haß und der Neid wachsen wie das Gras und sie kommen immer weiter in den Abgrund.

Die Besatzungen lösen sich voneinander und ziehen ab mit der Beute des Geraubten, was ihnen auch sehr viel Unheil bringt...

Und das Unheil des dritten Weltgeschehens (Dritter Weltkrieg) bricht herein. Rußland überfällt den Süden Deutschlands. Aber nur kurze Zeit und den verfluchten Menschen wird gezeigt werden, daß ein Gott besteht, der diesem Geschehen ein Ende macht. Um diese Zeit soll es furchtbar zugehen und es soll den Menschen nichts mehr helfen, denn diese Leute sind zu weit gekommen und kommen nicht mehr zurück, da sie die Ermahnung nicht gehört haben. Dann werden die Leute, die noch da sind, ruhig." Und weiter: *"...und Angst und Schrecken wird unter ihnen weilen, denn jetzt haben sie dann Zeit, nachzudenken und gute Lehren zu ziehen, was sie vorher nicht gewollt haben. Am Schluß dieser Teufelszeit werden dann die geglaubten Sieger zu den Besiegten kommen um Rat und Hilfe, denn auch ihr Los ist schwer. Denn alles liegt am Boden wie ein Ungeheuer... Wer weiß, ob wir bis dahin noch leben, und es ist ja nicht zum glauben. Ich schreibe das nur, damit Ihr seht, was er alles gesagt hat, und von den Kindern erlebt diese Zeit doch keines.*

Denn beim dritten Geschehen soll Rußland in Deutschland einfallen und die Berge sollen von da Feuer speien und der Russe soll alles zurücklassen an Kriegsgerät. Bis zur Donau und Inn wird alles dem Erdboden gleichgemacht und vernichtet. Die Flüsse sind alle so seicht, daß man keine Brücken mehr braucht zum Hinübergehen. Von der Isar wird den Leuten kein Leid geschehen, es wird nur Not und Elend hausen. Die schlechten Menschen werden zugrunde gehen als wie wenn es im Winter schneit, und auch die Religion wird ausgeputzt und gereinigt. Aber die Kirche erhält den Siegestriumph", sagte er.

"In Rußland werden alle Machthaber vernichtet, und die Leichen werden dort nicht mehr begraben und bleiben liegen. Hunger und Vernichtung ist in diesem Lande die Strafe für ihre Verbrechen..." Und: *"Rußland wird zurückgeschlagen, weil die Natur eingreift. Da wird in Süddeutschland ein Platz sein, wo das Ereignis eintritt. Später kommen die Leute aus aller Welt, um das anzuschauen. Der Papst wird dann beim Friedensschluß dabei sein. Zuvor aber muß er fliehen, da er als Verräter hingestellt wird. Er kommt nach Köln, wo er nur mehr einen Trümmerhaufen findet, alles ist kaputt."*

Noch kurz vor seinem Tode 1958 meinte Andreas Rill zu seinen Söhnen in bezug auf den dritten Krieg: *"Es dauert nur ganz kurz. Ich erleb es nimmer, aber ihr Buben denkt noch an mich."* (18)

Der **Blinde Jüngling von Prag** ist einer der markantesten Seher (obwohl er mit seinen physischen Augen gar nicht *sehen* konnte). Die Kunde von ihm und seinen Fähigkeiten gelangte nach Prag, wohin ihn Kaiser Karl IV. (1346-78) holen ließ, um ihn über künftige Geschicke des Reiches zu befragen. Die Weissagungen des Blinden Jünglings sind bisher richtig eingetroffen, daher besteht an und für sich kein Grund anzunehmen, der letzte, besonders wichtige Teil, der uns betrifft, ginge fehl. Er prophezeite folgendes:
- *"Eine und noch eine und eine halbe Zeit werden über Böhmen fremde Herrscher sein."*
- *"Ihr Kaiser, Könige und Fürsten, ihr armen Leute im Lande, es wird eine Zeit kommen, da werdet ihr wünschen, nicht geboren zu sein... In einer Zeit, in der einer länger denn 60 Jahre Herr über Böhmen war, wird durch einen Fürstenmord ein großer Krieg entstehen."* (Regierung Kaiser Franz Josef (1848-1916), Ermordung des Erzherzogs Johann, Erster Weltkrieg)
- *"Wenn im Großen Krieg jeder gegen jeden ist, dann beginnt die Zeit, da der Schrecken unser Land nicht mehr verlassen wird."* (Bis zum Zweiten Weltkrieg wurde der Erste Weltkrieg der *Große Krieg* genannt)
- *"Dann werden die gekrönten Häupter wie die Äpfel von den Bäumen fallen."* (Abdankung und Vertreibung des deutschen und österreichischen Kaisers, Ermordung der Zarenfamilie, die deutschen Fürsten verlieren ihre Kronen)
- *"Das herrschende Volk wird dem anderen nach dem Leben trachten und ihm keine Freiheit gönnen."* (Vielvölkerstaat Tschechoslowakei zwischen dem Ersten und dem Zweiten Weltkrieg; Unruhen und Grenzgefechte zwischen deutscher Minderheit und Tschechen; Unterdrückung der Deutschen im Lande)
- *"Dann kommt einer, der wird die Geißel schwingen über Prag."* (Hitler zerschlägt die Tschechoslowakei und übernachtet in der Prager Burg.)
- *"Es kommt abermals ein großer Krieg zwischen den Völkern der Erde."* (Zweiter Weltkrieg)
- *"Deutschland wird ein Trümmerhaufen sein, und nur das Gebiet der blauen Steine wird verschont bleiben."* (Zerstörung der deutschen Städte durch alliierte Bombengeschwader; nur das Alpengebiet ist nicht betroffen)

- „Wenn die Kirschen blühen, wird alles vorbei sein." (Mai 1945, Ende des Zweiten Weltkrieges)
- „Zweimal wird das Böhmerland gesiebt werden: Das erste Mal bleiben nur soviel Deutsche wie unter einer Eiche Platz haben."
- „Die eine andere Sprache reden, werden das Land verlassen." (Vertreibung der Deutschen aus der Tschechei)
- „Solange die Kirschen reifen, möchte ich kein Deutscher sein."
- „Wenn aber die Kirschen geerntet sind, möchte ich kein Tscheche sein."
- „Wenn sie meinen, Gottes Schöpfung nachmachen zu wollen, ist das Ende da." (Zum Beispiel die Gen-Technologie und intelligente Computer)
- „Ein neuer Krieg wird ausbrechen, dieser wird der kürzeste sein." (Dritter Weltkrieg)
- „Über das große Wasser wird der Krieg kommen und die eisernen Rosse werden Böhmens Erde zerstampfen." (Beteiligung der USA im Dritten Weltkrieg. Einsatz von Panzerarmeen in der Tschechoslowakei)
- „Um Böhmen wird ein großer Trümmerhaufen sein, denn es wird Feuer hageln." (Einsatz von Bomben oder eine Naturkatastrophe)
- „Aber es wird nicht eher Friede in Europa sein, ehe nicht Prag ein Trümmerhaufen ist."
- „Abermals zur Kirschblüte wird Prag vernichtet werden."
- „Die wilde Jagd braust über die Erde... Es dauert nicht länger als man dazu braucht, Amen zu sagen." (Einsatz von Raketen oder weltweiter Vulkanismus beziehungsweise Meteoriteneinschlag)
- „Eine Sonne wird stürzen und die Erde beben..." (Kippen der Erdachse)
- „Ihr Mächtigen und Gewaltigen, ihr werdet kleiner sein als der arme Hirt!" (Die Regierungschefs vieler Länder werden hilflos sein. Ihr Schicksal ist schlimmer als das der Bevölkerung in abgelegenen ländlichen Gebieten)
- „Zweimal wird das Böhmerland gesiebt werden: Das zweite Mal werden nur so viele Tschechen übrigbleiben, die auf einer Hand Platz haben."
- „Der Hirte wird seinen Stecken in den Boden stoßen und sagen: Hier hat Prag gestanden... dann wird es einfahren wie ein Blitz in den Ameisenhaufen, und es wird auch den Hirten nicht verschonen." (Prag wird durch Bombeneinsatz völlig vernichtet.)
- „Über die Welt wird ein neues Zeitalter kommen, das man das Goldene nennen wird." (98, S. 13-15)

Das Lied der Linde von der kommenden Zeit

Überraschende Weissagungen über das Geschick Deutschlands enthält auch ein Gedicht, das als das **Lied der Linde** bekannt geworden ist. Das Gedicht wurde vor mehr als einhundert Jahren in einer uralten Linde bei Staffelstein in Franken gefunden. Spätestens seit den zwanziger Jahren unseres Jahrhunderts ist es dokumentiert. Die volle, gewaltige Sprache bedarf keines weiteren Kommentars:

„Alte Linde bei der heiligen Klamm,
ehrfurchtsvoll betast' ich deinen Stamm,
Karl den Großen hast du schon gesehn,
wenn der größte kommt, wirst du noch stehn.

Dreißig Ellen mißt dein grauer Stamm,
aller deutschen Lande ält'ster Baum,
Kriege, Hunger schautest, Seuchennot,
nettes Leben wieder, neuen Tod.

Schon seit langer Zeit dein Stamm ist hohl,
Roß und Reiter bargest einst du wohl,
bis die Kluft dir sacht mit milder Hand,
breiten Reif um deine Stirne wand.

Bild und Buch nicht schildern deine Kron',
alle Äste hast verloren schon.
Bis zum letzten Paar, das mächtig zweigt,
Blätter freudig in die Lüfte steigt.

Alte Linde, die du alles weißt,
teil uns gütig mit von deinem Geist,
send ins Werden deinen Seherblick,
künde Deutschlands und der Welt Geschick!

Großer Kaiser Karl, in Rom geweiht,
Eckstein sollst du bleiben deutscher Zeit,
hundertsechzig, sieben Jahre Frist,
Deutschland bis ins Mark getroffen ist.

Fremden Völkern front dein Sohn als Knecht,
tut und läßt, was ihren Sklaven recht,
grausam hat zerrissen Feindeshand,
eines Blutes, einer Sprache Band.

Zehre, Magen, zehr' vom deutschen Saft,
bis mit einmal endet deine Kraft,
krankt das Herz, siecht ganzer Körper hin,
Deutschlands Elend ist der Welt Ruin.

Ernten schwinden, doch die Kriege nicht,
und der Bruder gegen Bruder ficht,
mit der Sens' und Schaufel sich bewehrt,
wenn verloren gingen Flint' und Schwert.

Arme werden reich des Geldes rasch,
doch der rasche Reichtum wird zu Asch',
ärmer alle mit dem großen Schatz,
minder Menschen, enger noch der Platz.

Da die Herrscherthrone abgeschafft,
wird das Herrschen Spiel und Leidenschaft,
bis der Tag kommt, wo sich glaubt verdammt,
wer berufen wird zu einem Amt.

Bauer heuert bis zum Wendetag,
all sein Müh'n ins Wasser nur ein Schlag,
Mahnwort fällt auf Wüstensand,
Hörer findet nur der Unverstand.

Wer die meisten Sünden hat,
fühlt als Richter sich und höchster Rat.
Raucht das Blut, wird wilder nur das Tier,
Raub zur Arbeit wird und Mord zur Gier.

*Rom zerhaut wie Vieh die Priesterschar,
schonet nicht den Greis im Silberhaar.
Über Leichen muß der Höchste fliehn,
und verfolgt von Ort zu Orte ziehn.*

*Gottverlassen scheint er, ist es nicht,
felsenfest im Glauben, treu der Pflicht,
leistet auch in Not er nicht Verzicht,
bringt den Gottesstreit vors nah' Gericht.*

*Winter kommt, drei Tage Finsternis,
Blitz und Donner und der Erde Riß,
bet' daheim, verlasse nicht das Haus!
Auch am Fenster schaue nicht den Graus!*

*Eine Kerze gibt die ganze Zeit allein,
sofern sie brennen will, dir Schein.
Giftiger Odem dringt aus Staubesnacht,
schwarze Seuche, schlimmste Menschenschlacht.*

*Gleiches allen Erdgebor'nen droht,
doch die Guten sterben sel'gen Tod.
Viel Getreue bleiben wunderbar,
frei von Atemkrampf und Pestgefahr.*

*Eine große Stadt der Schlamm verschlingt,
eine andre mit dem Feuer ringt.
Alle Städte werden totenstill,
auf dem Wiener Stephansplatz wächst Dill.*

*Zählst du alle Menschen auf der Welt,
wirst du finden, daß ein Drittel fehlt.
Was noch übrig, schau in jedes Land,
hat zur Hälfte verloren den Verstand.*

Wie im Sturm ein steuerloses Schiff,
preisgegeben einem jeden Riff,
schwankt herum der Eintags-Herrscherschwarm,
macht die Bürger ärmer noch als arm.

Denn des Elends einz'ger Hoffnungsstern,
eines bessern Tags ist endlos fern.
„Heiland, sende den Du senden mußt!",
tönt es angstvoll aus der Menschen Brust.

Nimmt die Erde plötzlich andern Lauf,
steigt ein neuer Hoffnungsstern herauf?
„Alles ist verloren!" hier's noch klingt,
„Alles ist gerettet", Wien schon singt.

Ja, von Osten kommt der starke Held,
Ordnung bringend der verwirrten Welt.
Weiße Blumen um das Herz des Herrn,
seinem Ruf folgt der Wack're gern.

Alle Störer er zu Paaren treibt,
deutschem Reiches deutsches Recht er schreibt.
Bunter Fremdling, unwillkommner Gast,
flieh die Flur, die du gepflügt nicht hast.

Gottes Held, ein unzertrennlich Band,
schmiedest du um alles deutsche Land.
Den Verbannten führest du nach Rom,
großer Kaiserweihe schaut ein Dom.

Preis dem einundzwanzigsten Konzil,
das den Völkern weist ihr höchstes Ziel,
und durch strengen Lebenssatz verbürgt,
daß nun reich und arm sich nicht mehr würgt.

Deutscher Nam', du littest schwer,
wieder glänzt um dich die alte Ehr',
wächst um den verschlung'nen Doppelast,
dessen Schatten sucht gar mancher Gast.

Dantes und Cervantes welscher Laut,
schon dem deutschen Kinde vertraut,
und am Tiber – wie am Ebrostrand,
liegt der braune Freund von Hermannsland.

Wenn der engelgleiche Völkerhirt'
wie Antonius zum Wanderer wird,
den Verirrten barfuß Predigt hält,
neuer Frühling lacht der ganzen Welt.

Alle Kirchen einig und vereint,
einer Herde einz'ger Hirt' erscheint.
Halbmond mählich weicht dem Kreuze ganz,
schwarzes Land erstrahlt im Glaubensglanz.

Reiche Ernten schau' ich jedes Jahr,
weiser Männer eine große Schar.
Seuch' und Kriegen ist die Welt entrückt,
wer die Zeit erlebt, ist hochbeglückt.

Dieses kündet deutschem Mann und Kind,
leidend mit dem Land die alte Lind',
daß der Hochmut mach' das Maß nicht voll,
der Gerechte nicht verzweifeln soll!" (13, S. 85-89)

Des weiteren gibt es eine Reihe an Prophezeiungen von dem **Mühlhiasl**. Bei ihm sind sich manche Forscher nicht einig, ob es sich um den Matthias Stormberger (geb. 1825), Waldhirte und Aschenbrenner zu Rabenstein, oder den Mühlhiasl von Apoig, Matthias Lang (1753-?) handelt. Dieser war Waldhüter, Mühlknecht und Waldhirte. Jedenfalls decken sich die Voraussagen beider Seher zum großen Teil, so daß sogar behauptet wird, es hätte überhaupt nur einen Seher im Bayerischen Wald gegeben. Er sagte folgendes:

- „*Wenn der silberne Fisch über den Wald kommt, steht's nimmer lang an...*" (Er beschreibt hier den Zeppelin, der im Frühjahr 1914 über den Bayerischen Wald flog.)
- „*Die Donau herauf werden eiserne Hunde bellen.*" (Damit sind wohl die eisernen Schleppkähne gemeint, die damals noch mit Dampf betrieben waren.)
- „*An dem Tag, an dem zum erstenmal der eiserne Wolf auf dem eisernen Weg durch den Vorwald bellen wird, an dem Tag wird der große Krieg anheben.*" (Am 1. August 1914 fuhr zum erstenmal die Eisenbahn von Kaltenegg nach Deggendorf, mitten durch den Vorwald.)
- „*Wagen werden gemacht, die ohne Ross und Deichsel fahren.*" (Autos)
- „*Die Leute werden in der Luft fliegen wie die Vögel.*" (Flugzeuge)
- „*Dann kommt der Krieg und noch einer und dann erst wird der letzte kommen.*" (Der Erste, der Zweite und der Dritte Weltkrieg.)
- „*Dann wird sich ein großer Krieg gegen Niedergang der Sonne erheben, da wird viel Leut, Geld und Blut vergossen werden, ganze Länder verwüstet, und wird lange dauern.*" (Der Erste Weltkrieg wird vorhergesagt. Jahrelanger Stellungskrieg im Westen.)
- „*Danach wird eine große Teuerung kommen... Das Geld wird keinen Wert mehr haben... Um 200 Gulden kann man keinen Laib Brot kriegen... Es wird aber keine Hungersnot sein... Um ein Goldstück kann man einen Bauernhof kaufen... Das Geld wird zu Eisen...*" (Die Inflation nach dem Esten Weltkrieg.)
- „*Nachher wird das Geld wieder sehr großen Wert haben, aber es wird etwas nütze sein, wegen seiner großen Seltenheit.*"
- „*Ein Himmelszeichen wird es geben, und ein gar gestrenger Herr wird kommen und den Armen Leuten die Haut abziehen.*" (Nordlichterscheinung im Sommer 1938 und Hitlers Diktatur.)

- „Die Kleinen werden groß und die Großen klein. Wenn aber der Kleine aufs hohe Roß kommt, dann kann ihn auch der Teufel nicht mehr derreiten."
- Ganz genau ist die folgende Angabe zum Beginn des Zweiten Weltkriegs: *„Über die Donau bei Straubing wird eine neue Brücke gebaut, die ist dann fertig, aber nicht ganz."* (Die Nibelungenbrücke war 1939 zu Kriegsbeginn fertiggestellt. Es fehlte aber noch der Fahrbahnbelag.)
- *„Auf einem Kirchturm wird ein Baum wachsen, dann ist die Zeit da."* Und: *„Der strenge Herr wird nicht lange regieren. Es wird ein Geld aufkommen, da ist eine Fledermaus drauf, die läßt die Flügel recht traurig hängen."* (Der Baum, eine Linde, wuchs tatsächlich auf dem Kirchturm in Zwiesel im Bayerischen Wald und war bei Kriegsbeginn zwei Meter groß. Der schicksalhafte Baum war den damaligen Machthabern wegen der Prophezeiung ein Dorn im Auge, und er wurde gefällt. Der Geldschein mit einer ornamentalen Verzierung in Form einer hängenden Fledermaus war der im Krieg neu eingeführte Zwanzig-Mark-Schein.)
- „Durch einen Kleinen geht der Krieg an und durch einen Großen, der übers Wasser kommt, geht er gar."
- „Die Häuser haben rote Hausdächer." (Im Gegensatz zur damals gebräuchlichen Holzschindeldeckung.)
- „Diese Veränderung der Wirtschaft und der Verkehrsverhältnisse wird nicht ohne Einfluß auf das Volksleben bleiben."
- „Sie macht die Leut immer närrischer und gescheiter."
- „Die Mannsbilder werden statt der Waldlertracht rote und farbige Hüte tragen und mit gewichsten Stiefeln in der Miststatt stehen."
- „Die Weibsbilder werden wie die Rabenköpfe daherkommen und man wird sie wie die Gesen spüren."
- „Wenn die Rabenköpfe aus der Mode kommen und die Weiberleut Hüte tragen wie die Mannsbilder, dann ist die erste Zeit vorbei und es kommt die andere mit dem großen Krieg."
- „Die Mannsbilder werden sich tragen wie die Weiberleut und die Weiberleut wie die Mannsbilder, man wird sie nimmer mehr auseinander kennen."
- „Den Herrgott werden sie aus dem Winkel reißen und in den Kasten sperren."

- *„Der Wald wird so licht werden wie des Bettelmanns Rock."* (Das Waldsterben und die Ausforstung.)
- *„Sieben geistliche Herren werden in Zwiesel eine Messe lesen, und bloß sieben Leute werden sie anhören."* (Der Rückzug der Kirchen aus der Gesellschaft.)
- *„Es werden durch die Waldungen weite Straßen gemacht werden, daß es die Leute auf eine Meile sehen können."* (Allgemeiner Straßenbau, besonders der Ausbau der Bundesstraße 85 Cham-Passau und der Bau der Autobahn Regensburg-Straubing-Passau.)
- *„Die hohen Herren machen Steuern aus, die keiner mehr zahlen wird."*
- *„Viele neue Gesetze werden gemacht, aber nimmer ausgeführt."*
- *„Dann werden Häuser gebaut, nichts wie Häuser, Schulhäuser wie Paläste, aber zuerst für Soldaten. In den Städten bauen sie Häuser, hohe Häuser, und davor kleine Häuser wie Impenstöcke oder Pilze, eins am andern, schneeweiße Häuser mit glänzenden Dächern."*
- *„Jeder wird einen anderen Kopf* (Willen) *haben."*
- *„Kein Mensch wird den anderen mehr mögen."*
- *„Man wird den Bauer nicht vom Bürger, den Bürger nicht vom Edelmann und die Magd nicht von der Frau kennen."*
- *„Die Bauernleut werden sich gewanden wie die Städtischen und die Städtischen wie die Narren. – Alle Grenzraine werden umgeackert und die Hecken ausgehaut."*
- *„Es werden in die wilden Waldungen viele große Häuser und Paläste eingebaut, daß Fürsten und hohe Herren darin wohnen könnten."*
- *„Es werden die großen Herren Sachen befehlen, wo alle Menschen darüber lachen und spotten, und dem gemeinen Volk zur Last sein."*
- *„Groß wird das Mißtrauen und die Angst unter den Menschen sein."*
- *„Leute, die aus der Stadt aufs Land kommen, um den Bauern zu sagen, geh, laß mich ackern, werden von den Bauern mit dem Pflugreitel erschlagen werden."*
- *„Die Bauern werden die Häuser mit hohen Zäunen umgeben und aus den Fenstern auf die Leute schießen."*
- *„Nachher geht's an! Das größte Aufräumen beginnt. Da wird der Bruder den Bruder und die Mutter die Kinder nicht mehr kennen."*
- *„Kein Mensch will's glauben."*

- „Dann wird das Bayernland verheert und verzehrt, das Böhmerland mit eisernen Besen ausgekehrt."
- „Auf der Straße von Cham über Stallwang nach Straubing kommen sie einmal heraus, die Rotjankerl..."
- Auf die Frage, ob dies etwa Franzosen seien, erwiderte der Mühlhiasl: „Nein, Franzosen sind's nicht, rote Hosen haben's auch nicht an, aber die Roten sind's! – Wenn sie kommen, muß man davonlaufen, was man kann, und als Mundvorrat Brot mitnehmen. Wer drei Laib Brot dabei hat, und beim Laufen einen verliert, darf sich nicht bücken darum: so eilig ist es. Und wenn man den zweiten verliert, muß man ihn auch hinten lassen, denn man kann's auch mit einem Laib aushalten, weil es nicht lange dauern wird. – Die Berge werden ganz schwarz von Leuten – in einem Wirtshaus an einer Brücke werden viele Menschen beieinander sein, und draußen werden die Soldaten vorbeireiten (mit Panzern)."
- Grauenvoll ist die in unsere Sprache übersetzte Schau des Waldpropheten: „Auf Autobahnen westwärts werden mehr kriechende als fahrende und schließlich stockende Autoschlangen von den einrückenden Panzerkolonnen niedergewalzt... So viel Feuer und so viel Eisen hat noch kein Mensch gesehen – Wer's überlebt, muß einen eisernen Schädel haben."
- „Zuletzt kommt der Bankabräumer, eine alles dahinraffende Krankheit... In dieser Zeit holen die Leute den Herrgott wieder aus dem Kasten und hängen ihn in die Stuben, aber es hilft nichts mehr."
- „Die Leute werden krank, aber niemand kann ihnen helfen."
- „Wer zur Nacht auf einem hohen Berg steht, wird im ganzen Waldland kein Licht mehr erblicken, als ob der Wald ausgestorben wäre."
- „Nur die Leute werden verschont bleiben, soweit die schwarzen Bäche gehen und bis zur verkehrten Kirche."
- „Anderwärts werden die Leute ganz gehörig geläutert werden."
- „Wer das letzte Aufräumen besteht, wird zu jedem fremden Menschen sagen: Bruder, wo hast Du gesteckt? Schwester, wo hast Du Dich verborgen gehalten?"
- „Ein Fuhrmann haut mit dem Geißelstecken auf den Boden und sagt: Da ist einmal d'Straubinger Stadt gestanden."
- „Es wird nur noch ein Gruß gelten: Gelobt sei Jesus Christus!"
- „Wenn man jenseits der Donau eine Kuh findet, der soll man ein silbernes Glöckl umhängen."

- „Danach gibt es im Waldland soviel Grund, daß sich jeder ein Haus wählen kann und Land soviel er will."
- „Auch jenseits der Donau ist alles wüst und leer. Dort werden sich die Waldleute ansiedeln, trotzdem es im Wald auch wieder ganz schön sein wird."
- „Danach ist das Schlimme vorbei und alles Böse überstanden."
- „Die Berg- und Waldleute werden ins Flachland ziehen und in den Dörfern im Wald werden die Brennesseln aus den Fenstern wachsen." (13, S. 44ff und 119, S. 129-132)

Der Benediktinerpater Ellerhorst hatte die prophetischen Schauungen eines **seherisch begabten Bauern** (1922) aus der Nähe von Bregenz schriftlich festgehalten:
- Christus weicht vor der andrängenden menschlichen Bosheit zurück und überläßt die Menschheit sich selbst.
- Der Seher sieht eine breite, lange Straße: Zu beiden Seiten stehen Soldaten; am Straßenrand Männer, Frauen, alte Leute und Kinder und eine Guillotine mit zwei Scharfrichtern; das Blut ungezählter Geköpfter fließt in Strömen.
- Politische Revolten, in deren Verlauf viele eingesperrt und hingerichtet werden. Flucht auf die Berge und Massenandrang bei den Pfandleihern.
- Paris wird in Brand gesteckt und vernichtet; Marseille wird in einem Abgrund versinken, der sich um die Stadt herum gebildet hat, und es wird von einer Sturmflut zugedeckt werden.
- Massenmord in Rom, Haufen von Leichen – der Papst flieht mit zwei Kardinälen in einem alten Wagen bis Genua.
- Das Unheil wird ganz plötzlich aus Rußland kommen:
- Zuerst wird es Deutschland treffen, dann Frankreich, Italien und England.
- Allgemeine Verderbnis und große Hungersnot: Man wird selbst Baumrinden mahlen, um Mehl aus ihnen zu gewinnen; auch das Gras auf den Wiesen wird als Nahrung verwendet.
- Die Rheingebiete werden zerstört.
- Drei Tage und Nächte lang Dunkelheit. Sie beginnt mit einem fürchterlichen Donner oder Erdbeben. Es wird kein Feuer brennen. Man wird

weder essen noch schlafen können, nur beten. Nur geweihte Kerzen werden brennen. Blitze werden in die Häuser eindringen. Erdbeben und Meeresbeben. Die einen werden Jesus und Maria anrufen, die anderen werden fluchen. Schwefeldämpfe und Gestank erfüllen die Luft.

- Ein Kreuz erscheint am Himmel wie am Anfang des Gesichts. Das bedeutet das Ende der Dunkelheit. Die Erde liegt verlassen da wie ein riesiger Friedhof. Verschreckt kommen Menschen aus den Häusern. Die Toten werden zusammengelesen und in Massengräbern beigesetzt. Auf den Straßen ist es still, und in den Fabriken arbeitet keine Maschine, weil niemand da ist.
- Der Papst kommt nach Köln, wo er im Dom den neuen Kaiser weiht, dem Haupt und Hände gesalbt werden. Er empfängt mit einem langen Schwert den Ritterschlag, dann die alte Reichskrone, den weißen Umhang mit der goldenen Lilie, das Zepter und den Reichsapfel. Er tauscht das Zepter gegen ein Kreuz aus, schwört der Kirche Treue und verspricht ihr seinen Schutz.
- Die Güter werden unter den Überlebenden verteilt. Man begibt sich in die am stärksten entvölkerten Gebiete. Die Menschen kommen von den Bergen herunter, um in den Ebenen zu leben, wo die Arbeit nicht so schwer ist.
- Die Überlebenden sind heilige Menschen. Die Erde verwandelt sich in ein Paradies. Der Seher hört lautes Beten, in deutscher Sprache. (113, S. 164-165)

Diese Auszüge sollten als grobe Übersicht genügen.

Zusammenfassend kann man sagen:
Der Angreifer im Dritten Weltkrieg kommt offenbar aus dem Osten. Den Visionen nach scheint es sich hierbei um Rußland zu handeln. Der Angriff soll in einer Zeit stattfinden, in der sich die westeuropäischen Länder in einer politischen wie auch wirtschaftlichen Krise befinden. Vor dem Ausbruch des Dritten Weltkrieges soll es einen größeren Krieg im Nahen Osten geben. Dort versammeln sich angeblich auch die US-Truppen. Rußland selbst soll bis zur Zeit des Ausbruchs zur Ablenkung eine prowestliche Außenpolitik betrieben haben, um so überraschender kommt daher der plötzliche Angriff über drei Flanken nach Deutschland. Den Be-

richten zufolge dauert der ganze Krieg etwa ein viertel Jahr, möglicherweise sogar kürzer. Dabei soll es in Europa zu vereinzelten Atombombenabwürfen kommen. Des weiteren sollen in den USA wie auch in Rußland zahlreiche Städte durch Bomben ausgelöscht werden.

Den Krieg beenden werden verschiedene Naturkatastrophen, Vulkanausbrüche und Erdbeben, voraussichtlich ausgelöst durch einen die Erde fast streifenden Planetoiden, eine durch dessen Staub ausgelöste dreitägige Finsternis und eine Verschiebung der Pole, da das Erdmagnetfeld offenbar kurz zusammenbricht.

Wollen wir nun diese und viele andere, bisher nicht genannte Visionen aneinanderreihen und interpretieren. Falls Sie zwischendurch das Gefühl haben sollten, den Zusammenhang der Geschehnisse zu verlieren, können wir Sie hier beruhigen: Am Ende findet sich nochmals eine Tabelle, in der die wichtigsten Ereignisse chronologisch aufgelistet sind.

Der Dritte Weltkrieg

Allgemeine Vorzeichen des Krieges

1. TECHNISCHE MERKMALE

Die Voraussagen des Alois Simon Maaß, genannt der **Alte Fließer Pfarrer** enthalten folgende Hinweise: *„Wenn die Welt mit Draht und Eisen umsponnen sein wird, dann wird es kleine Leute geben."* Mit kleine Leute meint er wahrscheinlich Kinder, die verglichen mit der damaligen Zeit sehr frühreif sind und von der Schlechtigkeit noch mehr wissen als viele Erwachsene.

„Wenn man ohne Pferd die ganze Welt umfahren kann, dann geht es dem Ende der Welt zu...

Über den Reschenpass (von Meran nach Landeck) *wird drei mal versucht, eine Eisenbahn zu bauen, und jedesmal wird bei Baubeginn der Krieg ausbrechen."* Vor dem Ersten und Zweiten Weltkrieg ist das bereits eingetroffen. Und eine weitere Brücke ist bereits geplant. Sollte die sogenannte „Scheitel-Flachbahn", ein Eisenbahn-Verbindungs-Projekt – Süddeutschland-Mailand – wirklich noch in Auftrag gegeben werden, würde sich die Prophezeiung auch zum dritten Mal erfüllen.

Besonders interessant ist folgende Aussage: *„Wenn der Inn durch den Berg hindurch an Landeck vorbeifließt, dann dauert's nicht mehr lange."* Durch den Bau des Elektrizitätswerkes Prutz-Imsterau (bei Imst) ging diese Voraussage in Erfüllung. Der Inn kann nun durch den Berg fließen. Diese Prophezeiung wurde vor 150 Jahren ausgesprochen und konnte unmöglich auf natürliche Weise vorhergesehen sein. (6, S. 28)

Von Mutter **Erna Stieglitz** (1894-1975) aus Augsburg, die ihr Leben der tätigen Nächstenliebe weihte und in den Orden des heiligen Franziskus eintrat, ist die folgende Prophezeiung überliefert: *„Der Stand der Technik eröffnet zum erstenmal die Möglichkeit, die ganze Welt von einem Machtzentrum aus zu beherrschen."* (13, 18 und 6, S. 13ff)

Mühlhiasl: *„Es wird in Zwiesel ein großes Gebäude aufgeführt, das wird viel kosten. Wird aber nicht lange dauern, dann wird es vernichtet werden."* (18)

Spielbähn: *„Wenn man aber bei Mohndorf (Mondorf bei Bonn?; A.d.Verf.) eine Brücke über den Rhein bauen wird, alsdann mag es ratsam sein, mit den ersten hinüberzugehen an das andere Ufer."* (98, S. 61)

Der **Pfarrer von Werl:** *„Der letzte Mann, der über die Ruhrbrücke bei Wickede geht, ist ein Schäfer mit einem weißen Hunde. Sobald er hinüber ist, wird die Brücke zusammengeschossen."* (Die Welt am Abgrunde..., S. 92, Autor unbekannt)

Knopp zu Ehrenberg: *„Es wird Krieg gehen, wenn keiner es glaubt. Man wird Krieg fürchten, doch es wird wieder ruhig und jeder sorglos sein. Wenn die Brücke zu Köln fertig sein wird, wird Kriegsvolk gleich darüber gehen. Man wird eine Straße von Linz nach Asbach bauen durch den Erpeler Busch, aber sie wird nicht mehr fertig werden. Die Arbeiter werden vom Wege laufen. Kriegsvolk wird den Rhein besetzen und alles Mannsvolk muß mit, was nur eine Mistgabel tragen kann."* (98, S. 60-61)

Dann **Sepp Wudy**, er war ein seherisch begabter Knecht aus Frischwinkel in Bayern, der zu seinem Bauern, als er 1914 einrücken mußte, sagte: *„Das ist nicht der letzte Krieg (I. WK), denn dann wird bald wieder einer sein, und dann erst kommt der letzte. Einer wird schrecklicher als der andere. Wenn Du es erleben tätest, könntest (Du) Deinen Vetter in Wien von Deiner Stube aus sehen, und wenn Du ihn schnell brauchtest, könnte er in einer Stunde da sein."* (6, S. 20)
Das Bildtelefon, Live-Übertragungen via Internet und der Flugverkehr!

Joe Brandt (1937): *„Ich schien mich in Los Angeles zu befinden, aber es war nicht zur jetzigen Zeit, denn es war größer, viel größer... es war eher am Anfang des Frühlings... Und dann kam es, und wie es kam, wie nichts in Gottes Welt, wie nichts... dann sah ich, es schien so, daß die Mitte des Hollywood-Boulevards in zwei Stücke brach... Ich war über der Stadt. Sie neigte sich in Richtung Ozean wie das Hochklappen eines Picknicktisches. ...da sah* *ich die Straßen von Los Angeles, und alles zwischen Los Angeles und den San Bernhardino-Bergen kippte zum Ozean hin. ...diese Hand-Radio-Bediener, die... immer wieder dieselbe Sache sagten: ‚Hier ist Kalifornien, wir versinken im Meer; hier ist Kalifornien, wir versinken im Meer.'"* (127, S. 154)

Ja, ja, immer diese „Hand-Radio-Bediener". Das sollte aber auch der Joe schon gewußt haben, daß man in ein Radio nicht hineinsprechen kann! Da hört einem keiner zu. Diese Vorrichtung, in welche die Menschen ihre Hilferufe hineinriefen, nennt man heute *Handys* (Mobil-Telefone). Aber die kannte der Joe ja damals noch nicht...

John Lansa (Hopi): *„Die Prophezeiung sagt, daß Menschen zum Mond und zu den Sternen reisen werden, und das wird Zerrüttung verursachen, und die Zeit der großen Läuterung wird sehr nah sein."*
Der Große Geist sagt in der Prophezeiung, *„daß der Mensch nicht mehr weitergehen wird, wenn er eine Stadt am Himmel baut."* Und es heißt dazu: *„Wenn dies geschieht, wird als nächstes die große Läuterung kommen."* (109, S. 144)
Gemeint ist hier das Raumfahrtwesen. Ob die Hopis jedoch die gewöhnlichen (und in letzter Zeit nicht mehr ganz so erfolgreichen) Space-Shuttles meinen oder eventuell auch die im geheimen für den Weltraumflug verwendeten Flugscheiben, amerikanische wie deutsche, ist hier nicht zu entnehmen. Die „Stadt am Himmel" scheint die Raumstation ISS zu sein.

Unbekannter Seher: *„Eiserne Straßen werden durch den Böhmerwald und herum gebaut, und die Menschen werden auf feurigen Wagen fahren. Die letzte „fliegende" Straße wird durch den Kubani (Berg, 1.362 m hoch) gebaut werden, dann wird der Krieg bald anheben."* (6, S. 27)

Jakob Lorber: *„In dieser Endzeit werden die Menschen zu einer großen Geschicklichkeit in allen Dingen gelangen und mancherlei Maschinen erbauen, die alle Arbeiten verrichten werden wie lebende Tiere und vernünftige Menschen."* (98) Roboter und Computer!

2. DIE MASSLOSIGKEIT UND DER GRÖSSENWAHN

Auch der Bauer **„Fuhrmannl"** aus Westböhmen (1690-1763) hatte etwas geschaut, ist jedoch weniger bekannt geworden. Josef Naar, wie er richtig hieß, lebte in der Nähe von Pilsen. Kurz vor seinem Tode, im Alter von 73 Jahren, äußerte er häufig die Worte: *„Es wird einmal die Zeit kommen, daß..."*. Hören wir nun, was der „Fuhrmannl" im Jahre 1763 über eine Zeit, die über zwei Jahrhunderte von ihm entfernt lag, zu berichten wußte: *„Der Bauer wird sich wie der Bürger und der Bürger wie der Adelsherr kleiden. Auch die Weiber wollen dann alle Tage anders gekleidet sein, bald kurz, bald lang; selbst in Mannskleidern werden sie gehen und verschiedene Farben haben, daß man sich wundern wird. Die Weiber werden die Haare bald gestutzt, bald sonderbar geringelt haben, alle Jahre anders. Was sie heute anziehen, werden sie morgen wegwerfen oder alle Tage ummodeln. Sie werden ihren Körper nackt zur Schau tragen, um den Männern zu gefallen."* (6, S. 26)

Unbekannter Seher: *„Die Vorzeichen des großen Weltkrieges sind: Wenn die Weiber halb nackt gehen und Hosen tragen, daß man sie von den Männern nicht mehr auseinanderkennen wird. Wenn die Weiber rote und grüne Hüte tragen..."* (6, S. 27)

Mother Shipton, die noch vor Nostradamus lebte, fand dafür die sehr treffenden Worte:
„Wenn Frauen, Hosen tragend, sich wie Männer kleiden,
wenn sie die Locken sich vom Haupte schneiden,
wenn Bilder sich bewegen, wie erfüllt vom Leben,
wenn Menschen, Vögeln gleich, sich in die Lüfte heben,
wenn Schiffe sich wie Fische tummeln unter Fluten,
dann wird die halbe Welt vergehen und verbluten." (15, S. 31)

Ein unbekannter **Düsseldorfer Kapuzinerpater** aus dem Jahre 1762: *„...wenn die Frauensleute nicht wissen, was sie vor Üppigkeit und Hochmut für Kleider tragen wollen, bald kurz, bald lang, bald eng, bald weit: Wenn die Männer auch ihre Trachten ändern, und man allgemein die Bärte der Kapuziner trägt: Dann wird Gott die Welt züchtigen."* (18)

Erna Stieglitz: *„Während im Westen Bequemlichkeit, Weichheit, Wohlstand und Luxus obenan stehen, bereitet sich der Osten auf die große Auseinandersetzung vor und erzieht zur Entbehrung, stählt die Völker und sorgt für Nachwuchs und Waffen...*

Aber noch ist es nicht so weit! Noch herrscht der Teufel; Nicht nur im Osten (Atheismus), auch im Westen (Kapitalismus) hat er seine Herrschaft angetreten. Die Sünde der Hoffart wird riesig anwachsen. Was machbar ist, wird gemacht. Teuflische Profitgier herrscht auf der ganzen Welt: der Tanz ums goldene Kalb; die Götzen sind selbst gemacht! Die westlichen Teufelsboten sind mit Orden und Ehrenzeichen behangen und haben die Stirn, sich christlich zu nennen. Es gibt Überfluß und Verschwendung und daneben bittere Armut und keinen Ausgleich." (18)

Der **Alte Fließer Pfarrer**: *„Wenn die Kinder wie Affen gekleidet sind, wird das Luthertum in Tirol einziehen."*
Wenn man sich die heutige Jugend betrachtet, dann kann dieser Ausspruch für einen Pfarrer vor hundertfünfzig Jahren, der ein Bild eines modernen Stadtjugendlichen (Punk, Techno, Gruftie, Psycho) sieht, sicherlich als zutreffend bezeichnet werden.
Und an anderer Stelle: *„Wenn der Luxus so groß geworden ist, daß man Männer und Frauen an der Kleidung nicht mehr unterscheiden kann, und wenn unter jeder Stalltüre eine Art Kellnerin steht, dann paßt auf, es kommen die letzten Zeiten – Wenn die Eitelkeit auf den Friedhof kommt (Mode beim Begräbnis), weicht das Christentum aus dem Haus."* (6, S. 28)

Ein **unbekannter Seher aus dem Sauerland** äußerte sich Mitte des 19. Jahrhunderts so: *„Wenn die Zeit nahe sein wird, dann wissen die Menschen vor Hoffart nicht, wie sie sich kleiden sollen..."* (18)

Sepp Wudy: *„Der Anlaß wird sein, daß die Leut' den Teufel nimmer erkennen, weil er schön gekleidet ist und ihnen alles verspricht... Aber was sag ich! Dich geht es ja nichts mehr an (1914), aber sag es Deinen Kindern und Kindeskindern. Die haben damit zu tun und erleben am End' die ganze Geschichte."* (6, S. 19ff)

3. DER FEHLENDE GLAUBE

Unbekannter Seher: *„Der christliche Glaube wird so klein werden, daß er sich unter einen Birnbaum wird stellen können, er wird aber wiederum siegen. Wo heute sieben Pfarrer sind, da wird nur mehr einer sein. Die Pfarrer* *werden zuerst den Glauben schwächen. Man wird mit dem Finger auf sie zeigen, so daß sie sich versteckt halten werden."* (6, S. 27) Pädophile Pfarrer!

Mühlhiasl: *„Zuerst kommen die vielen Jubiläen, überall wird über den Glauben gepredigt, überall sind Missionen, aber kein Mensch kehrt sich mehr daran. D'Leut werden erst recht schlecht. Der Glaube wird so klein, daß man ihn unter einen Hut stecken kann; der Glaube wird so dünn, daß man ihn mit der Geißel abhauen kann, der Glaube wird so klein, daß man ihn mit'm Geißelschnalzen vertreiben kann. Über den katholischen Glauben spotten am meisten die eigenen Christen..."* (98, S. 39)

Jakob Lorber: *„Zwar wird eine reine Gemeinde fortbestehen, jedoch umgeben von völlig glaubenslosen Menschen, die nur gewinnbringende Industrie treiben und sich weder um meine Lehre noch um das Heidentum Roms kümmern werden."* (98)

Sepp Wudy sagt, daß es nicht genug ist, wenn man in der Kirche Jazz spielt und tanzt, nein, der Pfarrer singt noch dazu. (18)

Der **Spielbähn** bezichtigt die Pfarrer sogar der Vielweiberei:
- *„Sie nannten sich Gottesdiener und waren Bauchdiener."*
- *„Sie dienten der Wollust und machten eine Religion für ihre böse Fleischeslust."*
- *„Derweil sie feierten und ein Weib nahmen."*
- *„Und dernach zwei Weiber."*
- *„Sprechend: Unserem Stande gebühren der Weiber drei. Das eine muß das Haus besorgen, das andere die Kinder lehren, das dritte die Kranken pflegen."* (98, S. 40)

Und **Josef Stockert**: *„Jeder sorgt nur für sich. Priester werden sich uneins, selbst Bischöfe wissen nicht mehr, wo aus und ein... Gläubige ziehen sich zurück,... die Stufen zu den Altären werden vom Blut hingemordeter Priester und Gläubigen befleckt sein..."* (104)

4. DIE WIRTSCHAFTSLAGE

Fuhrmannl: *„Es werden so viele verschiedene Steuern aufkommen, daß sie nicht mehr wissen, was für Namen sie ihnen geben sollen."*

Auch der Mühlhiasl und der Lothringer sahen voraus, daß man Steuern erläßt, die keiner mehr zahlen wird, und das Leben so teuer wird, daß die Not und die Lieblosigkeit unter den Menschen maßlos ansteigt.

5. DIE NATURZERSTÖRUNG

Irlmaier: *„Die Flüsse werden so wenig Wasser haben, daß man leicht durchgehen kann."* (97, S. 106)

Mühlhiasl: *„Der Wald wird so licht werden wie des Bettelmanns Rock."* Waldsterben und Ausforstung! (119)

Nostradamus: *„Vom 48. Breitengrad bis an die Grenzen des Wendekreises des Krebses wird eine große Dürre ausbrechen, daß in den Meeren, Flüssen und Seen die Fische in fieberhaften Zügen kochen werden."* (V/98) (97)

Auch **Jakob Lorber** warnte davor, daß wenn die *„Lichtungen der Wälder"* zunehmen würden, *„Stürme ganze Wälder zugrunde richten werden."* Und an anderer Stelle: *„...es wird weiter kommen, daß die Menschen große Erfindungen machen und auch auf die Natur der Erde so einzuwirken beginnen, daß diese am Ende ordentlich leck werden muß."* (98)

Soziale Unruhen, Arbeitslosigkeit, Wirtschaftskrise, Lieb- und Gottlosigkeit, Haß und Neid, Mißtrauen, Waldsterben und sonstige Naturzerstörung, brodelnde Kriegsherde – das sind die Vorzeichen des Krieges.

Was die verschiedenen Seher zum Teil vor mehreren Jahrhunderten als Kennzeichen für den nun nahenden Krieg vorausgesehen haben, trifft exakt auf unsere Zeit zu. Weitere Kommentare sind hier überflüssig, da sich wohl jeder darüber bewußt ist, daß wir mit unserer heutigen Lebensweise keine große Bereicherung mehr für diesen Planeten darstellen. Wir nehmen mehr als wir geben, und wir schaden mehr als wir heilen – es scheint dabei keine Frage des „ob" oder „ob nicht", sondern nur noch eine Frage des WANN zu sein!

Besondere Ereignisse

Eine sehr interessante Prophezeiung eines **unbekannten Sehers** finden wir bei Gottfried von Werdenberg: *„Wenn der Mann im Eis auftaucht, kommt die große Völkerschlacht."* (119, S. 144)

Der Fund des Ötzi ist sicherlich ein außergewöhnliches Merkmal, welches diesem unbekannten Seher gezeigt worden ist.

Jakob Lorber: *„Zwar werden die Menschen gewarnt werden durch Seher und durch Zeichen am Firmamente, aber die Weltklugen werden das alles nur den blinden Naturkräften zuschreiben."* (98)

Der Johannitermönch **Johannes Friede** hatte unter anderem folgende Vision: *„Ehe die Kräfte des Universums... die Wende im Sonnenzirkel anzeigen, werden Kräfte aus dem himmlischen Lichte drei Jahre hindurch das Menschenreich vorbereiten, auf die unbekannte Stunde, in der eine alte Welt versinkt und eine neue entsteht... Das erste Zeichen werden die <u>Feuergarben auf dem Jupiter</u> sein, die... den Geist des Menschen aufrütteln... Der Menschengeist wird unruhig werden, wenn am Abendhimmel ein Licht erscheint, das den Mond verschwinden läßt und die Sterne wie Schuppen in das All zurücktreten."* (18)

Die Feuergarben auf dem Jupiter konnten wir alle sehen, als die Kometenteile einschlugen.

DAS WUNDER IN GARABANDAL

In dem kleinen Bergdorf San Sebastian de Garabandal in Nordspanien waren am 18. Juni 1961 vier zirka elfjährige Mädchen mehrere Wesen erschienen, die sich als Mutter Maria und Erzengel Michael zu erkennen gaben. Die Mädchen hatten in dieser und vielen weiteren Visionen (bis zum 18. Juni 1965) Prophezeiungen über die Jahrtausendwende erfahren, die sich mit den anderen dieses Buches decken. Maria warnte die Menschheit, daß es zu einer Strafe Gottes käme, falls man nicht umkehren würde. Falls die Mißachtung des Lebens nicht aufhören würde, käme eine gewaltige

Kurskorrektur. In welchem Ausmaß sie erfolge, hinge von den Bemühungen des einzelnen ab.

Doch bevor die Reinigung der Erde stattfinden würde, könnte man in Garabandal erneut einer Warnung und danach einem Wunder beiwohnen, um der Menschheit **eine letzte Mahnung zur Umkehr** zu geben.

Über das angekündigte Wunder weiß man folgendes:

- Conchita (eines der spanischen Seherkinder) wird es acht Tage vor dem Eintreffen durch Radio- und Fernsehanstalten ankündigen.
- Das Wunder wird sich an einem Donnerstagabend um 20.30 Uhr im März, April oder Mai ereignen.
- Es wird weder an einem Gründonnerstag noch an einem Fronleichnam sein.
- Der Tag ist zwischen dem 7. und 17. der erwähnten Monate, jedoch weder am 7. oder am 17. (8.-16.).
- Der Tag des Wunders wird mit einem großen, wichtigen, glücklichen Ereignis für die Kirche zusammenfallen; ein solches Ereignis ist schon vorgekommen, aber nicht zu Lebzeiten Conchitas.
- Der Tag wird sich am Festtag eines jungen Märtyrers der heiligen Eucharistie ereignen.
- Alle Kranken, die zum Wunder nach Garabandal kommen, unabhängig von ihrer Krankheit oder Religion, werden geheilt und die Sünder bekehrt werden.
- Alle, die am Wunder in Garabandal teilnehmen, werden keinen Zweifel haben, daß es von Gott kommt (es werden zwischen 1,5 bis 3 Millionen Menschen erwartet).
- Bei den Pinien wird für immer ein sichtbares Zeichen zu sehen sein, das man nicht berühren, aber fotografieren kann (ähnlich einer Rauchsäule).
- Vor dem großen Wunder kommt im gleichen Jahr die welterschütternde Warnung. (46)

DER AUSBRUCH DES VESUVS UND/ODER DES PELÉE UND DAS ERDBEBEN IN KALIFORNIEN

Edgar Cayce: „*Wenn größere Aktivitäten im Vesuv oder Pelée (auf Martinique) auftreten, dann können die südlichen Küstengebiete Kaliforniens und Gebiete zwischen dem Salt Lake und den südlichen Teilen Nevadas innerhalb von drei Monaten eine durch Erdbeben hervorgerufene Überschwemmung erwarten.*" (16)

Ramtha: „*Und was ist mit den großen Vulkanen, dem einen in Europa und dem anderen auf einer Insel... Wenn sie lebendig werden, hätte das die Wirkung, den Sommer in einen Winter zu verwandeln.*" (16)

Auf die gleiche Information stieß auch **Dr. Chet Snow** durch die Vorausführung seiner Patienten. Durch zwei sehr große Vulkanausbrüche kann es durch die Staubmission bis in die Stratosphäre zu einer dauerhaften Sonnenverdunklung und damit zu einem rapiden Kälteeinbruch kommen; nach Meinung einiger Wissenschaftler auch Ursache früherer Eiszeiten.

Häuptling White Bear (Hopi): „*Amerika wird wieder sinken. San Franzisko, New York und Phoenix werden unter Wasser sein. Nur Höhen über 1.800 Meter werden verschont werden. Auch Europa wird sinken.*" (97)

Irlmaier: „*Ich sehe vorher* (vor dem Ausbruch des Dritten Weltkriegs) *noch ein Erdbeben.*"

ALLE REDEN VOM FRIEDEN

De la Vega: „*Der Dritte Weltkrieg bricht aus, wenn das Gerede vom Frieden seinen Höhepunkt erreicht haben wird.*" (97)

Nostradamus: „*Einerseits bereitet man sich auf den Frieden vor, andererseits auf den Krieg. Nie zuvor wurde um beides so sehr gerungen.*" (Vers IX/52)

Jasper: *„Abends wird man sagen: „Friede, Friede!" ...und morgens stehen die Feinde vor der Türe."* (103, S. 92)

Veronika Lueken: *„Schon arbeiten die Mächte an der Vollziehung dieses großen Weltkrieges... oft wird die Wahrheit verhehlt... Erinnere Dich, mein Kind, wenn die Welt schreit „Friede, Friede", weißt Du, daß das Ende nicht mehr fern ist."* (73, Band 2, S. 104 und Band 1, S. 132)

Bibel: *„Der Tag des Herrn kommt wie ein Dieb in der Nacht. Wenn die Leute sagen: Frieden und Sicherheit, dann kommt plötzlich Verderben über sie, wie die Wehen über eine schwangere Frau, und es gibt kein Entrinnen."* (1. Thess. 5, 2-3)

Nostradamus: *„Der Friedensvertrag wird gebrochen werden, Freundschaftsbündnisse durch Uneinigkeit vergiftet werden. Der wiederauflebende Haß wird allen Glauben und alle Hoffnung zunichte machen, es wird zu keiner Einigung kommen."* (Vers XII/59)

Der **unbekannte Seher aus dem Sauerland:** *„Abends wird man sagen: Friede! Friede! und morgens steht der Feind schon vor der Tür."* (18)

Wie heißt es doch bei **Irlmaier**? *„Alles ruft Frieden, Shalom! Da wird es passieren. – Ein neuer Nahostkrieg flammt plötzlich auf, große Flottenverbände stehen sich im Mittelmeer feindlich gegenüber – die Lage ist gespannt."*

Soziale Unruhen und Revolutionen

RUSSLAND UND CHINA

Nostradamus schreibt in seinem Brief an König Heinrich: *„Gemäß den astronomischen Berechnungen, verglichen mit den Heiligen Schriften, wird die Verfolgung der Anhänger der Kirche verursacht werden durch die Macht der Herrscher des Nordens (Rußland), die mit den Herrschern Asiens (Rotchina) im Bunde stehen. Diese Verfolgung wird andauern, bis nach 11 Jahren der Hauptherrscher des Nordens schwinden wird. Wenn diese Zeit erfüllt ist, wird der mit ihm verbündete Herrscher des südlicher gelegenen Reiches (Rotchina) die Anhänger der Kirche während eines Zeitraumes von drei Jahren noch stärker verfolgen. Dies geschieht durch die ketzerische Verführung eines Staatsführers, der alle Macht einer Militärkirche zuführen wird."* (18)

DEUTSCHLAND

Der Seher **Franz Kugelbeer** sah 1922 folgende Bilder: *„Über Nacht kommt die Revolution der Kommunisten (Linken), verbunden mit den Nationalsozialisten (radikale Rechte), der Sturm über Klöster und Geistliche. Die Menschen wollen es zuerst nicht glauben, so überraschend fällt es ein ...Viele werden eingekerkert und hingerichtet. Alles flieht in die Berge, der Pfänder ist ganz voll von Menschen.*
Wie ein Blitz aus heiterem Himmel kommt der Umsturz von Rußland her, zuerst nach Deutschland, darauf nach Frankreich, Italien und England."
Allerorts ist Aufruhr und Zerstörung. Es ist an einem Orte eine lange, breite, von Soldaten umsäumte Straße, darin jung und alt, Frauen, Kinder und Greise. Am Straßenrande steht eine Köpfmaschine, die der Oberhenker durch einen Druckknopf in Betrieb setzt, zu beiden Seiten von je zwei Henkern unterstützt. All diese Menschen werden enthauptet. Es fließt soviel Blut, daß die Köpfmaschine zwei- bis dreimal versetzt werden muß." (98, S. 54)

Mühlhiasl: *„Die hohen Herren sitzen zusammen und machen Steuern aus. Nachher steht's Volk auf. In der Stadt geht die Gaudi zuerst los. Wenn es angeht, ist einer über dem anderen, raufen tut alles. Wer etwas hat, dem wird es* genommen. *In jedem Haus ist Krieg. Kein Mensch kann mehr dem andern helfen. Die reichen und noblen Leute werden umgebracht, wer feine Hände hat, wird totgeschlagen. Der Stadtherr läuft zum Bauern aufs Feld und sagt: Laß mich ackern, aber der Bauer derschlagt ihn mit der Pflugraitel. Die Kleinen werden groß und die Großen werden klein, aber wenn der Bettelmann aufs Roß kommt, kann ihn der Teufel nicht mehr derreiten. Dann kündigt sich ein Himmelszeichen an. Ein strenger Herr wird noch kommen und den armen Leuten die Haut abziehen. Er wird aber nicht mehr lange regieren."* (98, S. 53)

Erna Stieglitz: *"Bis zur bayerischen Grenze wird eine russische Weitspurbahn herangeführt."* (13)

Auch **Johansson** hat die Revolution in Deutschland gesehen: Er sagt, daß das Land unter revolutionären Unruhen zu leiden haben wird. Und zwar soll sich dies sowohl zu Beginn des Dritten Weltkrieges als auch später noch, am schlimmsten im Südwesten, abspielen. (98, S. 54)

Die prophetisch begabte Seherin **Katharina aus dem Ötztal** (1883-1951), beschreibt diese bürgerkriegsähnlichen Zustände in Deutschland: *"Es kommt noch einmal Krieg. Ein dritter Weltkrieg! Anfangen tut es langsam. Zuerst werden die jungen Buben mit komischen Autos abgeholt. Sie singen und jauchzen noch zum Tal hinaus. Aber dann kommt eine harte Zeit. Daheim und für die Feldarbeit sind nur noch ältere Menschen und Weiberleut verfügbar. Die Not wird groß und größer. Und man sagt zueinander: Es kann nicht mehr gehen, es geht nimmer, und es geht doch noch weiter. Es geht viel länger abwärts, als die Leute zuerst meinten. Dann plötzlich bricht's (Revolution). Die Leute sind auf dem Feld, es ist Spätsommer, das Korn schon reif, da kommen sie, ganze Horden schiacher Leute, und überfallen alles. Sie bringen um, was sie erwischen – es ist furchtbar! Die Haustüren werden eingeschlagen und alles kaputt gemacht. Sie morden und rauben, und sogar Einheimische aus dem Dorf laufen mit jenen und plündern genauso.*

Kinder, ihr müßt auf den Berg fliehen. Dort müßt ihr euch vorher etwas zum Essen verstecken und etwas zum Schlafen herrichten. Auf den Berg gehen diese plündernden Horden nicht hinauf! Springt ja nicht ins Dorf. Es geht auch hauptsächlich um den Glauben. Es gibt nur mehr zwei Parteien: Für den

Herrgott und gegen den Herrgott! Die Verfolger der Kirche haben eine Zeitlang eine große Macht. Aber diese kurze Zeit dürft ihr im Glauben nicht umfallen. Bleibt mir um Gottes Willen katholisch!

Ihr müßt stark bleiben, auch wenn es euch das Leben kostet, denn die Gottlosen werden zum Schluß vom Herrgott furchtbar gestraft. Die Glocken wollen sie noch von den Türmen holen, um sie einzuschmelzen, aber sie kommen nicht mehr dazu, es geht zu schnell. Ich sehe irgendwo eine Kirche, gesteckt voll betender Leute, plötzlich kommen diese schiachn Leute in roten Fetzen und sperren die Kirchtüren zu und bringen die in der Kirche alle um. Es kommt eine schreckliche Zeit: Ich sehe die Weiberleute alle in schwarz und am Friedhof Haufen an Haufen. Alte Männer werden am Kirchplatz von einem alten Pfarrer mit dem Allerheiligsten gesegnet, und sie gehen zu Fuß zum Tal hinaus und kämpfen draußen, gar nicht weit weg, nur mit Messer und einfachen Waffen, Mann gegen Mann. Sie haben nur Socken an statt Schuhe, so groß ist die Not. Vom hinteren Ötztal werden Verwundete auf Leiterwägen herausgebracht." (18)

Bernhard Bouvier erklärt dazu: „Vor dem Umsturz in Italien und Frankreich scheint eine weltweite Wirtschaftskatastrophe zu kommen, wahrscheinlich verbunden mit einem weltweiten Bankencrash, gegenüber dem der Börsenkrach von 1929 als ein ganz harmloses Vorgeplänkel erscheint. Dem Krieg voraus gehen wird offenbar eine allgemeine Not und Armut, auf die die Welt überhaupt nicht vorbereitet ist. Um den Zusammenbruch unseres Währungssystems vorauszusagen, ist es schon heute nicht nötig, Finanzexperte zu sein. Zu hoch ist bereits die Verschuldung der dritten Welt, zu hoch auch die Inflationsrate in vielen Ländern, als daß jemand annehmen könnte, die Situation wäre noch in den Griff zu bekommen. Dem Staatsbankrott fast der gesamten Welt folgt der Zusammenbruch der öffentlichen Ordnung. Aber eine gewisse Zeit hält der Frieden noch. Angesichts des trostlosen Zustandes im Westen scheint der russische Wolf jedoch den Zeitpunkt für günstig zu halten, sich das Problem Westeuropa ein für allemal vom Hals zu schaffen. Außerdem hat offensichtlich der Kapitalismus versagt, wenigstens in den Augen breiter Schichten der Bevölkerung." (18)

ITALIEN

La Salette: *"Frankreich, Italien, Spanien und England werden im Kriege sein. Das Blut wird auf den Straßen fließen. Der Franzose wird mit dem Franzosen kämpfen, der Italiener mit dem Italiener. Schließlich wird es einen allgemeinen Krieg geben, der entsetzlich sein wird... Man wird sich töten, man wird sich morden, bis in die Häuser hinein."* (98, S. 55-56)

Nostradamus: *"An dem Ort, wo Hieron (König von Syrakus auf Sizilien) seine Schiffe bauen ließ, wird eine so heftige und plötzliche Revolution ausbrechen, daß kein Stück Erde vom Angriff verschont bleiben wird. Nach den olympischen Spielen wird die Revolution Bologna erreichen."* (Vers VIII/16)

Veronika Lueken: *"In Rom wird es bald ein Blutbad geben. Rom wird unter einer Revolution leiden. Und warum, meine Kinder, warum kommt diese Züchtigung über die heilige Stadt? Weil sie sich von Gott abgewendet hat."* (73, S. 57)

Barbara Becher: *"In Italien wird sich der Kommunismus erheben, um Rom, das Herz der Christenheit, zu erobern... Maria wird den Papst und Rom vor den wilden Horden der Feinde bewahren. Außerhalb Roms jedoch wird das Blut fließen."* (102, S. 42)

Irlmaier: *"Im Stiefelland (Italien) bricht eine Revolution aus, ich glaube, es ist ein Religionskrieg, weil sie alle Geistlichen umbringen. Ich sehe Priester mit weißen Haaren tot am Boden liegen. Hinter dem Papst ist ein blutiges Messer, aber ich glaub, er kommt ihnen im Pilgerkleid aus. Er flieht nach Südosten oder übers große Wasser, genau kann ich es nicht sehen."* (102, S. 29)

Nostradamus: *"Großbritannien, England eingeschlossen, wird von revolutionären Bewegungen überschwemmt werden. Die neue italienische Partei wird den Kampf eröffnen, und sie werden sich zum Widerstand gegen sie zusammenschließen."* (Vers III/70)

Auch der polnische Seher **Wladyslaw Biernacki** (um 1980) beschreibt einen kommenden Dritten Weltkrieg: *"Die Welt wird durch eine Reihe noch* nie dagewesener Naturkatastrophen verwüstet werden: von riesigen Überschwemmungen, von Erdbeben und Hungersnot. Es wird auf der Erde kein Stück Land geben, das davon unberührt bleiben wird. Gleichzeitig wird es einen weltweiten politischen Umbruch geben, der seinen Höhepunkt in einem Dritten Weltkrieg haben wird – mit begrenztem Einsatz von Nuklearwaffen an bestimmten Orten..."

Und weiter: „Es wird die Hölle auf Erden sein. Seine schrecklichste Phase wird dreieinhalb Monate dauern. Der Dritte Weltkrieg wird in Italien beginnen. Dort wird eine blutige Revolution ausbrechen, die in der Vatikanstadt selbst ihren Anfang haben wird. Eine kommunistische Regierung wird eingesetzt werden, und die Kommunisten werden die Priester quälen, verfolgen und umbringen. Inmitten dieses Aufruhrs und umgeben von einer Gruppe seiner treuen Kardinäle wird Johannes Paul II. von seinem heiligen Stuhl nach Frankreich fliehen und später nach Polen. Er wird in Polen bleiben bis nach Kriegsende. Während dieser Periode wird er weitgehend „unsichtbar" sein – vielleicht im Versteck...? Papst Johannes Paul II. wird dreieinhalb Jahre im Exil verbleiben. Während dieser Zeit werden die Kommunisten den heiligen Stuhl verspotten und verwüsten. Es wird eine große Bestrafung der Kirche erfolgen als Buße für Versäumnisse in der Vergangenheit..." (6, S. 39-42)

SPANIEN

Palma Matavelli (1825 Neapel): „*Die Republik* (Volksrepublik?) *wird in Frankreich ausgerufen, in Spanien und in Italien, und wird dort vom Bürgerkrieg gefolgt. Zu den Wirren der Revolution kommen andere Züchtigungen wie Pest und Hungersnot. Außergewöhnliche Zeichen erscheinen am Himmel... Die Proklamation der Republik Spanien wird das Signal sein.*" (18)

FRANKREICH

Nostradamus: „*Man wird dem verlorenen Reichtum nachweinen und bedauern, die gewählt zu haben, die sich immer wieder irren. Sie werden kaum noch Anhänger haben, da diese von ihren Reden enttäuscht sein werden...*

Aufgrund der Geldentwertung wird man die Achtung vor der Regierung verlieren, und die Völker werden sich gegen ihre Regenten auflehnen; Frieden durch eine neue Tatsache; geheiligte Gesetze werden korrumpiert. Niemals zuvor erlebte Paris so schwere Wirren." (Vers VII/35, VI/23)

Irlmaier: „*Die Stadt mit dem eisernen Turm wird das Opfer der eigenen Leute. Sie zünden alles an, Revolution ist, und wild geht's her.*" (102, S. 29)

Erna Stieglitz: „*Paris wird von den aufständischen Franzosen selbst in Brand gesteckt.*" (18)

Maximin von La Salette: „*Durch die Preußen wird Paris nicht niedergebrannt werden, sondern von seinem eigenen Gesindel.*" (54, S. 196)

Pater Nectou: „*Es werden sich in Frankreich zwei Parteien bilden, die sich auf Leben und Tod bekämpfen werden. Die eine wird zahlreicher sein als die andere, doch die schwächere wird siegen... Paris wird gänzlich zerstört werden. Die Zerstörung wird so vollständig sein, daß zwanzig Jahre später die Väter mit ihren Kindern in den Ruinen umhergehen und, um die Neugierde der Kinder zu befriedigen, sagen werden: Mein Sohn, einst stand hier eine Stadt; Gott hat sie zerstört wegen ihrer Verbrechen.*" (115, S. 34)

Abbe Souffrand: „*Paris wird derartig zerstört werden, daß auf seinem Boden geackert werden kann.*" (115, S. 35)

Vianney von Ars: „*Paris wird geschleift und verbrannt werden, aber doch nicht gänzlich.*" (54, S. 195)

Elisabeth Eppinger: „*Ganz Paris wird in Feuer, Aufruhr und völliger Unordnung stehen.*" (54, S. 195)

Onit: „*Der fallende Eifelturm wird in das Trümmerfeld seiner Stadt fallen.*" (112, S. 186)

Franziskaner: „*Das Volk wird aufstehen und den Präsidenten ermorden, wobei ein entsetzliches Blutbad entstehen wird. Mehr als die Hälfte der Stadt Paris wird in Asche verwandelt werden.*" (54, S. 196)

Don Bosco: „*Von der Ferne werden deine Feinde sehen, wie deine Paläste in Flammen aufgehen, wie deine Wohnstätten Ruinenhaufen geworden sind, getränkt mit dem Blut deiner Helden, die nicht mehr sind.*" (54, S. 196)

1846 erschien der fünfzehnjährigen **Melanie Calvat** die Jungfrau Maria. Melanie berichtet: *„Frankreich, Italien, Spanien und England werden im Kriege sein. Das Blut wird auf den Straßen fließen. Der Franzose wird mit dem Franzosen kämpfen, der Italiener mit dem Italiener. Schließlich wird es einen allgemeinen Krieg geben, der entsetzlich sein wird."* (18)

Franziskaner: *„In Europa wird ein fürchterlicher Bürgerkrieg ausbrechen... Blut wird in Strömen fließen."* (36, S. 123)

ENGLAND

Pater Nectou: *„Wenn England anfängt, in seiner Macht erschüttert zu werden, so wird man einer allgemeinen Katastrophe nahe sein. Wie man das Nahen des Sommers erkennt, wenn der Feigenbaum zu knospen beginnt, so wird man das Nahen dieser Ereignisse erkennen an dem beginnenden Verfall Englands. England wird seinerseits eine Revolution durchmachen, schrecklicher als die französische, und diese wird lange genug dauern, um Frankreich Zeit zu geben, sich wieder zu festigen. Frankreich wird England zur Wiederherstellung des Friedens behilflich sein."* (98, S. 57 und 115, S. 34)

Johansson sagt, daß die schlimmsten Unruhen im südlichen Teil Englands, in Wales und den benachbarten Gebieten seien, und England stehe vor dem Abgrund und sei auf dem Wege hinabzustürzen. (98, S. 57)

Auch die amerikanische Seherin **Jeane Dixon** bestätigt das Beschriebene.

Der Papst flieht aus Rom

Im **Lied der Linde:**
*„Rom zerhaut wie Vieh die Priesterschar,
schonet nicht den Greis im Silberhaar,
über Leichen muß der Höchste fliehn,
und verfolgt von Ort zu Orte ziehn."*

Veronika Lueken: *„Ich will euch ein Zeichen zur Warnung geben, wenn es soweit ist; wenn ihr seht, wenn ihr hört, daß in Rom eine Revolution im Gange ist – wenn ihr seht, daß der Heilige Vater flieht, Zuflucht sucht in einem anderen Land, wißt ihr, daß die Zeit reif ist."* (73, S. 44)

Irlmaier: *„Hinter dem Papst ist ein blutiges Messer, aber ich glaube, er kommt ihnen im Pilgerkleid aus."* (102, S. 29)

Erna Stieglitz: *„Der Papst muß aus Rom fliehen, wohin er nach zweihundert Tagen wieder zurückkehrt."* (13)

Onit: *„Italien wird ein einziges Revolutionsfeld. Der Vatikan wird ausgeräuchert. Der Papst wird in blasser Angst vor dem Kommunismus übers Meer fliehen. Alle Kunstschätze des Vatikan werden verschleppt, gestohlen und geraubt. Hekatomben von Blut werden dabei fließen. Die Schweizer Garde wird trotz der Flucht des Papstes ihren Widerstand unter Blutsopfern versuchen und dabei zugrunde gehen."* (112, S. 186)

Kugelbeer: *„Mord in Rom. 3-4 Meter hohe Berge von Leichen von Geistlichen und Bürgerlichen. Der Papst... flieht mit zwei Kirchenfürsten auf Nebenwegen..."* (36, S. 149)

Bruder Adam: *„Der Heilige Vater muß fliehen. Er muß schnell flüchten, um dem Blutbad zu entgehen, dem Kardinäle und Bischöfe zum Opfer fallen werden."* (18)

Der Krieg im Nahen Osten

Vision der **Veronika von Bayside** vom 29.03.1975: *„Jetzt sehe ich die Gottesmutter auf etwas zeigen, das wie eine Landkarte aussieht. Ich kann darauf Jerusalem sehen, Ägypten, Arabien und Französisch-Marokko. Eine sehr dichte Finsternis scheint sich über diese Länder auszubreiten, und Maria sagt: Der Beginn des Dritten Weltkriegs, mein Kind. Ihr müßt euch beeilen."* (18)

Der **Bauer aus Krems** sieht Truppen der USA in Saudi-Arabien das Ölgebiet besetzen. Es scheint dann eine Krise zu folgen, in die auch Israel und Rußland mit hineingezogen werden. (13)

Im Gedicht eines **unbekannten Verfassers** heißt es:
Engel weiset mit der Hand
auf ein Wasser, Küstenland:
Sieh der Flotten feindlich Heer,
sieh das unheilvolle Meer.

Sieh die Kampfestruppen dort,
wo des Gottes Kindheit Hort.
Sieh, wie rachezürnt sie sind,
Schalomgruß verweht im Wind.

Hier beginnt der Große Krieg,
niemand trägt davon den Sieg.
Rußland nimmt Stadt Belgrad ein,
Frankreich, Rom zieht mit hinein... (18)

Der **Bauer aus Krems**: *„Als dritte Phase folgt ein afrikanischer Krieg."* Wolfgang Johannes Bekh, der den Bauern aus Krems im August 1979 nach intensivem Briefwechsel in seiner Heimat besuchte, schreibt: *„Er zeigte mit ausgestreckten Armen auf die fernen Konturen der Böhmischen Wälder und erzählte vom Dritten Weltkrieg. Er erläuterte noch einmal seine Einzelgesichte, konnte sich aber, wie er betonte, für die Reihenfolge, in der sie eintreten, nicht verbürgen. Er sah mehrere örtlich begrenzte Einzelkriege und kriegeri-*

sche Einzelhandlungen, zum Beispiel in Jugoslawien und Bulgarien oder die schon erwähnte Zerstörung New Yorks. Er sah einen Bürgerkrieg in Italien und in der Bundesrepublik, östlich vom Rhein. Auf dem Höhepunkt der italienischen Wirren marschiere der Russe durch Kärnten nach Italien. Der Amerikaner mische sich, wider Erwarten, nicht ein. Der totale Krieg, mit amerikanischer Beteiligung, findet erst in Saudi-Arabien statt, wo die Amerikaner in das Ölgebiet einfielen; jedoch zögen sie den kürzeren. Der Russe (?) siege." (13, S. 245ff)

Irlmaier: „Alles ruft Frieden, Shalom! Da wird's passieren – ein neuer Nahostkrieg flammt wieder auf, große Flottenverbände stehen sich im Mittelmeer gegenüber – die Lage ist gespannt. Aber der eigentliche zündende Funke wird im Balkan ins Pulverfaß geworfen: Ich sehe einen „Großen" fallen... dann geht es Schlag auf Schlag...
Zwei Männer bringen den Hochgestellten um, sie sind von anderen Leuten bezahlt worden. Der eine Mörder ist ein kleiner schwarzer Mann, der andere etwas größer, mit heller Haarfarbe. Ich denke, am Balkan wird es sein, kann es aber nicht genau sagen." (12, S. 149)

Nostradamus: „Vor dem Krieg fällt die große Mauer: Der Große stirbt, ein plötzlicher und beklagenswerter Tod. Die Flotte ist erst halb fertig, der größte Teil schwimmt. Durch den Fluß des Blutes wird die Erde rot." (Vers II/57) (97)

Nostradamus: „Ein großer König (Staatsoberhaupt) unter den Händen eines jungen Mannes kurz nach Ostern. Verwirrung, auf Messers Schneide. Ewigkeit. Traurige Zeit, das Feuer an der Spitze des Stabes (Gewehr). Drei Brüder sollen verwundet und ermordet werden." (Vers IX/36) (97)

Nostradamus: „Das Reich des Tollwütigen, der den Weisen spielte (Hitler), wird wieder vereint werden... Damit bahnt sich bereits das nächste Unheil an. Dann nämlich, wenn die Welt in höchster und erhabenster Würde erstrahlt, rüsten die Machthaber und die Superheere... wird sie (die Welt) sich unter den Schutz des (Kriegsgottes) Mars stellen und Jupiter (Frieden und Wohlstand) aller Ehren und Würden berauben – <u>alles zugunsten der freien Stadt, die in einem anderen, kleinen Mesopotamien gegründet wurde</u>... Zur *großen Schande der Niederträchtigen werden die Greueltaten bestritten. Die Enthüllungen bleiben im Nebel des getrübten Lichts... es wird so aussehen, als würden die Reiche durch orientalische Völker geschwächt, als hätte Gott der Schöpfer den Satan selbst aus seinem höllischen Gefängnis befreit, um Gog und Magog über die Welt kommen zu lassen..."* (Nostradamus in seinem Brief an König Heinrich II.)

In einer freieren Übersetzung von **Nostradamus'** Vers V/25 über einen drohenden Kriegsbeginn im Nahen Osten heißt es:

Der arabische Herrscher wird,
wenn Mars, Sonne und Venus im Löwen stehen,
die Herrschaft der Kirche über das Meer unterwerfen:
Gegen Persien stehen gut und gern fast eine Million Soldaten bereit,
Türkei und Ägypten, durch List getrennt,
werden (nacheinander?) überrannt. (18)

Diesen Vers interpretiert Bernhard Bouvier für uns: „*Eine Million Soldaten sind rund fünfundsiebzig Divisionen, eine Streitmacht, die der heutigen Armee des Iraks (gegen den Iran) entspricht. Nostradamus schreibt von bereitstehen. Eine Million Soldaten entspricht ja auch nicht der Friedensstärke der Armee eines Landes. Um so viele Soldaten bereitzustellen, muß mobil gemacht werden, muß ein Krieg bevorstehen. Ein Angriff nach Westen in Richtung Byzanz (Istanbul) und Ägypten, um die Regierung der Kirche über das Mittelmeer hinweg zu beseitigen, zielt auf das Gebiet der NATO, auf Rom und die Südflanke Europas. Aussicht auf Erfolg hat ein solcher Kräfteeinsatz nur, wenn er mit List und heimlich mit einem russischen Angriff auf Zentral- und Nordeuropa verbunden ist.*

Man kann sich auch nicht völlig sicher sein, ob hier eine Situation zu Beginn des Dritten Weltkriegs beschrieben wird oder ob es sich nicht vielleicht um ein Geschehen handelt, das noch in ferner Zukunft liegt und eine neue Polarität christliches Abendland/islamisch-arabische Welt beschreibt. Ein Zusammentreffen von Mars und Venus im August ist so selten nämlich nicht. Aber es ist sehr gut möglich, daß die arabische Mobilmachung in der Krisenzeit vor dem Dritten Weltkrieg beschrieben wird." (18)

Der Funkenregen

Bei diesem Ereignis handelt es sich wahrscheinlich um den Schweif eines Planetoiden, der bei seinem Vorbeiflug offenbar die Erde streifen wird. Den Seherschauungen zufolge soll dieser Planetoid noch vor Ausbruch des Dritten Weltkrieges an der Erde vorbeifliegen, einen Umlauf um die Sonne machen und während des Kriegsgeschehens wieder zurückkommen, doch dann mit Kollisionskurs. (Siehe dazu auch die neuesten Erkenntnisse der Astronomen im Kapitel *Der Planetoid*.)

Der **Bauer aus Krems**: *„Die Sterne fallen wie die Blätter, das bezieht sich auf ein Ereignis, dessen Ursache ich nicht genau kenne, das sich aber nach eigenem Erlebnis so beschreiben läßt: Ich stand bei schönem Wetter in unserem Ort mit mehreren Leuten, die ich zum Teil erkannte. Wir schauten etwas erwartend gegen den Himmel. Da schien sich die Sonne zu verdunkeln. Alle glaubten, sie sähen die Sterne. Dabei handelte es sich in Wirklichkeit um eine Art Glut – wie Millionen weißglühende, herabfallende Leuchtkugeln – die, sich über gelblich, dann rötlich färbend, im Osten beginnend, zu Boden fiel. Wo sie auftraf, verbrannte fast alles Brennbare. In der Reihenfolge: Getreide, der Wald, Gras und viele Häuser... Wir löschten, was wir konnten. Nachher schaute ich mich um: ich sah, soweit ich blicken konnte, nur Rauch aufsteigen. Zu dieser Zeit gab es bei uns noch kein Kriegsgeschehen. Bereits vor der Endschlacht wird es bei uns wegen der stets wechselnden Front kaum ein Haus geben. Diese findet am Beginn hauptsächlich zwischen den kommunistischen Verbänden und China, vorwiegend mit sehr beweglichen Panzern, in und um die CSSR statt.“* (13, S. 245ff)

Ähnliches sah der **Pfarrer Franz Sales Handwercher** (1792-1853):

Alle schauten sie zum Himmel.
Eine sprach zur andern: Siehe!
Ich jedoch stand auf vom Lager,
sank zu Boden auf die Knie.

Gott, so sprach ich, ist erschienen.
Unwert bin ich, nur die Riemen
seiner Schuhe aufzulösen,
ihm, dem Preis und Ruhm geziemen.

Aber in derselben Stunde,
wo im Geiste dies geschehen,
ward ein schreckliches Feuerzeichen
an dem Firmament gesehen.

Ähnlich einem Tafeltuche
hing es nieder von den Sternen,
Und es ward herabgelassen
aus des Himmels tiefsten Fernen.

Aus dem Tuche steigen Nebel
auf samt Rauch und Feuerflammen
und es wickelt wie ein Balken
plötzlich sich das Tuch zusammen.

Eins der Enden von dem Balken
hat ein Kronenreif umfangen,
doch am andern Ende sah man
eine Geißel Gottes hangen.

Lange sah man diesen Balken
waagrecht am Himmel glühen
und die Geißel hochgeschwungen
Feuerfunken niedersprühen.

Endlich sah man noch den Balken
in ein Schlachtschwert sich verändern,
welches blutrot aufgehoben
über Städten hing und Ländern. (13, S. 174ff)

Auch dieser Schau können wir entnehmen, daß es sich wohl um einen Kometen oder Planetoiden handelt, der aus den Tiefen des Weltalls hervorkommt und am Firmament zu sehen ist.

Nostradamus im Vorwort zu den Prophezeiungen: „*...Vom Himmel fallen riesige Mengen von Feuer und herabstürzende Steine, so daß niemand bleiben kann, der nicht erschlagen werden will. Das wird sich in Kürze ereignen, vor dem letzten Aufruhr* (Dritter Weltkrieg), *noch während der Planet Mars seinen Jahrhundertzyklus vollendet, am Ende seiner letzten Periode, wenn er wieder von vorne beginnt. Die einen* (Planeten) *sind für mehrere Jahre im Wassermann und andere versammelt im Zeichen Krebs.*" (18)

Der Ausbruch in Deutschland

Einmarsch des Angreifers aus dem Osten in drei Heersäulen

Der Alte **Jasper** (1764-1833) sah den Dritten Weltkrieg wie folgt: *„Aus Osten wird dieser Krieg losbrechen. Vor Osten habe ich bange. Dieser Krieg wird sehr schnell ausbrechen. Abends wird man sagen Friede, Friede, und es ist kein Friede, und morgens stehen die Feinde schon vor der Türe; doch geht's schnell vorüber, und sicher ist, wer nur einige Tage ein gutes Versteck weiß. Auch die Flucht wird sehr schnell sein. Man werfe Karren und Rad ins Wasser, sonst nehmen die fliehenden Feinde alles Fuhrwerk mit. Vor diesem Kriege wird eine allgemeine Untreue eintreten, die Menschen werden Schlechtigkeit für Tugend und Ehre, Betrügerei für Politesse ausgeben. In dem Jahre, wo der Krieg losbricht, wird ein so schönes Frühjahr sein, daß im April die Kühe schon im vollen Grase gehen. Das Korn wird man noch einfahren können, aber nicht mehr den Hafer."* (18)

Der Blinde Jüngling: *„Ein neuer Krieg wird ausbrechen, dieser wird der kürzeste sein. Die Menschen werden die Welt vernichten, und die Welt wird die Menschen vernichten."*

Bruder Adam, ein weiterer Seher, berichtet, er habe 1949 eine Muttergotteserscheinung gehabt. Nachdem sie sich beklagt hatte, daß die Menschheit ihren Ermahnungen zur Bekehrung nicht nachgekommen sei, sagte sie folgendes: *„Und jetzt kommt das, was ich verhindern wollte: Das große Geschehen wird sich bald, sehr bald erfüllen. Der Krieg wird im Südosten ausbrechen, aber das ist nur eine List. Dadurch soll der Feind irregeführt werden; Rußland hat seinen Angriffsplan längst vorbereitet. Jeder russische Offizier hat den Marschbefehl schon in der Tasche und wartet nur noch auf das Stichwort."* (18)

Paulussen: *„Das Rußland wird von einer riesengroßen Hungersnot überschattet werden. Das Russenvolk wird zu den Waffen greifen..."* (97)

Lothringer: *„Rußland überfällt den Süden Deutschlands."*

Und weiter im Text: *"Denn beim Dritten Geschehen soll Rußland in Deutschland einfallen, und zwar im Süden bis Chiemgau..."* (18)

Bauer aus Krems: *"Er sah Panzer mit flachen Kuppeln. Und er sah Kettenfahrzeuge, auf denen Mittelstreckenraketen montiert waren."* (13, S. 145)

Erna Brandt: *"Ich sah russische Panzer in Rottenburg (Neckar) einmarschieren. Es war an einem trüben Tag, die Straßen waren feucht, Nebel lag über der Landschaft, aber es gab weder Regen noch Schnee. Als ich aufwachte, hatte ich noch immer das unheimliche Rasseln der Panzer im Ohr. Auch hörte ich das Donnern herannahender Flugzeuge."* (112, S. 186)

Onit: *"Zehn Millionen Mann werden mit 800 Panzerdivisionen von Osten gegen den Westen aufbrechen und bis Calais und Italien vormarschieren."* (97)

Der **unbekannte Verfasser:**
Rußland nimmt Stadt Belgrad ein
Frankreich, Rom zieht mit hinein.
Blitzschnell schlägt der Roten Heer
Deutsches Land, vor Schreck ohn' Wehr,
Panik lähmt der Freunde Macht,
es umfängt sie Todesnacht. (18)

Mühlhiasl: *"Von Straubing auf den Pilmersberg hinauf wird eine Straße gebaut. Und auf der Straß kommen sie einmal heraus, die Roten, die Rotjankerl..."* (9, S. 24)

Bernhard Bouvier meint, daß wir heute, fast zweihundert Jahre später, ohne Schwierigkeiten sagen können, wer die „Roten" sind, die unmittelbar an der tschechischen Grenze überraschend bei Nacht angreifen werden: Abgesessene Mot-Schützen, die russische Infanterie, dringt über die Grenzgebirge Großer Falkenstein (nordöstlich Zwiesel) und den Rachel (südöstlich Zwiesel) Richtung B 85 vor. Dort erwartet sie niemand. Wir nehmen an, daß ihr Ziel die Donau zwischen Deggendorf und Passau ist. Dadurch wäre auch gleichzeitig die einzige Verbindungsstraße an der

Grenze nördlich der Donau zwischen Weiden (nördliche Oberpfalz) und Passau handstreichartig besetzt. Die reitenden Soldaten sind auf Schützenpanzer oder Kampfpanzer aufgesessene Infanteristen, die auf den Straßen nach Westen und Südwesten vorstoßen. Vermutlich ist es ein Wochenende, denn in Zwiesel werden viele Leute in einem Wirtshaus beisammen sein und fröhlich feiern. Der Blinde Jüngling nennt die Panzer *eiserne Rosse*. (18)

Der **Düsseldorfer Kapuzinerpater**: *„Ein schwerer Krieg wird im Süden entbrennen, sich nach Osten und Norden verbreiten. Die Monarchen (Regierungschefs) werden getötet werden. Wilde Scharen werden Deutschland überschwemmen und bis an den Rhein kommen. Sie werden aus Lust morden, sengen und brennen, so daß Mütter aus Verzweiflung, weil sie überall den Tod vor Augen sehen, sich mit ihren Säuglingen ins Wasser stürzen werden."* (18)

Und wir erfahren von **Irlmaier**: *„Anfangen tut der vom Sonnenaufgang (aus dem Osten). Er kommt schnell daher. Die Bauern sitzen beim Kartenspiel im Wirtshaus, da schauen die fremden Soldaten bei den Fenstern und Türen herein. Ganz schwarz kommt eine Heersäule herein von Osten, es geht aber alles sehr schnell. Einen Dreier seh' ich, weiß aber nicht, sind's drei Tag oder drei Wochen. Von der Goldenen Stadt (Prag) geht es aus. Der erste Wurm (Angriffskeil) geht vom blauen Wasser (Donau) nordwestlich bis an die Schweizer Grenz'. Bis Regensburg steht keine Brücke mehr über die Donau, südlich vom blauen Wasser (Donau nördlich des Chiemgaus) kommen sie nicht."* (18)

Bouvier interpretiert: *„Nach einer Krise, die vom Westen offensichtlich nicht als kriegsauslösend erkannt wird, wahrscheinlich im Frühjahr, kommt der Überfall ohne vorhergehende Spannungszeit. Die Planer der NATO gehen aber von einem Spannungszeitraum aus, so daß in dieser Frist dem westlichen Bündnis genügend Spielraum für die Alarmierung der verfügbaren Truppen bleiben würde und daß damit vor Kriegsbeginn die erforderlichen Mobilmachungsmaßnahmen rechtzeitig abgeschlossen werden können. Die dargestellte Situation ohne Krise wäre für die NATO fatal. Der Angriff trifft nämlich offensichtlich nicht auf einen abwehrbereiten Verteidiger, sondern wirft uns, völlig unvorbereitet, ganz überraschend mitten im Frieden in den Krieg. Auch dafür findet sich eigentlich keine Erklärung. So unbedarft, so blauäugig kön-*

nen die Politiker des Westens, der Bundesrepublik, doch eigentlich nicht sein!"
(18) Oder handeln sie vielleicht ganz gezielt im Auftrag?

Zumindest gibt folgendes Zitat zu denken, wer hier wen beschützt:
„*Wir dürfen die NATO nicht als beiderseitige Allianz betrachten. In Wirklichkeit ist sie wie eine Hundeleine, mit welcher man Deutschland am Zügel hält. Sie verstehen sicher, was ich meine.*" (Richard Cohen, Kolumnist der „Washington Post", am 18. Juli 1990)

Sollte es dem östlichen Angreifer tatsächlich gelingen, überraschend am Wochenende und während der Nacht zuzuschlagen, würde die Verteidigung der Bundesrepublik nicht besonders gut aussehen. Sollten sich die Voraussagen wie geschildert erfüllen, würde den Angreifern die Überraschung tatsächlich gelingen.

Bei **Nostradamus** heißt es dazu im Vers IV/22:
Die große Militärstreitmacht wird heimgeschickt,
doch kurz darauf hat sie der Herrscher nötig,
die versprochene Treue vor langer Zeit wird gebrochen,
nackt wird er (der Herrscher) sich sehen in erbärmlicher Verwirrung. (18)

Unter der Voraussetzung, daß der Vers richtig zugeordnet ist, handelt es sich bei der Militärstreitmacht wohl um die USA, die aus Deutschland abgezogen sind. Doch schon kurz darauf soll sie Deutschland bitter nötig haben, nämlich dann, wenn der Angreifer aus dem Osten in Deutschland einmarschiert. Doch offenbar werden die USA ihre versprochene Hilfe nicht halten, und Deutschland muß selber schauen, wie es zurecht kommt. Es steht sprichwörtlich *nackt* da.

Nostradamus dazu in Vers XI/29:
Der Greif (die BRD) kann/soll sich einstellen,
um dem Feind zu widerstehen
und verstärken gut seine Armee,
andernfalls wird der Elefant kommen,
der auf einen Schlag ihn überraschen wird,
sechshundert und acht, Meer entflammt. (18)

Der Nostradamus-Forscher Konrad Klee hat diesen Vers entschlüsselt: Der Greif ist das Wappentier der Bundesrepublik Deutschland. Der Elefant steht für die russische Dampfwalze und an anderen Stellen bei Nostradamus als Chiffre ebenfalls für Rußland. Auch bildlich vorgestellt paßt dieser Vergleich: Wie eine donnernde Elefantenherde brechen sie nach Deutschland herein, die **Geschützrohre** erhoben wie die **Rüssel** der Elefanten.

Und in Vers V/94:
Übersetzen wird er in das große Deutschland,
Brabant und Flandern, Genf, Brügge und Boulogne,
der Waffenstillstand geheuchelt, der große Führer von Armenien
wird angreifen Wien und Köln. (18)

Frei übersetzt könnte man sagen: Man setzt in das große (wiedervereinigte) Deutschland über, dann nach Brabant und Flandern, nach Genf, Brügge und Boulogne. Die Waffenruhe ist offenbar nur eine List. Der große Führer Armeniens (Rußlands) greift Wien (Österreich) und Köln (Rheinland) an.

Weiter der **Mühlhiasl**: „*Die Berge werden schwarz werden von Leuten.*" Die Menschen fliehen in die Berge. „*Die Leut', die sich am Fuchsenriegel verstecken oder am Falkenstein, werden verschont bleiben.*" Es ist nicht anzunehmen, daß die Bevölkerung in Deutschland vor den einmarschierenden Angreifern aus dem Osten verschont bleiben würde. Wer nicht flieht, kommt um. „*Soviel Feuer und soviel Eisen hat noch kein Mensch gesehen.*" (119)

Bernhard Bouvier: „*Nach wie vor, trotz Abrüstungsversprechen, verfügt allein Rußland über siebzig Divisionen, nach Mobilmachung etwa einhundertfünfzig, die Ukraine über weitere fünfzig; im Krieg sicherlich über die Hälfte mehr. Eine enorme Übermacht, wenn sie überraschend auch nur mit Teilen gegen die Bundesrepublik mit ihren sechs Divisionen und die zahlenmäßig noch viel schwächeren Resten der USA ins Feld geführt wird. Insgesamt hat die NATO höchstens fünfzehn Divisionen zwischen der Ostsee und den Alpen aufzubieten.*

Eine Division besteht aus drei Teilen, im Osten Regiment, im Westen Brigade genannt. Sie ist im ehemaligen Warschauer Pakt 10.000 bis 15.000 Soldaten, im Westen 15.000 bis 17.000 Soldaten stark." (18)

Bruder Adam: *„Der Hauptstoß erfolgt zuerst gegen Schweden und richtet sich dann gegen Norwegen und Dänemark... Gleichzeitig werden Teile des russischen Heeres durch Westpreußen, Sachsen und Thüringen zum Niederrhein vorstoßen, um schließlich von Calais aus die Kanalküste zu beherrschen. Im Süden wird die sowjetische Armee zur jugoslawischen Grenze stoßen. Ihre Armeen werden sich verbünden, um gemeinsam in Griechenland und Italien einzufallen."* (18)

Erna Stieglitz: *„Der Mittelangriff gegen Westeuropa erfolgt in drei gewaltigen Stoßkeilen. Der erste wird aus dem Raum Stettin-Berlin nach Lübeck, Hamburg und die Niederlande vorstoßen. Der zweite aus dem Raum Sachsen und Dresden ins Ruhrgebiet. Der dritte Stoßkeil wird aus Böhmen nach Bayern hereinbrechen und zum Oberrhein streben. Eine unvorstellbare Masse von Panzern rollt an den Bergketten der Schweiz vorbei bis hinunter nach Lyon. Die Truppen der NATO sind auf einige wenige Verteidigungsräume zusammengedrängt. Die Verteidigungsräume heißen: Ruhrgebiet und Niederlande, sodann Bayern, die Alpen und die Schweiz, sowie das südfranzösische Rhonegebiet."* (13, S. 111f)

Irlmaier: *„Alles wird so unvermutet geschehen, daß die Bevölkerung in wilder Panik nach Westen flieht. Viele Autos werden die Straßen verstopfen – wenn sie doch zuhause geblieben wären oder auf Landwege ausgewichen. Was auf Autobahnen und Schnellstraßen ein Hindernis ist für die rasch vorrückenden Panzerspitzen, wird niedergewalzt."* (98, S. 63)

Stockert: *„Panzer überrollen Deutschland... Panzer werden von Osten kommen und mit großer Schnelligkeit gegen Westen fahren. Wo sich ihnen Hindernisse in den Weg stellen, machen sie mit großer Übermacht alles dem Erdboden gleich. In drei Zügen ziehen sie nach Westen, an die Nordsee, nach Mitteldeutschland und im Süden entlang der Alpen, soweit ich mich noch erinnern kann. Vor Angst fliehen die Menschen nach Westen. In Frankreich werden die Straßen von Flüchtenden und von Autos verstopft sein und es wird* *kein Vor und kein Zurück geben. Männer und Frauen werden gewaltsam ins feindliche Heer einbezogen; wer sich weigert, wird erschossen. O, wieviel Leid kommt nach Deutschland. Viel Blut wird in den Straßen fließen. Lebensmittel und alles, was das feindliche Heer braucht, wird der Bevölkerung enteignet. Die Panzerzüge der Russen werden bis zum Rhein kommen. Das ganze Land wird wimmeln von fremden Soldaten, und jeder wird morden und die Frauen vergewaltigen wie er will. Das Volk wird weder Eigentum noch sonst etwas besitzen, viele werden keine Wohnungen mehr haben und in Verstecken hausen."* (104, S. 25)

Sepp Wudy sagte 1914 zu den 100 Jahre älteren Prophezeiungen des Mühlhiasl, die ihm geläufig waren: *„Es wird kommen, wie es der Stormberger (wie er auch genannt wurde; A.d.Verf.) gesagt hat, aber er hat nicht alles gesagt, oder sie haben ihn nicht verstanden. Denn es kommt viel schlimmer: Der Böhmerwald wird einmal versengt werden wie ein Strohschübel. Renn nicht davon, wenn die grauen Vögel (Standardfarbe von Kampfflugzeugen) fliegen, woanders ist es noch schlimmer."*

Nostradamus: *„Vom Schwarzen Meer und der großen Tartarensteppe wird ein Herrscher bis nach Frankreich kommen, er wird den Kaukasus und Armenien durchqueren und in der Türkei blutige Spuren hinterlassen... Der Anführer aus dem Osten wird aus seinem Land aufbrechen, um die Apenninen zu überqueren und nach Frankreich zu kommen. Er wird den Himmel durchqueren und die Flüsse und den Schnee und sich alle Länder tributpflichtig machen."* (Vers V/54; II/29)

Folgen wir den Seherschauungen, werden voraussichtlich drei Stoßkeile durch Mitteleuropa ziehen. Nach **Irlmaier** treten die drei Heersäulen folgendermaßen auf: *„Der Angriff kommt von Osten; es geht über Nacht los, und es geht sehr schnell. Der erste Wurm geht über Berlin nach dem Westen, der mittlere aus dem Raum Sachsen ebenfalls über den Rhein. Der dritte aus dem Raum Prag über den Bayerischen Wald. Er überquert nicht die Donau, sondern geht nordwestlich."* (98, S. 61)

Ein vierter wird zur gleichen Zeit, von Jugoslawien ausgehend, nach Oberitalien eindringen. Dort spaltet er sich: Während ein Teil der Truppen den Marsch nach Südfrankreich fortsetzt, ist Rom das Ziel für den Rest.

Elena Aiello: „*Rußland wird in alle Länder Europas einmarschieren, insbesondere in Italien, und sein Banner wird auf der Kuppel des Petersdomes wehen.*" (73, S. 115)

Rosa Kolumba Asdente: „*Die Russen und Preußen werden Italien mit Krieg überziehen. Sie werden die Kirchen als Pferdeställe gebrauchen; auch in der neuen Klosterkirche in Taggia werden sie ihre Pferde einstellen.*" (115, S. 37)

Nostradamus: „*Nach dem Angriff auf Paris und dem Überfall auf Rom wird auf dem Meer ein großer Raubzug stattfinden.*" (Vers V/30)

Johansson: „*Durch Ungarn, Österreich, Norditalien und die Schweiz wird die rote Sturmflut gegen Frankreich anrollen. Die dortigen amerikanischen Waffenlager werden in die Hände des Ostens fallen. Deutschland wird vom Osten angegriffen. Deutsche werden gegen Deutsche kämpfen.*" (9, S. 41)

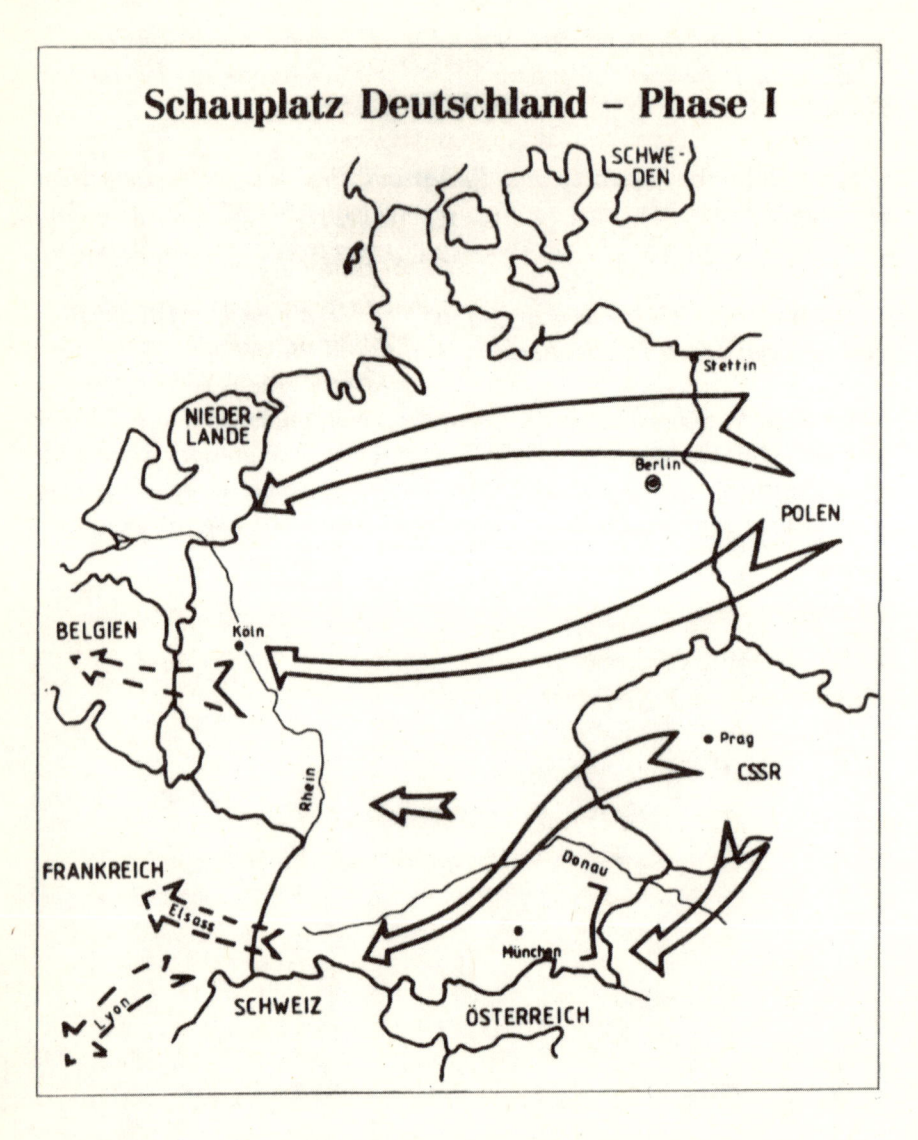

Der Einmarsch aus dem Osten in drei Heersäulen nach Bouvier

Bernhard Bouviers Vergleich der Prophezeiungen mit den heutigen NATO-Strategien

Das strategische Überraschungskonzept
Wie die Soldaten der Bundeswehr im Dritten Weltkrieg ihren Verteidigungsauftrag durchführen, ist völlig ungewiß. Im Sommer kann man davon ausgehen, daß sich sehr viele Soldaten im Jahresurlaub befinden. Hohe Anteile der Kampfverbände – bis zu sieben Divisionen von zwölf – sollen außerdem nach derzeitiger Planung weitgehend stillgelegt werden und sind dadurch erheblich mobilmachungsabhängig. Es braucht mehrere Wochen, um einsatzbereit zu werden. Dieser notwendige Vorlauf wird der Bundeswehr aber offensichtlich nicht gegeben, da dem Krieg keine Krise und kein Spannungszustand voranzugehen scheint.

In seinem Buch „Welt in Flammen" schildert der britische **General Sir John Hackett**, ehemaliger Oberbefehlshaber im Nordabschnitt der NATO, die Möglichkeiten für den Streitkräfteeinsatz eines östlichen Angreifers:

Variante A
„Phase eins (Dauer 24 Minuten): Ein unverhoffter Angriff mit Atomwaffen auf den gesamten europäischen Kriegsschauplatz einschließlich Spaniens und Portugals in voller Tiefe. An diesem ersten Schlag sollten folgende Streitkräfte teilnehmen: die erste Lenkwaffenarmee der strategischen Raketenstreitkräfte, die Raketenbrigaden der dreizehn vorderen Panzerarmeen und Panzerarmeegruppen (insgesamt sechsundzwanzig Raketenbrigaden), die Raketenbrigaden der verbundenen Armeen und Panzerarmeen (insgesamt achtundzwanzig Raketenbrigaden), die Raketenbataillone aller motorisierten und in Reichweite befindlichen Schützen- und Panzerdivisionen, die Raketen-U-Boote der Nord-, Ostsee- und Schwarzmeerflotten und die des fünften Marinegeschwaders.

Alle Einheiten würden von ihrer ständigen Stellung oder der aktuellen Position aus gleichzeitig feuern. Von den Raketenbataillonen der Divisionen, die mit Raketen mit maximal 150 km Reichweite ausgerüstet waren, würden nur diejenigen an dem Angriff teilnehmen, die sich in unmittelbarer Nähe der Grenze befanden. Der erste Schlag sollte alle feindlichen Streitkräfte bis hinunter zur Division, Brigade und zum Regiment außer Gefecht setzen, wobei das besondere Augenmerk den Hauptquartieren mit den Raketenstützpunkten, Flugplätzen, den wichtigsten Nachrichten- und Verwaltungszentren sowie den Luftabwehrsystemen gelten sollte.

<u>Phase zwei</u> (Dauer 96 Minuten) schließt sich unmittelbar an die Phase eins an. Acht Luftarmeen, die Flugzeuge dreier Luftflotten, zwei Korps mit strategischen Langstreckenflugzeugen, Untereinheiten der zivilen Fluggesellschaft Aeroflot und sämtliche militärischen Transportflugzeuge nehmen teil. In dieser Phase werden alle Anstrengungen unternommen, die Ergebnisse des ersten Angriffs mit Atomwaffen zu festigen. Gleichzeitig werden schwere Luftangriffe gegen alle Ziele geflogen, die den ersten Angriff offenkundig überstanden haben. Das wären in erster Linie bewegliche Ziele wie Feldgefechtsstände und mobile Lenkwaffeneinheiten.

Es werden Atom- und C-Waffen eingesetzt. Gleichzeitig setzen Militärtransporter und Transportflugzeuge der Aeroflot Guerilla-Einheiten der Spetsnaz (Spezialkommandos) in den Gebieten ab, die nicht mit atomaren oder chemischen Waffen angegriffen worden sind. Sobald der Angriff der Phase zwei beginnt, werden alle Raketenwerfer, die sich am ersten Angriff beteiligt haben, nachgeladen, und die taktischen Raketen, die beim ersten Schlag nicht verwendet wurden, weil sie nur eine begrenzte Reichweite haben, die aber jetzt zum Einsatz kommen können, rücken langsam zum Hauptangriff vor. Raketenuntereinheiten erhalten ihre Zielinformationen direkt von den Aufklärungsflugzeugen.

<u>Phase drei</u> (Dauer 30 Minuten): Sämtliche mit Raketen ausgerüsteten Untereinheiten tragen erneut einen möglichst schweren Angriff mit Atomwaffen vor, sobald die Flugzeuge startklar sind. Bei diesem Angriff sollen neu ausgemachte Ziele zerstört werden, die bei den vorausgegangenen Attacken nur leicht beschädigt wurden. C-Waffen-Gefechtsköpfe werden im Vordergrund stehen, wenn auch nach wie vor viele atomare Sprengköpfe zum Einsatz kommen werden.

<u>Phase vier</u> (Dauer sieben Tage): Der Erfolg dieser Einsatzphase hängt vom Überraschungsmoment ab. Die meisten sowjetischen und Warschauer-Pakt-Streitkräfte werden nicht beim Voralarm in Bereitschaft versetzt. Das Bereit-

schaftssignal für diese Divisionen wird erst beim ersten Atomwaffenangriff gegeben. Die zweieinhalb Stunden, die für die ersten drei Einsatzphasen benötigt werden, reichen aus, die Staffeln bereitzustellen und vorrücken zu lassen. Genaue Aktionspläne für jede Division, Armee und Front werden im voraus ausgearbeitet und versiegelt bereitgehalten. Die Kommandeure müssen die entsprechenden Umschläge nur noch entsiegeln und die niedergeschriebenen Befehle ausführen. Alle anderen werden vernichtet. Selbst wenn die Divisionen nicht genügend Zeit gehabt haben, ihre Sturmstaffeln in den zweieinhalb Stunden bereitzustellen, müssen sie trotzdem zum Kampf vorrücken. In diesem Fall sind die feindlichen Divisionen im Vorteil. Der Sturm durch die ersten gestaffelten Divisionen erfolgt gleichzeitig auf breitester Front, um Keile so schnell und tief wie möglich überall dort vorzutreiben, wo die feindliche Abwehr das zuläßt. Am zweiten oder dritten Tag dieser Aktion werden die vorderen Panzerarmeen dort eingesetzt, wo die Erfolge am größten waren. Am vierten Tag werden in allen Gebieten, wo der Widerstand des Gegners wirksam unterdrückt worden ist, die weißrussischen Panzerarmeegruppen eingesetzt, um quer durch Europa bis zur Atlantikküste vorzudringen. In der vierten Phase unternehmen Flugzeuge und Raketen-Untereinheiten Entlastungsangriffe, falls die Boden- und Seestreitkräfte darum ersuchen. An jedem der drei Tage wird eine Luftlandedivision mit dem Fallschirm abgesetzt. Wenn es die Kapazität der Militärtransporte und der Transportmaschinen der Aeroflot zugelassen hätte, wären alle Divisionen am ersten Tag gleichzeitig abgesetzt worden. Das ist nicht möglich.

Phase fünf käme nur in dem Fall zum Tragen, wenn der Vormarsch sowjetischer und osteuropäischer Streitkräfte in Westdeutschland zum Stillstand gebracht und sie in langwierige Operationen verwickelt würden. Das könnte zur Entwicklung einer festen Front mit einem linearen Aufmarsch der NATO-Streitkräfte von Norden nach Süden führen. In dem Fall rücken die ukrainischen Panzerarmeegruppen schnellstmöglich von Ungarn durch Österreich (ohne Rücksicht auf dessen Neutralität) auf der Achse Linz-Frankfurt-Dünkirchen vor."

Variante B

„*...ist fast identisch mit Variante A, es werden allerdings keine Atomwaffen eingesetzt. Statt dessen tragen alle Raketenformationen und -einheiten einen konzentrierten Angriff mit chemischen und hochbrisanten Waffen vor und halten sich gleichzeitig ständig in Bereitschaft, auch Atomwaffen einzusetzen. Die Variante B unterstellt vor dem Beginn militärischer Operationen eine Zeit der Spannung in Europa, die nur wenige Tage, aber auch einige Monate oder sogar ein Jahr dauern kann. Die Truppen auf beiden Seiten befinden sich in dieser Zeit in ständiger Bereitschaft und führen Übungen dicht vor den gegnerischen Linien durch. Je länger diese Spannungsperiode dauert, desto besser für die Sowjetunion.*

Überdruß, Langeweile und wiederholt falscher Alarm werden die Wachsamkeit vermindern. Sowjetische und Warschauer-Pakt-Formationen können dann schnellstens in Alarmbereitschaft versetzt und unverzüglich zum Angriff geführt werden. Die Reaktion der NATO-Streitkräfte darauf ist wahrscheinlich träge. Die Variante B sieht auch einen eventuellen Blitzangriff von den Friedensstellungen aus ohne chemische Kampfmittel vor. Er erfolgt am besten, wenn der Westen am verwundbarsten ist, zum Beispiel im August während der Ferienzeit."

Bei Hackett entscheidet sich das Politbüro für die Variante B. „Eine Welt, von der große Teile nur noch aus verkohlten Trümmern oder atomverseuchter Wüste bestünde, wäre kaum wert, beherrscht zu werden... Atomwaffen waren da, um damit zu drohen, nicht damit zu kämpfen... Zumindest im Moment sprach sich die Mehrheit für eine nichtnukleare Eröffnung aus..." *Obgleich der Angriff ganz Westeuropa abdecken sollte, bestünde das unmittelbare Ziel darin, die Bundesrepublik zu besetzen. Frankreich erhielte die Zusicherung, unbehelligt zu bleiben. Der Erfolg wäre deshalb gegeben, weil die Vernichtung der Bundesrepublik Deutschland... dann zwangsläufig den Zusammenbruch der Atlantischen Allianz herbeiführen würde. „Dieser Plan erhielt die Zustimmung.*" (49)

Die Zeiten, in denen ein Königreich oder Fürstentum dem anderen den Krieg erklärte und sich zwei kleine Heere auf einem vereinbarten Schlachtfeld ehrlich schlugen, sind längst vorbei. Aus dem Grund nämlich, weil es seit gut einhundert Jahren von kriegsentscheidender Bedeutung ist, welcher Staat als erster seine Massenarmeen angriffs- bzw. abwehrbereit hat. Als die Franzosen 1870 dem Norddeutschen Bund den Krieg erklärten, wurden sie geschlagen, unter anderem deshalb, weil die Deutschen in der Lage waren, ihre Mobilmachung um Tage eher abzuschließen als die Franzosen. Der Krieg war damit in der Aufmarschphase schon entschieden. Heutzutage verzichtet man überhaupt auf eine Kriegserklärung, wie zum Beispiel im Falklandkrieg – England gegen Argentinien. Man führt die Mobilmachung getarnt und unbemerkt oder auch gar nicht durch und schlägt überraschend zu mit dem, was vorhanden ist. Darauf und nur darauf kommt es an.

In der Prophezeiung über den Dritten Weltkrieg des **unbekannten Sehers** heißt es entsprechend: „Deutsches Land, vor Schreck ohn' Wehr." Friedensverträge und Freundschaftsbeteuerungen moderner, sittlich ungebundener Führer gewisser Staaten sind nur solange von Wert, wie sie dem eigenen Vorteil dienen. Das weiß auch jeder Politiker. Wer vermag jetzt zu sagen, welche Führer in den Staaten der ehemaligen Sowjetunion künftig regieren werden?...

...**Joseph D. Douglas** schreibt in seiner Analyse der sowjetischen Militärstrategie dazu folgendes: „Es wird... als notwendig angesehen, einen modernen Krieg bereits in Friedenszeiten so vorzubereiten, daß schon in der Eröffnungsphase mit hoher Intensität gekämpft werden kann... Für den europäischen Kriegsschauplatz wollen die Sowjets schon im Frieden einen hohen Bereitschaftsgrad ihrer Truppen und Ausrüstungen erreichen. Sämtliche für die Kriegsführung erforderlichen Mittel müssen gemäß ihrer Lehre schon vor Ausbruch der Feindseligkeiten an Ort und Stelle sein... Mangelnde Vorbereitung kann bereits eine Niederlage zur Folge haben. Um die Vorteile eines Überraschungsangriffs nutzen zu können, muß alles vermieden werden, was den Gegner warnen könnte. Dazu gehören Massenmobilmachung und die Verlegung größerer operativer Einheiten in das vorgesehene Kampfgebiet. Die Angriffsvorbereitungen müssen deshalb auf ein Minimum begrenzt bleiben." (32)
Nie wird ein Angreifer heutzutage seine kriegerischen Absichten vorher ankündigen und damit sein Opfer warnen...

...Die Parallelen zu den Bildern aus dem Frühjahr X sind augenfällig. Auch da mobilisiert in der Krise ein paar Monate vorher die NATO ihre Grenztruppen. Aber die Soldaten kehren wieder nach Hause zurück, „mit

Kirschblüten in den Mündungen der Gewehre", wie die Seher berichten. Es ist Frühjahr. Die Krise scheint vorbei. Alles atmet auf, glücklich, einen entsetzlichen Krieg vermieden zu haben. Friede, Friede! tönt es froh. Der russische Bär hat aber nur reichlich Kreide gefressen, man wird wieder einmal ganz entsetzlich getäuscht werden.

__Resümee:__ Damit ist bei Beurteilung der militärpolitischen Lage folgerichtig, daß wir die Gefahr, mitten im Frieden überraschend angegriffen zu werden, gar nicht hoch genug einschätzen können. Es entspricht der Konzeption moderner Strategie, gerade so zu verfahren. Aber wir werden gelähmt und blind sein. Es heißt ja bei uns: „Friede! Friede!" – Aber plötzlich ist der Krieg da. Am Wochenende ist die Masse der deutschen Wehrpflichtigen zu Hause: In Essen, wer in Lüneburg stationiert ist; in Karlsruhe, wer in Weiden Dienst leistet, und wer in Augustorf während der Woche in der Kaserne ist, ist am Wochenende bei der Verlobten in Frankfurt. Verfügbar sind nur die Wehrpflichtigen, die heimatnah einberufen sind. Wie soll man Skat spielen, wenn der dritte Mann fehlt; wie zum Gefecht ausrücken ohne Fahrer und Schützen? Rechnen wir doch nach: Von hundert Prozent Bundeswehr sollen bis fünfzig Prozent gekadert werden, von den fünfzig Prozent der Präsenztruppen ist im Sommer die Hälfte in Teneriffa oder Rimini im Jahresurlaub. Es bleiben fünfundzwanzig Prozent verfügbar, doch nicht einsatzbereit!

Es wird dazu kommen, daß zunächst der Osten, trotz verzweifelter Gegenwehr einiger Truppenteile, die im Westen stationiert sind oder besonders schnell waren, tief in das Gebiet der Bundesrepublik wird vorstoßen können."
(18)

**Mögliche Angriffsachsen
des Warschauer Paktes
im Zentralbereich der NATO**

(Possible Warsaw Pact Attack Axes in NATO's Central Region)

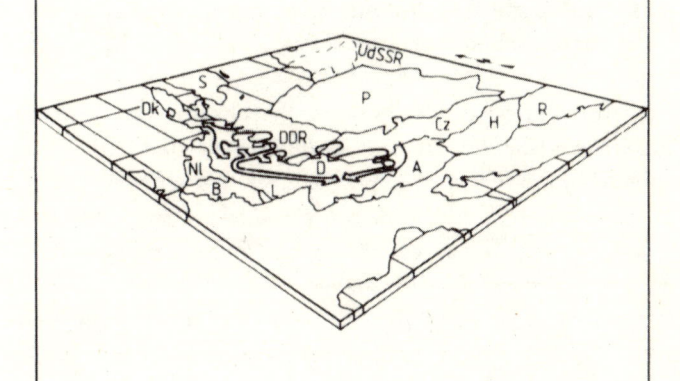

Phase II: Der östliche Angriff in Mitteleuropa mit drei Heeressäulen.
- *Norddeutsche Tiefebene zum Ärmelkanal*
- *Durch Sachsen und Thüringen zum Rhein*
- *Angriff aus der Tschechoslowakei zum Oberrhein entlang der Donau*

Der Einmarsch aus militärischer Sicht nach Bouvier

Chemische Kriegsführung

Eine **Frau aus dem Füssener Raum**, deren Name nicht bekannt ist, sah auf der Bahnfahrt zu ihren Verwandten in Augsburg immer wieder folgende Bilder: umgestürzte, brennende Panzerfahrzeuge mit abgerissenen Türmen auf dem Lechfeld, südlich von Augsburg; Flüchtlingskolonnen, die zu Fuß und mit Fahrrädern schwer bepackt von Augsburg aus nach Süden in Richtung Alpen flüchten. Kein Auto! Auf den Verschiebegleisen des Augsburger Bahngeländes stehen Transportzüge, die Panzer geladen haben.

„Merkwürdig," sagte sie, *„die Soldaten tragen alle Taucheranzüge."* Das konnte sie nicht verstehen. (98)

Bernhard Bouvier ist die Sache klar. Er schreibt: „...*die Soldaten tragen schwere ABC-Schutzbekleidung aus Gummi und sind völlig eingemummt. Die Schutzmasken der Truppen des ehemaligen Warschauer Paktes haben den Filter, nicht wie unsere Soldaten direkt am Maskenkörper, sondern sie tragen den Filter am Koppel. Maske und Filter sind mit einem langen Luftschlauch verbunden, wie bei einem Taucheranzug.*

‚Bis Regensburg steht keine Brücke mehr über die Donau.' Aber westlich Regensburg spätestens, möglicherweise im Bereich Ingolstadt, stoßen die Angreifer auch südlich der Donau vor. Schwierigkeiten bei der Überquerung des Stromes gibt es für sie dabei nicht, denn jede Division der russischen Streitkräfte verfügt über ausreichendes Brückenmaterial, um gleichzeitig mehrere Brücken und Fährstellen über einen solchen Fluß einzurichten.

So wird erst das Gebiet um Augsburg, dann Ulm genommen und der Bodensee erreicht." (18)

Der Gebrauch von Schutzanzügen deutet auf chemische Kriegsführung seitens der östlichen Angreifer hin. Hinweise auf den Einsatz chemischer Waffen finden wir bei **Sepp Wudy:**

„Die Luft frißt sich in die Haut wie Gift. Leg alles an, was Du an Gewand hast, und laß nicht das Nasenspitzl herausschauen. Du hast das Essen vor Dir und darfst es nicht essen, weil es Dein Tod ist, und Du hast das Wasser im Grandl und darfst es nicht trinken, weil es auch Dein Tod ist. Aus dem Osser kommt noch eine Quelle, die kannst Du trinken. Setz Dich in ein Loch und

wart', bis alles vorbei ist. Lang dauert's nicht, oder stich Dir eine i. Berg. Wenn Dir die Haare ausfallen, hat es Dich erwischt."

Der **Mönch vom Kloster Maria Laach** sagte über den Dritten Weltkrieg: „*Da wird es kein Brot mehr für die Menschen und kein Futter für die Tiere geben; giftige Wolken, von Menschenhand gemacht, senken sich, alles vernichtend, herab. Der Geist der Menschen wird vom Irrsinn befallen.*" (98, S. 107)

Das menschliche Verhalten während des Krieges

Erna Stieglitz: *„Schon in den ersten Tagen der Kämpfe wird der elektrische Strom ausfallen. Schlagartig wird alles wieder von Hand gemacht werden müssen. Kein Elektroherd funktioniert mehr, kein Kühlschrank, keine Tiefkühltruhe, keine Waschmaschine, keine Geschirrspülmaschine, kein Radiogerät, kein Fernsehapparat, keine Wasserpumpe, keine Zentralheizung, keine Melkmaschine, keine Metzgerwaage, keine Kühlung im Schlachthof und beim Wirt, keine Benzinzapfsäule, keine elektrisches Licht, kein Aufzug, keine Bahn, von Schreibmaschinen, Rechenmaschinen und Computern ganz zu schweigen. Auf der anderen Seite gibt es kein Stangeneis mehr und keine Leute, die melken können, gibt es keine Ackerpferde und keine Ochsen, gibt es keine Feuerherde und keine Waschküchen mehr. Und doch: Die Schwierigkeiten... werden auf dem Lande bewältigt. Nicht in den Hochhäusern der Stadt. Dort bricht das Chaos aus. Das Wasserproblem ist unlösbar. Es fahren jedenfalls des Kraftstoffmangels wegen keine Tankfahrzeuge zur Wasserversorgung mehr durch die Straßen. Und auch auf dem Land: Wohl dem, der noch nicht an ein zentrales Wassernetz angeschlossen ist! Handbrunnen sind gefragt, wie in den Wochen vor dem Ende das bare Gold.*

Was am allermeisten auffällt: Niemand ist auf die Katastrophe vorbereitet. Weder der Staat noch der einzelne... Am Schluß werden sich die Maßnahmen überstürzen – zu spät.

...Das Faustrecht kehrt wieder, Gesetzlosigkeit, Chaos! Hungernde Großstädter werden zu Räubern an den Bauern. Bewaffnete Banden ziehen durchs Land, Fanatiker, Mörder, Psychopathen, Mob. Es ist ein nie zuvor, außer vielleicht im Dreißigjährigen Krieg, dagewesener Schrecken! Und endlich dann die atomar verursachte Giftwolke, die auch hier ein Drittel der Menschheit dahinrafft.“ (13, S. 114)

Irlmaier: *„Der Hunger treibt die Städter aufs Land. Sie wollen den Bauern das Vieh nehmen, dann muß sich der Bauer fest auf sein Sach setzen, sonst stehlens ihm das Hemd unter dem Hintern weg.“* (54, S. 68)

Ein **anderer unbekannter Seher** schreibt: *„Wo die Roten kommen, verliert das Leben seinen Wert. Es herrscht nur noch Grausamkeit und wilder Terror. Eine unbekannte Sklaverei wird das Los der Menschen werden.“*

Korkowski: *„Auf der anderen Rheinseite waren alles Ruinen, es brannte noch alles. Die Krieger waren ein gemischtes Volk, jedoch keine Polen oder Ostdeutsche. Viele sprachen russisch und hatten asiatische Gesichtszüge... sie errichteten Hütten und Zelte... einige Männer arbeiteten und trugen irgendwelche Gegenstände... diese Barbaren vergnügten sich an... jungen Frauen und Kindern auf eine Art und Weise, wie man es heute nur in... Sexheften sehen kann. Aber es war noch viel schlimmer... Diese haben versucht ohne Zwang, die extremen Wünsche dieser Barbaren auszuführen.*

...Dann sah ich, daß diejenigen, die nicht mehr aufstehen konnten, von den Kriegern an den Beinen gefaßt wurden und hinter eine Tür geschleppt wurden. Dort stand ein Europäer, faßte die Halbtote und schleppte sie weiter." (65, S. 152)

Von den in den Visionen gesehenen Seuchen, Hungersnöten und Pestverbreitungen einmal abgesehen, wird es, wie in allen Kriegsgebieten, zu Gesetzlosigkeit und Plündereien kommen.

De la Vega: *„Nagender Hunger hält reiche Ernte und Kannibalenhorden morden und plündern."* (66)

Die **Seherin Emelda** sah *„viele Männer und einige Frauen an Bäumen aufgehängt, andere an den Masten der Laternen, an den Mauern der Häuser, an einer Kirche, und sogar an den Türen der Kirchen."* (77, S. 69)

Die ersten Niederlagen der Angreifer

Insgesamt wird der Krieg nur von sehr kurzer Dauer sein.

Jasper: *„Es geht schnell vorüber, und sicher ist, wer nur einige Tage ein gutes Versteck weiß. Auch die Flucht wird sehr schnell sein... wer sich nur eine kurze Zeit verstecken kann, entrinnt der Gefahr. Man verstecke und bringe daher schon zuvor alles Fuhrwerk in Sicherheit, sonst wird man nimmer entrinnen können."* (54, S. 61)

Die Gründe für das Scheitern des russischen Angriffs können vielschichtig sein: Aus militärischer Sicht hören wir Bernhard Bouvier: *„Zum einen werden die Franzosen, wenn auch im militärischen Bereich der NATO nicht integriert, kaum in aller Ruhe zusehen, wie die westeuropäischen Staaten einer nach dem anderen überrannt werden. Sie verfügen im Frieden über etwa zehn Divisionen; das ist ein starker Rückhalt für den Westen. Zum anderen verläuft eine Kriegsoperation nie so, wie man sich das am grünen Tisch und bei Planspielen gedacht hat. Im Gegenteil! Das ganz normale ist, daß es überall Reibungen gibt, daß sich nichts so abspielt, wie gedacht und geplant. Es muß improvisiert werden, und vor Ort von der unteren Führung werden schnelle und auch vom Gesamtplan abweichende Entscheidungen und Maßnahmen erforderlich. Und gerade darin liegt nicht unbedingt die Stärke in der Erziehung und Ausbildung der russischen Truppen.*

Weiterhin ist damit zu rechnen, daß die USA bzw. die NATO, irgendwann Kernwaffen zur Verteidigung einsetzt, um die Angriffsspitzen zu zerschlagen und Truppen, die geballt und massiert sein müssen, um erfolgreich anzugreifen, zu vernichten. **Sepp Wudy:** *„Und dann wird ringsum das Feuer aufgehen."* Außerdem kann man wohl kaum damit rechnen, daß die Tschechen, Ungarn und Polen sich so tapfer für die Interessen der Russen schlagen werden.

Die Strategie der östlichen Militärdoktrin zieht es vor, einen Angriff jeweils in zwei Treffen vorzutragen. Sie nennen sich Staffeln. Auf die erste operative Staffel folgt die zweite. Beide zusammen sind die erste strategische Staffel. Ihr folgt die zweite strategische Staffel aus der Tiefe – aus Rußland. Bei einem Überraschungsangriff wird die erste strategische Staffel ohne weitere Mobilma-

chungsmaßnahmen ohnehin nicht in voller Stärke antreten können. Es greifen also auf dem Gebiet der Bundesrepublik nicht 120 Divisionen nebeneinander und zugleich an. Gelingt es dem Verteidiger, die Staffeln voneinander zu trennen bzw. der ersten Staffel den Nachschub abzuschneiden, hat man es mit bedeutend schwächeren Kräften zu tun und kann unter Umständen erst die erste Staffel schlagen und zeitlich getrennt davon anschließend sich gegen die zweite verteidigen und sie aufreiben." (18)

Der **Bauer aus Krems** dazu: *„Polen stehe gegen den Russen auf, werde Verbündeter des Westens. Der Russe sickere in gelegentlichen Blitzaktionen in die Bundesrepublik ein. Eine Einzelvision schilderte er mir sodann: Er sah Panzer mit flachen Kuppeln. Und er sah Kettenfahrzeuge, auf denen Mittelstreckenraketen montiert waren. Sie wurden südwestlich seiner Heimat stationiert, gegen Zwettl und Großgerungs hin.*

Bei ihrem Durchmarsch nach Jugoslawien durchquerten die Russen auch das Waldviertel. Erst wenn China eingreife, erzählte der Bauer sodann ferner, weite sich der Krieg auf die Bundesrepublik aus, insbesondere auf Bayern. China komme mit Panzern in den Westen. Der Chinese helfe dem Westen. Doch sei man darüber hierzulande nicht eben erfreut. (Man fürchtet eine Art Danaergeschenk; Anmerkung von Bekh) Dieser letzte Abschnitt des fürchterlichen Krieges dauere nur wenige Tage." (18)

Der **Bauer aus Krems** erzählt Mitte der siebziger Jahre weiter, daß er die jetzt modernsten russischen Kampfpanzer mit flachen Türmen gesehen hat, die erst viele Jahre später im Warschauer Pakt eingeführt wurden. Damals wurde hauptsächlich noch der Tank T 55 mit rundem Turm benutzt, und dieser war noch knapp drei Meter hoch. Dagegen weisen die neuesten Varianten des T 90 einen Flachturm auf. Damit gelang es den sowjetischen Konstrukteuren, die Bauhöhe auf zwei Meter zu senken und die Frontpanzerung bei gleichem Gewicht des Fahrzeuges ganz erheblich zu verstärken. Der Bauer aus Krems sah weiterhin:

- den Einsatz von vielen kleinen und flinken Panzern.
- Ein Fluggerät, das ganz frei im Raum stehen kann und Blitze schleudert. Es ist die einzige wirklich überlegene Waffe des Westens. Sie bewahrt Deutschland vor der totalen Niederlage. Mit ihr könnten auch

Lenkwaffen – wohl Panzerabwehrlenkraketen – sicher bekämpft werden. (Es könnte sich dabei um Flugscheiben handeln. Als Flugscheiben bezeichnet man die im Dritten Reich entwickelten diskusförmigen Flugkörper, die heute als „fliegende Untertassen" bezeichnet werden. Dazu später mehr...)
- Rechnergesteuerte Kleinflugzeuge ohne Piloten. Ein Mittelding zwischen Flugzeug und Rakete. Solche Flugzeuge – darüber unterhalten sich die Dorfbewohner – können nicht schaden, wenn man auf der Straße steht, denn sie sehen einen nicht.
- Krieg im Osten Afrikas von Nord bis Süd.
- Platzen der Erdrinde in der westlichen CSSR. Der erste Auswurf würde bis zu einhundert Kilometer oder weiter geschleudert.
- Unbeschreiblicher Haß auf die Russen. Die letzten Eindringlinge werden alle umgebracht... Die Bevölkerung sei bis zur Mordlust erregt. (18)

Eine kleine Geschichte zusätzlich

Im Jahre 1985 hatte Bernhard Bouvier die Gelegenheit, in Schwaben einen sechsundzwanzigjährigen Unteroffizier der Panzertruppe kennenzulernen, der in fünf Bildern, die ihn selbst betrafen, Szenen aus dem Dritten Weltkrieg geschaut hatte. Er war damals dreizehn Jahre alt. In einem der Bilder sah er sich bezeichnenderweise als Kommandant mit seinen Panzern im Einsatz. In einem anderen Bild schilderte er dem Verfasser einen Luftkampf zwischen Jagdflugzeugen, wobei das westliche eher ungewöhnlich geformte, nicht dreieckige Flügel hatte (das jetzt gebräuchliche amerikanische Stealth-Konzept!).

In einem weiteren Bild schwebte aus der Wolkendecke ein silberfarbenes rundliches Flugobjekt herab und flog dann waagerecht davon. *„Erst dachte ich, es sei ein Satellit, der abstürzt"*, berichtete er, *„das Objekt sah aus wie eine Seemine, denn unten waren so eine Art Stacheln dran. Die Größe war wie ein Klavier etwa"."*

Ein silberfarbenes rundliches Flugobjekt „schwebte" herab und flog dann waagerecht davon. Auch diese Formulierung könnte auf eine „fliegende Untertasse" hinweisen.

Bernhard Bouvier hat eine andere Erklärung parat: *"Daß er das Objekt gefühlsmäßig richtig gerade mit einem Klavier verglich, ist faszinierend. Tatsächlich ist das unbemannte Aufklärungsgerät, UAV-Beobachtungsgerät genannt, von dem in diesen Tagen erste Fotos in der Fachpresse erschienen, wie ein doppelter Klavierflügel geformt. Auch die Größe stimmt."*

Bouvier weiter: *"...daß 1972, zum Zeitpunkt der Schau, derartige unbemannte autonome Apparate, vollgestopft mit Mikrochips, Sensoren und Elektronik, auch für Fachleute eine absolute Utopie waren! Doch würde die Einführung solcher Geräte in die Truppen noch eine Weile auf sich warten lassen."*

Der damals sechsundzwanzigjährige Mann erzählte Bouvier *"...die Vision hätte ihn 1972, als er dreizehn war, tagelang so beschäftigt, daß er in der Schule mit den Gedanken völlig abwesend war.*
Erklären konnte er sie nicht. In seinem letzten Bild ziehen in atemberaubender Geschwindigkeit ganz tiefblaurote Wolken über die Landschaft heran wie eine Wand, so daß er schreckliche Angst bekam. Die folgende Dunkelheit bewirkte Atemnot und Tod im Freien. Er erlebte seinen Tod." (18)

Daß es, was die technische Ausrüstung der deutschen Truppen angeht, zu einigen Überraschungen für die Gegner kommen dürfte, darauf weisen auch die Prophezeiungen eines südafrikanischen Sehers hin. Hans-Peter Thietz hat dessen Visionen gesammelt und als Buch neu herausgegeben (siehe Quelle 128). Van Rensburg, wie der Seher mit Namen hieß, lebte von 1864 bis 1926. Vor diesem Hintergrund ist es doppelt spannend zu lesen, was er uns über Deutschland und das „Geheime Deutschland" berichtet. (Dieses „Geheime Deutschland" wird auch als *Dritte Macht* oder *das letzte Bataillon* bezeichnet. Es handelt sich dabei um eine Absatzbewegung zu Ende des Zweiten Weltkriegs, als einige der besten Techniker und Wissenschaftler mit ihren geheimen Entwicklungen, den sogenannten Wunderwaffen – den Flugscheiben und den magnetgetriebenen U-Booten –, Deutschland in Richtung Polargebiete verließen. Genaueres dazu folgt später.)

„Wenn diese Dinge beginnen (der Dritte Weltkrieg; A.d.Verf.), *steht in Deutschland ein Mann auf, der die Zügel übernehmen wird. Sie haben diese*

Übernahme viele Jahre im geheimen vorbereitet. Und die Waffen, die Deutschland produzieren wird, werden von so einer Art sein, daß viele Länder Angst haben werden, Deutschland anzugreifen.

Sie werden auch befreit, erlangen all ihre Ländereien in Europa zurück (die Ostgebiete; A.d.Verf.) *und werden so mächtig, daß ich es (Deutschland) nach dem Ende des Dritten Weltkrieges am Kopf des Tisches sitzen sehe. Englands Platz ist leer, da es nicht länger eine Nation ist.*

Und nun bekommt Deutschland eine Gelegenheit, all seine Männer zu rächen, die nach einem Krieg gehängt wurden (Nürnberger Prozesse; A.d.Verf.) *und liefert den „Coup-de-grace" nach England. Ja, es ist Deutschland mit seinen unglaublichen Waffen, das die Engländer vernichten wird, für das, was sie ihnen (Deutschland) während des Zweiten Weltkriegs angetan haben und wir (südafrikanische Union) schulden es ihnen auch..."* (128, S. 45)

„Die Buren gehen südwärts Richtung Prieska von Lichtenburg. Ein Wunder geschieht und die Buren erhalten unerwartet Hilfe in der Form von neuen Kanonen/Gewehren – in der Lüdritzbucht. Das erste Mal seit dem Krieg will die Burennation sich erheben und beansprucht ihre Freiheit und ihr gestohlenes Erbe wegen eines Gewehres vor ihrem Kopf. Jedermann wird sehr gut gerüstet sein, **mit brandneuen Waffen und Munition, welche von den Deutschen während des Zweiten Weltkrieges in den Pyrenäen versteckt** *und nun in Kriegsschiffen nach der Lüdritzbucht transportiert wurden. Alles nimmt einmal eine Wende, denn man ist extrem aktiv in den Vorbereitungen, um mit den deutschen Kräften im dritten (und letzten) Freiheitskrieg dem Feind entgegenzutreten. Dieses Mal werden Weiße und Schwarze zusammen kämpfen gegen den Feind außerhalb der Grenze..."* (128, S. 46 und 47)

An anderer Stelle beschreibt van Rensburg eine dieser deutschen Wunderwaffen als *„ein landendes Fahrzeug, das wie ein Boot mit flachem Boden aussieht."* (128, S. 47)

Was er damit beschreibt, sehen Sie auf der nächsten Seite...

Der deutsche Flugdiskus VRIL-Odin (mit 45 m Durchmesser) kurz nach dem Start über dem Stützpunkt Potsdam am 21.4.1945 (siehe weitere Fotos und den Flugbericht im Buch *Unternehmen Aldebaran* von Jan van Helsing)

Das Haunebu II (33 m), das ausgereifteste Anti-Gravitations-Flugschiff des Deutschen Reiches – hier beim Testflug mit der neu installierten Gondelkanone „KSK" im März 1944. Das Haunebu II sollte bei Dornier unter der Bezeichnung „DO-STRA" (Dornier-Stratosphären-Flugzeug) in Serie gebaut werden.

Der gelbe Strich

Wie wir eben erfahren haben, würden die Angreifer in mehreren Staffeln auftauchen. So würden sich natürlich die westlichen Streitkräfte Gedanken darüber machen, wie man es anstellen könnte, die Staffeln voneinander zu trennen. In der folgenden Schau wird ein Ereignis beschrieben, von dem man annehmen kann, daß es die Lösung ist.

Und zwar sah der **Irlmaier** folgendes: *„Ich sehe die Erde wie eine Kugel vor mir, auf der nun die weißen Tauben (Flugzeuge) heranfliegen, eine sehr große Zahl vom Sand (Wüste) herauf. Und dann regnet es einen gelben Staub in einer Linie. Die Goldene Stadt (Prag) wird vernichtet, da fängt es an. Wie ein gelber Strich geht es hinauf bis zu der Stadt in der Bucht. Eine klare Nacht wird es sein, wenn sie zu werfen anfangen. Die Panzer fahren noch, aber die darin sitzen, sind schon tot. Dort, wo es hinfällt, lebt nichts mehr, kein Baum, kein Strauch, kein Vieh, kein Gras, das wird welk und schwarz. Die Häuser stehen noch. Was das ist, weiß ich nicht und kann es nicht sagen. Es ist ein langer Strich. Wer darüber geht, stirbt.*
Die herüben sind, können nicht hinüber und die anderen können nicht herüber, dann bricht bei den Heersäulen herüben alles zusammen. Sie müssen alle nach Norden. Was sie bei sich haben, schmeißen sie alles weg. Zurück kommt keiner mehr." (18)

Und in einer anderen Fassung sagt **Irlmaier**: *„Die Flugzeuge werfen zwischen dem Schwarzen Meer und der Nordsee ein gelbes Pulver ab. Dadurch wird ein Todesstreifen geschaffen, pfeilgerade vom Schwarzen Meer bis zur Nordsee, so breit wie halb Bayern. In dieser Zone kann kein Grashalm mehr wachsen, geschweige denn ein Mensch leben. Der russische Nachschub ist unterbrochen."* (98, S. 66 und 67)

Die Beschreibung des sogenannten „gelben Strichs" finden wir auch bei den anderen Sehern:

Erna Stieglitz: *„Die nach Europa eingedrungenen östlichen Verbände werden durch eine westliche Blitzaktion von ihren Nachschubbasen abgeschnitten. Im Rücken der vorgedrungenen Armeen des Ostens wird ein gelber*

Vorhang heruntergelassen. Ob es sich um eine radioaktive Strahlenwand handelt? Man kann es sich nicht anders erklären, da es über diese Wand hinweg kein Vor und Zurück mehr gibt, außer durch den Tod hindurch." (13, S. 113 f)

Gräfin Beliante: „*Ganz Europa wird in einen gelben Dunst gehüllt. Alle, die diesen Dunst atmen, werden sterben. Die Häuser und Kirchen werden niederbrennen, und das Vieh auf den Weiden wird an diesem Dunste sterben.*" (103, S. 33)

Pater Johannides: „*Von Osten wird ein gelber Nebel aufsteigen und an dem großen reißenden Strome haltmachen (Elbe?). Eine ungeheure Schar wird sengend und brennend durch dieses Land ziehen und alles vernichten, was sich ihnen in den Weg stellt.*" (13, S. 75)

Offenbar ist die Lösung der Streitkräfte, vermutlich der USA, ein chemischer Kampfstoff, der sich wohl auch als Geländekampfstoff sehr gut eignet. Über solche oder ähnliche Kampfstoffe verfügten bereits die Deutschen im Zweiten Weltkrieg. Einer davon war das „Lost", eine zähe, halbflüssige Masse, die bei Kontakt schwerste Verletzungen verursacht und nach kurzer Zeit selbst Stiefelleder durchdringt. Er wurde jedoch damals nicht eingesetzt. Unseren Informationen nach handelt es sich um einen aus Flugzeugen verteilten Kampfstoff, der bei Bedarf per Satellit aktiviert werden kann. (18)

Bouvier schreibt über den gelben Strich: „*Bei dem gelben Staub scheint es sich um eine andere, neue Waffe zu handeln. Die Wirkung ist durchschlagend. Es heißt an anderer Stelle, daß das Gift des gelben Strichs so scharf ist, daß man noch nach eineinhalb Jahren das vergiftete Gelände, das „halb so breit ist wie das Bayernland"* (**Irlmaier**) *nicht betreten hat können. Prag wird mit Atomsprengköpfen dem Erdboden gleichgemacht.*" (18)

Der **unbekannte Verfasser** eines Gedichtes beschreibt zusätzlich:
Todesstreifen legt der West,
von dem Schwarzmeer bis zur Küst',
halb so breit wie Bayernland,
alles Leben dort entschwand.

Sofia, Prag und Hansestadt,
Gottes Hand geschlagen hat,
gelber Staub nach Osten weht,
Tod und Seuchen mit ihm geht. (18)

Das Ende von Prag sah auch **Sibylle von Prag**, die 1658 im Alter von neunzig Jahren starb. Sie schildert die Ereignisse folgendermaßen:

„*...Noch dauert deine Herrschaft, mein geliebtes Prag, aber auch Dir schlägt einst die letzte Stunde. Aus dem Osten wird ein Drachen kommen, schrecklich anzusehen, denn aus seinen neunmal neunundneunzig Augen werden tödliche Blitze sprühen, und seinem weit geöffneten Maule entströmt giftiger Odem.*

Prag, mein liebes Prag, du wirst ein selten grausames Ende finden. Ein Hauch durcheilt deine Gassen, süß und warm; erstaunt werden ihn die Menschen fühlen. Mit grausig verzerrten Gesichtern legen sich Tausende zur Ruhe und frösteln trotz Wärme (es ist Sommer). Es geht dem Ende zu. Zehn dumpfe Schläge der letzten Kirche dröhnen in der Luft. Langsam und trübe wälzen sich die Fluten der Moldau dahin, – ein furchtbarer Orkan braust über das Land, über die Stadt. Gelbgraue Staubwolken und schwarze, giftige Schwaden nehmen Mensch und Vieh den Atem. Der Hradschin steht in Flammen, in der Stadt bersten die Mauern, überall wütet das Feuer. Die Erde bebt, geschüttelt vom dumpfen Beben, tiefe Klüfte öffnen sich und verschlingen Totes und Lebendiges. Die Gräber öffnen sich, wie von Geisterhänden durchwühlt, und die Skelette lächeln ein grausames Lachen. Alles versinkt in der unergründlichen schwarzen Tiefe.

Vom Vysherad kommt ein ungeheurer Feuerball (Planetoid?) daher. Felsen fliegen durch die Luft und über allem lodert das Feuermeer. Alles, was der Fleiß der Menschen geschaffen hat, liegt in Schutt und Asche, man hört nur mehr das Brausen des Sturmes. Das Leben ist erloschen, ich sehe nur Trümmer und Leichen. Langsam verziehen sich die Wolken, nur dort, wo einst der stolze Dom stand, sehe ich einen blutigroten Feuerball (= der Atomschlag?).

Es ist vorbei! Prag, dein Schicksal hat sich erfüllt! Wo sind deine Häuser, stolze Stadt? Warum spülen trübe Fluten die Gestade oder Heide? Grausig Gewürm läßt Leib und Geist erschauern. Unkraut und Sumpf, voll giftigen Odems, beherrscht die Landschaft. Ist das die Ernte der menschlichen Saat...?"
(18)

Und der **unbekannte Seher** aus Böhmen sagte dazu: „*Die Stadt Prag wird zerstört werden. Ein Fuhrmann wird an dem Schotterhaufen vorbeifahren, mit der Peitsche schnalzen und sagen: „Seht die Trümmer: da ist einmal Prag gestanden!" Die Leute, die den Krieg in Böhmen überleben, werden so wenig sein, daß sie unter einer Roßdecke oder auf einem Fuhrmannswagen Platz haben. Das ganze Böhmerland wird menschenleer sein; da werden von weit und breit Leute kommen, um das zu sehen.*" (6, S. 27)

Der Krieg in Skandinavien

Johansson:
"Zu dieser Zeit besaßen die Sozialisten die politische Macht im ganzen Norden. Und in Schweden hielten sie die Zügel der Regierung in ihren Händen... es war ihnen gelungen, die Heeresstärke zu verringern und große Einschränkungen im Verteidigungswesen des Landes vorzunehmen... In großer Hast wurde dann aufgerüstet.

Der Krieg: ...Bombenangriff auf Göteborg... die heftigsten und blutigsten Kämpfe fanden westlich des Götastroms und an der Küste statt... Kapitulation Schwedens... Über der ganzen schwedischen Westküste bis hinunter nach Hälsingborg und Malmö lag undurchdringlicher Rauch, und ich hörte, daß die hier liegenden Städte ebenfalls Luftangriffen ausgesetzt waren. Auch Stockholm wurde von Luftgeschwadern angegriffen. Dieser Stadt gelang die Verteidigung besser als Göteborg...

...In Nordschweden fielen die Russen teils von der Landseite her in die Tornea... und ein Teil von der Seeseite, und zwar von Kvarken her ein. Die Schweden kämpften hier und unmittelbar nördlich von Stockholm mit großer Verbissenheit und Tapferkeit, die Russen erlitten ungeheure Verluste, führten aber ständig neue Truppenmassen heran. Und schließlich wurde ganz Nordschweden von den Russen erobert. Ich hörte, daß Gävle besonders schwer heimgesucht und ausgeplündert wurde... Auch in Südschweden, wahrscheinlich in der Nähe des ostschwedischen Hafens Västervik, landeten die Russen... vorher hatten sie schon Gotland und Öland erobert... Smalland erreicht.

In Norwegen fielen die Russen in den nordöstlichen Teil des norwegischen Finnmarken ein... den ersten großen Zusammenstoß sah ich am Tanafluß zwischen Valljok und Poschd... die Front war hier etwa 20 Kilometer lang und die Schlacht verlief äußerst blutig. Kämpfe... bei Gaggangajsarna und dem unteren Skoganvaravattnet... in Südnorwegen, bei Oslo kämpfen Norweger und Schweden Schulter an Schulter... Die ganze norwegische Küste, von der Südspitze bis hinauf nach Trontheim, war Luftangriffen ausgesetzt. Drammen, Stavanger, Bergen und Oslo wurden betroffen... Kristiansund (glich) einem wahren Trümmerhaufen... Schwedens Niederlage besiegelte auch die Niederlage Norwegens." (98, S. 83 ff)

Und **Pfarrer Birker Claesson** aus Oerebro in Schweden sah folgendes: *„Fünf Plätze sah ich in einem Gesicht, die einen gemeinsamen Luftangriff erlebten: Umeaa, Göteborg, Malmö, Stockholm und Västervik. Oerebro glich einem einzigen Trümmerhaufen. Jeder Ort, den ich im Geiste zu schauen bekam, wurde mir mit deutlicher Stimme genannt. So folgten Tagersta, Avesta, Sandviken, Borlänge und viele andere Orte, die größtenteils völlig vernichtet wurden."* (77, S. 47 f)

Erna Stieglitz: *„Nach den Gesetzen der klassischen Militärstrategie stärkt die Sowjetunion ihre Flanken, bevor sie in der Mitte, das heißt gegen Westeuropa vorstößt. Sie muß an den Flanken unverwundbar sein. Die Südflanke heißt: Afghanistan, Iran, Irak, Türkei, Griechenland, Jugoslawien. Die Nordflanke heißt: Finnland, Schweden, Norwegen, Dänemark."* (13, 18 und 6, S. 13ff)

Der Angriff auf Amerika

Irlmaier: „*Ich sehe einen Einbruch von gelben Menschen über Alaska nach Kanada und die USA. Doch werden die Massen zurückgeschlagen.*" (102, S. 30)

Erna Stieglitz: „*Sowjetische Einheiten greifen Alaska an.*" (13, S. 111)

Johansson: „*Rußland wird einen Massenangriff gegen Amerika und Kanada richten, wodurch ein Großteil der amerikanischen Truppen gehindert wird, dem bedrängten Europa zu Hilfe zu eilen.*" (9, S. 42)

Veronika Lueken: „*Alle sollen wissen, daß es jetzt in Rußland einen Plan gibt, einen Plan gegen die Vereinigten Staaten und Kanada. Deine Nation und Kanada sind umkreist... man bereitet eine große Invasion auf die Vereinigten Staaten und Kanada vor.*" (73)

Irlmaier: „*In Amerika wird eine große Stadt durch Raketen-Geschosse zerstört werden.*" (102, S. 30)

Der Einsatz von Atomwaffen

Erna Stieglitz: *„Prag wird atomar zerstört. Ungefähr um dieselbe Zeit werden die sowjetischen Panzereinheiten des Nordkeils in Westfalen eingekesselt und fast völlig aufgerieben. Die Sowjets sind in Westeuropa in die Verteidigung gedrängt. Als Rache erfolgt der atomare Gegenschlag gegen alle Städte der USA. Gleichzeitig schlagen die USA atomar zurück. Weite Teile der Sowjetunion und die letzten sowjetischen Raketensilos werden zerstört. Als Folge dieser Ereignisse kommt es in der Sowjetunion zu einer Gegenrevolution, die das bisherige System stürzt. Im September gibt es den letzten verzweifelten Versuch sowjetischer Unterseebooteinheiten, Europa atomar zu verwüsten. Bei diesem Angriff werden viele französische und deutsche Städte in ein Flammenmeer verwandelt."*

Und weiter: *„Erst gegen Ende dieses verhältnismäßig kurzen Krieges kommt es zum Duell mit Atomwaffen. Und schließlich zum totalen atomaren Krieg. Seine verheerenden Auswirkungen entziehen sich jeder Beschreibung...*

Südlich der Donau gibt es vereinzelt atomare Explosionen, hinter der Grenze am unteren Inn fürchterliche Zerstörungen, ebenso am Oberlauf der Donau. Teilweise bis in die oberbayerisch-salzburgischen Alpen herein kommen die Osttruppen über Österreich und Jugoslawien. Bei Ulm gibt es eine gigantische Kesselschlacht gegen die Ostarmee, die ihren Südkeil der Donaulinie entlang zur Schweiz und nach Mittelfrankreich vorgetrieben hatte. Die Hauptgefahr für das Gebiet, das ungefähr von den Städten Mindelheim und Altötting, Pfaffenhofen und Weilheim begrenzt wird, also für den mittelbayerischen Raum, besteht in den Zerstörungen, die Terrorismus, Plünderung, Brandstiftung, Mord und Totschlag anrichten." (13, 18 und 6, S. 13ff)

Onit: *„Das amerikanische Industriedreieck Detroit, Chicago, New York und deren Symbole, die Wolkenkratzer, brechen elendlich zusammen. Kanada wird wieder einsam und verlassen wie dermaleinst."* (112, S. 188)

Johansson: *„Unter den nordamerikanischen Städten wurden mir folgende als besonders betroffen bezeichnet: Chicago, Minneapolis, Washington, New York; letztere war am schlimmsten betroffen. Davon zeugten Ruinen... alles war in Rauchwolken gehüllt, große und kleine Gegenstände wurden vom*

Sturm mitgerissen und wirbelten in Mengen durch die Luft. Zugleich brachen in vielen Stadtteilen gewaltige Feuersbrünste aus... viele Schiffe wurden aufs Land geschleudert, andere versanken im Hafen. Nicht nur in der Stadt New York, sondern auch in ihrer weiteren Umgebung loderten große Brände, der Himmel glich einem einzigen Flammenmeer. Auch in den Waldgebieten Kanadas sah ich riesige Brände... die Verwüstungen durch (einen) Orkan waren in diesem Lande gewaltig." (77, S. 59 f)

Liegt Johansson mit seinen Gesichten richtig, kommt es nach dem Einsatz „neuer Waffen" zu verheerenden Naturkatastrophen: Bränden und Orkanen, die mit großer Geschwindigkeit den nordamerikanischen Kontinent durchziehen.

Veronika Lueken: *„Rußland plant, die Vereinigten Staaten und Kanada mit Raketen zu erobern. Ich sehe einen sehr großen, schrecklichen Krieg. Ich sehe... es sieht wie ein Pilz aus. Eine gewaltige Explosion, und alles ist zerstört."* (77)

Die Zerstörung New Yorks

Der **Bauer aus Krems** (geb. 1939) sieht zu Beginn des Dritten Weltkrieges einen begrenzten Konflikt auf dem Balkan und die Zerstörung New Yorks: *„Die Überschwemmungen im Mittelmeergebiet werden durch A-Waffenzündungen, in großer Höhe über der Adria beginnend, hervorgerufen. Die Erschütterungen sind bei uns deutlich spürbar. New York wird unerwartet bereits zu dieser Kriegszeit durch kleine Sprengsätze, die sehr nieder explodieren, zerstört. So entsteht der Eindruck, als würden die Häuser von einem heftigen Sturm weggeblasen. Im Explosionsherd sah ich nichts Feuerartiges. Es dürfte etwa um die Mittagszeit sein.*

Ich sah alle Einzelheiten klar und außergewöhnlich deutlich. Bei uns (Österreich) gibt es zu der Zeit noch keinen Krieg. Wie die Meldung der Zerstörung erstmals im Rundfunk durchgegeben wurde, wollte ich gerade eine Kleinigkeit essen."

In seiner Vision sieht er sich mit anderen Bewohnern seines Heimatdorfes zusammenstehen und das Ereignis kommentieren. Was die Amerikaner gemacht hätten, sei nicht sehr schön gewesen. Daß man aber deswegen gleich die ganze Stadt zerstöre, das gehe entschieden zu weit. So redeten die Leute. Und er beschreibt weiter: *„Bei der Zerstörung New Yorks sah ich hingegen Einzelheiten, die man mit dem Auge niemals wahrnehmen könnte. Es war auch die Lauffolge um ein Vielfaches langsamer. Ich sah diese Stadt in allen Einzelheiten. Da fiel ein dunkler Gegenstand auf einer sich krümmenden Bahn von oben herab. Gebannt starrte ich diesen Körper an, bis er barst. Zuerst waren es Fetzen, dann lösten sich auch diese auf. In diesem Moment begriff ich immer noch nicht, was geschehen war. Der erste Sprengkörper explodierte einige Häuser weiter hinter einem größeren, mit der Breitseite am Meer stehenden Haus, die anderen, vom Meer aus gesehen, etwas südlicher dahinter.*

Die Häuser fielen nicht um oder in sich zusammen, sondern sie wurden meist als ganze, sich nur wenig neigend, vom Explosionsherd weg geschoben. Sie zerrieben sich dabei förmlich von unten her. Von vorne hatte es den Anschein, als würden sie im Erdboden versinken." (18)

Fast schon erschreckend detailliert liest sich der Untergang New Yorks (beziehungsweise Manhattans) in der Offenbarung des Johannes. Wir erinnern uns an die Deutung der Offenbarung weiter vorne, wobei der Drache (Satan) dem Tier (die Illuminati) die Macht verleiht *über alle Stämme, Völker, Sprachen und Nationen* (UNO). Und der Sitz des Tieres ist Babylon.

„Und Gott erinnerte sich an Babylon, die große Stadt, und gab ihr den Kelch mit dem Wein seines grimmigen Zorns." (Off. 16,19) Babylon ist New York, die Stadt, in der das Tier (die Illuminati, sprich die FED = die Geldmacht) residiert und agiert – die Wall Street!

Wir brauchen daher nur den Namen *Babylon* gedanklich mit *New York* auszutauschen und lesen in Kapitel 17 wie folgt: *„Die große Hure Babylon – Und es kam einer von den sieben Engeln, die die sieben Schalen hatten, und sprach zu mir: Komm, ich will dir das Gericht über die große Hure zeigen, die an vielen Wassern sitzt, mit der die Könige auf Erden Hurerei getrieben haben; und die auf der Erde wohnen, sind von dem Wein ihrer Hurerei betrunken geworden... Und ich sah eine Frau... Und die Frau war in Purpur und Scharlach gekleidet... und auf ihrer Stirn war ein Name geschrieben, ein Rätselwort: Das große Babylon, die Mutter der Hurerei und aller Greuel auf Erden... Und die Frau, die du gesehen hast, ist die große Stadt, die die Herrschaft hat über die Könige auf Erden."*

Es ist die Stadt mit der Wall Street und dem Sitz der UNO, eine private Organisation, welche die Herrschaft über die Könige auf Erden hat. Wie treffend!

Und wir lesen nun über den Untergang New Yorks: *„Danach sah ich einen anderen Engel vom Himmel herabkommen, der hatte große Macht, und die Erde wurde von seinem Glanz erleuchtet. Und er rief mit lauter Stimme: Sie ist gefallen, sie ist gefallen, Babylon, die große Stadt, und ist eine Behausung der Teufel geworden und ein Gefängnis aller unreinen Geister... Denn von dem Wein ihrer leidenschaftlichen Hurerei haben alle Völker getrunken, und die Könige auf Erden haben mit ihr Hurerei getrieben, und die Kaufleute auf Erden sind reich geworden von ihrem üppigen Wohlstand...*

Darum werden alle ihre Plagen auf einen Tag kommen, Tod, Leid und Hunger, und mit Feuer wird sie verbrannt werden; denn stark ist Gott der

Herr, der sie gerichtet hat. Und die Könige auf der Erde, die mit ihr gehurt und gepraßt haben, werden sie beweinen und beklagen, wenn sie den Rauch des Feuers sehen werden, in dem sie verbrennt. Sie werden weit entfernt stehen aus Furcht vor dieser qualvollen Strafe und sagen: Weh, weh, du große Stadt Babylon, du starke Stadt, in einer einzigen Stunde ist dein Gericht gekommen. Und die Kaufleute werden um sie weinen und Leid tragen, weil ihnen niemand mehr ihre Ware abkaufen wird: Gold und Silber, Edelsteine..."

Noch besser kann man die Börse nicht beschreiben...

"Und alle Schiffsherren und alle Steuerleute und die Seefahrer und die auf dem Meer arbeiten, standen weit entfernt und riefen, als sie den Rauch des Feuers sahen, in dem sie verbrannte: Wer ist der großen Stadt gleich?"

Erinnern Sie sich noch an die Bilder im Fernsehen, als man vom Meer aus die Zwillingstürme des World Trade Centers brennen sah? Wie passend beschrieben...

"Denn deine Kaufleute waren Fürsten auf Erden, und durch deine Zauberei wurden alle Völker verführt...

Jubel über den Untergang Babels
Danach hörte ich eine mächtige Stimme wie von einer großen Schar im Himmel, die sprach: Halleluja! Das Heil und die Herrlichkeit und die Kraft gehören unserm Gott! Denn wahrhaftig und gerecht sind seine Gerichte: Er hat die große Hure verurteilt, die die Erde mit ihrer Hurerei verdorben hat, und hat das Blut seiner Knechte an ihr gerächt."

Offenbar scheint nicht nur Jesus ein Verächter der Geldverleiher und des Zinssystems zu sein, sondern auch sein Vater, wenn er dem Börsenhandel auf diese Weise ein Ende setzt...

Auch Paris scheint betroffen

Nostradamus erwähnt in diesem Zusammenhang auch **Paris**, nämlich in den Versen II/81 und III/84, sowie in den Versen V/8 und VI/43.

Vers II/81 lautet:
Durch Feuer vom Himmel die Stadt (Paris) fast völlig zu Staub,
die Urne bedroht auch Deukalion (Griechenland),
Gequält Sardinien durch die punische/libysche Peitsche,
nachdem die Waage (Sternzeichen) den Phaeton (Sonne) gelassen hat.

Wie wir bereits zu Anfang erfahren haben, nennt Nostradamus Paris oft nur *Par* oder *die Stadt*. Die Urne könnte das Symbol für einen Sprengkopf sein. Deukalion, der Stammvater der Griechen, ist der Sohn Phaetons, der als Wagenlenker der Sonne diese aus der Bahn brachte und auf der Erde eine Brandkatastrophe mit Finsternis hervorrief. Die letzte Zeile scheint die Zeitangabe zu enthalten: Ende Oktober steht die Sonne in der Waage.

In Vers III/84:
Die große Stadt wird völlig zerstört,
von den Bewohnern wird nur ein einziger überleben:
Mauern, Menschen, Kirchen und Jungfrauen verletzt,
durch Feuer, Seuche, Kanone stirbt das Volk. (18)

Und in Vers V/8:
Das Feuer bleibt entfacht, der Tod versteckt schleichend
in den Kugeln schreckliches Grauen,
bei Nacht von Flotte aus wird Paris zu Pulver gemacht,
Paris im Feuer, dem Feind zur Freude. (18)

Paris wird bei Nacht, vermutlich von einem Unterseeboot aus, mit Atomraketen beschossen und buchstäblich zu Staub gemacht. Danach sind Paris und die Umgebung unbewohnbar.

Vers VI/43 lautet:
*Lange Zeit wird unbewohnt bleiben,
wo Seine und Marne das Land benetzen:
Von der Themse her auch kriegerisch verlockt,
niedergemacht die Wachen, die zurückstoßen/schießen wollten.* (18)

Auch London scheint zerstört zu werden. Die atomare Bewaffnung Englands hat dem Land nicht helfen können.

Atombombenabwurf in die Nordsee

Von mehreren Sehern wird ein Ereignis berichtet, das den Norden Deutschlands, Belgien, Holland und vor allem England betrifft: den Abwurf einer Atombombe in die Nordsee!

Der Bauer aus Krems: *„Diese (Bombe; A.d.Verf.) ist gegen London gerichtet! Das Meer, das bis zu 80 Meter hoch austritt, verursacht riesige Überschwemmungen."* (13, S. 145)

Stockert: *„Vom Osten her flog über die Nordsee ein Flugzeug nach Westen. Als es sich England näherte, glaubte ich, es stürze ins Meer, da es auf einmal absackte. Dabei sah ich, wie aus dem Flugzeug etwas abgeworfen wurde. Das Flugzeug flog in großer Geschwindigkeit weiter. Gleich darauf erfolgte eine furchtbare Detonation. Das Wasser des Meeres wurde hoch in die Lüfte geschleudert und ich sah unter mir nur noch Gischt und schäumendes dampfendes Wasser. Weit wurde es ins Land hineingetragen und begrub alles unter sich. Von Land sah ich keine Spur mehr; ich glaubte, es sei untergegangen. Dann sah ich Raketen mit gewaltiger Schubkraft dahinsausen, begleitet von Dämonen und Verwünschungen, um am Zielort alles zu pulverisieren."* (104, S. 26)

Irlmaier: *„Ein einzelnes Flugzeug, das von Osten kommt, wirft einen Gegenstand ins große Wasser. Da hebt sich das Wasser wie ein einziges Stück turmhoch und fällt wieder herunter. Alles wird überschwemmt. Es gibt ein Erdbeben. Der südliche Teil Englands rutscht ins Wasser ab. Drei große Städte werden untergehen: eine wird im Wasser zugrunde gehen (London), die zweite steht kirchturmtief im Meer (Marseille), und die dritte fällt zusammen (New York).*

Die Länder am Meer sind vom Wasser schwer gefährdet, das Meer ist sehr unruhig, haushoch gehen die Wellen; schäumen tut es, als ob es unterirdisch kochte. Inseln verschwinden und das Klima ändert sich. Ein Teil der stolzen Insel (England) versinkt, wenn das Ding ins Meer fällt, das der Flieger hineinschmeißt." (13, S. 63)

Johansson: *„Weiter wurde ich im Geiste zu den großen Städten an der englischen Ostküste geführt, wo die Naturgewalten den allergrößten Schaden anrichteten. Die ganze englische Ostküste stand bis weit ins Land hinein unter Wasser... Schottland mußte einem besonders heftigen Aufprall ausgesetzt sein, denn es schien, als seien große Teile des Landes ins Meer versunken. Dann gewahrte ich London. Hier schien die Katastrophe ihren Höhepunkt erreicht zu haben...*

Auch Teile Hollands, Belgiens und der deutschen Nordseeküste wurden schrecklich heimgesucht. Zu den Städten, die besonders große Schäden aufwiesen, gehörten Antwerpen und Hamburg. Letztere bekam ich zu sehen, und mir schien, als habe sie nach London am schwersten gelitten... (4, S. 81ff)

Alle Nordseestaaten waren fühlbar in Mitleidenschaft gezogen, doch kein Land schien so schwer betroffen wie Großbritannien, besonders dessen Ostküste. Die Stimme sagte, dieses Unglück sei eine Strafe für Englands Hochmut." (98, S. 90)

Nach den Schauungen von **De La Vega** ist das Gebiet auf einer geraden Linie von Brüssel bis zur Insel Rügen von der Flut betroffen. Ein anderer Seher sagte, er hörte bei Köln das Meer rauschen, ein anderer bei Hannover.

Die östlichen Angreifer werden geschlagen

Nach **Johansson** versetzt der atomare Schlagabtausch beiden Großmächten den Todesstoß. Große Teile der USA sollen danach nuklear verseucht sein, die Metropolen zerstört, und das Land wird sich in vier oder fünf kleinere Staaten aufteilen. In Rußland soll es zu landesweiten Revolutionen kommen: Militär- und Machtapparat werden zerschlagen.

Lothringer: *„In Rußland werden alle Machthaber vernichtet. Die Leichen werden dort nicht begraben und bleiben liegen. Hunger und Vernichtung ist in diesem Lande die Strafe für ihre Verbrechen."* (18)

Onit: *„In Rußland selbst aber bricht der Bürgerkrieg los, gerade während es furchtbare Prankenhiebe gegen die westliche Welt austeilt."* (112, S. 188)

Laut Onit soll der Atomkrieg nicht nur auf die Großmächte begrenzt bleiben, sondern auch in Südamerika und Südafrika sollen Atombomben fallen, nachdem dort die schwarze Rasse die Herrschaft übernommen hat.

Aber auch Europa soll dabei betroffen sein: *„Ganze Städte werden in Schutt und Asche verwandelt"*, sagt **Schwester Nativaitas.** (77, S. 67)

Erna Stieglitz: *„Im September gibt es einen letzten verzweifelten Versuch sowjetischer Unterseebooteinheiten, Europa atomar zu verwüsten. Bei diesem Angriff werden viele französische und deutsche Städte in ein Flammenmeer verwandelt."* (13, S. 111)

Bei einem anderen **unbekannten Seher** heißt es, die russischen Führer würden in ihrem Hauptquartier an der Naab beim Wodka zusammensitzen und auf ihren Sieg trinken, als plötzlich der Rote Angriff zusammenbricht.

Und an anderer Stelle: *„In Polen geht eines Morgens die Sonne auf und ganze Landstriche sind bedeckt von Waffen und Kriegsgerät. Alles rollt nach Westen, in das Land der Dichter und Denker (Deutschland). Aber sie werden dort geschlagen, zurück kommt keiner mehr."* Dadurch oder zu diesem Zeitpunkt soll die Bundesrepublik bereits völlig zerstört sein. Und weiter:

„Rußland... wird aber zurückgeschlagen, weil die Natur eingreift, und da wird in Süddeutschland ein Platz sein, wo das Ereignis sein sollte, wo die Leute von der ganzen Welt hinreisen, zu schauen." (18)

Pater Mattay: „...*Der Herrscher Rußlands, an der Spitze einer großen Armee, wird nur bis zum Rhein kommen, den er aber nicht überschreitet, weil ihn dann eine unsichtbare Hand aufhält. Er sieht den Finger Gottes. Und in einem bestimmten Augenblick wird ganz Europa in Flammen stehen. Das ganze Land wird von Truppen bedeckt sein; das Feuer reicht von Süd bis Nord, und man wird sich sechs Wochen bekämpfen und die letzten vierzehn Tage Tag und Nacht...*" (18)

Erna Stieglitz: „*Der Angriff der Roten Armee in Europa wird gebrochen. Mehr noch, die sowjetische Armee vernichtend geschlagen. Die Sowjetunion verliert allein in ihren Heersäulen sieben Millionen Menschen; ein hoher Blutzoll für ein Volk, das eben (!) in Massen vom dialektischen Materialismus abgefallen war und wieder zu glauben begonnen hatte... Die katholischen Länder haben in diesem Kampf eine entscheidende Aufgabe. Bayerische und österreichische, schweizerische und französische Truppen werden nach den Vernichtungsschlachten bei Lyon und Ulm nach Norden vorstoßen, um sich an der Schlacht gegen die dort eingekreisten russischen und preußischen Verbände zu beteiligen...*
Bei Ulm gibt es eine gigantische Kesselschlacht gegen die Ostarmee, die ihren Südkeil der Donaulinie entlang zur Schweiz und nach Mittelfrankreich vorgetrieben hatte." (13, S. 112)

Lothringer: „*Denn beim dritten Geschehen soll Rußland in Deutschland einfallen,* <u>*und die Berge sollen von da Feuer speien und der Russe soll alles zurücklassen an Kriegsgerät.*</u> *Bis zur Donau und Inn wird alles dem Erdboden gleichgemacht und vernichtet. Die Flüsse sind alle so seicht, daß man keine Brücken mehr braucht zum Hinübergehen. Von der Isar wird den Leuten kein Leid geschehen, es wird nur Not und Elend hausen. Die schlechten Menschen werden zugrunde gehen als wie wenn es im Winter schneit und auch die Religion wird ausgeputzt und gereinigt. Aber die Kirche erhält den Siegestriumph.*"

Er fährt fort: „*In Rußland werden alle Machthaber vernichtet, und die Leichen werden dort nicht mehr begraben und bleiben liegen. Hunger und Vernichtung ist in diesem Lande die Strafe für ihre Verbrechen...*" Und: „<u>*Rußland wird zurückgeschlagen, weil die Natur eingreift. Da wird in Süddeutschland ein Platz sein, wo das Ereignis eintritt. Später kommen die Leute aus aller Welt, um das anzuschauen.*</u> *Der Papst wird dann beim Friedensschluß dabei sein. Zuvor aber muß er fliehen, da er als Verräter hingestellt wird. Er kommt nach Köln, wo er nur mehr einen Trümmerhaufen findet, alles ist kaputt.*" (18)

Das erwähnte Naturereignis, durch welches die östlichen Truppen zum Stehen gebracht werden, könnte ein Meteoriteneinschlag, aber auch ein Vulkanausbruch (Eifel?) sein, möglicherweise aber auch ein „*Riß in der Erde*", wie es im **Lied der Linde** erwähnt wird.

Irlmaier: „*Durch eine Naturkatastrophe oder so etwas ziehen die Russen plötzlich nach Norden. Um Köln entbrennt die letzte Schlacht.*" (13)

Lothringer: „*...und den verfluchten Menschen wird gezeigt werden, daß ein Gott besteht, der diesem Geschehen ein Ende macht.*" (18)

Bruder Adam: „*Alsdann werden sie versuchen, durch Spanien und Frankreich zur Atlantikküste vorzudringen, um sich mit der im Norden kämpfenden Armee zu vereinigen und die militärische Einkreisung des europäischen Festlandes zu vollenden. Die dritte russische Armee, der die Aufgabe gestellt ist, die ausgesparten Gebiete zu besetzen und den Inlandskommunismus zu festigen – Hauptsitz der kommunistischen Weltregierung soll nicht Moskau, sondern Bamberg sein –, wird nicht mehr zum Einsatz kommen, weil die Armee im Süden infolge der Revolutionen, die in diesen Ländern ausbrechen, in ihrem Vormarsch gehindert und in rascher Auflösung begriffen ist, während der von Gott bestimmte große Monarch die im Norden am Niederrhein stehende Armee angreifen und mit modernsten Waffen, wie sie kein anderer Staat besitzt, niederkämpfen wird (evtl. Flugscheiben?). In Sachsen, wo die zurückflutende Armee sich noch einmal zur Schlacht stellt, wird sie vernichtend geschlagen werden. Damit ist der Krieg in Deutschland beendet. Die Reste der geschlagenen Armee werden bis tief in das Innere Rußlands hinein verfolgt und aufgerieben werden. Das Reich des göttlichen Willens auf Erden wird entstehen...*" (18)

Die Schlacht am Birkenbaum

Auch der **Spielbähn** aus dem Raume Siegburg hatte die *Gabe des zweiten Gesichts*. Der Überlieferung nach war er Anfang des 18. Jahrhunderts Klosterbote einer Benediktinerabtei, und es wurden ihm folgende Prophezeiungen zugeschrieben: *„...Die heilige Stadt Köln wird sodann eine fürchterliche Schlacht sehen. Viel fremdes Volk wird hier gemordet, und Männer und Weiber kämpfen für ihren Glauben. Und es wird von Köln, bis dahin noch eine Jungfrau, eine fürchterliche Verheerung nicht abzuwenden sein. Und man wird allda bis an die Fußgelenke im Blute waten. Zuletzt wird ein fremder König aufstehen und den Sieg für die gerechte Sache erstreiten. Des Feindes Rest entflieht zum Birkenbäumchen. Hier wird die letzte Schlacht gekämpft für die gute Sache."* (18)

Und an anderer Stelle: *„Das ist der Blutzeit Anfang, wenn die Stadt Köln eine fürchterliche Schlacht sehen wird."* (103, S. 88)

Bei Henri Schnyder erfahren wir die Schauung von **Jasper** zu dieser Schlacht: *„Die Schlacht wird am Birkenbaum, zwischen Unna, Hamm und Werl stattfinden"*, dort wo sich heute das Autobahnkreuz Dortmund-Unna befindet, *„die Völker der halben Welt werden dort sich gegenüberstehen. Gott wird mit einem schrecklichen Sturm die Feinde schrecken. Von den Russen werden da nur wenige nach Hause kommen, um ihre Niederlage zu verkünden."* (97)

Schlinkert: *„Am Birkenbaume wird die Armee des Westens gegen die Armee des Ostens eine furchtbare Schlacht kämpfen und nach vielen blutigen Opfern den Sieg erringen. Die Krieger des Ostens nehmen in wilder Flucht ihre Retirade über die Haar, und wenn die Bewohner unserer Dorfschaften dann den Ort Rune an der Werler Haar brennen sehen, mögen sie nur schleunigst in den Arnsberger Wald flüchten... und ein anderes Gefecht findet an der Ruhrbrücke bei der Obereimer statt, jedoch wird man hier nur mit Artillerie kämpfen und bei dieser Gelegenheit die drei zunächst Obereimer stehenden Häuser Arnsbergs in Brand schießen. Einige Tage später geschieht zwischen den Kriegern aus Osten und Westen die zweite und letzte große Schlacht auf* *deutschem Boden, und zwar bei dem Dorfe Schmerlecke am sogenannten Lusebrinke. Die Heere des Ostens werden bis zur totalen Vernichtung geschlagen und nur sehr spärlichen Überbleibseln wird es vergönnt sein, die Kunde der ungeheuren Niederlage in ihre Heimat zu bringen. Ein gräßlich Wehe, Wehe Dir Hellweg! In Soest wird eine ganze Straße bis zur alten Kirche abbrennen..."* (89, S. 321f)

Der **Mönch Antonjas:** *„Die Franzosen verfolgten die Preußen über den Rhein nach vielen Richtungen hin. In einer abermaligen Schlacht bei Frankfurt wurden die Preußen wieder geschlagen. Sie zogen sich bis Siegburg zurück, wo sie zum russischen Heere stießen. Die Russen machten gemeinsame Sache mit den Preußen. Mir schien es, daß die Österreicher den Franzosen halfen. Die Schlacht bei Siegburg war etwas nie Dagewesenes an Schrecklichkeit. Ähnliches wird nie mehr geschehen. Nach einigen Tagen zogen sich die Russen und Preußen zurück und gingen eineinhalb Meilen unterhalb Bonn auf das linke Rheinufer. Stetig vom Feind bedrängt, zogen sie sich nach Köln zurück. Die Stadt wurde beschossen, nur ein Viertel der Stadt bleibt unversehrt. Stets auf dem Rückzug, retteten sich die Reste der preußischen Armee nach Westfalen. Dort war die letzte Schlacht ebenfalls zu ihren Ungunsten. Die Leute freuten sich, endlich die Preußen los zu sein. Sie klatschten in die Hände, und ihre Gesichter strahlten vor Freude. Nun wurde der neue Kaiser in Deutschland gewählt. Er schien ungefähr vierzig Jahre alt zu sein. Der neue Kaiser und der Papst hatten eine Zusammenkunft... Nach der Schlacht in Westfalen kehrten die Franzosen in ihr Land zurück."* (36, S. 146)

Verwunderlich ist die Aussage, die Preußen würden mit dem östlichen Angreifer zusammen den Westen überfallen. Nun ist es anzunehmen, daß aus der Sicht des Sehers (1820) mit Preußen der nordöstliche Teil Deutschlands beziehungsweise des ehemaligen Großdeutschen Reiches gemeint ist, sprich das Gebiet oberhalb Pommerns und ein Teil Nordpolens. Die Aussage könnte dadurch erklärt werden.

Doch sind uns auch andere Sehervisionen bekannt, in denen es heißt, daß sich nach dem Mauerfall doch wieder ein Teil Mitteldeutschlands, da er mit dem Westsystem nicht zurecht kommt, dem Kommunismus anschließen würde beziehungsweise die PDS an Stärke weiter zunehmen könnte. In diesem Fall wäre es natürlich auch möglich, daß sich ein Teil dieser

Menschen, die auch nicht gerade im Luxus schwimmen, dem Schwarm der einmarschierenden östlichen Truppen anschließt und mit diesem den Rest Deutschlands plündert. Genügend tiefsitzender Unmut und Enttäuschung darüber, daß sich das Schlaraffenland Westdeutschland nicht auf sie übertragen hat, ist ja vorhanden.

Auch in der folgenden Vision hören wir Berichte von mit den östlichen Truppen kämpfenden Preußen.

Ein **katholischer Priester** aus dem Süden Badens sah 1923 folgendes voraus: „*...Der Norden Deutschlands wird bolschewistisch werden. Auch Westfalen wird in die Hände der Bolschewisten fallen. Es werden schwere Kämpfe mit den Franzosen am Niederrhein stattfinden, wobei Köln hart heimgesucht wird. Aus dem Süden Deutschlands wird ein aus Süddeutschen und Österreichern gebildetes Ordnungsheer anrücken, das, anfangs klein, immer mehr Zuwachs bekommen wird. Im Verein mit den rheinischen und französischen Truppen wird es die Bolschewiken, Russen und Preußen vollständig niederwerfen. Die letzte Schlacht wird zwischen Essen und Münster stattfinden. Hierauf wird zu Köln am Rhein die Krönung eines neuen Kaisers, der das Heer geführt hat, stattfinden durch den Papst. Dann wird der Kaiser den Papst nach Rom zurückführen und in Italien Ordnung schaffen...*" (18)

Die Vernichtung einer der Ostarmeen finden wir auch bei **Nostradamus**, und zwar im Vers VI/40:
Großer aus Magog um seinen großen Durst zu löschen,
wird verlieren seine große Würde:
Die von Köln sehr stark sich werden beklagen,
daß die große (Heeres-) Gruppe in den Rhein geworfen wird.

Bouvier interpretiert ihn: „*Gog und Magog kennen wir aus dem Alten Testament, als – von Israel aus im Norden (Rußland) beheimatetes – Volk und Land des Unheils. Sehr plastisch und bildhaft beschreibt Nostradamus, wie eine (Heeres-) Gruppe in den Rhein getrieben wird. Ihrem Führer vergeht darauf völlig Appetit und Durst. Köln wird bei den Kriegshandlungen demnach stark in Mitleidenschaft gezogen. An und in den Rhein gedrängt und aufgerieben werden die Truppen Gogs offensichtlich nach ihrem Rückzug aus Belgien.*

Vorher haben westliche Truppen das Ruhrgebiet verteidigt. In der Phase des Angriffs wird der Feind kaum in diese fatale Lagen kommen. Das heißt: Köln und Rheinland, merke auf! Der Krieg wird zweimal über dich hinwegfegen. Sie werden allen Grund zur Klage haben. Daß der Angriff der Russen im Rheinland zusammenbricht und die Reste der Roten Truppen in Westfalen eingekesselt und dort gänzlich aufgerieben werden, schildern auch andere Seher."* (18)

Weiter heißt es bei **Spielbähn**: *"Die Fremden haben den schwarzen Tod mit ins Land gebracht. Was das Schwert verschont, wird die Pest fressen. Das bergische Land wird menschenleer und die Äcker herrenlos, so daß man ungestört von der Sieg bis zu den Bergen wird pflügen können. Die in den Bergen verborgen sind, werden die Äcker wieder anbauen."* (98)

Weiter berichtet der **Mönch aus Werl** (1701): *"Es wird ein fürchterlicher Krieg entstehen. Auf der einen Seite werden alle Völker des Westens, auf der anderen alle des Ostens stehen. In fürchterlichen Scharen werden jene herankommen. Lange wird man mit unterschiedlichem Glücke kämpfen, bis man endlich in die Gegend des Rheines kommt. Dort wird man kämpfen drei Tage lang, so daß das Wasser des Rheines rot gefärbt sein wird, bis es bald nachher zur Schlacht am Birkenbäumchen kommt. Da werden weiße, blaue (NATO-Farben) und graue (Schweizer Uniform) Soldaten kämpfen, und mit solcher Macht und Wut, daß jene Scharen vollkommen aufgerieben werden, und dann wird Ruhe und Frieden sein."* (18)

Daß die Schweizer Armee eingreift, erwähnt auch der **Lothringer**. Vom dritten Krieg selbst sagt dieser, *„daß keiner was bekommt vom anderen, und wenn sich die Schweiz an Deutschland anschließt, dann dauert es nicht mehr lange und der Krieg ist aus."* (18)

Der **unbekannte Seher aus dem Sauerland**: *„Der Roggen wird vor der Schlacht am Birkenbaum erst eingefahren, der Hafer aber nicht... Wenn die Büdericher auf Krautweih (Mariä Himmelfahrt am 15.8.) aus dem Hochamte kommen, steht rund um die Kirche alles voll Soldaten."* (18)

Der **Bauer aus Elsen** bei Paderborn hat prophezeit: „*Die Franzosen werden als Freunde kommen... Am Bache steht ein großes Heer mit doppeltem Zeichen (Hammer und Sichel)... Der Feind wird fliehen nach Salzkotten zu.*" (18)

In Westfalen wird allen Berichten nach übereinstimmend den östlichen Truppen die entscheidende Niederlage zugefügt.

Der **Bauer Wessel D. Eilert:** „*Die Schlacht wird am Birkenbaume zwischen Unna, Hamm und Werl stattfinden. Die Völker der halben Welt werden sich dort gegenüberstehen. Gott wird mit schrecklichem Sturme die Feinde schrecken. Von den Russen werden von da nur wenige nach Hause kommen, um ihre Niederlage zu verkünden.*
- *Die Polen kommen anfangs unter. Sie werden aber gegen ihre Bedränger mitstreiten und endlich einen König erhalten.*
- *Frankreich wird innerlich in drei Teile zerspalten sein.*
- *Spanien wird nicht mitkriegen* (mitkämpfen; A.d.Verf.). *Die Spanier werden aber nachkommen und die Kirchen in Besitz nehmen.*
- *Österreich wird es gutgehen, wenn es nicht zu lange wartet.*
- *Der römische Stuhl wird eine Zeitlang ledig stehen.*" (18)

Und der **Düsseldorfer Kapuzinerpater:** „*Da, wenn die Not am größten ist, wird ein Retter kommen von Süden her; er wird die Horden der Feinde schlagen und Deutschland glücklich machen. Dann werden an manchen Orten die Menschen so selten sein, daß man auf einen Baum steigen muß, um Menschen in der Ferne zu suchen.*" (18)

Irlmaier sieht das gleiche: „*Dann ist der Krieg. Durch eine Naturkatastrophe oder ähnliches ziehen die Russen plötzlich nach Norden. Um Köln entbrennt die letzte Schlacht. Nach dem Sieg wird ein Kaiser vom fliehenden* (geflohenen; A.d.Verf.) *Papst gekrönt... Wenn alles vorbei ist, da ist ein Teil der Bewohner dahin, und die Leute sind gottesfürchtig!*" (13)

Den Schauungen nach könnte man fast meinen, als träfe die erwähnte Naturkatastrophe besonders Süddeutschland, was bewirken soll, daß die feindlichen Truppen nach Norden ziehen müssen. Gleichzeitig sollen dann die Angreifer in den mittleren und nördlichen Teilen Deutschlands durch NATO-Truppen (Franzosen), geschlagen werden.

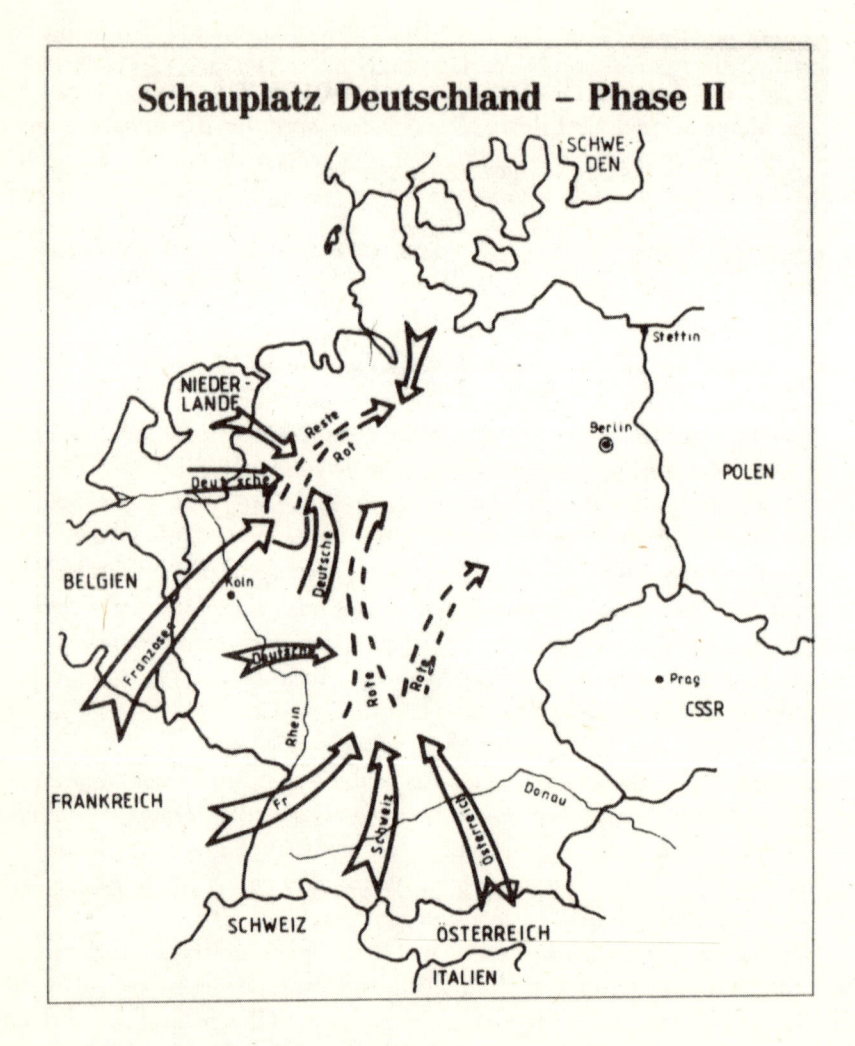

Das Kriegsgeschehen in Deutschland und die Endschlacht nach Bouvier

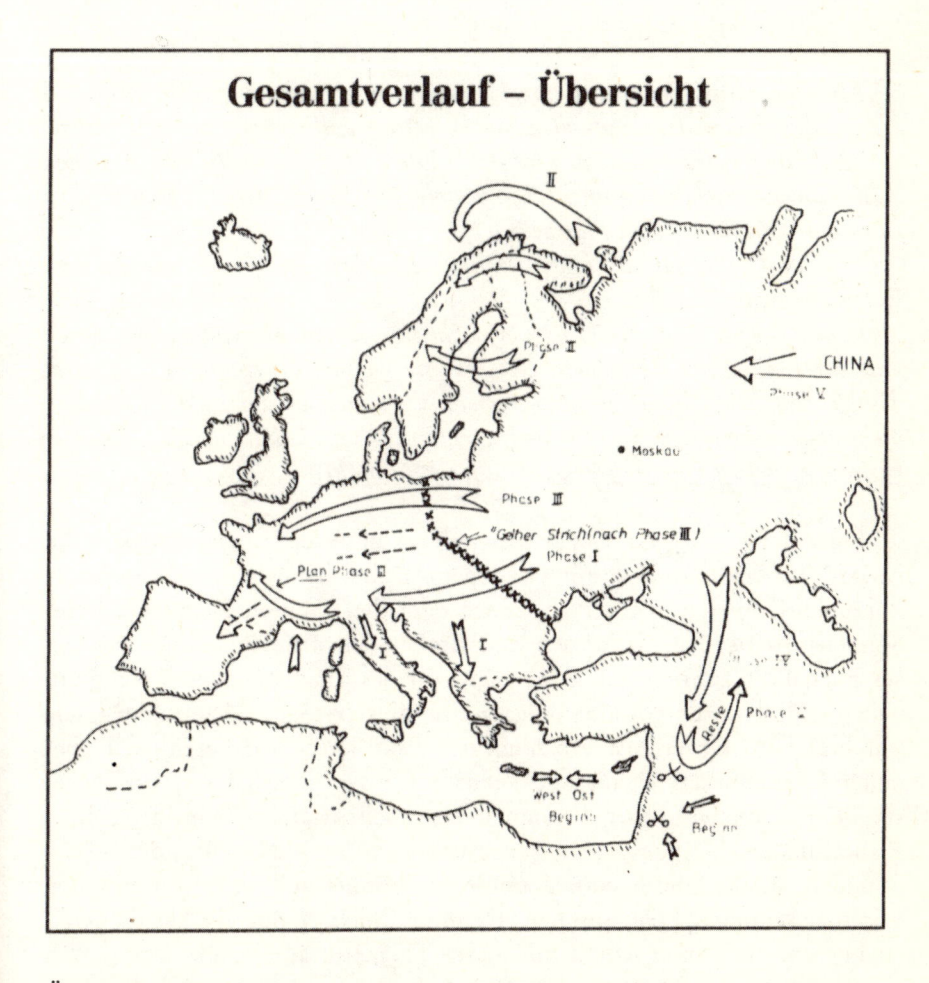

Übersicht über den Gesamtverlauf des Kriegsgeschehens nach Bouvier

Der Planetoid

Veronika Lueken: *„Das Strafgericht wird aus zwei Teilen bestehen. Den einen Teil verrichten die Menschen mit eigenen Händen:* **ein Krieg,** *der so groß sein wird, daß er fast die Erde auslöscht, wenn da nicht das gnädige Herz des ewigen Vaters eingreifen würde; und der zweite Teil ist das Strafgericht des Himmels durch die* **Kugel der Erlösung.**" (73, S. 49)

Abd-Ru-Shin: *„Wissende sprechen schon seit Jahren von dem Kommen dieses besonders bedeutungsvollen Sterns... Man will wissen, daß er Umwälzungen bringt von einschneidender Art... Die Erde bebt, wenn seine Strahlen sie umfangen... sicher und unentwegt verfolgt der Komet seine Bahn und wird zu rechter Stunde auf dem Plan sein...*
Es dauert Jahre bis zu diesem Punkt, und Jahre, ehe er die Erde aus dem Einflusse wieder entläßt.
Und dann ist sie gereinigt und erfrischt in jeglicher Beziehung, zum Segen und zur Freude der Bewohner. <u>*Nie war sie schöner als sie dann sein wird,*</u> *deshalb soll jeder Gläubige mit ruhigem Vertrauen in die Zukunft blicken, nicht erschrecken, was auch in den nächsten Jahren kommen mag.* <u>*Wenn er vertrauensvoll zu Gott aufblicken kann, wird ihm kein Leid geschehen.*</u>" (140)

Eines der wichtigsten Ereignisse, welches in vielen Visionen vorkommt, ist das Auftreten eines Himmelskörpers. Dabei handelt es sich entweder um einen Kometen, einen Planetoiden oder den zehnten Planeten unseres Sonnensystems, den wir aus den sumerischen Schrifttafeln kennen. Als dieses Buch 1996 zum erstenmal erschien, war das Thema *Planetoid* völlig unbekannt und wurde von den meisten, die dies erstmals hörten oder lasen, nur belächelt. Unter Insidern hingegen diskutierten wir bereits seit über einem Jahrzehnt das Thema, speziell nach der Veröffentlichung von Zecharia Sitchins Büchern über die sumerischen Schrifttafeln. Denn der zehnte Planet unseres Sonnensystems (einstmals zwölfte) – Nibiru –, der unsere Sonne in 3.600 Jahren einmal umkreist, könnte mit dem prophezeiten Himmelskörper übereinstimmen. Dennoch blieb es nur ein kleiner Kreis an Leuten, die sich ernsthaft mit dieser Thematik auseinandersetzten. Bis sich plötzlich Hollywood der Thematik annahm. „Armageddon" und

„Deep Impact" waren die bekanntesten Filme, welche die Sache natürlich eher reißerisch verarbeiteten. Dennoch kamen nach der Ausstrahlung dieser Filme wissenschaftliche Sendungen mit hinzu, die aus realistischer Sicht die Wahrscheinlichkeit eines Kometeneinschlags beleuchteten. Warum plötzlich dieses Thema? „Zufall"?

Wohl kaum. Denn kurz darauf wurde in den USA etwas diskutiert, was „Der Schwarze Brief" in seiner Ausgabe im September 2002 als Einleitung verwendete: *„Russische Wissenschaftler haben einen Planeten hinter der Sonne fotografiert, der Kurs auf die Erde nimmt und im nächsten Jahr (2003) die Erde in einem Abstand von nur 20.000 Kilometern passieren soll. Über die gleichen Informationen verfügen die amerikanische Regierung und der Vatikan. In den USA ist das Thema zum erstenmal in den Medien behandelt worden. Der Wissenschaftler Mark Hazelwood schrieb über den „Planeten X" ein Buch. Der bekannte amerikanische Theologe P. Malachi Martin, der Papst Johannes XXIII. beriet und zum Geheimdienst des Vatikans gehörte, erklärte 1997, der Planet würde bei seinem Vorbeiflug viele Millionen Menschen töten und die größte Katastrophe der Erdgeschichte verursachen...*

Die Großmächte und der Vatikan haben längere Zeit versucht, das Auftauchen des „Planeten X" als Geheimsache zu behandeln, damit die Menschheit nicht in Panik gerät...

Hazelwood... erklärte in Interviews, die US-Weltraumbehörde NASA rechne mit einem dichten Vorbeiflug im Jahr 2003, wobei zwei Drittel der Bevölkerung der Erde getötet würden..." (130, S. 1)

Nun, das Jahr 2003 haben wir ja unbeschadet überstanden. Doch bedeutet dies, daß an der gesamten Planetoiden-Geschichte nichts dran ist? Es gibt inzwischen zahlreiche Informationen von Wissenschaftlern zu diesem Thema – weniger in Buchform –, um so mehr hingegen im Internet. Es werden Fotos verschiedener Kometen gezeigt, welche die Sonne passieren. Andere versuchen zu beweisen, daß die NASA ganz gezielt Fotos fälscht, bevor sie an die Öffentlichkeit weitergegeben werden...

Buchautor Hans-Peter Thietz, der sich ebenfalls hinter die Sache geklemmt hatte und kürzlich ein Buch dazu herausgab („Wetterleuchten über Planet Erde") berichtet dazu folgendes: *„Als ich diesen Beitrag (zum Planeten X) in meinem Internetkreis weitergab, erhielt ich prompt einen Anruf.*

Ihn hätte diese Mitteilung in keiner Weise erstaunt, denn bereits vor drei Jahren (also 1999) wäre er von einem früheren NASA-Mitarbeiter darüber unterrichtet worden. Die NASA habe einen großen Planeten gesichtet, der sich auf Erdkurs befinde und in 3,5 bis 4 Jahren unseren Planeten passieren würde. Die ganze Angelegenheit sei sofort als streng geheim erklärt worden, um keine Panik auszulösen. Um diese Aussage abzusichern, bat ich um eine eidesstattliche Erklärung, die ich... sofort erhielt." (129, S. 41)

Liebe Leserinnen und Leser, wir persönlich raten davon ab, überstürzt zu handeln. Daß es diesen „Planeten X" gibt, davon sind wir überzeugt, doch wann, und vor allem wie nahe dieser schließlich an der Erde vorbeiziehen wird, wird sich noch zeigen. Die 20.000 Kilometer Entfernung sind unserer Ansicht nach nicht realistisch, wohl eher 3 oder 4 Millionen Kilometer, was immer noch ausreichen würde. (Soeben teilte Prophezeiungs-Buchautor Leo DeGard mit, daß eine neue Variante unter Prophezeiungs-Kennern – basierend auf mehreren Quellen – diskutiert würde: nämlich daß dieser „Planet X" gar nicht so nah an der Erde vorbeiziehen, sondern mit dem Planeten Merkur kollidieren könnte und Trümmerteile des Merkur schließlich die Erde treffen würden.) Sie sehen, es gibt viele Varianten, wie sich dieses Drama abspielen könnte.

Daß die Observatorien, die NASA wie auch die Regierungen solch eine Entdeckung geheimhalten würden, ist irgendwo auch verständlich. Denn wenn man den Menschen sagen würde, daß man mit einer solch immensen Zerstörung rechnet, dann würde morgen keiner mehr zur Arbeit gehen, geschweige denn weiter in unsere Rentenkasse einzahlen, ihre Aktienkurse verfolgen; andere würden sich umbringen... Es würde sowieso nichts bringen, da man ja nichts dagegen unternehmen könnte. (Wenn Sie, was den Planetoiden angeht, immer auf dem neuesten Stand sein möchten, so finden Sie unter Quelle 134 verschiedene Internetseiten, auf denen sich Experten und Laien zum Thema austauschen).

Wie dem auch sei, unserer Ansicht nach ist das Datum zu früh und stimmt nicht mit den anderen Prophezeiungen überein, denn diese berichten vom Erscheinen eines Himmelskörpers während des Dritten Weltkriegs. Und dieser ist bisher noch nicht in vollem Gange.

Wollen wir aber nun weiter den Prophezeiungen lauschen, um zu erfahren, was diese dazu zu berichten haben. Offenbar soll es mitten im Kampfgeschehen sein, wenn sein erster Vorbeiflug die Wende im Dritten Weltkrieg bringt.

H. J. Andersen nennt den „Planeten X" die *„Kugel der Erlösung"*. (7)

Jakob Lorber bezeichnet ihn als den *„Feind, den ich* (Christus) *aus den weiten Lufträumen der Erde zusenden werde."* (98)

Und **Berta Dudde** sah, *„daß ein Stern sich aus seiner Bahn löst und mit Riesengeschwindigkeit auf die Erde zustrebt"*.

Sibylle von Prag: *„Vom Vysherad kommt ein ungeheurer Feuerball daher. Felsen fliegen durch die Luft und über allem lodert das Feuermeer. Alles, was der Fleiß der Menschen geschaffen hat, liegt in Schutt und Asche, man hört nur mehr das Brausen des Sturmes."* (18)

Die **Hopis** berichten in ihren Prophezeiungen von einem smaragdblauen Stern, der vor Ausbruch des Dritten Weltkrieges erscheinen soll, der weit entfernt steht und noch unsichtbar sein soll. Das Ereignis wird in einem Gesang vorausgesagt, der 1914, 1940 und dann wieder 1961 bei der großen Zeremonie ihres jährlichen Winterzyklus gesungen wurde. Sie sagen, daß er kommen wird, wenn der „blaue Stern"-Zeremonientänzer das nächste Mal auf der Plaza tanzt.

Auch **Ramatis**, ein brasilianischer Spiritualist, sagte voraus, daß sich uns ein riesiger, kalter Planet aus den Tiefen des Weltalls nähern würde. Obwohl es diesem Planeten nicht bestimmt sei, die Umlaufbahn eines anderen Planeten zu kreuzen, wird er, Ramatis Worten nach, schwere Störungen in unserem Sonnensystem auslösen.

Es wird von Forschern auch gerätselt, ob der Planet, der auf die Erde zurasen soll, vielleicht der Marsmond Phobos sein könnte. Phobos heißt „Terror". Könnte er der „große König des Schreckens" sein, den Nostradamus erwähnte? Phobos umläuft den Mars zentrifugal und zerrt förmlich an seiner Leine. Da er ein sehr dichter Körper ist, drängt es ihn zum Zentrum des Sonnensystems. Er würde nahe an der Erde vorbeiziehen oder gar mit ihr zusammenstoßen und ist daher bei der Frage nach dem Planetoiden als möglichen Kandidaten nicht auszuschließen.

Über Phobos kursieren sogar Gerüchte, daß er ein künstlicher Mond sei, von Wesen erschaffen, und als eine Art „außerirdische Beobachtungsstation" dienen soll. Wäre dem so, wäre es sicherlich auch ein leichtes, diesen künstlichen Mond zu einem geeigneten Zeitpunkt auf die Erde loszulassen, um das vorhergesehene Szenarium auszulösen und dem Zerstören auf Erden ein Ende zu bereiten. Das ist jedoch nur eine weitere Annahme.

Caesarius von Heisterbach: „*Viele und schreckliche Zeichen werden am Himmel erscheinen, die Sonne wird sich verdunkeln und blutig rot zeigen. Zwei Monde zugleich wird man vier Stunden lang, umgeben von erstaunlichen Dingen, sehen. Mehrere Sterne werden zusammenstoßen zum Zeichen der Zerstörung fast aller Menschen. Der natürliche Zug der Luft wird wegen der Pestkrankheiten verändert und verkehrt; Menschen und Tiere werden schnell sterben... Nie seit Beginn der Welt wird man dergleichen gehört haben.*" (103, S. 114)

Sepp Wudy sagte: „*...Mit dem Glauben geht es bergab, und alles wird verdreht. Niemand kennt sich mehr aus. Die Oberen glauben schon gar nichts mehr, die kleinen Leute werden irre gemacht. In der Kirche spielen sie Tanzmusik, und der Pfarrer singt mit. Dann tanzen sie auch noch, aber draußen wird das Himmelszeichen stehen, das den Anfang vom großen Unheil ankündigt...!*

Es steht gegen Norden ein Schein, wie ihn noch niemand gesehen hat, und dann wird ringsum Feuer aufgehen." (18)

Tanzmusik in der Kirche – das muß für viele orthodoxe Kirchenchristen unvorstellbar gewesen sein. Aber die Wendung des Christentums zum Weltlichen hin wird sich weiter fortsetzen. Bereits heute gibt es gitarrenspielende Pfarrer, und in manche deutsche Kirchen werden auch Gospelsänger eingeladen. Und in dieser Zeit soll *das Himmelszeichen* – der Planetoid – am Firmament zu sehen sein, aber niemand wird es richtig einzuschätzen wissen und voraussehen, welches Unheil damit über die Menschheit kommen wird.

Der **Evangelist Ron White** hatte am 15.06.1976 folgende Vision: „*In diesen europäischen Krieg werden alle Länder Europas einbezogen werden, aber nur Deutschland und Norwegen werden besetzt sein... Der Krieg in Europa wird nicht lange dauern, denn ich sah, daß etwas anderes sich anbahnte. Ich sah, wie eine andere Armee von Rußland kam und sich gegen Süden wendete in Richtung der Berge Israels. In dieser Armee gab es viele Soldaten zu Pferd, außerdem Tanks und andere motorisierte Maschinen – eine mächtige Armee. – Gott zeigte mir, daß Rußland diese Armee für eine kurze Periode nach Israel senden wird. Und gerade in dem Moment, wo es schien, daß die Armee bereit war, Israel einzunehmen, sah ich, daß der Himmel sich öffnete, daß eine riesenhafte Hand sich vom Himmel ausstreckte und mit einer lähmenden Kraft auf diese mächtige russische Armee fiel. Und durch einen kräftigen Schlag dieser Hand, der Hand Gottes (Planetoid), wurde die ganze mächtige Armee vernichtet. Gott hat mir seine große Liebe zu seinem Volk Israel gezeigt. Zur gleichen Zeit, als dies geschah, sah ich die russischen Truppen, welche sich in Europa befanden, dabei, sich rasch zurückzuziehen, und ich fragte: Warum Herr? Ich sah dann in der Vision, wie die chinesische Armee mit Gewalt die russische Grenze überschritt und tief in Rußland eindrang, wo sie tötete und vernichtete. Darum hat sich die russische Armee aus Europa zurückgezogen, um die chinesische Armee zu bekämpfen und zu besiegen. Aber gleichzeitig geschah in Europa etwas anderes. Der Mangel an Nahrung verschlimmerte sich, und die Wasserknappheit vergrößerte sich. Aus dieser Tatsache erwuchsen große Probleme für Zentraleuropa. Auf meine Frage: Warum wird das stattfinden? antwortete der Herr: Ich strecke ihnen die Hand entgegen, und ich bin im Begriff, diese Dinge zu gebrauchen, um das Volk zu mir zurückzuführen. Ich habe die Absicht, die Nationen wieder auf die Knie zu bringen. Das will der allmächtige Gott tun... Ich sah vom Himmel Flammen fallen auf ganz Europa, auf jede Nation... Ich sah Feuer fallen auf unser Land (USA)...*" (11, S. 160-164)

Höhere Mächte greifen ein, um zu verhindern, daß die Menschen sich mit Atomwaffen selbst vernichten. Sehr deutlich wird das Bild auch bei **Veronika Lueken** aus Bayside. Ihre Vision vom 30.12.1972: „*Gebäude, die einstürzen – Stimmen, die kreischen –, große sengende Hitze – Feuerblitz, dann Finsternis, die Welt scheint stillzustehen, die Erde sich nicht mehr zu drehen – Leute, die hin- und herrennen im Dunkel. – Da ist ein Haus, in dem* eine Kerze brennt – wie Tiere klammern sich die Menschen an die Eingänge, die Türen, um hineinzukommen –, ein anderes Haus hat brettervernagelte Fenster, auch darin brennt eine Kerze – keine Tür wird geöffnet –, Staub und Felsbrocken beginnen, auf die Leute zu fallen – überall Blut –, Schreie um Barmherzigkeit – in einer Versenkung ein Mann, er hält ein Kreuz heraus – eine Stimme schreit: drei Tage, drei Tage." (73)

Veronika Lueken beschreibt die Feuerkugel folgendermaßen: *"Sie dreht sich schnell um sich selbst, sie geht hinter dem Mond vorbei. Der Mond sieht auf einer Seite blau aus, ein Teil von ihm scheint zu schmelzen. Drüben an der rechten Seite des Mondes erscheint sie wieder wie ein brennender Stern, Funken sprühen weithin wie bei Feuerwerkskerzen. Die Farben sind ein tiefes Rot und Orange. Jetzt, da die Kugel näherkommt, wird es sehr, sehr heiß, Teile des Himmels werden weiß... Auf Erden erheben sich Wasser, fünfzehnmal so hoch wie normale Wellen... Ich sehe, wie der Himmel ganz leuchtend rot, fast orange... orangerot wird. Und das Licht ist so leuchtend, daß es meinen Augen weh tut. Und ich sehe diese enorme Kugel... und während sie schneller über den Himmel saust, löst sich ein Teil von ihr ab. Und jetzt verschwindet sie hinter der Sonne. Ich sehe diese enorme Kugel, die Sonne, sie ist ein Feuerball, und die Kugel, von der ich rede, ist ein anderer Feuerball. Und ein Teil hat sich vom Ball gelöst, und er fällt auf die Sonne, und es entsteht eine Explosion... alles ist wie gelähmt... Und jetzt sehe ich dieses Schwarze, den großen dicken Rauch... der Mond ist vollständig bedeckt, ich kann ihn nicht sehen, er gibt kein Licht. Jetzt scheint die Sonne Partikel zu sprühen... Da nun, ein Stück von feurigem Gestein, es ist sehr groß, es fällt in das Wasser, das Wasser ist mehr Dampf, zischender Dampf, und ich glaube, daß das Stück, das in das Wasser gefallen ist, sehr groß war, denn das Wasser steigt sehr hoch."*

Vision vom 10.02.1973: „Unsere Frau (Maria) zeigt Veronika einen Globus und weist auf die Gebiete Asiens, Ägypten, Afrika hin. Ein fürchterlicher Krieg ist im Gange, viele sterben, viele unvorbereitete Seelen sind darunter. Dann wird die Aufmerksamkeit Veronikas auf die andere Seite des Globus gelenkt; da schwebt eine gewaltige Himmelskugel, wie eine glühende Sonne, über dem Land, sie zieht hinter sich einen Feuerschweif, wirbelt über den Himmel und der Erde zu, unerträgliche Hitze verbreitend. Städte beginnen in lodernden Flammen zu brennen, Menschen rennen um ihr Leben, stürzen hin, die Luft ist erstickend, überall Mangel an Sauerstoff. Die Kugel dreht sich in *rasender Schnelligkeit, speit riesige Staubwolken aus (Veronika fällt in erstickende Hustenkrämpfe), der Staub senkt sich herab, Felsbrocken fallen, die Leute laufen nach allen Richtungen, es gibt keinen Ort, wohin man sich retten kann. Es erheben sich Wellen in einem Gestade, riesenhoch, überfluten das Land, New York."*

18.03.1973, Maria: *„Es wird über die Erde eine große Finsternis kommen, die Luft wird zum Ersticken sein. Es wird kein Licht geben, nur wenige Kerzen werden brennen. Ihr werdet vor dem Strafgericht gewarnt werden, eine Zeit vorher. Dann wird die Buße für viele zu spät kommen: der Vater hat die Kugel auf den Weg zu euch gebracht."*

18.06.1974, Maria: *„...Der Dritte Weltkrieg wird bald beginnen. Mein Kind, er wird viele Leben fordern. Viele Länder werden vom Angesicht der Erde verschwinden. Kriege sind Strafen für die Sünden der Menschen. Der Vater züchtigt jene, die er liebt. Betet, betet viel, bringt Opfer. Viele Eltern werden bittere Tränen weinen, aber zu spät. Wisse, daß niemand der Kugel der Erlösung entrinnen wird."*

27.12.1975, Jesus: *„...Der Tod wird über viele kommen. Die Annäherung der Kugel der Erlösung wird für die Menschheit klimatische Veränderungen mit sich bringen..."*

12.06.1976, Maria: *„...Alle erhalten eine gerechte Warnung, und dann kommt das Schwert. Wie der Tag der Nacht folgt, wird die Warnung bald eintreten. Schaut nicht auf zum Himmel, hütet euch vor dem Aufblitzen. Schließt eure Fenster, zieht die Vorhänge vor, bleibt im Hause. Wenn ihr euch vor eure Türen hinaus wagt, werdet ihr nicht mehr zurückkehren. Werft euch auf den Boden nieder, betet mit ausgebreiteten Armen und bittet euren Vater um Barmherzigkeit."* (11, S. 228-240)

Der seherisch begabte Lappe und Eismeerfischer **Anton Johansson** (gest. 1929) berichtet ebenfalls über Verwüstungen durch Naturkatastrophen. Er sieht zwar nicht den Planetoiden, doch beschreibt er Katastrophen, von denen es vorstellbar ist, daß sie durch diesen ausgelöst worden sind: Vulkanausbrüche, verheerende Erdbeben und einen weltweit rasenden Orkan, der entsetzliche Schäden verursacht.

PLANETOID VON DER
ERDE AUS VERFINSTERT

PLANETOID

SONNE

VENUS

ERDE

PLANETOID VON DER ERDE AUS GESEHEN:

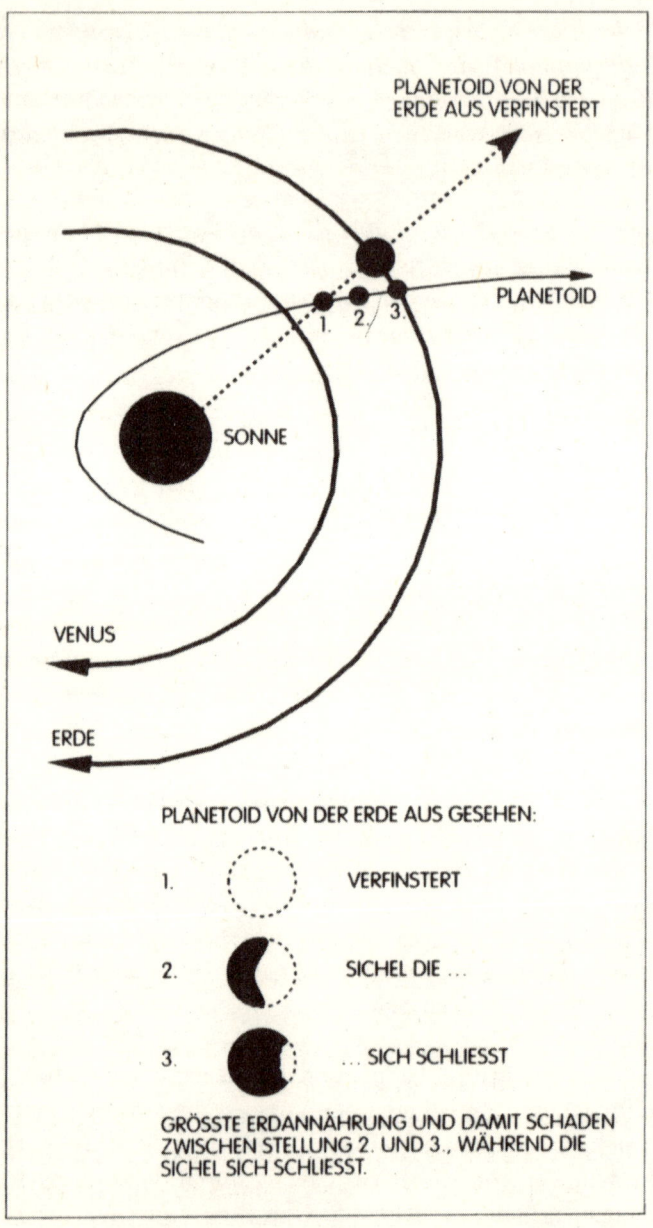

1. VERFINSTERT

2. SICHEL DIE ...

3. ... SICH SCHLIESST

GRÖSSTE ERDANNÄHRUNG UND DAMIT SCHADEN ZWISCHEN STELLUNG 2. UND 3., WÄHREND DIE SICHEL SICH SCHLIESST.

Die mögliche Bahn des Planetoiden nach Bouvier

Wenn wir in die Mythen verschiedener Völker blicken, scheint es so, als ob sich ein vergleichbarer Vorgang bereits schon einmal zugetragen hat. Bei den Germanen finden wir den Götterkampf Ragnarök (Weltenbrand), in der griechisch-römischen Welt die Sage des Phaeton. Interpretiert man diesen antiken, personifizierten Bericht in unserer Sprache, kommen folgende Merkmale zum Vorschein:

- **vormals kalte Polarregion erwärmt sich**
- **Asteroid/Komet zieht seine Bahn glühend diesseits des Mondes**
- **Mauern brechen, Wälder brennen**
- **Ausbruch von Vulkanen**
- **Verdunkelung durch Flugasche**
- **Flußbettverlagerungen**
- **Erdbeben weltweit**
- **Meereshebungen**
- **Meteoritenfall**
- **drei Tage Dunkelheit**
- **Sonne auf neuer Bahn**
  (subjektive Sicht wegen des Polsprunges) (18)

Das Kippen der Erdachse (Polsprung)

„Und der dritte Engel stieß in die Posaune. Da fiel ein großer Stern, der wie eine Fackel brannte, vom Himmel herab. Er fiel auf ein Drittel der Flüsse und der Quellen. Der Stern heißt Bitterkeit. Da wurde ein Drittel der Gewässer bitter, und viele Menschen starben von dem Wasser, weil es vergiftet war...

Und ich sah, als es das sechste Siegel brach, und siehe, ein gewaltiges Erdbeben entstand, und die Sonne wurde schwarz wie ein härenes Trauergewand, und der ganze Mond wurde wie Blut, und die Sterne des Himmels fielen herab auf die Erde, wie ein Feigenbaum seine Feigen abwirft, wenn der Sturm ihn schüttelt. Und der Himmel verschwand wie eine Schriftrolle, die zusammengerollt wird, und alle Berge und Inseln wurden von ihrem Ort weggerissen." (Offenbarung des Johannes 8, 10-11; 6, 12-14)

Aus Legenden, aber auch aus historischen Unterlagen und geologischen Aufzeichnungen wissen wir, daß es während der letzten dreieinhalb Milliarden Jahre, welche die Erde existieren soll, bereits zu vielen Verlagerungen der Pole gekommen ist. Sie verursachten katastrophale Veränderungen, Umwälzungen, die ganze Kontinente überschwemmten, Berge aus dem Boden stampften, Zivilisationen in wenigen Tagen zerstörten und dem Planeten ein neues Bild verliehen.

Die Wanderung der Magnetpole ist eine anerkannte geophysikalische Tatsache. Albert Einstein sagte beispielsweise dazu: *„Solche Bewegungen können als Folge von relativ geringen Kräften stattfinden, die auf die Kruste der Erde ausgeübt werden und die sich vom Drehmoment der Erde herleiten, was wiederum versuchen wird, die Rotationsachse der Erdkruste zu verschieben."* („The Path of the Pole", von Charles H. Hapgood)

Was verursachte die Umkehrungen der Magnetpole? Moira Timms dazu: *„Die Wissenschaft weiß immer noch nicht, wie und warum sich die Magnetpole umkehren, nur, daß sie es tun. Ein Polwechsel innerhalb einer elektromagnetischen Vorrichtung kann erreicht werden, indem man die Richtung des Stromes umkehrt, anstatt den Kern umzudrehen; ein Blitz, der in einen Magneten einschlägt, kann theoretisch dieselbe Wirkung haben. **Der Planet***

IST ein großer Magnet, so daß ein Kurzschluß zwischen ihm und einem anderen Himmelskörper, der an der Erde vorbeizieht, ein Vertauschen der Magnetpole zur Folge haben könnte. Wir wissen zum Beispiel, daß zwischen Jupiter und einem seiner Monde, Io, ständig gewaltige elektrische Ladungen ausgetauscht werden. Wenn im Fall der Erde die vorbeiziehende Kugel ein Komet gewesen wäre, hätten dichte Wolken magnetischer Trümmerstückchen in seinem Schweif elektrisch geladen sein können, von deren Ladung die Stärke dessen Magnetfelds abhängt. Das würde die Zunahme an entdeckten Fällen von Polumkehrung theoretisch erklären und auch das Rätsel der Felsen mit umgekehrter Polarität, die bis zu einhundertmal stärker magnetisch sind als normal." (109, S. 74 und 75)

Interessant ist in diesem Zusammenhang auch der Hinweis, daß mit den bisherigen Umkehrungen der Pole ebenfalls Meteoritenschauer einhergingen. In alten Überlieferungen heißt es oft, daß vor solch einer Katastrophe ein Hagel vom Himmel fiel beziehungsweise die Sterne vom Himmel fielen.

Die Wissenschaft erkennt ebenfalls an, daß kosmische Trümmer – wie man sie auch mehrere hundert Kilometer vor der Küste Mittel- und Südamerikas entdeckt hat –, in Form von fallenden Meteoren und Tektiden nicht nur die Erdrotation verlangsamen, sondern auch ihre Umlaufbahn beeinflussen können. Das könnte darauf hinweisen, daß sich die geographischen wie auch die magnetischen Pole gleichzeitig verschieben.

So heißt es in der Bibel: *„...die Sterne des Himmels fielen herab auf die Erde, wie ein Feigenbaum seine Feigen abwirft, wenn der Sturm ihn schüttelt. Und der Himmel verschwand wie eine Schriftrolle, die zusammengerollt wird, und alle Berge und Inseln wurden von ihrem Ort weggerissen."* (Offenbarung 6:13-14)

„Und ein gewaltiger Hagel, zentnerschwer, ging auf die Menschen nieder... denn die Plage war sehr groß." (Offenbarung 16:21)

„Sofort nach den Tagen der Bedrängnis... die Sterne werden vom Himmel fallen und die Kräfte des Himmels erschüttert werden." (Matthäus 24:29)

Schon kleine Veränderungen der Erdachse, wie sogenannte „Schlingerbewegungen", können das Klima auf der Oberfläche sowie die Kräfte und Spannungen in der Erde in einem überraschenden Ausmaß beeinflussen. So fand man beispielsweise heraus, daß Erdbeben der Stärke 7,5 auf der Richterskala entweder Ursache oder Wirkung eines unregelmäßigen Schlingerns des geographischen Nordpols sind. Daß ein Atombombenversuch, demzufolge es kurz darauf zu einem Erdbeben an irgend einer Stelle der Welt folgt, eine Einwirkung auf die Bewegung des Planeten Erde hat, ist auch vorstellbar. Für einen lebenden Organismus wie die Erde wirkt ein unterirdischer Atombombenversuch wie ein Elektroschock auf einen Menschen.

Wenn die Erdachse in Gegenwart eines starken magnetischen Einflusses kippen würde und ihre Rotation ungestört weiterginge, dann könnte es so aussehen, als ob die Sonne für eine Reihe von Stunden ihren täglichen Weg verlöre.

Bei **Konrad Klee** finden wir eine weitere Auflistung solcher Auswirkungen:
- Veränderung der erdmagnetischen Felder
- Stromausfall
- Blitze
- van Allen-Gürtel bricht zusammen
- Stürzen von Sternen
- Funkenregen, regional alles verbrennend
- Erdbeben und Seebeben
- Flutwellen
- Überschwemmungen
- Vulkanausbrüche
- Landwirtschaftliche Veränderungen
- Seichtigkeit von Flüssen/Flußbettverlagerungen/Umkehrung der Fließrichtung
- Sternenhimmel verändert (subjektiv von der Erde aus gesehen)
- Sonnenbahn verändert (subjektiv von der Erde aus gesehen)
- Aufbrechen der Erdkruste an den labilen Spalten zwischen den Krustenplatten
- Landhebungen
- Landsenkungen
- Abschmelzen von Pol-Eis

- Neue Pole, neue Eiskappen
- Klimaveränderungen
- Vegetationsfolgen (18)

Den Schauungen des **Irlmaier** entnehmen wir, daß nach dem Krieg bei uns Südfrüchte wachsen sollen. Aufgrund der Polverschiebung kommt es demnach auch zu einer Klimaverschiebung.

Edgar Cayce sah ebenfalls ein bevorstehendes Erdkippen voraus, das sich bereits anbahne.

Die letzte Polverschiebung fand wahrscheinlich vor zirka 13.000 Jahren statt, als die Mammute im Norden Sibiriens unter ewiges Eis gerieten. Diese waren angeblich nicht erfroren, wie manche zuerst annahmen, denn sie hatten noch frisches Grünfutter in ihren Mägen, was darauf hindeutet, daß sie nicht erfroren, sondern an giftigen Gasen erstickt und dann spontan eingefroren sind.

Heilige Hildegard von Bingen: *„Ich schaute weiter – und siehe, alle Elemente und jegliches Geschöpf wurden von einer durchdringenden Bewegung erschüttert. Feuer, Luft und Wasser brachen hervor, so daß die Erde wankte. Blitze und Donner krachten, Berge und Wälder stürzten, und alles, was sterblich war, hauchte das Leben aus. Alle Elemente wurden gereinigt, so daß, was immer an ihnen beschmutzt war, verschwand..."* (7, S. 5ff)

Nostradamus: *„Es wird im Oktober sein, wo man eine große Verlagerung beobachten wird, so daß jedermann glaubt, die Schwerkraft der Erde habe ihre natürliche Bewegung verloren und die Welt sei in ewige Finsternis geschleudert... Dann aber werden die himmlischen Sternbilder rückläufig werden und an den Anfang ihrer Bewegung zurückkehren. Diese Bewegung in der höheren Welt wird die Erde wieder fest und stabil machen."* (Brief an Heinr. d. Glücklichen)

De La Vega: *„Die Erdachse verschiebt sich, und die Sonne ändert ihren Himmelslauf."* (97, S. 183)
Sie geht dann im Westen auf und im Osten unter.

Im Lied der Linde:
„Nimmt die Erde plötzlich andern Lauf?"

Moira Timms über den tieferen Sinn der Polveränderung: *"Das Thema der Polumschaltung bietet sich der faktischen Definition, der philosophischen Betrachtung und jenem Bereich der Abstraktion an, der hinter dem Punkt liegt, wo die Dinge verschwinden: der Ort, wo Logik und Intuition kurz miteinander verschmelzen, bevor sie in die subtileren Energien einer anderen Realität umgewandelt werden. In der Endanalyse geschehen uns nicht Dinge, sie geschehen VON uns. Sie glauben vielleicht, daß die... Katastrophen Teil eines zufälligen Epos sind, ohne Zusammenhang mit irgendeiner der erkennbaren Strukturen, welche die historische Perspektive so bequem findet. Aber die Menschheit, die sich im Rahmen der Zyklen frei bewegt, trug die Verantwortung für Ereignisse in der Vergangenheit, und sie wird es wieder tun. So ist es nun einmal."* (109)

Sie erklärt, daß es immer wieder zu Chaos kommt, wenn die Kette Gedanke-Wort-Tat, kurz gesagt, das Gesetz von Ursache und Wirkung, destruktiv angewendet wird beziehungsweise die Naturgesetze ignoriert werden.

Moira Timms weiter: *"Oder anders: Alle Energie, die der evolutionären Lebenskraft entgegensteht, ist negativ polarisiert. Sie geht zur gegebenen Zeit auf niedrigeres und destruktiveres Leben und eben solche Energieformen über. Die kollektive negative Energie (der Gedanken, der Worte und der Taten) steigt in ihren verschiedenen Formen und Stärken zu den entsprechenden Frequenzen von weniger entwickelten Formen hinab. Sie kann zum Beispiel Bakterien und Ungeziefer zum Leben erwecken und mit Energie aufladen, und somit Epidemien verursachen, oder Wetter, in Form von Stürmen, Fluten und Hurrikanen, geographischem Aufruhr in der Erde selbst und Störungen von außen, aus dem Weltraum – alles Träger negativer, karmischer Rückkopplung. Das ist es, was Edgar Cayce meinte, als er sagte, daß so manches Land durch das Bewußtsein seiner Bewohner intakt gehalten werden könnte. Das ist auch der Grund dafür, daß das Hineinpfuschen in die Natur, um unerwünschtes Wetter zu verändern oder abzustellen, so nutzlos und gefährlich ist. Das ist wie die Einnahme von Medikamenten zur Behandlung von Symptomen, die dann verschwinden oder auch nicht, wobei aber gefährlichere Nebenwirkungen auftreten. Die negative Energie wird sich einfach an einem anderen Ort zu einer anderen Zeit noch stärker manifestieren.*

Physikalische Effekte werden, wie wir zugeben, durch physikalische Mittel hervorgerufen. Das ist alles, was wir direkt beobachten können. Aber diese Ursachen sind nur die sichtbaren Verlängerungen einer langen Linie von Verursachungen durch die subtileren Reiche, deren Ursprung und Wurzel im Bewußtsein und im Energiefeld von Individuen und von Gruppen von Menschen liegt.

Die täglichen Krisen der Welt: Zu knappe Nahrungsmittelvorräte, Versagen der Wirtschaft, Energieknappheit, Bevölkerungszuwachs und abnehmende Rohstoffvorräte, sind keine „höhere Gewalt". Unwissenheit und Furcht waren die Schuldigen, zusammen mit ihren Kumpanen, der Gier, der Unehrlichkeit und einfach schlichter Dummheit – eine Verschwörung des Nicht-bewußtseins, deren Mitglieder wir alle sind. Die negativen Eigenschaften des einzelnen erwiesen sich als Vorteile. Als Macht und Profit ins Spiel kamen und als die industrielle Revolution als die Ausrede diente, die man braucht, um Erfolg zu haben und um jeden Preis voranzukommen – das war die freie Wirtschaft. Viele begannen die Technologie als ein Wunder zu sehen, das als Austausch für den exorbitanten Preis – Umweltvernichtung und menschliches Leid, für Entfremdung von allem, was natürlich ist – Bequemlichkeit, hohe Leistung und Profit lieferte. Genährt von natürlichen Quellen gebaren die technologischen Kinder der industriellen Revolution Korporationen, Firmenzusammenballungen und fiskalische Netzwerke, die so mächtig waren, daß sie bald das Antlitz der Erde veränderten. Ihr computerisiertes Nervensystem knistert mit übermenschlicher Intelligenz, und jetzt verlangt sie mehr von den zu Ende gehenden Kraftquellen, die einst ihre Entstehung ermöglichten. Sie inspiriert sogar aggressives Pokern um Öl und die Sucht nach Kernkraft.

Vielleicht ist im Augenblick die bedrohlichste aller Ideen der Glaube, daß die richtige Politik oder die richtige Technologie unsere Probleme lösen kann. Unter den fehlgeleiteten Richtungsangaben der Gesellschaft haben sie bisher bei dieser Aufgabe nicht nur versagt, sondern die Probleme noch vergrößert. Es ist für diese Kultur typisch, daß die sichere Art und Weise, auf die die Natur funktioniert, als irrelevant betrachtet und ignoriert wurde. Physikalische Effekte haben ihren Ursprung immer in spirituellen Ursachen. Wie kann eine Sammlung von „Effekten" mit Erfolg so jongliert werden, daß eine „Ursache" korrigiert wird? Wenn der Feuermelder anspricht, warum schalten wir ihn dann immer wieder ab, anstatt nach dem Feuer zu suchen?" (109, S. 87-89)

Drei Tage Finsternis

Henri Schnyder schreibt hierzu: *"Während des Polsprunges bricht das elektromagnetische Feld der Erde zusammen, es gibt nirgendwo mehr Elektrizität; eine dichte Wolkendecke, angefüllt mit aufgewirbeltem atomaren Fall-Out, mit Vulkanasche und Kometenstaub, wie mit zehntausenden kleinen Meteoriten verdunkelt den Himmel; giftige Gase, größtenteils vom Schweif des Sternes Typhon (seine Bezeichnung des Himmelskörpers), Partikel von der Sonnenexplosion und immer wieder Unmengen emporschießenden Wasserdampfes: Die drei dunklen Tage sind da, drei Tage der Umwälzung des Planeten Erde, drei Tage, in denen die Erde taumelt, die Erdoberfläche ihr Gesicht verändert, aber auch drei Tage, in denen sich die Erde von den Giften reinigt, die ihr der Mensch verabreicht hat."* (97, S. 184)

Die Seherin **Anna Maria Taigi** (1769-1837) hatte während einer Marienerscheinung folgende Vision: *"<u>Gott wird zwei Strafgerichte verhängen: eines geht von der Erde aus, nämlich Kriege, Revolutionen und andere Übel. Das andere Strafgericht geht vom Himmel aus</u>: Es wird über die ganze Erde eine dichte Finsternis kommen, die drei Tage und drei Nächte dauern wird. Diese Finsternis wird es ganz unmöglich machen, etwas zu sehen. Ferner wird die Finsternis mit Verpestung der Luft verbunden sein, die zwar nicht ausschließlich, aber hauptsächlich die Feinde der Religion (!) hinwegrafft. Solange die Finsternis dauert, wird es unmöglich sein, Licht zu machen. Nur geweihte Kerzen werden sich entzünden lassen und ihr Licht spenden. Wer während dieser Finsternis aus Neugierde das Fenster öffnen und hinausschauen oder aus dem Hause gehen wird, wird auf der Stelle tot hinfallen. In diesen drei Tagen sollen die Leute vielmehr in ihren Häusern bleiben, den Rosenkranz beten und Gott um Barmherzigkeit anflehen."*

Und weiter sieht sie: *"...die Hand des Herrn, wie sie den Himmel in Bewegung setzte und die Menschen durch schreckhafte Meteore in schaurige Verwirrung brachte, und wiederum sah sie Millionen sterben."* (125, Nr. 9, S. 2)

Irlmaier: *"Finster wird es werden an einem Tag unterm Krieg. Dann bricht ein Hagelschlag aus mit Blitz und Donner und ein Erdbeben schüttelt die Erde. Dann geh nicht hinaus aus dem Haus. Die Lichter brennen nicht, außer Kerzenlicht, der Strom hört auf. Wer den Staub einschnauft, kriegt einen Krampf und stirbt. Mach die Fenster nicht auf, häng sie mit schwarzem Papier*

zu. *Alle offenen Wasser werden giftig und alle offenen Speisen, die nicht in verschlossenen Dosen sind. Auch keine Speisen in Gläsern, die halten es nicht ab. Draußen geht der Staubtod um, es sterben sehr viele Menschen. Nach 72 Stunden ist alles vorbei. Aber noch einmal sage ich es :*
Geh' nicht hinaus, schau nicht beim Fenster hinaus, laß die geweihte Kerze oder den Wachsstock brennen. Und betet. Über Nacht sterben mehr Menschen als in den zwei Weltkriegen. Kauft ein paar verlötete Blechdosen mit Reis und Hülsenfrüchten. Brot und Mehl hält sich, Feuchtes verdirbt wie Fleisch, außer in blechernen Konservendosen. Wasser aus der Leitung ist genießbar, nicht aber Milch. Recht viel Hunger werden die Leute so nicht haben, während der Katastrophe und Finsternis. Macht während der 72 Stunden kein Fenster auf. Die Flüsse werden so wenig Wasser haben, daß man leicht durchgehen kann. Das Vieh fällt um, das Gras wird gelb und dürr, die toten Menschen werden ganz gelb und schwarz. Der Wind treibt die Todeswolken nach Osten ab." (13)

Es scheint sich hierbei nicht um atomar verstrahlten Staub zu handeln, denn an den Folgen einer Verstrahlung stirbt man nicht sofort, sondern erst nach mehreren Tagen oder gar Wochen. Auch ist der Körper in der Lage, sich wieder zu erholen. Um Geländekampfstoff scheint es sich ebenfalls nicht zu handeln. Und in beiden Fällen verdunkeln diese nicht den Himmel. Wohl eher scheint es sich um Vulkanasche zu handeln oder Staub vom Planetoiden, zusammen mit eruptiven Gasen.

Der heiligen **Schwester Elena Aiello** wird folgende Vorhersage zugeschrieben: *„Die Welt wird durch einen neuen schrecklichen Krieg erschüttert werden. Tödlichste Waffen werden Völker und Nationen vernichten... Wolken mit Feuerschein werden schließlich am Himmel erscheinen und ein Feuersturm wird auf die ganze Erde losschlagen. Die schreckliche, in der ganzen Geschichte der Menschheit nie vorher gesehene Geißel wird siebzig Stunden dauern. Die Gottlosen werden zu Staub gemacht werden und viele werden in der Verstocktheit ihrer Sünden verlorengehen. Dann wird man die Macht des Lichtes über die Macht der Finsternis sehen... Und wenn die Menschen in diesen Geißeln den Ruf der Göttlichen Barmherzigkeit nicht erkennen und durch ein wahrhaft christliches Leben nicht zu Gott zurückkehren wollen, wird ein weiterer Krieg kommen von Ost nach West, und Rußland wird mit seinen Waffen gegen Amerika kämpfen und Europa überrollen, und vor allem der Rhein wird voller Leichen sein."* (113, S. 160-163)

Eine weitere Seherstimme, die der **Marie Julie Jahenny de la Faudais** von 1891: *„Es wird eine dreitägige Finsternis der Natur eintreten; während dreier Nächte und zwei Tagen wird eine ununterbrochene Nacht sein. Die geweihten Kerzen von Wachs werden allein noch Licht spenden... die Blitze (Strahlung) werden in eure Wohnungen eindringen... Wolken rot wie Blut werden am Himmel vorüberziehen... Die Erde wird bis in ihre Grundfeste erschüttert werden... In einem unermeßlichen Friedhof wird die Erde umgewandelt, die Leichen der Gottlosen und der Gerechten bedecken die Erde. Dann wird eine große Hungersnot sein. Alles wird zerstört sein und drei Viertel der Menschheit wird umkommen. Diese Krisis wird fast plötzlich ausbrechen und wird auf der ganzen Welt gemeinsam sein..."* (125, Nr. 9, S. 2)

Mühlhiasl: *„Im ganzen (Bayer.) Wald wird kein Licht mehr brennen."*

Und **Alois Irlmaier** erklärt: *„Es werden nur noch Kerzen brennen."*

Johannes Friede: *„In den Tagen der hereinbrechenden Dämmerung werden im Äther Blitze aufleuchten, die den Dunkelnebel... sehen lassen... Wenn am vierten Tage, zur Zeit des Sonnenaufgangs, euer Tagesgestirn wieder in vollstem Glanze erstrahlen wird, dann wird auf Erden eine Aschedecke liegen wie bei Neuschnee im Winter, nur mit dem Unterschied, daß diese Asche schwefelfarben ist. Von Erdbeben werden Nebel (giftige Gase; A.d.Verf.) aufsteigen... Im Menschenreiche werden mehr Tote zu finden sein, als die letzten Kriege Opfer forderten... Und am siebenten Tage nach dem Wiedererscheinen des Lichtes wird die Asche vom Erdboden aufgenommen sein und eine Fruchtbarkeit erzeugen, wie sie die Menschen noch nie zu sehen bekamen."* (18)

Auch **Josef Stockert** aus München sah 1947 in einer apokalyptischen Schau ähnliche Bilder, die ihn zutiefst erschütterten: *„So sah ich Todesengel ausziehen und ihre Giftschalen über die gesamte Menschheit ausleeren. Ganze Völker werden sterben... Die große Katastrophe wird natürlich beginnen und übernatürlich enden. Denkt daran, was das heißt; natürlich und übernatürlich! Gott wird selbst eingreifen. Die Erde wird aus ihrer Bahn geworfen und die Sonne wird ihr keinen Schein mehr geben. (Polsprung) Finsternis wird sein auf dem ganzen Erdball 72 Stunden lang. In dieser Finsternis wird kein Licht brennen, außer dem Licht des Glaubens und geweihter Kerzen, das jedem erhalten bleibt, der die Bitte der Gottesmutter treu erfüllt hat. Die wah-*

ren Christen werden in dieser Zeit Fenster und Türen schließen und verhängen und sich um das Kreuz und das Bild der seligsten Jungfrau im Gebet versammeln... Schauet nicht hinaus und seid nicht neugierig, was draußen vorgeht, sonst müßt ihr sterben!... Zwei Drittel der Menschheit wird von der Erde genommen sein... Es wird nun eine fruchtbare Friedenszeit sein."

Das Nachwort des Sehers lautet: „*Als ich das furchtbare Strafgericht Gottes geschaut hatte, war ich innerlich gebrochen. Es vergingen Tage, Wochen und Jahre, und so oft ich an jene furchtbare Nacht dachte, war ich aufs neue gebrochen.*" (104)

Der **Bauer aus Krems** sagt, er baue sich rechtzeitig einen Erdbunker: „*Nur die paar Leute, die in diesem Bunker sitzen, überleben. Und außerdem noch eine Handvoll Einwohner, die sich in einem Hohlweg am anderen Ende des Dorfes verkriechen. Sonst kommt alles um.*" Schuld daran sei die über dem südwestlichen Böhmen aufsteigende schwefelgelbe Glut, die er als Explosion von Neutronenbomben deutet. Am vernichtendsten würden sich aber die Giftgase auswirken, die durch eine ungeheuerliche Eruption südlich von Prag frei werden sollen. Er könne sich das, was er erblicke, nur als einen Riß der Erdrinde erklären. Er sehe ein grelles Blitzen. Dann würden Tausende von Teilen aus den Höhen fallen, in die sie hinaufgeschleudert worden waren, zurück auf die Erde, daß es wie die niederhängenden Zweige eines gewaltigen Birkenbaums aussehen würde. Die Erschütterung sei so stark, daß die Erde unvorstellbar bebe. „*Einen Tag lang zittert und bebt die Erde. Man bilde sich nicht ein, daß irgend etwas stehenbleibt. Das Beben setzt am späten Abend ein und dauert bis zum nächsten Tag.*" Das diffuse Licht, das sich dann verbreite und die Vergiftung der Atmosphäre hielten bedeutend länger als nur drei Tage lang an. Wer nach fünf oder sechs Tagen sein Versteck verlasse, trage noch immer bleibende Schäden davon. (18)

Der **Seher von Vorarlberg**: „*...drei Tage und drei Nächte lang Dunkelheit. Sie beginnt mit einem fürchterlichen Donner oder Erdbeben. Es wird kein Feuer brennen. Blitze werden in die Häuser eindringen. Erdbeben und Meeresbeben... Schwefeldämpfe und Gestank erfüllten die Luft ...Die Erde liegt verlassen da wie ein riesiger Friedhof. Verschreckt kommen die Menschen aus den Häusern. Die Toten werden zusammengelesen und in Massengräbern beigesetzt. Auf den Straßen ist es still, und in den Fabriken arbeitet keine Ma-*

schine, weil niemand da ist... Die Güter werden unter die Überlebenden verteilt. Man begibt sich in die am stärksten entvölkerten Gebiete. Die Menschen kommen von den Bergen herunter, um in den Ebenen zu leben, wo die Arbeit nicht so schwer ist..." (18)

Jahenny: „*Es wird eine dreitägige Finsternis in der Natur eintreten; während dreier Nächte und zwei Tage wird eine ununterbrochene Nacht sein. Die geweihten Kerzen von Wachs werden allein noch Licht spenden. Eine einzige Kerze wird für drei Tage reichen.*

In den Häusern der Gottlosen und der Gotteslästerer werden die Bösen Geister in den abscheulichsten Gestalten erscheinen. Sie werden in den Lüften die schrecklichsten Gotteslästerungen hören lassen. Die Blitze werden in eure Wohnungen eindringen, aber sie werden das Licht der geweihten Kerzen nicht auslöschen, weder der Wind noch der Sturm noch die Erdbeben werden sie auslöschen. Wolken, rot wie Blut, werden am Himmel vorüberziehen; das Krachen des Donners wird die Erde erschüttern. Unheilbringende Blitze werden die Straßen durchzucken und dies zu einer Zeit, zu der sie sonst nie vorkommen. Die Erde wird bis in ihre Grundfeste erschüttert werden. Das Meer wird schäumende Wogen über das Festland schleudern..." (102, S. 96)

Mutter Graf: „*Wie ein riesiger Donner grollt die Erde auf... Dann kam eine riesige schwarze Decke oder Wolke und brachte tiefschwarze Nacht über die Welt. Ich hörte weiter: ‚Eine furchtbare Finsternis wird die Erde einhüllen... in dieser Finsternis wird kein Licht brennen außer dem Licht des Glaubens...' Ein furchtbarer, beißender Stinkgeruch war in meiner Kehle, so daß ich Brechreiz hatte...*" (102, S. 120)

Im **Lied der Linde** heißt es:
„*Winter kommt, drei Tage Finsternis,*
Blitz und Donner und der Erde Riß,
bet' daheim, verlasse nicht das Haus,
auch am Fenster schaue nicht den Graus.

Eine Kerze gibt die ganze Zeit allein,
wofern sie brennen will, dir Schein.
Gift'ger Odem dringt aus Staubesnacht,
schwarze Seuche, schlimmste Menschenschlacht.

*Gleiches allen Erdgebor'nen droht,
doch die Guten sterben sel'gen Tod.
Viel Getreue bleiben wunderbar
frei von Atemkrampf und Pestgefahr."*

Pater Pio: *„Aus den Wolken werden Orkane von Feuerströmen sich auf die Erde verbreiten. Sturm und Unwetter, Donnerschläge und Erdbeben werden unaufhörlich einander folgen, unaufhörlich wird der Feuerregen niedergehen. Es wird in einer sehr kalten Nacht beginnen. Donner und Erdbeben werden zwei Tage lang die Erde erschüttern. Dies wird beweisen, daß Gott über allem steht. Sie, die auf Mich hoffen, und an Mich glauben, haben nichts zu befürchten, weil ich sie nicht verlassen werde...*

Damit ihr euch auf dieses Ereignis vorbereiten könnt, gebe Ich euch folgendes Zeichen: Die Nacht ist sehr kalt, der Wind braust und nach einiger Zeit wird der Donner einsetzen. Dann verschließt alle Türen und Fenster und sprecht mit niemandem außerhalb des Hauses. Kniet euch nieder im Geiste vor dem Kreuz und bereut alle eure Sünden. Bittet Gott und Mich um meinen Schutz. Während die Erde bebt, schaut nicht hinaus; denn der Zorn Gottes muß mit Furcht und Zittern betrachtet werden. Wer diesem Ratschlag nicht nachkommt, wird augenblicklich zugrunde gehen... In der dritten Nacht wird Erdbeben und Feuer aufhören und am folgenden Tag wird die Sonne wieder scheinen... Ein Drittel der Menschheit wird umkommen." (77, S. 83f)

Higginson: *„Ich sah mich an einen erhöhten Ort versetzt, von dem ich die Erde überschauen konnte. Zuerst sah ich eine schwarze Wolke die Erde umhüllen; es war eine wirkliche, dichte, materielle Finsternis..., dann hörte ich das starke Rollen des Donners, ich sah Blitze zucken, und es schien mir, als fielen feurige Kugeln auf die Erde... hierauf hörte ich das gewaltige Rauschen der Fluten."* (102, S. 34)

Palma von Oria: *„Es wird eine dreitägige Finsternis eintreten. Nicht ein Dämon wird in der Hölle verbleiben; alle werden von dort hervorgehen, und die Luft wird von ihnen verpestet sein. Das wird die letzte Plage sein."* (102, S. 53)

Maria Baourdi: „*...in einer dreitägigen Finsternis werden die den Lastern ergebenen Menschen sterben, so daß nur ein Viertel der Menschheit übrigbleiben wird.*" (103, S. 84)

Kugelbeer: „*Finsternis von drei Tagen und Nächten. Beginn mit einem furchtbaren Donnerschlag und Erdbeben. Man kann weder essen noch schlafen, sondern nur beten. Nur geweihte Kerzen brennen. Blitze dringen in die Häuser, gräßliche Flüche von Teufeln sind zu hören. Erdbeben, Donner, Meeresrauschen. Wer neugierig zum Fenster hinausschaut, wird vom Tode getroffen. Man verehre das kostbare Blut Jesu und rufe Maria an. Die Teufel holen die Gottlosen bei lebendigem Leibe. Vergebens flehen diese um Verlängerung ihres Lebens. Es herrscht die Pest, große schwarze Flecken am Arm sieht man, Schwefeldämpfe erfüllen alles, als wenn die ganze Hölle los wäre.*" (36, S. 149)

Kerizinen: „*Plötzlich kamen von rechts und links Feuerbälle, welche die Erde trafen und einen großen Brand verursachten. Die Erde schien danach wie zerstückelt. Wo die Explosionen waren, zeigten sich nachher Mästen. Andere Teile der Erde... bebten und stürzten ein. Dann kam eine dichte Finsternis.*" (10, S. 87)

Porto Stefano: „*Sohn, während der drei finsteren Tage werden die Verfolger der Kirche vernichtet werden. Himmel und Erde werden sich einander nähern und Feuer wird auf der ganzen Erde wüten. Sie wird mit Leichen bedeckt sein... es wird eine große Drangsal aller sein... Die Luft wird – giftgeladen – tödliche Vernichtung verbreiten. Es wird weltweit gänzliche Finsternis herrschen. Nur ein Viertel der Menschheit wird überleben.*" (76, S. 37)

Veronika Lueken: „*Unter einer Versenkung ist ein Mann zu sehen, der ein Kreuz aus dem Spalt hervorhält und eine Stimme kreischt gellend: ‚Drei Tage, drei Tage'.*" (73)

De la Vega: „*Die große Erschütterung und die drei finsteren Tage. Die Erdachse verschiebt sich, und die Sonne ändert ihren Himmelslauf. Riesige Wasser bedrohen die Küste, im Innern aber herrsch tödliche Dürre. Neue Wüsten entstehen, und auch die alten Wüsten wachsen weiter... Vulkane tun* *im Boden sich auf und Asche bedeckt das zerschundene Land. Und blutigrot schaut böse der Mond, und die Gestirne halten ihren Schein zurück."* (66)

Nostradamus in der Vorrede an Heinrich den Glücklichen: „*...Vorher* (das vorher bezieht sich auf ein anderes Thema) *aber wird eine Sonnenfinsternis vorausgehen, die dunkelste und finsterste, die es je seit der Schöpfung der Welt... bis heute gegeben hat. Es wird im Monat Oktober sein, wo man eine große Verlagerung* (Erdkippen oder Kontinentalverschiebung) *beobachten wird, so daß jedermann glaubt, daß die Schwerkraft der Erde ihre natürliche Bewegung verloren habe und die Welt sei in ewige Finsternis geschleudert.*" (18)

Biernacki: „*Die Erde wird* (für einige Tage) *ihre Anziehungskraft verlieren* (womöglich durch einen Kometen, der die Atmosphäre der Erde streift oder vielleicht einen sog. Polsprung). *Die Menschen werden sich kaum aufrecht zu stehen getrauen, aus Furcht zu fallen. Innerhalb weniger Stunden wird die Erde von immer stärker werdender Dunkelheit umgeben sein, bis zur totalen Finsternis. Viele Menschen, von Panik ergriffen, werden glauben, dies sei das Ende der Welt, und werden aus Angst und Verzweiflung sterben. Aber es wird nicht das Ende der Welt sein: nur eine noch nie dagewesene weltweite Katastrophe, die sich die Menschheit selbst zuzuschreiben hat. Die Finsternis wird drei Tage währen, wobei jedermann im Hause bleiben, den Rosenkranz beten und niemandem die Tür öffnen soll. Das einzige Licht, das in dieser Zeit zu sehen sein wird, wird von geweihten Kerzen kommen...*" (6, S. 39-42)

Jakob Lorber schildert in seinem Großen Evangelium die folgende Vision: „*Es werden dann kurz vor dem Jahr 2000 den stolzen Menschen ihre Feuer und Tod speienden Waffen nichts mehr nützen. Auch nicht ihre Burgen und ehernen Wege, auf denen sie pfeilschnell dahinfahren. Denn es wird sie alle verderben, die da allzeit Übles getan haben. Und ich werde zerstören alle Krämer – und Wechslerbuden durch den Feind, den ich aus den weiten Lufträumen der Erde zusenden werde wie einen dahinzuckenden Blitz mit großem Getöse. Wahrlich gegen den werden vergeblich kämpfen alle Heere der Erde! Aber meinen wenigen Freunden wird der große, unbesiegbare Feind kein Leid antun und wird sie verschonen für eine ganze neue Pflanzenschule, aus der neue und bessere Menschen hervorgehen werden...*" (18)

In dieser Schau finden wir die bedeutendsten Ereignisse zusammengefaßt:

- die Zeit: kurz vor der Jahrtausendwende
- die Waffentechnik: Bomben und Raketen
- der Verkehr: Eisenbahn und Autobahn
- die Wirtschaftslage: Zusammenbruch
- die politische Situation: der Dritte Weltkrieg
- der Kosmos: feuriger Planetoid
- die Nachkriegszeit: erneuerte Menschheit

Die Entrückung?

San Damiano: *"Wenn ihr ein großes Zeichen am Himmel sehen werdet, wird der schreckliche Anblick voll Angst und Weinen da sein... Ein Stern wird am Himmel erscheinen... Ich werde mit diesem Stern zu euch kommen."* (UFO) (113, S. 244)

Offenbarung des Johannes (14,14): *"Dann sah ich eine weiße Wolke (UFO). Auf der Wolke thronte einer, der wie ein Menschensohn aussah."*
(14,1) *"Und ich sah: Das Lamm stand auf dem Berg Zion, und bei ihm waren hundertvierundvierzigtausend; auf ihrer Stirn trugen sie seinen Namen und den Namen seines Vaters. Dann hörte ich eine Stimme vom Himmel her, die dem Rauschen von Wassermassen und dem Rollen eines gewaltigen Donners glich. Die Stimme, die ich hörte, war wie der Klang der Harfe, die ein Harfenspieler schlägt. Und sie sangen ein neues Lied vor dem Thron und vor den vier Lebewesen und vor den Ältesten. Aber niemand konnte das Lied singen lernen, außer den hundertvierundvierzigtausend, die freigekauft **und von der Erde weggenommen worden sind.**"*

Im Zusammenhang mit den Veränderungen um die Jahrtausendwende stehen auch zwei eher kritisch behandelte Themen: ein Zeichen am Himmel in Form eines Kreuzes und das sogenannte „Entrücken". Letzteres wollen wir zuerst erklären.

"Und dann wird er seine Engel aussenden und seine Auserwählten versammeln von den vier Windrichtungen her." (Markus 13:27)

"Wenn aber diese Dinge anfangen zu geschehen, so blicket auf und hebet eure Häupter empor, weil eure Erlösung naht." (Luk. 21:28)

Und im ersten Brief Thessaloniker 4:16-17: *"Denn der HERR selbst wird vom Himmel herabkommen, wenn der Befehl ergeht, der Erzengel ruft und die Fanfare Gottes erschallt. Zuerst werden die in Christus Verstorbenen auferstehn; dann werden wir, die Lebenden, die noch übrig sind, zugleich mit ihnen auf den WOLKEN in die Luft entrückt, dem HERRN entgegen. Dann werden wir immer beim HERRN sein."*

Und in Matthäus 24:40: *"Alsdann werden zwei auf dem Felde sein; der eine wird entrückt, der andere bleibt zurück. Zwei Frauen werden den Mühlstein drehen, die eine wird entrückt, die andere bleibt zurück."*

Worum es sich hierbei handelt, ist wohl die Rückkehr unserer extraterrestrischen Vorfahren, die einst diesen Planeten besiedelt hatten und im Moment mit Besorgnis betrachten, was ihre Kinder angestellt haben.

Das Thema der außerirdischen Besucher und ihrer Kontakte mit unseren Regierungen ist bereits ausführlich in den Büchern „Unternehmen Aldebaran" und „Die innere Welt" behandelt. So möchten wir an dieser Stelle für diejenigen, die diese Bücher noch nicht kennen, nur einen kleinen Überblick schaffen, der den anderen Lesern als kleine Auffrischung des Wissens dienen kann.

Was den prähistorischen Teil angeht, also die ursprüngliche Besiedelung unseres Planeten durch außerirdische Rassen wie auch deren Besuche, Kontakte zu Menschen sowie deren Eingreifen in das Erdgeschehen, finden wir Hinweise in den sumerischen Schrifttafeln, den vedischen Schriften, im Alten Testament und in vielen anderen Texten alter und neuerer Kulturen (siehe z.B. Stefan Erdmann, *"Den Göttern auf der Spur"*). Am bekanntesten wurde diese Thematik vor allem durch die Publikationen von Erich von Däniken.

Die Aktivität verschiedener außerirdischer Gruppen wurde jedoch erst im letzten Jahrhundert wieder reger, da unseren Beobachtern offenbar nicht entgangen ist, in welche Richtung die Entwicklung auf der Erde gehen würde. So kam es zuerst in allen Teilen der Welt zu telepathischen Kontakten, oder die Besucher meldeten sich durch sogenannte „spirituelle Medien" und bereiteten die Menschen auf diese sanfte Weise (durch „Botschaften") auf ihre Anwesenheit vor. Auch zu physischen Einzelkontakten kam es weltweit, und es liegen uns sogar Berichte vor, denen zufolge es in zwei Fällen auch zu physischen Kontakten mit Regierungs- beziehungsweise Logenvertretern gekommen sein soll – in Deutschland und in Amerika.

Im Buch *„Unternehmen Aldebaran"* wird beschrieben, daß die Vril-Gesellschaft (gegr. 1919), eine esoterische Gesellschaft in Deutschland, bereits in den zwanziger Jahren mediale und telepathische Durchgaben spirituellen wie auch technischen Wissens von einer außerirdischen Gruppe bekommen hatte. Da die Durchgaben sehr ausführlich und detailliert gewesen sind (diese werden heute vom Templerorden „Societas Templi Marcioni" verwahrt), haben sich diese Leute auf einen physischen Kontakt vorbereitet. Nachdem dann in den dreißiger Jahren eine Untertasse im Schwarzwald abgestürzt war, verglich man die erbeutete Technologie mit den bereits vorhandenen Durchgaben und begann nun, sich selber mit dem Bau solcher Fluggeräte zu beschäftigen. (Andere Quellen behaupten sogar, daß man schon früher Flugscheiben entwickelt hatte.) Ende der dreißiger Jahre soll es dann zu einem offenen Verkehr zwischen Vertretern der Vril-Gesellschaft und Außerirdischen aus dem Sonnensystem Aldebaran gekommen sein. Den vorliegenden Dokumenten zufolge soll es sich dabei um eine Gruppe hochgewachsener, sehr schöner Wesen mit blonden Haaren und blauen Augen gehandelt haben, die behaupteten, die Vorfahren der irdischen weißen Rasse zu sein. Man lebe heute unter anderem auf der Venus, im Sonnensystem Aldebaran, im Andromeda-Nebel und habe Stationen zum Teil im Erdinnern, im Hochland von Tibet, an den beiden Polen, auf dem Meeresgrund aller Ozeane, auf der Rückseite des Mondes wie auch mit hellhäutigen Indianergruppen im Matto-Grosso-Gebirge in Brasilien. In Folge der Kontakte soll es dann, wie bereits erwähnt, zum Austausch spirituellen Wissens und Technologie gekommen sein. Wie die Fotos in diesem Buch, vor allem aber die tollen Aufnahmen im „Unternehmen Aldebaran" belegen, kam es schließlich zum Bau von eigenen deutschen Flugscheiben, die vielen Wissenschaftlern und Persönlichkeiten aus der Politik geholfen haben, vor Kriegsende in die Antarktis (Neuschwabenland) und an andere Plätze auf der Erde zu fliehen, wo sie neue Basen errichtet haben, die bis zum heutigen Tage bestehen.

Daß diese Basen aber auch im Arktis-Bereich bestehen, also am Nordpol, untermauert nachfolgender Bericht aus der Saarbrücker Zeitung vom 14.9.1957, in dem es heißt: *„Geheimnisvolle Stahlkuppel im ewigen Eis – Die in den fast ständig zugefrorenen Häfen Alaskas stationierten Marineaufklärungsflieger sind vom Kommando der Luftüberwachung in Alaska alarmiert worden. Seitdem kreuzen sie tausende Kilometer weit über dem Nordpol, um an einem in ihrer Karte eingetragenen Punkt nach einer geheimnisvollen Stahlkuppel zu suchen. Ein strategischer Bomberverband auf Manöverflug* hatte diese Kuppel vor einem Monat zum erstenmal eintausend Seemeilen nordöstlich der De-Long-Inseln im ewigen Eis gesichtet.

Der Pilot des damals im Probeeinsatz befindlichen Strahltriebwerkbombers berichtet: ‚Der monotone Flug über die endlosen Flächen des ewigen Polareises wurde plötzlich unterbrochen. Ich wies meinen Bordfunker auf eine stählern glänzende Kuppel zwischen Eisbarrieren hin, die sich dreitausend Meter unter uns türmten. Die Kuppel war blaugrau und drehte sich wie der gepanzerte Gefechtsturm einer Festung oder nach Art eines Radargerätes. Wir peilten das Ding an und funkten. Dabei gingen wir auf achthundert Meter herunter. Da sahen wir deutlich, wie die Kuppel sich auf einer Drehscheibe oder einer Riesenwelle bewegte. Plötzlich mußte man unsere Funksignale vernommen haben. Die Kuppel drehte sich nicht mehr und verschwand blitzschnell wie ein Fahrstuhl in der Tiefe. Darüber schoben sich waagerechte Schollen, auf die von der Umgebung nicht zu unterscheidendes Eis getürmt war...' Das strategische Kommando Alaskas nimmt an, daß es sich um eine geheim gehaltene Forschungsbasis einer unbekannten Macht handelt." (131)

Na ja, so unbekannt ist diese Macht nun auch wieder nicht. Aber das kann man den ahnungslosen Zeitungslesern ja nicht auf die Nase binden.

Obwohl... Da gibt es doch einen interessanten Artikel aus der *Prawda* vom 29.11.2002 mit der Überschrift „Arische UFOs und Basen in der Antarktis". Aus diesem Artikel erfahren wir folgendes:

„Es wurde bereits viel über die „UFO"-Entwicklungen des Dritten Reiches gesagt; dennoch bleiben einige wichtige Fragen unbeantwortet. Waren die Deutschen nun tatsächlich erfolgreich mit ihren Entwicklungen oder nicht? Einigen Quellen zufolge stürzte im Jahre 1936 in der Nähe von Freiburg ein UFO ab. Dieses wurde geborgen, und es liegt nahe, daß es deutsche Wissenschaftler mit Unterstützung der SS fertigbrachten, dieses zu reparieren und sowohl das Energie- als auch das Antriebssystem des UFOs zu testen.

Dennoch schlugen alle Versuche, die fremde Technologie nachzubauen, fehl. Daher gab es nur eine Variante dieses Flugkörpers. Repräsentanten von drei okkulten Gesellschaften, Thule, Vril und Ahnenerbe, waren für diese Projekte verantwortlich.

Fünf Jahre lang arbeiteten die Deutschen an einem Geheimprojekt namens „Basis 211", was durch mehrere unabhängige Experten bestätigt wurde. Kurz vor Ende des Zweiten Weltkriegs hatten die Deutschen bereits neun wissen-

schaftliche Projekte, die sich mit der Entwicklung „fliegender Untertassen" befaßten. Und viele Wissenschaftler sind davon überzeugt, daß zumindest eines dieser Projekte in die Antarktis verlegt wurde.

Die berühmten Forscher Renato Vesko, Vladimir Terzisky und David Hatcher Childress, die sich mit dem Dritten Reich und seinem Antarktis-Mysterium beschäftigen, behaupten, daß ab dem Jahre 1942 Tausende von Konzentrationslager-Insassen, prominente Wissenschaftler, Piloten, Politiker mit ihren Familien wie auch Mitglieder der Hitlerjugend mit U-Booten zum Südpol gebracht worden sind. Und einige Wissenschaftler sind davon überzeugt, daß es immer noch eine deutsche Basis in der Antarktis gibt. Des weiteren wird sogar behauptet, daß es eine unterirdische „arische" Stadt gibt, die den Namen „Neu-Berlin" trägt und zwei Millionen Einwohner haben soll.

Von der Bevölkerung von Neu-Berlin heißt es, daß diese an der Genforschung und am Raumfahrtwesen forscht. UFOs wurden etliche Male im Bereich des Südpols gesichtet, was wiederum indirekt die Existenz der dortigen deutschen Basis belegt. 1976 gelang es Japanern unter Zuhilfenahme ihrer neuesten Technologie, neunzehn Objekte zur selben Zeit aufzuspüren; diese Flugkörper kamen aus dem Weltraum Richtung Antarktis und verschwanden von den Radarschirmen." (141)

Jan hatte in den vergangenen Jahren nicht nur die Möglichkeit, von den letzten vier noch lebenden Mitgliedern der deutschen Thule-Gesellschaft, welche die Gründungsväter des Dritten Reiches waren, drei noch persönlich zu treffen, sondern auch mit zwei Piloten solcher Flugscheiben zu sprechen. Einer hatte eine mit konventionellem Antrieb fliegende Scheibe entwickelt und während des Krieges geflogen, der andere war Flugkapitän einer siebenköpfigen Besatzung einer Anti-Gravitations-Flugscheibe mit dem Namen Haunebu.

Des weiteren liegt uns der Bericht eines ehemaligen U-Boot-Admirals vor, der ein Foto einer Flugscheibe besitzt, das er selbst über Peenemünde aufgenommen hat. Dieser Admiral berichtete jedoch von einer noch weiteren spannenden Begebenheit, nämlich daß er eines Tages nach Bremerhaven beordert wurde, um dort ein ihm bislang unbekanntes U-Boot zu besteigen. Dieses hatte eine elastische Außenhaut, konnte mehrere Monate unter Wasser bleiben und war für feindliches Radar unsichtbar. Man hatte unter seinem Kommando bei diesem Testlauf während des Krieges eine britische Flotte untertaucht, ohne geortet zu werden, blieb für drei Tage unter Wasser ohne aufzutauchen und erreichte eine Geschwindigkeit von achtzig Knoten – eine auch für heutige Verhältnisse unglaubliche Geschwindigkeit. Heute wissen wir, daß dieses eine Weiterentwicklung der legendären Walther-Boote war, die mit neuester Flugscheibentechnik ausgestattet waren. Ein befragter Marineoffizier berichtete Jan im April 1995 von einem wunderschönen, etwa 2,10 m großen Mann mit mandelförmigen Augen, hellem Teint und langen blonden Haaren, den dieser 1943 in einer deutschen Werft gesehen hatte. Er beschrieb die Kleidung des Mannes als eine Art enganliegenden Overall, der jedoch aus einem Stück zu bestehen schien – ohne Reißverschlüsse, Nähte oder Knöpfe. Doch wies der Mann noch eine weitere Besonderheit auf: Vor seinen Augen schwebten, im Abstand von ungefähr 20 cm, zwei violettfarbene Ringe in der Luft (wie eine Brille, die man von den Augen weghält). Diese Ringe sollen sich, seinen Worten nach, immer mit der Kopfbewegung des Mannes mitbewegt haben.

Die U-Boote waren, seinem Bericht zufolge, auch mit Schauberger-Technologie ausgestattet. Die Front war in Ei-Form beschaffen, wodurch das Wasser spiralförmig um die U-Boote gewendelt wurde. Dieser fremde Mann scheint nach den vorliegenden Berichten ein Aldebaraner gewesen zu sein. Die Aldebaraner waren es, die den Deutschen später auch physisch halfen, diese Technik umzusetzen.

Über einen späteren Kontakt dieser menschenähnlichen Außerirdischen mit den Amerikanern finden wir Hinweise bei Michael Hesemann („*Geheimsache UFO*"), demzufolge Präsident Eisenhower 1954 das Angebot dieser Gruppe über spirituelle und technologische Hilfe abgeschlagen hatte, da diese die Abrüstung aller atomaren Waffen forderten. Weiterhin wurden die Amerikaner, diesen Unterlagen zufolge, von ihnen gewarnt, daß noch eine andere Gruppe um Kontakt ersuchen würde, diese jedoch destruktiver Natur sei und man sich auf nichts einlassen solle. Kurze Zeit später meldete sich tatsächlich eine Gruppe anderer Außerirdischer, in diesem Fall eine Gruppe kleiner, etwa 1,20 m großer grauhäutiger insektenartiger Wesen, die angeblich ein neues Zuhause suchten. Man soll den Amerikanern Technologie angeboten haben, um im Austausch dagegen das Recht zu erhalten, unterirdische Basen auf der Erde zu errichten und gene-

tische Versuche mit Menschen und Tieren durchzuführen, um die eigene aussterbende Rasse mit neuem genetischen Material zu versorgen.
Beiderlei Kontakte sollen bis heute andauern.

Natürlich gibt es in allen Teilen der Welt Kontakte mit Außerirdischen, doch über physische Kontakte mit Regierungen und Logen sind uns nur die beiden erwähnten geläufig. Wieviel an diesen Berichten wirklich der Realität entspricht und wieviel Spekulation ist, werden wir wohl bald herausfinden.
Die Menschen werden nun langsam durch Hollywood auf den offiziellen Kontakt vorbereitet, doch zeigen die Science-Fiction-Filme der Amerikaner fast ausschließlich die „negativen" kleinen Grauen, mit denen sie selbst zu tun haben. (Interessant ist hier zu bemerken, daß die deutsche TV-Serie „Raumschiff Orion" die Abenteuer deutscher Piloten in fliegenden Untertassen gezeigt hatte; auch Vorbereitung?) Daß aber auch uns beschützende, uns Menschen zum Verwechseln ähnlich sehende, engelgleiche Wesen da sind, die uns Menschen der Erde bei unserer Entwicklung helfen wollen (sie sind teilweise die sogenannten „Engel" vieler religiöser Schriften), davon wird kaum berichtet. Die Menschen könnten ja plötzlich mehr Vertrauen in diese Fremden haben (unsere möglichen Vorfahren) als in unsere Politiker. Zeigt man der Masse jedoch im Fernsehen die kleinen, zum Teil sehr fremdartig aussehenden Grauen, so steigt die Angst vor diesen, und man sucht automatisch Schutz bei den Mächtigen. Die Illuminati versuchen mit allen erdenklichen Mitteln, die jetzigen Machtstrukturen aufrechtzuerhalten, doch es wird nichts nützen. Die Wahrheit wird sich durchsetzen.

Auf die Frage, warum Außerirdische nicht in das Geschehen auf der Erde eingreifen und eine Massenlandung vollziehen, können nur nochmals die Worte Gottes wiederholt werden, die uns durch **Jakob Lorber** erreichten: *„Bei der vollen menschlichen Willensfreiheit kommt es auf dieser Erde zunächst darauf an, was die Menschen selbst wollen und wie sie danach handeln. Ich kann euch im voraus als bestimmt nur sagen, daß über euch dies oder jenes kommen wird, wenn ihr so oder so wollt oder handelt... Weiß ich auch, was in der Folge geschehen wird, so darf ich dennoch nicht hindernd dazwischentreten mit meiner göttlichen Allmacht. Täte ich dies, so hörte der Mensch* *auf, ein Wesen mit freiem Willen zu sein und wäre nur eine belebte Maschine."* (98)

Dieses Prinzip gilt für alle Wesen, physisch oder nichtphysisch, die sich an die göttlichen Gesetze und die Freiheit des Geistes halten. Doch wird es, wie man den verschiedenen Texten und Prophezeiungen bereits entnehmen konnte, nach der großen Reinigung ganz sicher zu einem offenen Kontakt mit Außerirdischen kommen. Bereits nach wenigen Jahren wird es so normal sein, mit einem Außerirdischen zusammenzuleben, wie man heute mit Menschen anderer Sprache und Hautfarbe zusammenlebt. Freuen Sie sich darauf. Es wird eine sehr spannende Zeit!

Nun gibt es zum einen die zu Beginn des Kapitels aufgeführten Bibelzitate, die beschreiben, daß *Jesus mit einem Stern am Himmel erscheint, mit dem er zu uns kommt,* und an anderer Stelle, daß *er auf einer Wolke thront*. Des weiteren wird erklärt, daß Menschen *in die Luft entrückt* werden. Jetzt gibt es Personen, die davon überzeugt sind, daß dies auf ein dezentes Eingreifen einzelner Gruppen Außerirdischer hinzuweisen scheint, denn so würde wahrscheinlich ein Mensch vor zweitausend Jahren eine fliegende Untertasse beschrieben haben – als Wolke oder einen sich bewegenden Stern –, da er ja noch keine Maschinen oder Flugzeuge, geschweige denn Flugscheiben kannte. Doch ist dies nicht nur in der Bibel mehrmals erwähnt, sondern es gibt eben auch heute Kontakte zu solchen Besuchern durch spirituelle Medien, durch die wir folgendes Geschehen geschildert bekommen:
In der schwierigsten Zeit der hier geschilderten Ereignisse sollen Menschen, die sich durch ihr selbstloses und herzlich-liebevolles Handeln auf der Erde bewährt haben, anhand eines Levitationsstrahls auf die Lichtstrahlschiffe (fliegende Untertassen) „gebeamt" werden, die sich in einem für uns nicht wahrnehmbaren ätherischen Zustand in der Nähe der Erde aufhalten sollen. Dabei soll es diesen möglich sein, über ihre Technologie die Menschen zu „scannen", das heißt ihre Chakren (Energiezentren) und ihr Magnetfeld mit all seinen Abspeicherungen zu lesen, um dadurch festzustellen, wer bereits die nötige Reife beziehungsweise Frequenz oder Bewußtseinsstufe erlangt hat, um von ihnen mitgenommen zu werden. So heißt es in der Schrift *„Aufruf an die Erdbewohner": „Die Rettungsschiffe*

bringen uns in die Mutterschiffe hinauf, die weit über der Erde stationiert warten. In diesen Mutterschiffen, aber auch auf den Planeten, auf die wir Evakuierten während der Zeit der Umwandlung gebracht werden, eignen wir uns ein höheres, geistiges und technisches Wissen an, um anschließend die gereinigte, umgepolte Erde wieder neu zu besiedeln. Während dieser „Lernzeit" unterzieht sich die Erde einer Gesamtreinigung durch Feuer, da Feuer das mächtigste Element ist, das Negatives auflösen kann. Die ganze Erde wird brennen, und nichts wird anschließend noch so aussehen, wie wir es heute kennen." (47)

Folgen wir diesen Angaben, handelt es sich bei dieser Art der Entrückung nicht um eine Art „Gesichtskontrolle", durch welche die Menschen ausgewählt werden, sondern **jeder Mensch wählt sich selbst aus. Je mehr ein Mensch an seinem ethischen Verhalten arbeitet, desto höher wird sein Bewußtsein. Je höher das Bewußtsein, desto schneller und höher schwingt sein Magnetfeld**, welches wiederum auf den Monitoren der „Besucher" erkennbar ist. Nur so ist es zu verstehen, daß der eine entrückt wird und der andere, der neben ihm steht, nicht. Das Auswahlkriterium ist die Frequenzstufe, sprich das Bewußtsein der jeweiligen Person, wofür sie selber verantwortlich ist.

Auf den freien Willen weist folgender Abschnitt hin: *„Etwas ist bei dieser Rettungsaktion für alle Menschen sehr wichtig. Kein Mensch, egal wer oder was er im Leben sein mag, wird gegen seinen freien Willen evakuiert! Der freie Wille wurde den Menschen von Gott gegeben, um sich „freiwillig" zu entscheiden, den Weg zurück ins Licht anzutreten."* (47, S. 52)

Wie wir dem vorherigen Offenbarungstext entnommen haben, sollen die hundertvierundvierzigtausend, die entrückt werden, vom Berge Zion weggenommen werden. Wo ist denn dieser Berg Zion? Dieser wird auch *Sion* geschrieben und ist höchstwahrscheinlich der babylonische Berg *Sin*, der Nordberg, der auch als *Mitternachtsberg* bekannt ist und das Land der Nordvölker bezeichnet. Darauf könnte auch der Psalm 48 (A.T.) hinweisen, in dem es heißt: *„Groß ist der Herr und hoch zu rühmen in der Stadt unseres Gottes, auf seinem heiligen Berge. Schön ragt empor der Berg Zion, daran sich freut die ganze Welt, der **Gottesberg fern im Norden**, die Stadt des großen Königs..."*

Doch die Heilige Schrift regt noch zu weiteren Interpretationen an: Möchte man erfahren, woher ein Teil der Streitmacht kommt, die das Tier besiegt, so erklärt die Johannes-Offenbarung (15,2): *„Und die Sieger über das Tier, über sein Standbild und über die Zahl seines Namens (666) standen auf dem gläsernen Meer..."*

Wie würde wohl ein Seher aus dem Bereich Sinai oder Palästina, der seinen Lebtag noch keinen Schnee, geschweige denn Eis gesehen hat, das beschreiben, was er in seiner Vision sieht? Das *gläserne Meer* könnten durchaus die Eisberge und das gefrorene Wasser der Arktis und Antarktis sein. Und wer hält sich dort auf...?

Aber hierbei kann es sich natürlich um eine Menge Spekulation handeln. Die Offenbarungstexte sind ebenso schwierig zu deuten, wie die Nostradamus-Texte.

Dennoch wird im Zusammenhang mit dem Erscheinen des Planetoiden auch von einem **„Zeichen" am Himmel** gesprochen, einem Kreuz, das den Menschen das „Strafgericht" ankündigen soll:

Irlmaier: *„Bei diesem Geschehen sehe ich ein großes Kreuz am Himmel stehen, und ein Erdbeben wird unter Blitz und Donner sein, daß alles erschrickt und die ganze Welt aufschreit: Es gibt einen Gott!"* (102, S. 27)

Jeane Dixons Beschreibung: *„Alsbald sah ich auch ein Kreuz wie einen Kometen am östlichen Himmel auftauchen."*

Der Schriftsteller **Wolfram Fragner** schreibt in seinem Werk „Kaiser von Europa": *„Am blutroten Himmel, dort, wo schätzungsweise die Sonne jetzt stehen mochte, bildete sich ein Kreuz, aus Licht gewoben, aber deutlich ein Kreuz, bestehend aus einem senkrechten und einem waagerechten Balken. Es wurde strahlend und groß."* (7, S. 89f)

Diesen Hinweis finden wir auch in den meisten Marienerscheinungen, in vereinzelten Seherberichten, aber vor allem in UFO-Berichten. Dort wird oft von Außerirdischen behauptet, daß sie uns bereits seit Jahrhunderten beobachten und wissen, was mit unserem Planeten geschehen wird, falls wir uns nicht verändern. Sie dürfen jedoch nicht eingreifen, da wir den freien Willen haben und all die Zustände auf der Erde selbst verursachen. Und es heißt, man würde die Menschheit nochmals durch ein Zeichen am Himmel warnen, indem man ein aus Raumschiffen gebildetes Kreuz am Himmel erscheinen läßt.

Damit der einfache Bürger nicht erschrickt – sagen sie –, erscheinen sie schon zuvor in sogenannten Marienerscheinungen den Christen, in Buddhaerscheinungen den Buddhisten, als Engel den Mormonen (Joseph Smith) oder wie im A.T. als „Engel" und „Götter" den einfachen Menschen damals, um Impulse zu setzen und durch einfache Regeln eine konstruktive ethische Richtung zu weisen. Und wenn die Menschen endlich bereit für den Gedanken an außerirdische Nachbarn sind, können sie auch offen hier landen. Der Satz aus der Marienerscheinung in **San Damiano** ist schon sehr vielversprechend: *„Ein Stern wird am Himmel erscheinen... Ich werde mit diesem Stern zu euch kommen..."*

Unter den Prophezeiungs-Forschern gibt es aber auch solche, die glauben, daß es sich bei dem Kreuz am Himmel um das ganz „spezielle Kreuz" der deutschen Flugscheiben handelt, die während des Dritten Weltkriegs eingreifen könnten... Wer weiß?

Das hier geschilderte Szenarium der „Entrückung" ist durchaus möglich. Daß Außerirdische uns besuchen, ist spätestens seit den Abstürzen in Roswell (1948) und an anderen Plätzen der Welt nicht mehr abwegig. Daß diese bisher nicht in Massen gelandet sind, spricht eindeutig für sie. Nur eine geistig niedere Gruppe würde hier einfach gegen den Willen des Menschen landen und sich dieser Menschheit aufdrängen. Inwieweit aber das hier geschilderte Szenarium (Dritter Weltkrieg) tatsächlich eintritt, wird ein wichtiges Kriterium dafür sein, ob es überhaupt zu diesen Evakuierungen kommt. Sinn und Zweck des Erdenlebens ist es ja, hier anhand des Gesetzes von Ursache und Wirkung zu lernen und sich dadurch zu entwickeln.

Dennoch gibt es inzwischen weltweit Gruppierungen, die sich bereits auf ihre „Abholung" vorbereiten. Man versucht durch verschiedene Rituale, die Aufmerksamkeit dieser Außerirdischen auf sich zu ziehen. Daß das in dieser Form stattfinden wird, bezweifeln wir. Das klingt verdächtig nach etwas wie die Zeugen Jehovas, die sich ebenfalls auserwählt fühlen. Doch **auserwählen kann sich nur jeder selbst**. In den Bibelstellen ist die Rede von Menschen, die handeln, die aktiv sind, im Leben stehen und wirken (auf dem Felde stehen und arbeiten...), und nicht von solchen, die von einem bestimmten Punkt aus warten, abgeholt zu werden. Die Außerirdischen haben gemäß den Prophezeiungen nur ein Interesse, solche Menschen zu evakuieren, die sich durch mutiges, ehrliches und risikobereites Handeln hervorgetan haben, die nötige Bewußtseinsfrequenz besitzen, eine Bereicherung für das Leben auf der Erde darstellen und daher geeignet sind, der Welt nach der Reinigung auch wieder präsentiert zu werden.

Im Falle eines nuklearen GAU mag das Ganze nochmals anders sein. Eine Vernichtung der Erde würde extreme Auswirkungen auf das ganze Sonnensystem und noch weiter haben. Doch das kann vermieden werden. Wir glauben, daß wir nicht auf die Erde gekommen sind, um in der entscheidenden Phase des Lernprozesses abgeholt zu werden! An der Verursachung des kommenden Geschehens haben wir alle auf die eine oder andere Weise mitgewirkt, und wir nehmen daher an, daß wir auch die Chance haben werden, an den Auswirkungen dieser Ursachen teilzunehmen.

III. DIE CHANCE

Die Nachkriegszeit und das Goldene Zeitalter

Nostradamus beschreibt dies in Vers II/95:
Die bewohnten Orte werden unbewohnbar sein,
wegen der Felder hat es große Zwietracht:
Regierungsgeschäfte sind in den Händen von intelligenten Unfähigen,
selbst bei (großen) Brüdern Mord und Totschlag.

Der **Blinde Jüngling** von Prag: „Deutschland wird ein Trümmerhaufen sein, und nur das Gebiet der blauen Steine (die Alpen) *wird verschont bleiben. Das Land der Bayern hat viel zu leiden.*" Vor allem wohl Franken.

Über das, was unmittelbar nach dem Krieg in Rußland geschehen soll, sagt **Irlmaier** folgendes: „*...Da bricht eine Revolution aus und ein Bürgerkrieg. Die Leichen sind so viel, daß man sie nicht mehr wegbringen kann von den Straßen. Das russische Volk glaubt wieder an Christus, und das Kreuz kommt wieder zu Ehren. Die Großen unter den Parteiführern bringen sich um, und im Blut wird die lange Schuld abgewaschen. Ich sehe eine rote Masse, gemischt mit gelben Gesichtern* (Angriff der Chinesen), *es ist ein allgemeiner Aufruhr und grausiges Morden. Dann singen sie das Osterlied und verbrennen Kerzen vor schwarzen Marienbildern. Durch das Gebet der Christenheit stirbt das Ungeheuer aus der Hölle, auch die jungen Leute glauben wieder an die Fürbitte der Gottesmutter...*" (98)

Erna Stieglitz: „*...Nach der Katastrophe wird das Gehwerkzeug wieder hoch im Kurs stehen* (der Verkehr kommt vollständig zum Erliegen, man geht zu Fuß). *Man wird keine weiten Reisen mehr machen. Die Übriggebliebenen leben in enger Nachbarschaft, und außerhalb ihrer Siedlungen ist Natur. Mit Reklame, Verschwendung und Luxus, mit Abtreibung und Ausschweifung, mit Wohlstand und Glaubenslosigkeit wird es dann vorbei sein. Es wird zu einer sparsamen, aber deswegen nicht unglücklicheren Lebensweise kommen. Dann* regieren wieder: Ehrlichkeit und Einfachheit, Keuschheit und Kindsgeburten, Not und Gottesfurcht."* (13)

Veronika Lueken: *„Was ich sehe, gleicht dem Wilden Westen. Ich sehe Leute, die in der Erde graben und Kartoffeln oder etwas ähnliches pflanzen. Ich sehe sie, und das ist das Eigenartige daran, daß sie im Erdschmutz hacken und doch ganz elegant gekleidet sind. Und einer von ihnen kommandiert; er zeigt, wie der Bohrer eingesenkt werden muß, in den Boden hinein. Sie reden von Wasser, von Wasser (!) ...Es sieht hier aus wie eine Wüste."* (73)

Auch das Gedicht eines **unbekannten Verfassers** sagt für die Zeit nach dem Krieg besonders Trockenheit, Wassermangel und Durst voraus:

Engel zeigt mit seiner Hand
auf die Wüste, die entstand,
Wassermangel, größte Not,
Bild des Grauens sich mir bot. (18)

Korkowski: *„Es war dunkle Nacht... Blitze zerstörten alles, was noch vom Krieg übrig war. Die Erde bewegte sich, wie das Meer im Sturm... (Dann sah ich), daß es weiter hinten immer heller wurde. Die Erde dampfte, als ob sie warm wäre, und die Sonne kam nach einiger Zeit langsam durch. Es waren nirgends Bäume oder Ruinen von Häusern zu sehen, man sah nur frische Erde. Es war, als hätte man die Erde von unten nach oben geholt. Als die Sonne wieder klar am Horizont schien und die Dämpfe sich verzogen hatten, sah ich plötzlich, wie hier und da einige Menschen zum Vorschein kamen. Man fragte sich, wie man sich gerettet hätte, und sie fingen an zu arbeiten. Die Erde grünte wieder, und hier und da zwitscherte sogar ein Vogel. Selbst einige Tiere kamen zum Vorschein."* (65, S. 23)

Stockert: *„Nun erhellt die Sonne alles wieder mit neuer Schönheit und es wird nach diesem Siege mit den Auserwählten ein Hirte und eine Herde werden... Zwei Drittel der Menschheit wird von der Erde genommen sein. Gott wird bei den Menschen als liebender und sorgender Vater sein. Es wird nun eine fruchtbare Friedenszeit sein..."* (104, S. 28)

Jakob Lorber: *"Vorher werden noch viele Bäume ihr unreifes Obst von den Zweigen müssen fallen lassen, denn es wird wohl kaum ein Drittel zur Reife gelangen."* (98)

Im **Lied der Linde:**
*"Zählst Du alle Menschen auf der Welt,
wirst Du finden, daß ein Drittel fehlt."*

Und **Franz Kugelbeer** sagte 1922: *"Ein Kreuz erscheint am Himmel. Das ist das Ende der Finsternis. Die Erde ist ein Leichenfeld wie eine Wüste. Die Menschen kommen ganz erschrocken aus den Häusern. Die Leichen werden auf Wagen gesammelt und in Massengräbern beerdigt. Es fahren weder Eisenbahn noch Schiffe noch Autos in der ersten Zeit. Die Fabriken liegen still, denn es gibt keine Leute zur Bedienung der Maschinen. Das rasende Tempo früherer Zeit hat aufgehört... Die übriggebliebenen Menschen sind wie Heilige... nur Gotteslob und Heiligenlieder sind zu hören. Die Erde ist ein Paradies... es wird nun in acht Tagen mehr gebetet als früher in einem Jahr. Beim Hören der Glocken läßt man die Arbeit liegen und eilt in die Kirche. Die herrenlosen Güter werden neu verteilt. In einer Völkerwanderung werden die Menschen dorthin geschickt, wo sie nötig sind. Die Berggemeinden werden als Almen benützt. Die Menschen ziehen in die Täler und Ebenen hinab, wo die Arbeit leichter ist."* (36, S. 150)

Und **Irlmaier** weiter: *"Wenn's herbsteln tut (Oktober), sammeln sich die Leut' im Frieden... Zuerst ist noch eine Hungersnot, aber dann kommen soviel Lebensmittel herein, daß alle satt werden. Die Städter gehen aufs Land und zu den Bauern und holen das Vieh aus dem Stall bei denen, die keine Bauern sind und keine Händ' zur Arbeit haben... Aber mehr Menschen sind tot, als in den ersten zwei Weltkriegen zusammen. Die landlosen Leut' ziehen jetzt heim, wo die Wüste entstanden ist, und jeder kann siedeln, wo er mag, und Land haben, soviel er anbauen kann... Das Land östlich und nördlich der Donau wird neu besiedelt. Das Klima ändert sich (Folge der Verschiebung der Kontinente; A.d.Verf.). Bei uns wird wieder Wein (an)gebaut, und Südfrüchte wachsen, es ist viel wärmer als jetzt... Nach der großen Katastrophe wird eine lange, glückliche Zeit kommen. Wer's erlebt, dem geht's gut, der kann sich glücklich preisen..."* (18)

Die Zeit nach dem Kriege wird für Deutschland durchweg von allen Sehern als eine besonders glückliche und lange Friedenszeit beschrieben.

Irlmaier sagte dazu bei anderer Gelegenheit: *"Wenn die Blumen blühen – also im Frühjahr nach dem Krieg – wird der Papst zurückkommen und um seine Brüder trauern. Die Gesetze, die den Kindern den Tod bringen, werden abgeschafft. Drei Kronen werden sein, und ein alter hagerer Greis wird König. Die Welt hat die schrecklichste Zeit hinter sich, und es wird Friede sein bis zum Ende. Aber anfangen müssen die Leute wieder da, wo ihre Ururgroßväter angefangen haben."* (98)

Der **Bauer aus Krems** sagte außerdem: *"Dieser Mann, den die Deutschen am Ende des Krieges zu ihrem Kaiser machen, hat als Schulbub noch Hitlers Reden gehört."* Den heutigen Demokraten scheint es zwar unwahrscheinlich oder gar unmöglich und ganz unvorstellbar, daß Deutschland wieder einen Kaiser haben soll, aber es ist mehrfach prophezeit.

Irlmaier: *"Dann aber kommt der Papst wieder zurück, und er wird noch drei Könige krönen, den ungarischen, den österreichischen und den bayerischen."*

Oder der **Bauer aus Krems**: *"Drei Männer sitzen mit dem Rücken nach Süden an einer Wand, in der Mitte der, der deutscher Kaiser wird, einer wird österreichischer, der andere, soviel ich mich erinnern kann, ungarischer."*

Und im **Lied der Linde**:
*"Den Verbannten führest du nach Rom,
große Kaiserweihe schaut ein Dom."*

Danach wird ein neuer Papst gewählt: **Der Engelpapst!**

Und weiter im Text:
*"Wenn der engelgleiche Völkerhirt,
wie Antonius zum Wand'rer wird,
der Verirrten barfuß Predigt hält,
neuer Frühling lacht der ganzen Welt."*

Und **Caesarius von Heisterbach**: *„Es wird ein Papst gewählt werden aus denen, die den Verfolgungen der Kirche entgehen. Der Wille Gottes wird ihn ernennen, und die heiligen Engel (Außerirdische?; A.d.Verf.) werden diesen frommen und vollkommenen Mann krönen, und seine Brüder, welche die Verfolgungen der Kirche und die Verbannung überlebt haben, ihn auf den Heiligen Stuhl setzen... Dieser wird die ganze Welt durch die Heiligkeit neu gestalten und alle Geistlichen zur wahren Lebensweise der Jünger Christi zurückführen, und alle werden sie wegen ihrer Tugend und Heiligkeit achten. Er wird predigen barfuß und keine Macht der Fürsten fürchten. Er wird fast alle Ungläubigen bekehren... Und es wird nur Ein Gesetz, Einen Glauben, Eine Taufe, Ein Leben geben. Alle Menschen werden einander lieben, und der Frieden wird lange Jahre dauern."* (98, S. 156-157)

Nach der Katastrophe geht Deutschland ganz sicher einer langen, sehr glücklichen Zeit entgegen, wie es auch das **Lied der Linde** berichtet:

„Deutscher Nam', du littest schwer,
wieder glänzt um dich die alte Ehr..."

Nostradamus in Vers V/74: *„Aus dem Blute der Trojaner wird das deutsche Herz geboren werden, das zu sehr hoher Macht aufsteigen wird."* (98, S. 142)

Aus den **Sybillischen Büchern** erfahren wir: *„Jener (neue Monarch) wird den Namen Salvator mundi erhalten, Retter der Welt. Deutschland wird unter ihm reichen, soweit deutsche Sprache, Sitte in Europa reicht. Belgien und die Niederlande, die Schweiz, Tirol, Deutsch-Österreich werden sich aus freien Stücken an Deutschland anschließen. Polen wird wieder groß und mächtig hergestellt. Die deutschen Ostseeprovinzen werden von Rußland abgetrennt werden. Rußland wird klein, Deutschland wird groß. Polen, die Lombardei mit ihren alten Freistädten und Ungarn werden Vorländer von Deutschland werden. Und so groß wird die Achtung vor den Deutschen auf der Welt sein, daß keiner mehr von einem fremden Volke einem Deutschen nur ein Haar zu krümmen wagt. Jene große Achtung aber wird der Deutsche seiner Verfassung verdanken. Denn der Größte im Felde, wird jener junge, von Gott gesandte Held doch noch größer im Frieden sein. Seine Verfassung,* *die er dem deutschen Volke gibt, wird ein wunderbares Gemisch von Volksvertretern und Königtum sein... Als ein vollständig freier Völkerbund im Innern, mit allen nur denkbar zulässigen Freiheiten und Erleichterungen ausgestattet, während die deutschen Volksstämme nach außen als festgegliedertes, eng geschlossenes Ganzes dastehen, an dessen Panzerleib sich keiner wagt."* (98, S. 141-142)

Nostradamus in Vers X/31: *„Das heilige Reich wird in Deutschland entstehen."* (98)

Nostradamus in seinem Brief an König Heinrich: *„Und nachdem diese Zeit lange gedauert hat, kehrt das Goldene Zeitalter unter der Herrschaft des Saturn zurück. Gott, der Schöpfer, erhört die Bitten seines Volkes: Satan wird gebunden und in den Abgrund der Hölle, in die tiefe Grube geworfen. Dann wird zwischen Gott und den Menschen ein allgemeiner Friede beginnen. Die Kirche wird dann ihren größten Aufstieg erleben."* (98, S. 150)

In „Aufruf an die Erdbewohner" lesen wir: *„Es wird eine lange Zeit des Friedens, der Liebe und Harmonie anbrechen* (Tausendjähriges Reich), *denn in der neuen Schwingung können keine Kriege und auch keine destruktiven Gedanken den Menschen mehr beherrschen. Es wird keine Unterdrückung des Volkes mehr geben, da diese niederen Schwingungen nicht mehr existieren werden. Und keine irdische Regierung, Armee oder Institution, egal welcher Art, kann dies alles verhindern."* (47, S. 56)

Moira Timms: *„Nach einer Zeit des Verfalls kommt der Wendepunkt. Das mächtige Licht, das verbannt war, kehrt zurück. Es gibt Bewegung, aber sie wird nicht durch Gewalt hervorgebracht... die Bewegung (ist) natürlich und erhebt sich spontan. Aus diesem Grund wird die Transformation des Alten leicht. Das Alte wird abgelegt und das Neue eingeführt. Beide Maßnahmen stehen im Einklang mit der Zeit; daher entsteht kein Harm. Gesellschaften von Menschen mit den gleichen Ansichten bilden sich. Aber da diese Gruppen mit vollem Wissen der Öffentlichkeit zusammengekommen und in Harmonie mit der Zeit stehen, sind alle selbstsüchtigen, separatistischen Tendenzen ausgeschlossen, und kein Fehler wird gemacht."* (109, S. 51)

Jakob Lorber: *„Ihr müßt aber nicht etwa der Meinung sein, als würde dann diese natürliche Welt vergehen und in eine neue umgewandelt werden, sondern nur die Menschen werden durch ihre Vollaufnahme der göttlichen Wahrheit in ihre Herzen als wahre Brüder und Schwestern in Meinem Namen unter sich eine neue geistige Erde erschaffen. Auf dieser neuen Erde werde Ich selbst dann sein und sie werden mit Mir Umgang pflegen und Mich nimmerdar aus den Augen verlieren."* (98, S. 130)

Und an anderer Stelle: Nach der Reinigung werden *„nichts als Lichter aus den Himmeln... die Menschen erlösen"*. Was sind diese Lichter aus den Himmeln? Lesen wir weiter, so erfährt man, daß es sich dabei um Raumschiffe außerirdischer Besucher handelt, welche die Erde bereits seit langem beobachtet haben, doch nicht eingreifen durften. Doch *„nun kommt die Zeit, wo ich den Bewohnern der größeren Planeten den Blick auf die Erde öffnen... werde. Dann wird ein lauter Ruf durch den Weltraum erschallen, von der Venus bis zur Urka...*

Von jenem Lande ausgehend (Amerika) werden die Menschen zuerst große Dinge vernehmen und diese werden auch im Westen Europas auftauchen. Es wird daraus ein helles Strahlen und Widerstrahlen entstehen, denn die Lichter der Himmel werden sich begegnen, erkennen und einander unterstützen."

Und weiter: *„Bei meiner zweiten Wiederkunft werde Ich nicht mehr von einem Weibe als Kind geboren werden, denn dieser „Mein Leib" bleibt verklärt, so wie Ich als Geist in Ewigkeit...* **Ich werde da nicht allein kommen, sondern all die Meinen aus den Himmeln werden in übergroßen Scharen kommen** *und stärken ihre noch im Fleische wandelnden Brüder. Und so wird eine wahre Gemeinschaft zwischen ihnen entstehen, was der Menschheit zum größten Troste gereichen wird."* (98, S. 161)

Und weiter in unserer Zukunft soll es dann so aussehen:
Die alten Metropolen werden im Lauf der Jahre teilweise wieder aufgebaut. **Edgar Cayce** sah sich einmal – in Trance in das Jahr 2100 versetzt –, in einer Art Metallzeppelin (zigarrenförmiges Antigravitationsflugschiff – heutzutage noch als „UFO" bezeichnet) über dem amerikanischen Kontinent. Mit an Bord waren Gelehrte mit langen Bärten, Glatzen und dicken Brillen. Edgar Cayce schilderte die Szene: *„Wir kommen zu einer riesengro-*

ßen Stadt. Die Häuser sind fast alle gänzlich aus Glas. Ich frage, wie die Stadt heißt. Und sie sagen: Das ist das neue New York. Die alte Stadt ist zerstört worden. Man hat sie wieder aufgebaut."

Korkowski: *"Ein Jahrhundert der Gewalt jeder Art, des Krieges und der Naturkatastrophen ist nun zuende. Als die Staubwolken sich entfernt hatten, sah ich von den Großstädten nur noch Ruinen. Dann sah ich unter mir, wie dort Häuser gebaut wurden, und in wenigen Augenblicken kam eine große Stadt zum Vorschein. Die Stimme sagte: ‚Es sind fast hundert Jahre vergangen.*
Da die Erde aber noch unruhig ist, also oft bebt, baut man nur kleine Häuser. Das ist aber die Hauptstadt von Alteuropa. Hier sind die Regierungsvertreter aller europäischen Völker. Nicht einmal ein Drittel der Menschheit hat die Kämpfe und Katastrophen der Vergangenheit überlebt. Die Symptome der verbrecherischen Vergangenheit – Korruption, Unterdrückung, Ausbeutung, Verfolgung, Folterungen usw. – haben hier keinen Platz mehr... Alle christlichen Konfessionen haben sich in einer Kirche vereinigt...
Die irdische Menschheit wird zu einer kosmischen Menschheit werden. Teils durch die sichtbaren Ereignisse über der Erde, aber hauptsächlich **durch die offizielle Kontaktaufnahme der hoch und friedlich entwickelten kosmischen Nachbarn (Außerirdische)**... *Sieh dir jetzt die Hauptstadt des neuen Europa und der vereinigten Menschheit an...'*
Dann erreichte ich die Hauptstadt Neueuropas. Es war eine herrliche, weiße Stadt, die Häuser höchstens zwei Stockwerke hoch, die Stadtteile mit herrlichen Grünanlagen durchzogen. In der Stadtmitte stand ein pyramidenähnliches Gebäude, das aber Fenster und Balkone und Terrassen hatte, alles in Weiß...
Die Menschheit hat sich jetzt die Sonnenenergie zunutze gemacht. Aber auch vieler anderer kosmischer Energien versteht man sich zu bedienen...
...Diese Autos (die er in seiner Vision sah) *fahren mit einem sauberen Energie-Antrieb! Die Menschen, die es überlebt haben, werden jetzt Entdeckungen machen, daß sie saubere kosmische Energie sich zunutze machen können. Diese Möglichkeit ist aber – genau genommen – außerirdischer Herkunft. Ihr werdet bald vieles erkennen, was außerirdische Dinge angeht..."*

Und an anderer Stelle: *"Es werden hier kaum noch Ärzte für die Heilung von Krankheiten benötigt, sondern nur noch für Unfälle. Auch Seelsorger werden nicht mehr gebraucht, weil jeder Mensch weiß, was oder wer er ist. In der Familie und Schule werden die Kinder richtig über ihren unsterblichen Geist unterrichtet. Es gibt weder Krankenhäuser noch Kirchen, sondern pyramidenartige Ganzheits-Heilungs-Gebäude. Wer sich auf irgendeine Art krank, schwach oder erschöpft fühlt, körperlich oder seelisch gestört, tritt in dieses Gebäude, wird allerseits mit kosmischen Energien gestärkt und kommt fröhlich oder munter wieder heraus...*

Nun schwebte ich in Richtung Osten, d.h. neuer Osten, früher war es Nordwest, fast Westen. Ich konnte sehen, daß zwischen England und dem alten europäischen Festland kein Wasser mehr vorhanden war, nur ein tiefes Tal sichtbar... Richtung Island waren viele neue Inseln entstanden. Dann bewegte ich mich über dem Neuland an Holland, Belgien, Frankreich und Portugal vorbei, weiter tief in den jetzigen Atlantik hinein, wo viel neues Land aufgetaucht war. Die Vegetation war in voller Blüte. Es wuchsen dort u.a. Orchideen und Palmen, denn das Klima ist tropisch geworden... Endlich hat die Menschheit den wahren Weg des Lebens erkannt und betätigt sich nur noch schöpferisch. Somit hat sie einen Weg grenzenloser Entwicklung vor sich, ohne nennenswerte Niederlagen." (65, S. 160ff)

Moira Timms über die Besucher: *"Wesen von fortgeschritteneren Planeten als dem unseren haben die Erde besucht, als wir noch Protoplasma waren, vorzeitliche Molekülzusammenballungen, die im Sumpf herumkrochen. Aber der Hauptgrund der vielen Besuche und Kontakte von UFOs in den letzten Jahrzehnten ist Beobachtung. Es ist von universalem, kosmogeologischem Interesse, wenn eine führende Spezies, ein Planet und ein Sonnensystem in einer Krise stecken und zur gleichen Zeit fällig sind, beschleunigte und drastische evolutionäre Veränderungen zu erleben. Glauben Sie nicht, daß auf einem dieser fernen Planeten eine menschenähnliche Kultur in Harmonie und Frieden blüht? Ist es wirklich so naiv, sich einen Planeten vorzustellen, dessen Geschichte frei von Nationalismus und von ideologischen Verklemmungen ist? Wo es nur die geographischen Grenzen zwischen Land und Wasser gibt und keine politischen Grenzen? Gibt es nicht eine entfernte Möglichkeit, sich statt zentralisierter, nationaler Regierungen regionale, einheimische Regierungen vorzustellen, die im Kontakt mit den Anforderungen der jeweiligen Landstriche stehen, in denen die Bevölkerung jenes Planeten lebt? Könnte regionale Autarkie je den Industriestaat ersetzen, und könnte nicht die Befriedigung von Bedürfnissen anstatt von Wünschen Menschen glücklicher machen*

als eine Wachstums-Wirtschaft? Und könnte nicht eine Technologie, ein bißchen fortgeschrittener als unsere, den universalen, lebensspendenden Energiestrom nutzbar machen, den eine Sonne, ein Wind, eine Flut (von Wasser oder Bewußtsein), der Äther liefern – auf irgendeinem Planeten, irgendwo im Weltraum? Die eben flügge gewordene menschliche Rasse ist dabei, eine der großen Lektionen zu lernen, die jedes Kind lernen muß: daß man für seine eigenen Handlungen verantwortlich ist. Wenn ein Kind seine Spielsachen kaputtmacht, hat es nichts mehr zum Spielen und jammert, und wenn es alles in den Mund steckt, um eine Lustempfindung zu haben, kann es krank werden. Die Erkenntnis dämmert, daß wir krank werden, wenn wir alles verbrauchen. Der Planet leidet. Wir sind der Planet, und es gibt keine getrennte Existenz."
(109, S. 229-230)

Doch in der Zeit danach wird es nicht nur zu offenen Kontakten mit Außerirdischen kommen, sondern wie wir durch Charles Berlitz erfahren, wohl auch mit Innerirdischen. Berlitz erzählt uns auch eine manchen Lesern nicht ganz unvertraute Geschichte: *„Im Herzen Asiens, in den Wüsten der Mongolei und den Gebirgen Tibets erzählt man sich schon seit vielen Jahrhunderten die geheimnisvolle und mystische Sage von Agarthi und seinem Herrscher dem König der Welt. Agarthi ist nach dem Glauben vieler Menschen eine Welt im Erdinnern, die aus riesigen Höhlen unter dem Zentralasiatischen Hochland bestehen soll, in denen alte Stämme diese Welt durch geheime Eingänge betreten haben, angeblich bis zum heutigen Tag ein verborgenes Leben führen. Dieses unterirdische Shangri-La soll immer noch unter der von den Kommunisten beherrschten Oberfläche existieren und so oft sein Herrscher, der König der Welt, weissagt, verstummen plötzlich die Vögel und andere Tiere der Erde. Vor hunderten von Jahren machte dieser König der Welt eine Prophezeiung, die – gerechnet von dem Zeitpunkt an, von dem sie angeblich erfolgte – wie so viele andere Weissagungen die zweite Hälfte des 20. Jahrhunderts betrifft. Die Menschen werden ihre Seelen immer mehr vernachlässigen... die ärgste Verderbtheit wird auf Erden herrschen. Die Menschen werden sein wie blutrünstige Tiere und nach dem Blut ihrer Brüder dürsten. Der Halbmond wird sich verdunkeln und seine Anhänger werden in Lügen und endlosem Krieg versinken... Die Kronen von Königen werden fallen... Es wird einen schrecklichen Krieg geben zwischen allen Völkern der Welt... Ganze Nationen werden untergehen... Hunger... Verbrechen, die das*

*Gesetz nicht kennt... Undenkbar früher für die Welt... die Verfolgten werden die Aufmerksamkeit der ganzen Welt fordern... Die alten Straßen werden von Menschenmassen überfüllt sein, die von einem Ort zum anderen ziehen... Die größten und schönsten Städte werden in Flammen aufgehen... Familien werden auseinandergerissen... Glaube und Liebe werden entschwinden... die Welt wird leergemacht werden... nach fünfzig Jahren werden nur noch drei große Nationen sein... Und fünfzig Jahre später wird es achtzehn Jahre Krieg geben und Katastrophen und **danach werden die Völker von Agarthi ihre unterirdischen Höhlen verlassen und ans Tageslicht kommen...*" (15, S. 33-34)

Es scheint eine ziemlich interessante Zeit auf uns zu warten. Wollen Sie mit dabei sein?

Annie Kirkwood, die ebenfalls Botschaften von Maria bekam, weiß über die Zeit danach zusätzlich zu berichten: *„Es ist die Zeit, daß auf der Erde eine neue Evolutionsstufe beginnt. Das kommende Zeitalter ist für die Menschheit eine Zeit der Evolution, eine Zeit des großen Wachstums nicht nur für die menschliche Rasse, sondern auch für viele Tiergattungen. Einige Tierarten, die jetzt auf der Erde leben, werden die Veränderungen auf der Erde nicht überstehen. Sie werden aussterben wie einst die Dinosaurier und Mammuts. Der Mensch wird sich grundlegend verändern. Er wird sich zu einer neuen Spezies entwickeln.*

Dieser Entwicklungsprozeß geschieht deshalb, weil sich der Mensch neuen Gegebenheiten anpassen muß. Die Atmosphäre wird sich aus anderen Bestandteilen zusammensetzen. Das Sonnensystem wird anders sein. Es wird eine neue Sonne hinzukommen, und ihr werdet ein binäres Sonnensystem haben. Diese beiden Sonnen werden Zellen aktivieren, die ihre Nahrung aus den Sonnenstrahlen beziehen. Ihr werdet einen Teil eurer Nahrung aus den Sonnenstrahlen erhalten.

Der Mensch wird sich zu einem geistigeren Wesen entwickeln. Er wird Klänge hören können, die er jetzt nicht hören kann. Er wird durch Sonnenpartikel sehen können, die ihm jetzt verborgen sind. Im Geiste wird er hören und sprechen können (Telepathie)...

...Durch die Telepathie werdet ihr mit vielen Welten kommunizieren können – mit der geistigen Sphäre, mit anderen Planeten und Dimensionen, mit den Tieren und der Natur selbst...

Er (der Mensch) wird seine übersinnlichen Fähigkeiten besser nutzen können. Das, was ihr Intuition nennt, wird in allen Menschen sehr stark aktiviert werden. Die Menschen werden ehrlich sein müssen, denn ihr werdet die Gedanken der anderen hören können. Jetzt kann der Mensch sein Gefühle und Gedanken noch verbergen, aber in der Zeit danach wird er das nicht mehr können (all dies sind klare Kennzeichen der Frequenzerhöhung; A.d.Verf.)... *Er wird nicht einmal mehr fähig sein, sich selbst zu täuschen. Eure Gefühle und Gedanken werden offen daliegen. Ihr werdet nicht mehr andere für ihre Mängel verurteilen müssen, denn wenn ihr die Gedanken eines anderen lesen könnt, mißbraucht ihr ihn nicht so leicht. Die Kinder werden mit größeren geistigen Fähigkeiten in eine neue Familie geboren werden, und sie werden ihre Eltern lehren, liebevoll und friedlich zu handeln und zu reagieren...*

...Liebe wird die Lösung für alle Schwierigkeiten sein, denn man wird die Wut und die Angst in ihnen als das erkennen, was sie sind, und die Menschen werden liebevoll und mitfühlend miteinander umgehen. Vergebung wird die allgemein anerkannte Verhaltensweise sein. Wenn ein Mensch liebevoll ist und Reue zeigt, werden die anderen mit Liebe und Vergebung reagieren. Gleiches zieht Gleiches an. Liebe und Vergebung ziehen immer mehr Liebe und Vergebung an... Man wird neue Nutzungsweisen der Energie der beiden Sonnen entdecken, und das wird die Technik sehr voranbringen. Ihr werdet neue Fortbewegungsmittel erfinden und neue Heiztechniken. Die Bedürfnisse der Menschheit werden anders sein. Die kommenden Veränderungen sind sehr groß. Es werden neue Elemente entdeckt werden. Man wird neue Kommunikationswege zu anderen Planeten einrichten. Nachdem die Erde ihre Position im Weltraum verändert und die neue Sonne ihren Platz eingenommen hat, kommt die Zeit des Friedens, die vorausgesagt wurde. Die Menschen auf der Erde werden die Fähigkeit haben, mit den Bewohnern der geistigen Welt zu sprechen und auf diese Weise viele Einsichten gewinnen – zum Beispiel darüber, wie das Universum funktioniert oder was ihre Aufgabe auf der Erde ist. Die Angst vor dem Tod wird der Vergangenheit angehören.

Könnt ihr euch vorstellen, wie ihr mit euren Lieben sprecht, die nicht mehr auf der Erde weilen, die „gestorben" sind? Denkt nur, welches Wissen euch damit zur Verfügung steht! Man wird mit Wesen sprechen können, die den Menschen das Wissen vergangener Zivilisationen und deren Fähigkeiten vermitteln können... Auch eure Fragen über das Leben, den Geist, die Seele und *die Realität können augenblicklich beantwortet werden. Es braucht keine unbeantworteten Fragen mehr zu geben... Durch die Kommunikation mit dem Geiste werdet ihr euch an die heilende Energie des Kosmos anschließen können. Durch euren Geist werdet ihr euch heilen... Die Menschen werden mit Wesen von anderen Planeten kommunizieren, die ihnen viel Heilwissen vermitteln können. In den Anfangstagen der Nach-Zeit werden solche Wesen von anderen Planeten eine große Hilfe sein. Sie werden euch alte und verlorengegangene Künste lehren, wie zum Beispiel tonnenschwere Steinbrocken mit Gedankenkraft zu bewegen... Diese Wesen werden die neue Zivilisation lehren, in Gerechtigkeit und Frieden zu regieren. Die geistigen Fähigkeiten werden in einer Weise erblühen, wie ihr es euch jetzt nicht vorstellen könnt, und euch dabei helfen, das Alltagsleben leichter und glücklicher zu gestalten... Die Wesen von anderen Planeten werden euch lehren, die Technologie, die noch übrigblieb, zu verbessern. Sie werden euch helfen, neue Formen der Energie zur Fortbewegung, zur Beleuchtung, zur Kommunikation und zum Heilen zu finden... Ich möchte euch hier nur einen kleinen Einblick in die Zeit „danach" geben. Es ist nicht die Botschaft, derentwegen ich gekommen bin. **Wir müssen uns um das Heute kümmern.** Die Menschen, die heute in der Welt leben, müssen vorbereitet werden."* (62, S. 196-209)

Eine weitere interessante Prophezeiung über die Zeit „danach" hören wir von **Johannes von Jerusalem.** Sie ist so kraftvoll, daß sie auch alleine in diesem Kapitel hätte stehen können:

*Wenn das Jahrtausend, das nach dem Jahrtausend kommt,
zu Ende geht,
wird es für den Menschen eine zweite Geburt geben.
Der Geist wird sich der Masse der Menschen bemächtigen,
die eins sind in der Brüderlichkeit.
Dann wird das Ende der Zeiten der Barbarei verkündet.*

*Es wird die Zeit einer neuen Stärke des Glaubens.
Nach den schwarzen Tagen am Beginn des Jahrtausends,
das nach dem Jahrtausend kommt,
werden die glücklichen Tage beginnen.
Der Mensch wird den Weg der Menschen wiederfinden
und die Erde wird ihre Ordnung wiederhaben.*

Die Erde wird wie ein Garten sein.
Der Mensch wird auf alles achten, was lebt.
Er wird reinigen, was er beschmutzt hat.
Er wird die gesamte Erde als seine Heimat ansehen,
und er wird mit Weisheit an das Morgen denken.

Wenn das Jahrtausend, das nach dem Jahrtausend kommt,
zu Ende geht,
wird der Mensch wissen, daß alle Lebewesen Träger des Lichtes sind,
und daß sie Geschöpfe sind, die Respekt verlangen.
Er wird neue Städte gründen
im Himmel, auf der Erde und auf dem Meer.

Er wird sich erinnern an das, was einst war,
und er wird zu deuten wissen, was sein wird.
Er wird keine Angst mehr haben vor seinem eigenen Tod,
denn er wird mehrere Leben in seinem Leben gelebt haben,
und er wird wissen, daß das Licht immer leuchten wird. (126)

Edgar Cayce: *„Das, was von den Propheten und von den Weisen aller Zeiten versprochen wurde; wenn die Zeit und eine halbe Zeit um ist und sich erfüllt hat, an diesem Tag und bei dieser Generation, und daß auf dieser Erde bald wieder der Eine erscheinen wird, durch den viele aufgerufen werden, sich zu jenen zu gesellen, die den Weg für seine Tage auf der Erde vorbereiten. Der Herr wird dann kommen, gerade so, wie ihr ihn habt gehen sehen."*

Rufen wir uns die im vorherigen Kapitel aufgeführten Bibelzitate in Erinnerung zurück, könnte man diese durchaus so interpretieren, daß Jesus mit einem Raumschiff aus dem Himmel wiederkommt. Wer weiß?

Moira Timms erklärt uns aber noch eine andere Möglichkeit: *„Es gibt viele, die glauben, daß Christus, getreu den Buchstaben, ruhmreich von den Wolken herabsteigen wird, wie in der Bibel vorausgesagt, wenn ER wiederkommt. Die Bibel sagt, daß jedes Auge ihn sehen wird, zur gleichen Zeit, auf der ganzen Welt. Es ist nicht sehr wahrscheinlich, daß zu dieser Zeit die Abdeckung durch die Medien funktionieren wird, es muß also eine andere Erklärung geben. Wenn die Zeit gekommen ist, da die Erde von allen negativen*

Vibrationen geläutert ist und alle karmischen Schulden bezahlt sind (dem Gesetz von Ursache und Wirkung – Saat und Ernte nach alles ausgeglichen ist), werden jene, die überleben, große innere Beherrschung erreicht haben („Das Königreich liegt in uns" Lukas 17:21). Wenn dies geschieht, wird die Menschheit begonnen haben, in eine neue Schwingung einzutreten, die mit der nächsten evolutionären Phase zusammenhängt, dem vierten Raum. Die reale Materie der materiellen Welt wird verfeinert genug sein, um als jene neue subtile Schwingung klassifiziert zu werden, als Geist. Christi zweites Erscheinen in der Welt wird daher von jedem Menschen zur gleichen Zeit gesehen werden, aber in einem gehobenen Bewußtseinszustand, von allen, die den Übergang auf dieses Niveau geschafft haben.

Das Christus-Bewußtsein wird sich als das Bewußtsein Gottes manifestieren, durch seinen Sohn, und von da an ausgehend in allen lebenden Dingen. Obwohl es viele große Erscheinungen gibt, die Christus-Bewußtsein manifestieren, war es Jesus, der Lehrer, der den Titel „Christus" innehatte, da er das perfekteste Beispiel in menschlicher Gestalt war und da er das Opfer brachte, durch seinen Tod menschliches Karma auf sich zu nehmen. Wir dürfen nicht vergessen, daß Christus eine universelle MACHT ist, die man ERFAHREN muß... jeder von uns, früher oder später." (109, S. 172)

Der Sufi-Meister **Pir Al-Wahshi** wußte: *„Das Wachsen unseres Bewußtseins spiegelt sich in der Welt um uns wider. Die Welt, die wir sehen, ist ein Spiegel von uns selbst – nur wenn wir uns verändern, wird sich die Welt verändern. Man kann sich nicht selbst ändern, indem man die Welt ändert; aber man kann die Welt ändern, indem man sich selbst ändert."* (109)

Und **Carlos Castaneda**: *„Wenn wir unsere Ansicht von der Welt ändern, wird sich die Welt ändern."* (109)

Zur Datierung

Über das Problem der genauen Zeitangabe schreibt der Prophetie-Experte Josef Angerer: *„Die Seher stehen meist raum- und zeitlosen Bildern gegenüber und können oft nur aus Symbolen und anderen eigenen Kombinationen Zeiten andeuten. Gott läßt den freien Willen des Menschen unangetastet und enthüllt ihm nicht klar die Zukunft. Wenn in einer Vorhersagung genaue Jahreszahlen, vielleicht sogar Monate und Tage genannt werden, stammen diese Weissagungen oder dieser Zusatz kaum aus göttlicher Erleuchtung. Wenn der Seher eine Zeit angibt, gilt sie immer bedingt: „Wenn..., dann..."*

„Gleich" und „bald" kann jahrelange Zeiträume bedeuten. Das genaue Datum, das z.B. der Prophet Jonas an Ninive verkündete, stimmte nicht, weil sich die Voraussetzung durch die Buße veränderte!

Genaue Daten dienen zur Befriedigung der Neugierde. Gottes Weissagungen dagegen haben einen anderen Zweck: die Menschen zu bessern. Die Menschen zur Umkehr aufzurufen, gute Menschen auf einen bevorstehenden Schicksalsschlag vorzubereiten oder ihnen in den Drangsalen Mut zu machen, indem er ihnen die unveränderlichen Werte zeigt. Dazu braucht es keiner genauen Daten. Daten stimmen nie!" (6, S. 31)

In der ersten Ausgabe dieses Buches aus dem Jahr 1996 hatten wir an dieser Stelle eine ganze Reihe von Vorhersagen beziehungsweise Interpretationen von Vorhersagen – überwiegend von Nostradamus – aufgereiht, wobei sich diese bezüglich des Beginns eines Dritten Weltkriegs alle in Richtung 1999 orientiert hatten. Ehrlich gesagt war uns damals schon nicht wohl dabei zumute, ein Datum anzugeben, vor allem, da die Grundlage dieser Datumsangabe der Seher Nostradamus war. Wieso? Nun, weil einerseits eben immer noch alles veränderbar ist, im Sinne der eben gelesenen Aussage Josef Angerers, und andererseits, weil Nostradamus der einzige von den über einhundert Sehern in diesem Buch ist, der seine Voraussagen nicht nur in Verse verpackt hatte, sondern diese Verse auch noch verschlüsselte und durcheinanderwürfelte; davon abgesehen, daß sie in einem französischen Dialekt verfaßt waren.

Mit anderen Worten: Den Beginn des Dritten Weltkriegs und anderer dramatischer Ereignisse aus den Versen von Nostradamus herauszulesen, ist reine Interpretationssache. Hier kann wirklich kreativst gedeutet werden, was von den meisten Nostradamus-Forschern auch getan wurde und wird.

Die meisten hatten sich mit ihren Interpretationskünsten auf den berühmten Vers X/72 konzentriert, der folgendermaßen lautet:

Das Jahr 1999 sieben Monate,
vom Himmel wird kommen ein großer König des Schreckens,
wieder auferstehen lassen wird er den großen König von Angolmois.
Vor – nachher Mars herrscht glücklich.

Diesen Vers hatten damals nicht nur sogenannte Weltuntergangspropheten genutzt, um auf sich aufmerksam zu machen, sondern es hatten sich auch die Massenmedien auf das Thema gestürzt, um mit reißerischen Schlagzeilen die Auflagenstärke zu erhöhen. Nachdem nun aber in dieser Zeit außer einer Sonnenfinsternis nichts Dramatischeres eingetreten war – wie zum Beispiel, daß ein Planetoid auftaucht, der auf die Erde zurast (was viele aus diesem Vers herauszulesen glaubten) –, führte dies dazu, daß nun der gesamte Bereich der Prophetie und sämtliche Aussagen von Nostradamus mitsamt den Personen, die sich ernsthaft damit auseinandersetzen, lächerlich gemacht wurden.

Angeregt durch die Gedanken des brasilianischen Prophezeiungsforschers Fabio Araujo, kann man den oben genannten Vers aber auch ganz anders interpretieren, was eine neue und unserer Ansicht nach auch wesentlich realistischere Variante mit ins Spiel bringt:

Zu Nostradamus' Zeiten war nämlich der Julianische Kalender gültig, das heißt, der *„siebte Monat"* war nicht Juli, sondern August. Und im siebten Monat 1999 gab es zwei wesentliche Ereignisse:

1. die totale Sonnenfinsternis am 11. August 1999, was mit der Angabe *„vom Himmel wird kommen ein großer König des Schreckens"* übereinstimmen könnte, und
2. die Ernennung Vladimir Putins zum russischen Premierminister am 9. August 1999.

Doch was hat Vladimir Putin mit dem *„großen König von Angolmois"* zu tun? Das könnte erklärt werden, wenn wir uns daran erinnern – wie zu Beginn des Buches erläutert –, daß Nostradamus gerne mit Decknamen arbeitete und Worte auch verdrehte. Vertauschen wir also die Buchstaben in dem Wort *Angolmois*, so bekommen wir *Mongolais*, was auf französisch „mongolisch" bedeutet. Und plötzlich liest man, daß die Sonnenfinsternis *„wieder auferstehen lassen wird den großen Mongolenkönig"*. Der bekannteste Mongolenkönig war Dschingis Khan, der damals auch Europa angegriffen hatte. Und die Mongolei liegt (wenn auch etwas entfernt) hinter Rußland.

Betrachten wir uns jetzt noch die letzte Zeile des Verses X/72, die mehrfach gedeutet werden kann: Am 9. August 1999 wurde Putin durch Boris Jelzin zum Premierminister ernannt und am 31. Dezember zum Präsidenten (durch den Rücktritt Jelzins). Aber erst am 26. März 2000 wurde er dann offiziell durch Wahlen zum Präsidenten ernannt. Das heißt, daß er bereits als Präsident Rußlands tätig war, jedoch erst im März (nach siebeneinhalb Monaten) offiziell zum Präsidenten gewählt wurde.

Nun wäre die

eine Deutungsvariante der letzten Zeile *(„Vor – nachher Mars herrscht glücklich.")* folgendermaßen: Das Wort *Mars* kann als *März* (Monat des Widders, dessen Planet der Mars ist) interpretiert werden. Somit hieße der Vers dann: *„vor und nach März (2000) herrscht Putin glücklich"*, und eine

andere Variante wäre die Interpretation des Wortes *Mars* als *Krieg* (Mars ist der Kriegsgott). Betrachtet man sich die letzte Zeile unter diesem Aspekt, so könnte diese darauf hinweisen, daß der *„wiederauferstandene Mongolenherrscher"* zum Krieg rüsten wird – zum Dritten Weltkrieg!

Die hier aufgeführte Deutungsvariante ist plausibel, doch was uns hier erneut stört ist, daß man eben wieder interpretieren muß. Wahrscheinlich kann man hier noch viel mehr hineinbasteln. Alle anderen Seher haben in zusammenhängenden Sätzen gesprochen, mit klaren Angaben über die Umstände zur Zeit des Kriegs – aber eben ohne Datumsangaben. So kann die obige Nostradamus-Vers-Interpretation zutreffen oder auch nicht. Womöglich hatten die großen Observatorien aber doch einen Himmelskörper entdeckt – wie bereits im Kapitel über den Planetoiden betrachtet –, dies jedoch vor der Menschheit verheimlicht. Vielleicht hat der Vers genau zugetroffen und wir wissen es nur nicht...?

Sie sehen, daß die Problematik einer genauen Zeitangabe nun wirklich alles andere als einfach ist.

Aus ein paar Visionen gehen dennoch diverse Merkmale hervor, die eventuell zeitlich einsortiert werden können. Beispielsweise bei **Don Bosco**, einem italienischen Priester (1815-88), der für das Jahr, in dem der Papst aus Rom wird fliehen müssen, voraussagte, es habe zwei Vollmonde des Blütemonats. Daß zwei Vollmonde in einen Monat fallen, ist nicht häufig. In einem Blütemonat ist es bereits recht selten. (18)

In einer kurzen Prophezeiung von **Abbé Curique** erfahren wir aus seinem 1872 erschienenen Buch „Voix Prophétiques": *„Ein schrecklicher Krieg wird folgen. Der Feind wird wie eine Flut aus dem Osten kommen. Am Abend werden sie noch „Friede, Friede" rufen, doch am nächsten Morgen werden sie vor unserer Türe stehen. In diesem Jahr wird ein früher und ein schöner Frühling sein, Kühe werden schon im April auf reichen Weiden grasen. Der Weizen kann noch geerntet werden, doch der Hafer nicht mehr. Der Konflikt, in dem eine Hälfte der Welt gegen die andere stehen wird, wird nicht lange dauern. Gott wird die sich Bekämpfenden durch eine schreckliche Naturkatastrophe auseinandertreiben."* (119, S. 145)

Und auch der **unbekannte Seher aus dem Sauerland** weist auf die Jahreszeit des Krieges hin: *„Der Krieg folgt auf einen Winter, der kein Winter ist, wo nur Lappen, das heißt sohlenhoher Schnee fällt. Die Schlüssel-blumen blühen in diesem Jahre sehr früh, und den Kühen geht schon im April das Gras bis an die Knie..."*

Das sind beispielsweise solche Angaben, die Hinweise geben. Dennoch sollte man sich nicht auf solche fixieren. Was aus den gesammelten Prophezeiungen zumindest klar hervorgeht ist, daß der Dritte Weltkrieg *nach* dem Mauerfall stattfinden soll, *nach* zwei Kriegen auf dem Balkan, mindestens einem Nahostkrieg und einem Anschlag auf Hochhäuser im Zentrum New Yorks. Dies haben wir nun alles hinter uns. Und es ist sicherlich auch bedeutend, daß die Prophezeiungen in der Großen Pyramide in Gizeh nach Jahrtausenden nun gerade am 17. September 2001 aufhörten.

Betrachten wir uns nochmals all die hier aufgeführten Vorhersagen, so finden wir über den Verlauf der Ereignisse vor dem Krieg folgende Übereinstimmungen, an denen man die Reife der Zeit erkennen kann:
- Dem Krieg gehen allgemeine Wirren, wahrscheinlich ein zweiter Golfkrieg und anschließend vermutlich ganz erhebliche wirtschaftliche Schwierigkeiten voraus.
- Der Winter vor dem Krieg ist ganz außergewöhnlich mild.
- Der Krieg beginnt im Frühjahr im Nahen Osten/Balkan und scheint Mitteleuropa nicht zu betreffen.
- Krise/Teilmobilmachung im Frühjahr mit anschließender politischer Entspannung – Scheinfriede.
- Der Papst flieht kurz vor dem Krieg aus Italien.
- Der Krieg in Mitteleuropa kommt völlig überraschend und ist ganz kurz. Wahrscheinlich dauert die Kampfphase nur drei Monate von Mitte Juli bis Ende Oktober. (18)

Wollen wir aber das Thema der Datierung hier abschließen und dazu nochmals Moira Timms zu Wort kommen lassen: *„Voraussagung und Prophezeiung sind in diesem Jahrhundert in schlechten Ruf gekommen, weitgehend deshalb, weil die Wissenschaft, mit ihrem eigenen eingebauten Aspekt der Voraussagbarkeit, das Bedürfnis in der menschlichen Psyche abgedeckt hat. Außerdem hatten Prophezeiungen im allgemeinen den altbekannten Ruf, nicht einzutreffen, oder schlicht zur falschen Zeit, am falschen Ort und unter ganz anderen Umständen einzutreffen. Manchmal scheinen sie ganz danebenzuliegen. Das schien primitive Völker nicht weiter zu stören, mit ihrem Glauben an Omen, der nicht logisch argumentierte: Die Götter hatten ihre Meinung geändert. Selbst unter Kulturen und Gesellschaften, die nur ein bißchen weniger kompliziert sind als unsere, hat die Prophezeiung immer noch ihren respektierten Platz als Erweiterung des religiösen Impulses. Aber für jene braven Seelen, die im Zeitalter der Verpackungstechnik und der gedruckten Schaltkreise gefangen sind, scheint es keinen Platz und kein Bedürfnis für die Botschaft solch eines Mediums zu geben...*

...Oft war die prophetische Vision beim Erhalt zu weit voraus, um in die kulturelle Matrix der Zeit zu passen. Als Resultat war die Beschreibung der Vision in einem so beschränkten Vokabular untergebracht, daß sie unverständlich blieb, selbst den Zeitgenossen der vorausgesagten Zeit. Die Ge-

schichte von Hesekiels Rad in der Bibel mag ein Bericht von subjektiven, wilden Eindrücken sein, die Hesekiel nach einer Mahlzeit giftiger Pilze hatte, oder sie mag eine Begegnung mit Wesen aus dem Weltraum wiedergeben, die mit einem runden Raumfahrzeug aus dem Himmel kamen...

...Wenn Prophezeiungen überhaupt eine nützliche Funktion haben, dann die, jetzt zur Prüfung einen kurzen Blick auf die Zukunft zu werfen. Einen Kinofilm brauchen wir uns nicht anzusehen, wenn uns die Voranzeige nicht gefällt. In diesem Fall müssen wir bloß abwarten, bis sie vorbei ist. Mit einer Prophezeiung ist das nicht so einfach. Im Fall einer besonders angsteinflößenden Voraussage können wir sie ignorieren oder versuchen zu verstehen, was in der Praxis damit zusammenhängt. Das wäre a) gewarnt zu sein, b) sich vorzubereiten und c) in der Gegenwart Möglichkeiten zu suchen, die Zukunft zu ändern.

Das Schicksal einer Nation kann durch den kollektiven freien Willen ihrer Menschen modifiziert werden, und das Schicksal eines Planeten kann durch den kollektiven freien Willen seiner Nationen verändert werden.«
(109, S. 103)

Gibt es eine Gnadenfrist?

Erinnern wir uns noch mal an die Worte des **Biernacki**: *„Alles, was ich eben beschrieben habe, wird sehr bald eintreten und genauso verlaufen, wie ich hier aufgeführt habe. Wenn genügend Reue aufkommt, dann wird es möglich, daß die Härte der Bestrafung gemildert wird..."* (6, S. 39-42)

Oder **Dannion Brinkley**: *„Brinkley war von den Wesen darauf hingewiesen worden, daß die Zukunft nicht in Stein gemeißelt sei, sondern sich mit dem Verhalten der Menschen ändere."*

In **Garabandal**: *„In welchem Ausmaß sie (die Reinigung) erfolge, hinge von den Bemühungen des einzelnen ab... Doch bevor die Reinigung der Erde stattfinden würde, könnte man in Garabandal erneut einer Warnung und danach einem Wunder beiwohnen, um der Menschheit eine letzte Mahnung zur Umkehr zu geben."*

Jakob Lorber: *„Werden sich die Reichen der Armen annehmen und ihren Wucher einstellen, dann sollen auch die Gerichte aufgehalten werden."*

Die **Mutter Maria** durch Jacinta, eines der Kinder von Fatima, am 22.5.1958: *„Wenn die Welt sich jedoch entschließen würde, noch Buße zu tun, so würde ihr unsere liebe Frau noch zu Hilfe kommen."*

Josef Angerer: *„Wenn der Seher eine Zeit angibt, gilt sie immer bedingt: „Wenn.., dann..."* Schauungen haben seiner Meinung nach den Zweck, *„die Menschen zur Umkehr aufzurufen...".*

Es ist absolut möglich, etwas zu verändern, und in verschiedenen Durchgaben neueren Datums wird sogar erwähnt, daß schon genügend Menschen aufgewacht sind und auch aufgrund der Frequenzerhöhung (laut Morpheus in seinem Bestseller *„Matrix-Code"* liegt die Schumann-Resonanzfrequenz inzwischen bei knapp 9 Hertz mit steigender Tendenz, und die Magnetfelder nehmen mit rascher Geschwindigkeit ab) im Übergang in das „Neue Zeitalter" an ihrem Denken bereits etwas geändert haben. Infolgedessen ist es auch möglich, daß sich das hier beschriebene Szenarium in eine andere Richtung bewegt. So meint der Seher **Korkowski**, der behauptet, mit einer Gruppe Außerirdischer Kontakt zu haben, daß diese ihm vermittelt hätten, daß die Frist der Menschheit verlängert worden ist und sich alles um Jahre verschieben wird.

Auch andere Seher berichten, daß sich ein Teil der Menschen bereits zu ihrem Vorteil verändert hat und daher das beschriebene Geschehen in anderer Form eintreten wird, wenn überhaupt.

Im Kalender der Mayas heißt es, der Übergang wird vom Jahr 1986 bis ins Jahr 2012 dauern. Also auch hier ist Spielraum vorhanden.

Eine ganz andere Variante finden wir in Bob Frissells Buch **„Zurück in unsere Zukunft"**, in dem beschrieben wird, daß die Sirianer (Lebewesen vom Sirius), die dem Buch zufolge eine enge Verbindung zur Erde und ihren Einwohnern haben, eine künstliche Frequenzerhöhung mit der Erde vollzogen hätten. Bob Frissell berichtet, daß es im Jahre 1972 eine so große Sonnenexplosion gegeben habe, die, wenn die Sirianer nicht künstlich die Vibrationsrate der Erde erhöht hätten, das Leben auf der Erdoberfläche ausgelöscht hätte. Mit diesem Vorwissen kommt der Autor beziehungsweise die Person Drunvalo Melchizedek, über die er schreibt, zu dem Schluß, daß es nun nicht unbedingt „friedlich" in die neue Zeit gehen, doch das Ausmaß weitaus geringer sein wird – womöglich kein Dritter Weltkrieg und kein Polsprung nötig sind. Drunvalo hält seit dem Experiment der Sirianer 1972 die meisten Voraussagen für überholt und behauptet, daß die Prophezeiungen des Nostradamus und Edgar Cayce bis dahin sehr genau gewesen sind, aber nun nicht mehr so eintreffen (mehr dazu in dem Buch *„Bis zum Jahr 2012"* von Johannes Holey).

Festzuhalten bleibt, daß es nicht das Ziel des vorliegenden Buches ist, sich an den beschriebenen Szenarien festzuhalten und zuzusehen, wie ein Punkt nach dem anderen eintritt, sondern zu verhindern, daß dieses geschieht. Wir Autoren sehen die Voraussagen als Warnung und nicht als absolute Realität und festgefahrene Zukunft. Wir wollen leben und nicht gelebt werden!

Die Über-Sicht

Nun, liebe Leserinnen und Leser, nach dem Kennenlernen dieser Visionen scheint ein unbeschwertes Hoffen und Planen für die Zukunft fast nicht mehr möglich zu sein – zumindest für Materialisten, also Menschen, die den Sinn ihres Da-Seins ausschließlich im Sättigen ihrer materiellen Bedürfnisse sehen. Wir nehmen an, daß dies auch der Sinn und Zweck war, weswegen uns durch diese „Seher" die Visionen übermittelt worden sind; nämlich um uns alle darauf hinzuweisen beziehungsweise daran zu erinnern, daß die Materie nur das Spielfeld darstellt, auf dem wir, in unserer Ursubstanz geistigen Wesen, uns durch Erfahren weiterentwickeln können – und nicht wir, wie inzwischen ein Großteil der Erdbewohner den absurden schulwissenschaftlichen Glauben angenommen hat, die Materie „sind". Doch mehr dazu gleich.

An und für sich sollte jedem klar sein, daß es kein „Zu-Fall" ist, der uns diese „Botschaften" beschert hat und auch weiterhin beschert. Fragen wir uns nach dem Zweck! Wieso überkommt einen unbedarften Landwirt oder Schäfer auf der Alm eine Vision über Geschehnisse in der Zukunft – in unserem Fall einen Dritten Weltkrieg und Naturkatastrophenszenarien?

Dies sind die Fragen, denen wir zuerst unsere Aufmerksamkeit widmen wollen, bevor wir die andere Frage behandeln, was wir nun tun können oder sollen. Wollen wir uns zuerst einmal betrachten, was denn diese Visionen überhaupt sind, was das Leben ist und warum wir hier sind. Wir sollten uns die ganze Geschichte aus mehreren Blickwinkeln heraus betrachten, um später verstehen zu können, daß das, wovor die meisten Menschen im ersten Moment Angst haben, das Beste ist, was unserem Planeten und seinen Bewohnern überhaupt passieren kann.

Es mag wiederum im ersten Moment als sehr kompliziert erscheinen, das „Leben" hier zu erklären, doch wie wir gleich selber feststellen werden, ist das Leben auf einer ganz einfachen und übersichtlichen Ordnung aufgebaut, die jeder versteht. (Und damit beweist sich auch ihre Richtigkeit, denn die Wahrheit ist meist einfach.) Es ist in gewisser Hinsicht zwar eine Wiederholung der Grundlagen am Anfang des Buches, doch ist es der eigentliche Kernpunkt des Themas und wird hier noch tiefer erklärt und durch Beispiele weiter verdeutlicht.

Wir stellten also zu Beginn fest:
Das Leben ist KEIN Zufall, wie die meisten Schulwissenschaftler uns glauben machen wollen, sondern, wie uns die Physik beweist, eine absolut perfekte Ordnung, aufgebaut auf ganz klaren Gesetzen, die nachvollziehbar und auch wiederholbar sind. Das Leben ist ein „Kosmos", nämlich eine perfekte Ordnung, und eine Ordnung ist auf Gesetzen aufgebaut. Die Gesetze der Materie, der physischen Welt, erklärt uns die Physik. Doch das Leben spielt sich nicht nur in der Materie ab, sondern auch in der zweiten Komponente, nämlich der geistigen Welt. Die geistige Welt hat ebenfalls ihre Gesetze, welche durch die Metaphysik dargelegt werden.

Wir haben also die physische und die metaphysische Welt, das Diesseits und das Jenseits. So wie der Körper durch den Geist belebt wird, so werden auch Tiere, Pflanzen und Mineralien von Geist be- und durchlebt. So hat auch unser Planet Geist und wie jeder Mensch auch ein Gedächtnis.

Beide, sowohl die physische als auch die geistige Welt werden durch die gleichen Gesetze aufrecht- und zusammengehalten. Es ist die gleiche Ordnung: wie innen so außen, wie im Großen, so im Kleinen.

Die wichtigsten Gesetze, die diese Ordnung bilden und auf die alle anderen Gesetze aufgebaut sind, sind das Kausalitätsgesetz und das Resonanz- beziehungsweise Schwingungsgesetz. Alle anderen Gesetze, wie zum Beispiel das Gravitations- oder das Fallgesetz ergeben sich aus dem Kausalitätsgesetz. Das Kausalitätsgesetz nennt man allgemein das Gesetz von „Ursache und Wirkung", auch bekannt als das Gesetz von „Saat und Ernte", versinnbildlicht durch den Spruch *„wie man in den Wald hineinschreit, so hallt es auch zurück"*. Das Resonanzgesetz ergänzt sich mit dem Kausalitätsgesetz, da eben nur das auf den Betreffenden zurückkommt, was auf Resonanz stößt beziehungsweise womit er gleich schwingt. Das heißt: Er bekommt nur das als Resonanz zurück, was er auch zuvor gesät hat.

Somit halten wir fest: Es ist Gesetz, daß man, wenn man Roggen sät, auch Roggen erntet und nicht Weizen. Man braucht sich also weder zu wundern noch ist es ein „Zufall", wenn nach dem Säen des Roggensamens auch Roggen wächst. So geschieht es auch demjenigen, der das Wort „böse" in den Wald hineinschreit. Er wird nach dem Gesetz das zurückbekommen beziehungsweise als Echo hören, was er auch hineingeschrien hat, nämlich „böse". Und er braucht sich nicht zu wundern, daß nicht das Wort „lieb" zurückhallt. Dies als Beispiel für die physische Welt.

Sowohl im Metaphysischen als auch im irdischen Leben erfüllt sich das Gesetz beispielsweise, indem Sie das vom Leben zurückbekommen, was Sie zuvor in dieses hineingeschrien beziehungsweise hinein*gelebt* haben.

Bildlich ausgedrückt: Ist eine Person aggressiv, so ist dies die Ursache, die sie setzt, und so bekommt sie nach dem Gesetz von Saat und Ernte auch das zurück, was sie gesät hat, nämlich Aggression. Kein „Zufall", sondern logisch, gesetzmäßig und fair.

Um das Ganze noch etwas anschaulicher zu machen, wollen wir an dieser Stelle nochmals das Computerbeispiel heranziehen, durch welches die Ordnung und Perfektion des Lebens, im Großen wie im Kleinen, sehr schön veranschaulicht wird.

Der Computer stellt die perfekte Ordnung dar. Was auch immer der Bedienende durch die Tastatur in den Rechner eingibt, wird am Bildschirm sichtbar und nach dem Druckbefehl vom Drucker ausgedruckt. Egal was man durch die Tastatur eingibt, es wird unweigerlich auf dem Bildschirm erscheinen beziehungsweise „Realität" durch das Ausgedruckte.

Und wenn Sie vorher unbewußt einen Schreibfehler gemacht haben, werden Sie ihn dann dort vorfinden. Nicht zufällig, sondern gesetzmäßig. Schreiben Sie das Wort „Liebe", wird der Computer auch dieses Wort ausdrucken.

Der Computer selbst jedoch ist neutral. Ihm ist es gleich, ob Sie „Liebe" oder „Haß" eingeben, er druckt es rein gesetzmäßig aus. Und Sie brauchen den Computer nicht zu beschimpfen beziehungsweise dafür verantwortlich zu machen, wenn Sie nachher viele Schreibfehler in dem Text entdecken, den Sie selber eingegeben haben.

Auf das Leben übertragen heißt das, was immer wir durch unsere Gedanken, Gefühle, Worte und Taten aussäen, werden wir auch ernten. Und wir brauchen dann nicht das Leben zu beschuldigen, daß es schlecht oder unfair zu uns ist. Das Leben ist neutral. Es ist die Ordnung, anhand der wir lernen, nämlich auf unsere Ursachensetzungen aufmerksam zu werden, indem uns das Leben wie ein Spiegel unser Geschaffenes durch entsprechende Wirkungen vorhält.

Ist ein Mensch krank, so ist die Krankheit nicht zufällig, sondern gesetzmäßig bei der Person, da sie die entsprechenden Ursachen dafür gesetzt hat.

So ist es mit Geld, Gesundheit, Erfolg oder Mißerfolg, allen Komponenten, die das Leben zu bieten hat – nicht zu-fällig, sondern resonanzfällig, nach Gesetz.

Und wie ein Computer eine Festplatte und einen Speicher hat, so hat das jeder Mensch und auch jedes andere Wesen auch.

Achte auf Deine Gedanken, denn sie werden Worte,
achte auf Deine Worte, denn sie werden Handlungen,
achte auf Deine Handlungen, denn sie werden Gewohnheiten,
achte auf Deine Gewohnheiten, denn sie werden Dein Charakter,
achte auf Deinen Charakter, denn er wird Dein Schicksal.
(Talmud)

Alles, was ein Mensch über die Dauer seines Lebens hinweg „verursacht", nämlich denkt, fühlt oder handelt, wird automatisch in seinem Magnetfeld abgespeichert und auch „ausgedruckt" – sprich: Er wird mit seinen Ursachensetzungen im Leben konfrontiert.

Das ist weder „gut" noch „schlecht", es ist einfach so, und es ist in Ordnung. Das Leben ist absolut neutral und urteilt nicht über die Saat der Menschen. Es ermöglicht dem Menschen einfach, sich wie in einem Spiegel das anzuschauen, was er gesät hat. Der sogenannte „freie Wille" ist ein Privileg, vor dem jedoch die meisten Menschen Angst haben. Sie haben Angst, frei zu sein, selbst entscheiden zu können, ja zu dürfen, Verantwortung zu tragen, selbst schöpfen und erschaffen zu können, ein eigener kleiner „Gott" zu sein. Die Menschen, die all dies nicht verstanden haben, obwohl alleine schon Buddha und Jesus es so einfach und klar ausgedrückt haben, haben noch eine lange Reise vor sich. Auch hier gilt das Gesetz der Resonanz: Wer sich vor seiner Eigenverantwortung drücken will, der wird vom Leben „gedrückt".

Und wie die Menschen ihre Magnetfelder haben, so hat die Erde auch das ihre. Das Magnetfeld der Erde, welches im asiatischen Teil der Welt als „Akasha-Chronik" bezeichnet wird, hat alle Gedanken, alle Gefühle und

Handlungen aller Lebewesen, die sich auf der Erde tummeln und über die letzten Jahrtausende getummelt haben, abgespeichert. Diese Akasha-Chronik kann mit der Festplatte eines Computers verglichen werden. Die kritischen Leserinnen und Leser werden beim vorletzten Satz gefragt haben: Warum nur die letzten Jahrtausende und nicht Jahrmillionen? Nun, das ist deshalb so, da das Magnetfeld der Erde nach bestimmten Zeitzyklen zusammenbricht. Gleichzeitig dazu kommt es dann zu Polverschiebungen, durch welche es dann wiederum zu Katastrophen kommt (Kontinentaldrifte, elektromagnetische Stürme, Überschwemmungen…). Und bei solch einem Zusammenbruch des Erdmagnetfeldes geschieht das Gleiche, als ob der Computer abstürzt – alles Abgespeicherte wird gelöscht.

Nun hat die Erde also alles gespeichert, was die lieben kleinen und so braven Menschleins mit ihren liebevollen Gedanken, Gefühlen und Handlungen über die letzten Jahrtausende „gesät" haben. Und alles ist ganz penibel abgespeichert worden. Jeder einzelne Gedanke!

Frage an Sie: Können Sie sich vorstellen, wie die ganzen Gedanken aller Bewohner zusammengetragen wohl ausschauen mögen? Wie unser Erdkollektiv aussieht? Nun, es sieht so aus, wie es eben auf der Oberfläche der Erde gerade aussieht und es sich auch die letzten Jahrhunderte zugetragen hat: Kriege, Kriege und nochmals Kriege. Denn nach dem Gesetz der Affinität finden wir all das, was sich im Innern der Menschen abspielt, auch im Außen. Anders gesagt: Auf der Welt sieht es so aus wie in den Köpfen der Menschen. Denn was als Gedanken in ihren Köpfen war, haben sie auch umgesetzt. Was haben daher die meisten Menschen in sich? – Krieg.

Der Zustand auf der Erde ist das Produkt der Gedanken aller Menschen, die zuerst in deren Köpfen waren, dann zu Worten wurden, zu Handlungen gediehen, zu Gewohnheiten reiften, dann zu unserem Kollektivcharakter und nun zu unserem SCHICKSAL geworden sind!!!

Wie im Innern, so auch außen. So wie es in den Köpfen der Menschen aussieht, so ist nun auch als gesetzmäßige Folge davon die Außenwelt gestaltet.

Ist dieses Schicksal, welches uns die Seher in ihren Visionen geschildert haben und mit welchem wir nun konfrontiert werden, Zufall, Strafgericht Gottes oder Satans? Oder was ist es?

Es ist nichts anderes als unser aller Konfrontation mit all unseren so tollen „Schöpfungen".

Niemand anderes als wir selbst hat all die Zustände auf der Erde verursacht. Und in diesem Fall brauchen wir keinen Gott, um uns zu helfen, und auch keine Außerirdischen, sondern wir brauchen nur uns selbst.

Mit diesem Wissen kann nun auch erklärt werden, was die Visionen der „Seher" waren. Es war in keinem Falle die „unabdingbare Zukunft" der Menschheit.

Die Visionäre haben nicht die „Zukunft" gesehen, sondern erlebten alle zu dem Zeitpunkt, als sie die entsprechende Vision hatten, eine Momentaufnahme der Akasha-Chronik, einen Blick auf die Festplatte der Erde und auf das, was die Menschheit bis dahin verursacht hatte. Und folglich wird auch das, was die Erdlinge verursacht haben, auch wieder auf sie zurückkommen, falls... und jetzt kommt der entscheidendste Satz des Buches...

FALLS WIR NICHT ALLE ZUSAMMEN NEUE, KONSTRUKTIVERE URSACHEN SETZEN UND DAMIT UNSER SCHICKSAL NEU GESTALTEN.

Die Visionen sind uns nicht gezeigt worden, um uns zu sagen: *„Hier seht mal, so werdet ihr bald alle sterben, he, he."* Nein, das Leben ist nicht sadistisch. Es ist wie ein Computer absolut wertneutral. Doch in der geistigen Welt, die auch der großen Ordnung unterliegt, gibt es Wesen, die mit uns zusammenarbeiten, ob wir dies bewußt merken oder nicht, die uns lieben und genau aus diesem Beweggrund heraus, nämlich aus Liebe, uns hin und wieder durch irgendwelche spirituellen „Medien" beziehungsweise Vermittler, aufzeigen, wie die Lage im Augenblick aussieht. Dies geschieht, damit wir aufgrund der daraus folgernden Erkenntnisse neue Ursachen setzen können, um unser eigenes Schicksal und im Kollektiv das Schicksal der Erde zu ändern.

Erinnern wir uns noch mal an **Dannion Brinkley**: *„Brinkley war von den Wesen darauf hingewiesen worden, daß die Zukunft nicht in Stein gemeißelt sei, sondern sich mit dem Verhalten der Menschen ändere."*

Das zeigt uns erneut den Doppelcharakter der Prophetie: Sie ist Warnung und Voraussage zugleich. Hat sie als Warnung Erfolg und bewirkt beim Menschen eine Umkehr, so braucht sie als Voraussage keinen Erfolg zu haben. Erkennt der Mensch durch die Voraussage seine Handlungsweise und verändert ab diesem Moment sein Handeln, so hat er neue Ursachen gesetzt, wird neue Wirkungen erfahren, und die Voraussage hat ihren Zweck als Warnung erfüllt und wird nicht eintreffen.

Aus dieser Sichtweise heraus ist die Zukunft ein sich ständig veränderndes Webmuster, sich verändernd durch das Denken, Fühlen und Handeln der Menschen. Unsere Zukunft ist nicht ein willkürliches Schicksal, von irgendeinem Gott geplant und unveränderbar, sondern unsere Zukunft ist die Wirkung der Ursachen, die wir jetzt setzen!

Eine apokalyptische Vision ist daher nicht nur eine Zukunft, die verändert werden KANN, sondern die verändert werden SOLL!

Bevor wir aber unsere Aufmerksamkeit dem Punkte widmen, was man denn nun tun sollte, wollen wir zuerst anschauen, was sich denn so alles in unserem Sonnensystem abspielt. Da wir ja nun wissen, daß das Leben ordentlichen beziehungsweise geordneten Prozessen unterliegt, sollten wir diese auch in unserer Galaxis wiederfinden. Nicht nur das kleine Szenarium auf dem Planeten Erde, sondern auch das nächstgrößere in unserem Sonnensystem, denn: *„Wie im Kleinen, so im Großen."*

Astrologisch betrachtet stehen wir heute im zwanzigsten Jahrhundert am Ende des Fische- und am Anfang des Wassermann-Zeitalters. Durch die Erdrotation, den Mondumlauf um die Erde und den Erdumlauf um die Sonne ist unser Leben auf diesem Planeten verschiedenen – noch verhältnismäßig kurzzeitigen – Zyklen (Kreisläufen) unterworfen. Die Erdrotation beschert uns Tag und Nacht, der Mondumlauf die Zwölfteilung des Jahres in Monate und der Erdumlauf um die Sonne das Jahr mit seinen 365 Tagen.

In der naturgesetzlichen, kosmischen Ordnung findet alles seine Entsprechung: „Wie im Großen, so im Kleinen – wie im Makrokosmos, so im Mikrokosmos – wie oben, so unten." So wie die oben genannten kleinen Zyklen (Sonne, Mond) unser Leben wesentlich beeinflussen, so wirken im Kosmos noch größere Zyklen auf jegliches Leben ein.

So wie die Planeten unseres Sonnensystems, nebst ihren Monden, in gleichbleibenden Umläufen – aber aufgrund ihres unterschiedlichen Sonnenabstandes – ihre verschieden langen Sonnenumläufe vollenden und regelmäßig wiederholen, so beschreibt auch unser Sonnensystem im Gesamten einen noch gewaltigeren Umlauf. Es ist ein riesiger Zyklus, und zwar der Umlauf um die Zentralsonne unserer Galaxis, die auch Milchstraße genannt wird.

So wie unser Sonnenjahr in zwölf Monate unterteilt ist, mit den zwölf Tierkreiszeichen der Astrologie, so wird der Umlauf unseres gesamten Sonnensystems um die – zwar nicht sichtbare, aber vom Altertum her bekannte und auch berechnete – ZENTRALSONNE ebenfalls in zwölf Tierkreisabschnitte von allerdings etwa 2.160 Jahren unterteilt – zusammen das „Platonische Jahr", auch „Siderisches Jahr", „Kosmisches Jahr" oder „Äon" genannt.

So zwangsläufig und doch natürlich, wie das Leben in den zwölf Monaten des Jahres beziehungsweise den zwölf durchlaufenden Tierkreiszeichen unterschiedlichen Lebensbedingungen unterworfen ist, so selbstverständlich ist alles Leben in den 2.160jährigen Tierkreis-Abschnitten unterschiedlichen kosmischen Schwingungen, Einflüssen und verschieden wirkenden planetaren Kraftzentren ausgesetzt. In einer Templerschrift heißt es entsprechend: *„Hier in diesen erhabenen Himmelssphären, die als Urkraftzentren zu gelten haben, laufen die Gestirne unseres Sonnensystems als gewaltige Zeiger, die uns anzeigen, welche Schicksalsstunde für Völker und Menschen geschlagen hat. Eine Lehre, die ganz der wundervollen eddischen Symbolik entspricht..."*

Nicht nur Frühling, Sommer, Herbst und Winter lassen sich charakterisieren, sondern jeder einzelne Monat des Jahres hat seinen Einfluß (von „einfließen") auf unser Leben und erzeugt – neben dem jährlichen Werden – Sein – Vergehen in Pflanzenwuchs und Natur – in uns selbst unterschiedliche Stimmungen, Gefühle und Kräfte. Was hier im kleinen Jahreszyklus gilt, das gilt naturgesetzlich auch im großen.

Bekanntlich leben wir heute am Ende des sogenannten Fische- und am Anfang des Wassermann-Zeitalters (seit zirka 1962). Die große kosmische Jahresteilung verläuft entgegengesetzt unserer monatlichen Tierkreisbezeichnungen, daher kommt nach dem Fische- das Wassermann-Zeitalter.

In der Übergangszeit von etwas mehr als einhundertachtzig Jahren entrücken wir dem alten Zeitalter (Fische) und wachsen in das neue Zeitalter

(Wassermann) hinein. Während dieser Übergangszeit nehmen die Schwingungen des Alten allmählich ab und die des Neuen kontinuierlich zu.

Diese veränderten kosmischen Strahlungs- und Schwingungseinflüsse auf die Menschheit in den jeweiligen großen Tierkreisepochen bewirken neue geistige Strömungen und somit zwangsläufig folgend: weltanschauliche, politische und machtstrukturelle Umwälzungen, die auf unserem Planeten kaum ohne kriegerische und revolutionäre Geschehnisse ablaufen können.

Die Fische sind astrologisch gesehen ein Wasserzeichen. Das in unserem Kulturkreis Prägende des vergangenen Fische-Zeitalters war im Religiösen ohne Zweifel die Bibel und das Christentum mit seiner Wassertaufe und dem Mythos des Fischzuges. Die Jünger Jesu waren größtenteils Fischer und Menschenfischer zugleich. Neben dem Kreuz war der „Fisch" das wesentliche frühchristliche Symbol. Die Galeeren, die Segelschiffahrt, Erdumsegelungen, die Eroberung der Weltmeere, die Erfindung des Dampfes und der Dampfschiffahrt gehören in das vergangene Zeitalter des Wasserzeichens „Fische". Die bekannte kurze Charakterisierung für das Fische-Zeitalter lautet: *„Ich glaube"*, und die Kurzformel für das Luftzeichen Wassermann: *„Ich weiß."* Schon seit einiger Zeit setzt in allen Wissensbereichen eine enorme Erkenntniserweiterung ein. Das NEUE ZEITALTER (engl. NEW AGE) bringt uns jetzt schon erkennbar nach dem irdischen Flugwesen die Raumfahrt und mit der jetzt beginnenden Erkundung des Kosmos eine wesentlich höher geartete Gottesvorstellung und eine in kosmischem Verstehen wurzelnde Religiosität – neben den erweiterten transzendenten, metaphysischen Erkenntnissen. Überreste uralten kosmischen Verständnisses und Wissens sind uns in den Resten vieler Bräuche alter Natur- und Kultvölker erhalten geblieben und finden steigendes Interesse, zum Beispiel im Sonnenräderbrauch, im Sonnentanz der Indianer, in den Sonnenwend- und Feuerbräuchen unserer europäischen Vorfahren und ihren Sonnen- und Sternbeobachtungsstätten in Stonehenge, bei den Externsteinen oder dem Sternhof in Oesterholz bei Detmold.

Zeit wurde nicht wie heute fälschlich geradlinig fortschreitend verstanden, sondern wiederkehrend, zyklisch. Die heute sehr umstrittene Helena Blavatsky schrieb schon 1888 über die Heiden richtig: *„Zeit, cyklische Zeit war ihre Abstraktion der Gottheit."* Und an anderer Stelle: *„Wie unser Planet einmal in jedem Jahr sich um die Sonne und sich gleichzeitig einmal alle vier-*

undzwanzig Stunden um seine eigene Achse dreht, und derart kleinere Kreise innerhalb eines größeren durchläuft, so wird das Werk der kleineren cyklischen Perioden innerhalb des großen Saros (Sar=Kreis, Saros=Zyklus) vollendet und wieder begonnen. Die Umwälzungen der körperlichen Welt sind nach der alten Lehre von einer ähnlichen Umwälzung in der Welt des Verstandes begleitet – die geistige Entwicklung der Welt schreitet in Cyklen vorwärts, so wie die physische. So sehen wir in der Geschichte eine regelmäßige Abwechslung von Ebbe und Flut in den Gezeiten des menschlichen Fortschritts. Die großen Königreiche und Kaiserreiche der Welt steigen, nachdem sie den Höhepunkt ihrer Größe erreicht haben, wieder herab, in Übereinstimmung mit demselben Gesetze, nach welchem sie emporgestiegen sind; bis schließlich, nachdem sie den niedrigsten Punkt erreicht haben, die Menschheit sich wieder geltend macht und von neuem emporsteigt, wobei die Höhe des von ihr errungenen nach diesem Gesetze des aufsteigenden Fortschritts in Cyklen, etwas höher ist als der Punkt, von dem sie vorher herabstieg. Aber diese Cyklen-Räder innerhalb von Rädern... – betreffen nicht die gesamte Menschheit zu einer und derselben Zeit.“ (17, S. 703)

Bei jedem großen kosmischen Zeitalterwechsel, wie auch jetzt vom Fische- zum Wassermann-Zeitalter, hat die Welt große weltanschaulich-religiöse wie auch politisch-machtstrukturelle Umwälzungen erfahren. Mit dem Ende des Fische-Zeitalters kommt noch eine besondere Situation hinzu. Wir befinden uns zugleich auch am Ende eines großen kosmischen Jahres mit zwölf Weltzeitaltern von jeweils 2.160 Jahren und insgesamt 25.920 Jahren. Unser Sonnensystem hat in diesen 25.920 Jahren einen Umlauf um die Große Zentralsonne unseres Milchstraßensystems vollendet (siehe dazu nochmals die Abbildungen auf den Seiten 74 und 75).

Dr. Sumner aus den USA führt dazu aus: *„Genau wie unsere Erde und die Planetengeschwister unseres Sonnensystems die Sonne umkreisen, wandert unsere Sonne mit den sie begleitenden Planeten auf einer viel größeren Bahn rund um die Große Zentralsonne. Da diese Bahn elliptisch ist, variiert die Intensität der Strahlung aus der Großen Zentralsonne, je nachdem, ob wir uns ihr nähern oder uns von ihr entfernen, im Verlauf unserer Umkreisung."* (106)

Zur Jetztzeit haben wir gerade die Strahlung des Sternbildes „Fische" verlassen, welches das niedrigste der zwölf Weltalter ist, und haben uns in das des Wassermanns begeben, welches das höchste von allen ist. Die

Schwingungen der „Fische" zum Beispiel entsprechen denen von Infra-Rot mit 15 Trillionen Schwingungen in der Sekunde, während die des „Wassermann" denen des Ultra-Violett entsprechen, die aus 75 Trillionen Schwingungen pro Sekunde bestehen, also fünfmal so schnell schwingen. Und dann sind wir jetzt auch noch in den äußeren Rand der „goldenen Strahlen" gekommen, die, aus der Zentralsonne stammen, die am stärksten umwandelnden aller Strahlen darstellen, mit denen wir die sämtlichen Zeitalter hindurch in Berührung gekommen sind. Dieser ungeheure zweifache Einfluß ruft ein einziges Mal in jedem vollen Zyklus von 25.920 Jahren das wegen dieser starken goldenen Strahlen so genannte „Goldene Zeitalter" hervor.

Jetzt ist das Zeitalter, von dem die Prophetie verkündet hat, *die* Zeit, in der die alte Ordnung vergeht und eine neue und höhere Lebensordnung entsteht und „da alle Dinge neu gemacht werden."

Helena Blavatsky beschreibt: *„Diese ‚Centralsonne' der Okkultisten muß sogar die Wissenschaft im astronomischen Sinne annehmen, denn sie kann die Gegenwart im Sternenraume, von einem Zentralkörper in der Milchstraße, einem unsichtbaren und geheimnisvollen Punkte, dem immer verborgenen Anziehungszentrum unserer Sonne und unseres Systems, nicht leugnen..."*

und *„...die Centralsonne einfach das Centrum der universalen Lebenselektrizität ist."* (17 Band 2, S. 250)

„Wir treten jetzt ein in das ‚Goldene Zeitalter' unseres Planetensystems in seiner Beziehung zu unserer Großen Zentralsonne, die wir in annähernd 26.000 Jahren einmal umkreisen, und zu gleicher Zeit gelangen wir in die belebenden Strahlen des Wassermann-Sternbildes, dessen gesteigerte Schwingungen alles Lebendige und alle Lebensvorgänge auf unserer Erde aktivieren."

Und vom „Gesetz des Kreislaufs" sprechend schreibt Dr. Sumner weiter: *„Diesem Gesetz gemäß, das die Bewegung aller Planeten im Universum beherrscht, treten wir jetzt im Verlauf des kosmischen Geschehens in eine Periode ein, in der die bestehende Ordnung aufgelöst und eine neue, uns förderliche Ordnung errichtet werden muß. Unsere Erde wird belebt durch ungeheuer gesteigerte geistige Strahlungen aus den Sternenregionen, und als Folge davon wird sie allmählich eine große Umwandlung durchmachen.*
Es muß eine große Erneuerung auf Erden stattfinden. Alles was geistig nicht hoch genug entwickelt ist, um empfänglich für diese höheren Schwin-

gungen zu sein, um mit ihnen zu harmonisieren, wird unterliegen und von der Bildfläche verschwinden, damit die aufbauenden Kräfte auf ihr wohltätiges Ziel losgehen können, ohne durch Einmischung von zerstörenden Kräften noch weiter behindert zu werden." (106, S. 10 und 11)

Diplom-Psychologe **H. J. Andersen** schreibt zum Übergang vom Fische- zum Wassermann-Zeitalter: *„Wenn wir zurückblicken auf den Ausgang des Altertums vor fast zweitausend Jahren: Was blieb damals im Übergang zum Fische-Zeitalter von der Welt der Antike bestehen? Sehr wenig. Mit dem Aufkommen des Christentums änderten sich die geistigen Grundlagen weitgehend. Der Kulturwandel beim Wechsel der astrologischen Zeitalter beginnt auf der geistig-religiösen Ebene und setzt sich dann von einem bestimmten Zeitpunkt an auf der geschichtlich-politischen fort. So kann man eine Vorphase und eine Hauptphase des Wechsels unterscheiden. Wo stehen wir nun heute? Wir spüren wohl deutlich, daß zumindest die Vorphase schon lange in vollem Gange ist. Zwei Weltkriege, die hinter uns liegen, können als Vorläufer der eigentlichen Hauptphase verstanden werden, deren krisenhafte Zuspitzung vielleicht nicht mehr lange auf sich warten läßt."* (7, S. 9-10)

Da H. J. Andersen den großen Umbruch, der uns ja ohne Zweifel noch bevorsteht, also das Umkippen der Machtverhältnisse auf unserem Planeten, in erster Linie durch einen sogenannten „Polsprung" (Umkippen oder Verschiebung der Erdachse und damit verbundene Erdbeben, Vulkanausbrüche und Überschwemmungen) vermutet, beschreibt er: *„Beim zukünftigen Polsprung wird wiederum eine führende Weltmacht durch kosmische Einwirkungen zurückgeschlagen, in dem entscheidenden Augenblick ihres Griffs nach der Weltherrschaft! Dann naht die Stunde der Freiheit für die unterdrückten Völker. Freiheit, sich für den Geist eines Neuen Zeitalters zu entscheiden!"* (7, S. 108)

Um wen es sich bei dieser *„führenden Weltmacht"* handelt, haben wir ja im Laufe des Buches hinreichend erfahren. Und jetzt wissen wir auch, wie es diesen ergehen wird... Ist das nicht beruhigend?

Die *Welt am Sonntag* schrieb in ihrer Ausgabe vom 4.1.1981: *„Für die nächsten zwei Jahrzehnte sind mehr Voraussagen gemacht worden als für jede* *andere Periode menschlicher Geschichte. Der in Toronto lebende Engländer Joe Fischer, 33, der für sein Buch ‚Predictions' die Weissagungen von Propheten aus ältester und neuerer Zeit überprüfte, stellte jetzt fest: Alle stimmen überein, daß die Zeit bis zum Jahr 2000 einen Wendepunkt bilden wird, wie ihn dieser Planet noch niemals erlebt hat."*

Die seit alters benutzten Redewendungen vom „Weltuntergang", vom „Ende der Welt", der christlich-biblischen „Endzeit", der „Apokalypse", des nordisch-eddischen „Ragnarök" (Weltenbrand), in Wagners „Ring des Nibelungen" schon richtiger als „Götterdämmerung" bezeichnet, sind doch mit Sicherheit nichts anderes als Voraussagen des oben geschilderten ENDE eines großen siderischen Zeitalters von 25.920 Jahren und dem damit verbundenen Untergang einer Weltherrschafts-Idee, einer falschen Welt- und Lebensauffassung und den destruktiven, weltbeherrschenden Machtverhältnissen – und eben nicht das Ende der Menschheit oder unseres Planeten schlechthin.

Die Yugas, wie in den indischen Veden die großen Zyklen der kosmischen Zeit von alters her genannt werden, hängen mit der Umdrehung unserer Sonne um die Zentralsonne zusammen. Mit jeder vollständigen Umdrehung unserer Sonne verstärkt sich ihre Vibrationsfrequenz, und sie leitet die erhöhte Energie zu ihren Planeten weiter. Wir auf der Erde stehen am Rand einer aufsteigenden Spirale, und diese Übertragung von Energie hat bereits begonnen. Die kosmische und ultra-violette Strahlung nimmt zu, wodurch die Evolution gefördert wird und gedeiht, aufgrund der dadurch auftretenden Mutationen und des Überlebens der Tüchtigsten – physisch und spirituell.

Nun kommt noch ein weiterer Aspekt mit hinzu: und zwar die erst vor wenigen Jahren entdeckte Schlingerbewegung der Erde. Wir – das heißt das gesamte Sonnensystem – bewegen uns derart auf einer Spirale durch den Weltraum, daß es den Anschein hat, wir seien mit etwas verbunden. Astronomen, welche diesen Vorgang ebenfalls beobachten konnten, suchten natürlich auch nach diesem Körper. Was von den Astronomen zuerst als Sterngruppe ausgemacht worden war, entpuppte sich als der Stern Sirius A. Als Gegenpol hat die Erde also Sirius A, mit dem sie sich auf einer Spirale durch das All bewegt. Diese Spirale entspricht wiederum haargenau der

Helix des DNS-Moleküls. Wir teilen daher unser Schicksal mit Sirius A. Auf unserem gemeinsamen Weg entfaltet sich ein Bewußtsein, so wie die Gene und Chromosomen des DNS-Moleküls ihre Informationen von ganz bestimmten Plätzen aus freigeben. Es gibt Schlüsselzeiten, zu denen bestimmte Dinge geschehen können. Zeiten, zu denen „genetisch" kritische Ausrichtungen zwischen Sirius A, der Erde und dem restlichen Kosmos bestehen. Eine solche ganz besondere Verbindung findet gerade jetzt statt.

Die Frequenz oder Vibration unseres Planetensystems wird sich beschleunigen, erhöhen, physisch wie auch spirituell. Die Frequenz der kleinsten Partikel wird sich beschleunigen, so auch das Leben an sich. Das ist es, was wir im Augenblick erfahren. Ereignisse im Leben spielen sich schneller ab, und wie wir schon betrachtet haben, geschieht in den letzten Jahren mehr als in den letzten Jahrzehnten und auch Jahrhunderten. Doch das ist nicht nur spirituelles Gesäusel. Die Atomzeituhren, die nach „wissenschaftlicher Aussage" tausend Jahre lang auf die tausendstel Sekunde genau gehen sollen, mußten im letzten Jahrzehnt mehrmals jährlich nachgestellt werden (nach Dr. Dieter Broers). Die Zeit beschleunigt sich, die Zeit verändert sich.
In der Außenwelt wird alles schneller vonstatten gehen, und im Inneren der Menschen wird sich dementsprechend das Bewußtsein erhöhen. Schneller schwingend bedeutet wie bei akustischen Tönen gleichzeitig höher schwingend. In der Außenwelt werden Institutionen wie die Großkirchen und andere Organisationen, die in alten Gedankenmustern und Formen festhängen, zerfallen – auch die bestehenden Wirtschaftsstrukturen, Gesellschafts-„Ordnungen" und so weiter. Leben ist Bewegung, Leben ist Fortschritt und Weiterentwicklung, doch die Institutionen der „destruktiven Kräfte" blockieren mit ihrer Existenz die Höherentwicklung der Menschheit. Nun stellt sich die Frage, wer ist stärker? Die Natur, die seit Äonen ihren Lauf geht, oder ein paar multinationale Gruppierungen auf einem kleinen Planeten inmitten eines riesigen Universums? Die einzige Chance, die diese hatten, ihre Programme zur Kontrolle der Menschen und ihrer Entwicklung zu installieren, war die Zeit, als sich die Sonne am weitesten von der Zentralsonne wegbewegt hatte, im Kali Yuga, im Dunklen Zeitalter, wie es schon vor Jahrtausenden im Indogermanischen hieß und somit bekannt war. Ab jetzt beschleunigt sich alles. Die Sonne bewegt sich

wieder in Richtung Urzentralsonne, man kann auch symbolisch sagen, Gott atmet wieder ein.

Wir möchten Ihnen in Kurzform schildern, was sich in den nächsten Jahren hier abspielen wird – was manche „Spreu-vom-Weizen-trennen" oder auch das „große Abräumen" nennen. Sie werden staunen, wie einfach und logisch das ist, was wir Ihnen schildern werden. Und so erkennt man die Wahrheit daran.

Manche Gläubige behaupten, Gott würde „aussortieren". Die Zeugen Jehovas sagen, nur 144.000 wären auserwählt, dieses Szenarium zu überleben. Oder manche Ashtar-Sheran-Anhänger glauben, sie würden nach einer Auslese vom Ashtar-Kommando, einer uns angeblich liebevoll gesonnenen außerirdischen Rasse, evakuiert werden. (Wir bezweifeln, daß dies so geschehen wird, da wir uns selbst auch schon viele Male während unserer Schulzeit vor Klassenarbeiten „evakuiert" hatten und trotzdem nachher diese wiederholen mußten.) Die nächste Prüfung kommt bestimmt!

Verehrte Leserinnen und Leser, so geht das alles nicht. Damit würde ja in den freien Willen des Menschen eingegriffen und ihm die Verantwortung für sein Geschaffenes genommen werden. Es ist viel, viel einfacher!

Was mit unserem Sonnensystem passiert ist folgendes: Da sich unser Sonnensystem zur Zentralsonne zurückbewegt, beschleunigt sich alles. Auch die geistigen Gesetze, die das Leben aufrechterhalten, inklusive des Kausalitätsgesetzes, des Gesetzes von „Ursache und Wirkung". Damit wird alles, was an Gedanken, Handlungen und Emotionen ausgesandt wird, schneller auf den Schöpfer derselben zurückgesandt. Das wäre mit unserem Computerbeispiel verglichen so, als würde man einen Pentium-III-Rechner mit einem Pentium-IV-Rechner austauschen. Wenn man bei dem Pentium III-Rechner, die ältere und etwas langsamere Version, etwas in den Computer eingegeben hatte, dauerte es vielleicht dreißig Sekunden, bis das Eingegebene ausgedruckt und damit Realität geworden war. Bei dem Pentium-IV dauert der gleiche Vorgang nicht so lange – vielleicht zehn Sekunden. Nun wird der Mensch am Computer schneller mit dem, was er eingegeben hatte, durch den Ausdruck konfrontiert, da der neue Rechner einfach schneller arbeitet. Und mit unserem Kausalitätsgesetz ist es das Gleiche. Unser Sonnensystem rüstet sich sozusagen von einem Pentium III auf einen Pentium IV auf, und die Person, die einen Gedanken in das Leben einwirft oder eingeworfen hat, egal ob konstruktiv oder destruktiv, wird schneller mit ihrer „Kreation" konfrontiert.

Das wiederum bedeutet, daß destruktive Menschen noch destruktiver werden und konstruktive noch konstruktiver, und wiederum sammeln sich nach dem geistigen Gesetz der Resonanz so auch deren Lager. Gleiches zieht Gleiches an. So trennt sich automatisch die Spreu vom Weizen, doch hat nicht irgendein „Gott" oder „Satan" mitgewirkt, sondern jeder selbst ist sein eigener Lenker oder Henker. Das Göttliche wäre wieder mit dem Kausalitätsgesetz zu vergleichen, die Macht, die das Wirken von positiv wie negativ überhaupt ermöglicht, aber auch zuläßt. Und unsere Schöpfung hat es nun vorgezogen, das Gaspedal symbolisch ein bißchen weiter durchzudrücken, nämlich das Wirken der Ordnung zu beschleunigen. Doch liegt es an jedem einzelnen, wie er das nun schneller gewordene Leben nutzt. Wer konstruktiv lebt, kann Konstruktives schneller in sein Leben ziehen, und so auch andersherum. Es ist einfach und in der Natur abzulesen.

Das gegenwärtige Zeitalter, das Kali Yuga, aus welchem wir gerade heraustreten, ist das am niedrigsten schwingende und daher auch das destruktivste von allen. Die wahre Natur der Realität wird sehr wenig wahrgenommen und die chronische Nicht-Beachtung des Gesetzes (das heißt des kosmischen, natürlichen oder göttlichen Gesetzes) scheint des Menschen natürlicher Zustand geworden zu sein. Da jedoch alle Dinge zu gegebener Zeit geschehen und wir uns jetzt der Endphase des derzeitigen Yugas nähern, zieht eine menschliche und planetarische Übergangsphase von der alten Zeit der Dunkelheit zum neuen Aufschwung des Bewußtseins, zur neuen Zeit des Lichtes herauf wie eine Dämmerung (*The Golden Dawn*). Wie schon erwähnt: die goldene Zeit. Bei diesem Durchgang wird die Sonne durch sich verändernde kosmische Energien beeinflußt, und die Strahlen (Schwingungen) transformierter Energien werden auf das gesamte Sonnensystem projiziert. Dies wird eine Periode von großem positiven Einfluß und Verstehen sein, weil sie den Höhepunkt und die Kulmination der Zivilisation dieser Zeit repräsentiert. Die verbliebene menschliche Rasse wird voll dafür ausgerüstet sein, den Rest dieses Erdendaseins in einem Zustand der Perfektion zu vollenden. Diese Lebens-Welle wird die Herrschaft über die physikalische Ebene erringen und dadurch dann bereit sein, auf ihrer evolutionären Reise zu einer höheren Ebene aufzusteigen.

Das Leben ist eine Schule für Gottes Mit-Schöpfer, und die Seelen, die vor der kommenden „Reifeprüfung" ihre Lektion nicht gelernt haben, werden nach der Übergangsphase zurückgehalten, um wieder ein anderes Yuga zu einer anderen Zeit in der Zukunft zu bevölkern, wo sie immer und immer wieder inkarnieren, solange, bis sie es verstanden haben. Tatsächlich ist es sehr gut möglich, daß die meisten Menschen „Sitzengebliebene" sind, die beim letzten Zyklus zurückgehalten wurden (Atlantis).

Die meisten Menschen auf der Erde befinden sich nach mehreren Jahrtausenden der verschiedensten Kulturen immer noch im Überlebenskampf. Dieser bedeutet Hausbau, Energieversorgung, Ernährung, Fortpflanzung, also die Grundbedürfnisse zum Überleben auf der Erde. Ist dieses einmal gemeistert, hat der Mensch die Zeit und Ruhe, sich Gedanken zu machen, warum er eigentlich auf die Erde gekommen ist und wie er nun, da er überlebensfähig ist, anfangen kann, seine Aufgabe, den Grund seines Da-Seins, hier zu erfüllen. Doch die meisten Menschen schaffen es in ihrem Leben nie, über die Schwelle des Überlebens und der Arbeit hinauszukommen, und sterben wieder, ohne überhaupt wirklich bewußt gelebt zu haben.

Bevor jedoch die Umwandlung zum neuen, harmonischen Zustand erfolgen kann, stehen uns noch alle die beschriebenen drastischen Ereignisse bevor: internationales Chaos, Schwierigkeiten der Nationen, Hungersnot, Natur- und von Menschen geschaffene Katastrophen, geophysikalische, himmlische und kosmische Anomalien und wahrscheinlich noch viele mehr. Es sind die Ereignisse, die von fast allen Religionen und von vielen Kulturen vorhergesagt sind. Ein Reinigungsprozeß der Erde, dessen Karma fällig und zu zahlen ist, ehe die neue Phase wirksam werden kann. Nur das reinste Wasser kann zu Dampf werden, und so wird es auch mit uns Menschen sein, die in diesem evolutionären Zyklus gefangen sind. Die Chancen des Überlebens hängen vom Zustand des inneren Seins und von dessen relativer Reinheit ab. Wenn ein Mensch sein göttliches Potential näher erforschen möchte, so muß zuerst eine Abstimmung auf jene höhere Frequenz erfolgen, die von spiritueller Natur ist.

Betrachten wir nochmals die globale Perspektive:
Daß wir uns im Moment an einem bestimmten Ort befinden, ist nicht „Zufall", sondern eine Wirkung. Die Ursache hierfür liegt zeitlich davor.

Unsere momentane Situation ist die Wirkung früherer Gedanken. Unsere jetzigen Gedanken setzen Ursachen dafür, wo wir morgen, übermorgen, wo wir in eintausend Jahren stehen werden. Wo wir heute stehen, stehen wir aufgrund von früher gedachten Gedanken. Aus der Qualität der Gedanken folgt eine entsprechende Wirkung. Unsere eigenen Gedanken sind vorrangig die Ursachen für die Wirkungen, die wir erleben. Allerdings werden uns durch Manipulation Dinge vorgehalten, die dann zu „unseren" Gedanken werden. Katastrophen oder schlechte Nachrichten werden von negativ gepolten, resignierten Menschen geradezu aufgesogen und zum eigenen Gedankengut gemacht – im Gegensatz zu belanglosen Normalitäten des Lebens, die nicht tiefer gehen, eben weil sie banal und uninteressant sind.

Mit sensationellen Nachrichten und erschreckenden Szenarien lockt man die Menschen. Wer Derartiges auch für die Zukunft zu berichten weiß, findet Gehör, regt zum Denken an und setzt Ursachen für die Wirkungen der beschriebenen Zukunft – unser aller Zukunft.

Das wissen und benutzen die destruktiven Kräfte. Denn diese haben ein bestimmtes Endziel vor Augen, nämlich die Kontrolle über die Erde, zu deren Erreichung ihnen jedes Mittel recht ist. Da wird ein Dritter Weltkrieg berechnend angestrebt, nach dessen Ende diese Kräfte als Retter hervortreten und der dezimierten Menschheit die Weltregierung anbieten wollen, die dann alles zum Besten führt.

Was dabei natürlich gänzlich unerwünscht wäre, sind reife, mündige Menschen, die ihr Schicksal selbst bestimmen wollen, ohne manipuliert zu werden; die eigene, ethische und qualifizierte Gedanken denken und damit Ursachen setzen für eine friedvolle, gesunde Welt!

Je mehr Menschen – und damit auch deren geistiges Potential – eine gewünschte Wirkung als Tatsache erkennen, um so mehr treffen die Wirkungen und die Umstände ein! Wir sollten uns darüber bewußt werden, daß wir mit der Kraft unserer Gedanken Gewichte auf jeweils eine Seite der Waagschale legen. Seit Jahrhunderten wird dieses Gewicht größer. Prognosen werden als Realität angenommen und erschaffen dadurch erst die Realität. Somit ist es ein Teil des Szenariums, daß wir, die wir an die Realität der Prophezeiungen glauben, mit unserer Gedankenkraft die Ursachen setzen, durch welche die wünschenswerten Voraussagen wirklich wahr werden.

Wir haben die Wahl! Immer mehr wollen die notwendige, längst überfällige Veränderung in Politik, Ökologie und in Denkprozessen. Mutter Erde ist am Wendepunkt! Nur eine radikale Kehrtwende, eine Zäsur, wendet noch alles zum Guten. Das muß aber nicht im Crash eines Dritten Weltkrieges enden, nach dem möglicherweise nur ein Drittel der Menschheit übrigbleibt, was, so fatal das klingt, trotzdem eine Rettung für diesen Globus wäre.

Uns in der kapitalistischen Welt geht es heutzutage wirtschaftlich vordergründig so gut, daß wir gar nicht mehr wissen, was wir mit unserem Reichtum noch alles anfangen sollen. Während früher und in der nicht kapitalistischen Welt jeder dankbar war, sein täglich Brot zu bekommen, nehmen wir alles als selbstverständlich hin, ständig aus dem Vollen zu schöpfen – dazu ein bis zwei Autos, Motorräder, Fernreisen, neue Kleider nach bereits jahreszeitlich wechselnder Mode. Doch das ist nicht genug: Das nächste Auto wird größer und schneller, die nächste Reise noch weiter. Viel zu viel wird verschwendet, weggeworfen und vernichtet. Und dabei herrscht Undank, Hochmut, Neid, Gier und Egoismus.

Wie im Märchen *„Vom Fischer und seiner Frau"* ist es vor lauter Raffen und Prassen und hektischer Arbeit nie genug. Es fehlt uns an Besinnung: Wozu das alles, wohin führt das noch? Tut uns das alles wirklich gut? Wir sehen den Sinn unserer menschlichen Existenz gedanken- und kritiklos in der Aufblähung und im Konsum, doch dabei gehen immer mehr Menschen und unsere Welt zugrunde, da wir für ein solches Leben nicht geschaffen sind. Endlich redet man davon, wie verkehrt alles läuft. Aber was soll man tun als einzelner? Alle machen es doch! Der Massenmensch hat den Boden unter den Füßen verloren, ist bindungslos geworden, Familien lösen sich auf, Einzelgänger und Single-Haushalte nehmen Überhand, ja werden durch Katalogbestellung, Telefonsex, Internet, BTX, Homebanking, Erascorant und tote Mikrowellen-Ernährung gefördert. Wo ist eine Lösung, gibt's überhaupt noch eine, oder ist uns der Untergang sicher? Was soll's überhaupt noch? Hemmschwellen sinken für Harakiri-Sportarten wie Bungeejumping, Snowbordrasen, S-Bahn-Surfen und so weiter. Hilfsbereitschaft, Treue, Bescheidenheit, Dankbarkeit oder gar Demut? Quatsch! Schnee von gestern! Das ist lästig, hält nur auf – auf den Müll damit! Es geht uns immer besser und besser, je kränker und kaputter wir sind. Mehr Lohn, weniger Arbeit! Wer nicht mitmacht, ist out – „mega-out!". Man sagt uns, was alles „in" ist, alles ist käuflich, alles machbar. Und mag der Planet doch zugrunde gehen, Hauptsache wir haben Fun. Wir rasen der Eskalation auf festen Schienen entgegen, weil wir nicht merken, daß, wie Jakob Lorber schon sagte, der hungrige Bär (Rußland) die Krallen wetzt, um sich das von uns zu holen, womit wir arrogant protzen, prahlen und was wir verschwenden. Das gewaltsame Ende, der atomare Overkill, ist näher, als es die Masse im Friedenstaumel ahnt! Aber immer schön auf der „Spur" bleiben!

Im 19. Jahrhundert hat schon Charles Dickens dazu geschrieben: *„Das menschliche Verhalten führt zu einem gewaltsamen Ende. Aber wenn das gewaltsame Verhalten geändert wird, ändert sich zwangsläufig auch das Ende!"*

Wie auch immer unsere Zukunft aussehen wird, die Macht, sie zu gestalten, haben wir! Die Verantwortung liegt also bei uns allein!

Wenn wir das endlich verstanden haben, nützt es jetzt überhaupt nichts, so weiterzumachen wie bisher, mitzuspielen in dem Spiel, das „die da oben" mit uns spielen, oder darauf zu hoffen, daß all die anderen, die anonyme Menge derer, die „gut" denken, die Ursachen-Arbeit erledigt und ich, bloß weil ich genauso „gut" denke, aber nicht handle, doch noch mit einem blauen Auge davon komme!

Hilf Dir selbst, dann hilft Dir Gott! Weiterzumachen wie bisher und weiter auf der vorgegebenen Spur zu fahren, führt zum Chaos! Aktive Kurskorrektur ist gefragt – sofort, nicht nächsten Monat! Es ist Zeit, daß wir autonom und unabhängig werden; daß wir uns zum Beispiel im großen Stil öffentlich für die sofortige Einsetzung der „echten alternativen Energien" nach Nikola Tesla, John F. Moray, Viktor Schauberger und so weiter einsetzen! Die lächerlichen Windmühlen und Sonnenkollektoren sind nur teure Alibimarionetten! Hier veräppelt man die mediengläubige Masse – und alle Etablierten spielen mit, die Grünen, Roten, Gelben, Braunen und Schwarzen gleichermaßen!

Es ist viel zu tun, wenn wir mit „rüber" wollen in die Welt danach, die friedvolle, gesunde, heile Welt des Goldenen Zeitalters. Auch wenn wir uns an einem ungünstigen Ort niedergelassen haben oder aufhalten, aber konstruktiv gedacht und gehandelt haben, sind wir gerade deshalb nicht verloren. Doch die, die nichts ändern wollen, aber genügend Geld haben, sich in Bunkern zu verstecken, haben zuletzt das Nachsehen! Die neue Welt danach braucht keine einzementiert-denkenden Drückeberger. Vor uns liegt eine gewaltige Aufgabe: Gehen wir sie an! Bleiben wir stets zentriert und erinnern uns immer daran, was auf diesem Planeten wirklich gespielt wird. Wir sollten uns nicht gestatten, die schlechten Gedankenmuster zu füttern (und somit Ursachen zu setzen) und ihnen dadurch erst Leben zu geben. Propagieren wir nicht auch den Untergang im Chaos! Propagieren und programmieren wir die Wende-zum-Besseren. Wir sollten voll in diesem Bewußtsein handeln, denn die Resultate hieraus werden alle Ebenen unseres Lebens beeinflussen. Diejenigen von uns, die erkannt haben, daß Sie aufgrund ihres Wissens und ihrer Fähigkeiten etwas Besonderes sind, sollten, wenn möglich, in Führungspositionen treten. Sie sind im Besitz wichtiger Fakten und Schlüssel.

Das Potential, die Menge derer, die wie Sie weiß, wie es friedvoll weitergehen könnte, ist größer als wir alle denken – wir sind nicht alleine!

Unsere Menschheit entwickelt sich entgegen allen anderen intelligenten Rassen des Universums zum wiederholten Male ethisch immer weiter nach unten und ist wieder einmal dabei, sich selbst und ihren Planeten zu vernichten. Mit unserer lebensverachtenden, kriegerischen und neidischen Gier sind wir keinesfalls kreative und liebevolle geistige Wesen in der Aufwärtsentwicklung.

Doch alles ist offen. Es liegt an uns, denn WIR entscheiden, ob wir durch die Hölle des „Sintbrandes" zum „point of a new chance" für diesen Planeten gehen oder das geringere Übel einer „Fastkollision" mit dem Planetoiden oder Kometen schaffen, um zum gleichen Ergebnis zu kommen. Wir wissen nicht, welche Seite mehr Gewichte auf die Waagschalen legt. Es ist ein Kopf-an-Kopf-Rennen, und die Menschheit hat noch alle Trümpfe in der Hand. Setzen wir bessere Ursachen für uns und unsere Lieben für die besten Wirkungen, und stecken wir nicht den Kopf in den Sand!

Die Zukunft ist nicht starr festgelegt. Unzählige nicht eingetroffene Prophezeiungen diverser Seher bestätigen dies. Eine Schauung ist ein mögliches Szenarium einer großen Menge unterschiedlicher Wahrscheinlichkeiten. Hierbei werden allerdings – während wir den Prophezeiungen

„nachlaufen", uns also auf diese gezielt zubewegen – unsere Auswahlmöglichkeiten immer geringer, und das zur Ursache gesetzte Szenarium somit immer wahrscheinlicher. Solange der „point of no return" nicht überschritten ist, haben wir aber immer noch die Wahl.

Darüber steht allerdings die höhere Ordnung, die gewisse große Etappenpunkte festgelegt hat, und diese sind höchstwahrscheinlich unumgänglich. Gewisse Dinge müssen geschehen, um ein höheres und weiteres Ziel erreichen zu können – so ist auch die Frequenzerhöhung unabänderbar.

Leben wir nicht das Chaos, sondern wissen wir um die Möglichkeit dieses Szenariums und leben im Licht, in der Erwartung eines Ausganges, der die Welt und die Menschen, die es wert sind, rettet. Unsere Mutter Erde ist ein Lebewesen wie das gesamte Universum. Wenn ein Teil krank ist, ist das Ganze krank. Wir verändern durch unser Verhalten unsere Erde – als Teil des Ganzen. Heilen wir aber uns selbst, heilen wir damit auch das Ganze.

Weil das Wissen keine Akzeptanz findet, wird und muß „etwas" passieren, das uns kuriert, damit das Ganze kuriert wird. Entweder wir kriegen die Kurve, oder unsere Erde schüttelt das Ungeziefer mit Hilfe des Ganzen ab. Sie sind an diesem Punkt angelangt, an dem dieses Buch in Ihre Hände kommen sollte. Die geistige Welt hat Sie an dieses Buch herangeführt, nicht aus „Zufall", sondern durch Resonanz. Es hat mit Ihrem Bewußtsein und Ihrer Persönlichkeit zu tun. Agieren Sie!

Es kommt immer auf die Sichtweise an, aus der man die Welt und besonders die gegenwärtige Lage betrachtet. Wie im Vorwort bereits angedeutet, wäre ein Zusammenbruch des gegenwärtigen Systems, speziell der wirtschaftlichen Welt und der Großindustrie, für einen Erfinder eines Wassermotors für Autos die Lösung seiner und der Menschheit Probleme. Nachdem er jahrzehntelang gegen die Auto- und Energielobby angekämpft hat, wäre dieser Zustand seine größte Chance.

Zum Thema Aufrechterhaltung des Systems möchten wir hier einen kleinen Einwurf für Insider machen beziehungsweise für diejenigen, für die das „Montauk-Projekt" kein Fremdwort mehr ist.

Preston Nichols, der ehemalige Leiter des Montauk-Projektes, bei dem durch maschinell erzeugte, rotierende elektromagnetische Felder mit Unsichtbarkeit, Zeit wie auch Bewußtseinskontrolle experimentiert worden ist, traf 1997 den jetzigen Leiter des Montauk-Projektes, der ihm mitteilte, daß man nun mit Großcomputern die Akasha-Chronik, also die Informationen auf dem Datenspeicher der Erde, anzapfen und alle Informationen abrufen und speichern würde. Er behauptete sogar, daß das Magnetfeld der Erde durch die Maschinen in Montauk inzwischen künstlich aufrechterhalten würde. Er meinte, es wäre sonst schon längst zusammengebrochen.

Nun, wenn man diese Aussage hört, könnte man denken, daß die Montauk-Leute Gutes tun, indem sie das Magnetfeld der Erde aufrechterhalten. Doch dem ist nicht so. Damit auf der Erde eine neue reine Epoche starten kann, muß das Magnetfeld zusammenbrechen, wie es dies immer zyklisch getan hat, da all die negativen Gedanken und Ereignisse dort abgespeichert sind. Die destruktiven Kräfte, die heute unseren Planeten regieren, ziehen nämlich ihre Informationen und Kraft wie auch die Wesen und Energien für ihre jahrtausendealten Rituale aus dem noch bestehenden Magnetfeld. Würde dieses zusammenbrechen, fehlte auch die Kraft- und Informationsquelle der destruktiven Kräfte. Weiter noch: Die Computer, die zur Kontrolle der Menschen gebaut worden sind (Computergeld, Kreditkarte, später Mikrochips unter die Haut, Lasertätowierung, die über Computer und Scanner gelesen werden, Überwachung über Satelliten...), werden zusammenbrechen, wenn vorher das Erdmagnetfeld zusammenbricht. Solange das alte Feld besteht, bestehen auch die alten Machtstrukturen. Je schneller es bricht, desto schneller geht die Menschheit in die Freiheit und in ihre Höherentwicklung. Mit unserem Computerbeispiel erklärt, könnte man sagen, daß die destruktiven Kräfte zu verhindern versuchen, daß der Pentium-III-Rechner durch einen Pentium IV ausgetauscht wird.

Nun hat ein Esoteriker der deutschen Vril-Gesellschaft geäußert, daß sie in der Antarktis mit ihren Maschinen dagegen versuchen, das Frequenzfeld künstlich zu beschleunigen, um die Prozesse auf der Erde schneller vonstatten gehen zu lassen. Sie versuchen angeblich, den Geburtsprozeß in die neue Welt zu beschleunigen und so auch die Bewußtseinshöherentwicklung aller Menschen.

Und nach diesen verschiedenen Betrachtungsweisen möchten wir nun an die Frage herantreten: Was können wir tun?

Aufgrund der Sichtweise, die wir nun eingenommen haben, erkennen wir, daß es sich bei unserem Thema „Prophezeiungen" eben nicht um das „unabänderliche Schicksal des Planeten und seiner ihn bewohnenden Menschen" handelt, sondern daß diese in diesem Buch geschilderten Visionen zu dem Zeitpunkt, als sie erfahren wurden, lediglich aufzeigten, was die Menschheit bis zu diesem Moment verursacht hatte. Und dem Gesetz von Ursache und Wirkung zufolge würde es – falls die Menschen nicht neue und konstruktivere Ursachen setzen – zu dem kommen, was diese Seher geschaut hatten, sprich zu einem Dritten Weltkrieg, zu Naturkatastrophen... und so weiter.

Aufgrund unserer Beschäftigung mit diesen Themen glauben wir, daß uns diese Visionen nicht gegeben wurden, um uns zu zeigen, daß wir nichts als „arme kleine Würstchen" sind, deren Schicksal es ist, erneut von der Erde gefegt zu werden, sondern als ein Aufruf uns beschützender Kräfte an uns, unser Schicksal endlich in die eigene Hand zu nehmen.

Persönlich sind wir ganz der Überzeugung, daß der einzelne etwas verändern und auch diesem Geschehen in irgend einer Form entrinnen kann – was am Bewußtsein und der Entscheidungsfähigkeit des einzelnen liegt –, doch ob es die Masse der Menschen des Planeten schafft, ist sehr fraglich. Es bleibt zu wünschen, und es ist nicht nur theoretisch, sondern auch praktisch möglich.

Denken wir jedoch weiterhin nur in materiellen Schablonen, so kommen wir bei unserem Thema nicht weiter. Klar kann man dieses Überlebensdrama unendlich weit durchexerzieren, doch spielt sich das ganze Szenarium nicht nur in der Materie ab.

Unsere Leserinnen und Leser mögen sich nun die Frage stellen, wie es denn vor sich gehen soll, daß man in einem Weltkrieg und inmitten eines Kriegsherdes überleben kann. Natürlich überleben nach einem Bombenabwurf immer einige Menschen, doch mag man solch ein Überleben gerne wieder einmal mit dem Wort „Zu-Fall" abtun, oder: *„Hat halt Glück gehabt."*

Doch dem ist sicherlich nicht so.

Ein kleines Beispiel hierzu: Als Ende des Zweiten Weltkrieges über Hiroshima die Atombombe abgeworfen wurde, hatte sich in einem kleinen buddhistischen Tempel eine Gruppe Menschen zusammengefunden und dort meditiert. Und interessanterweise war es genau dieser Tempel, der als einziges Haus in der dortigen Gegend stehen blieb – alle Personen unverletzt. Doch dem nicht genug: Alle Personen, die dort meditiert hatten, sind bis heute strahlungsfrei geblieben. Zufall?

Nachdem alles in unserer Materie nach dem Gesetz von Ursache und Wirkung funktioniert, und ein Stein in einem Kriegsgebiet (Naher Osten) genauso gesetzmäßig nach unten fällt wie auf den Bahamas, reagieren auch die Menschen beziehungsweise deren Magnetfelder, gesetzmäßig. Ein Mensch, der aggressiv denkt und lebt, meistens dazu noch verurteilend und verantwortungslos, der hat diese Gedanken und Gefühle in seinem Magnetfeld gespeichert. Nehmen wir an, daß er abends vor der Glotze hängt, sich jede Menge Bier zuführt und irgendwelche Action-, also Gewaltfilme ansieht, dann werden diese Szenen und Worte aus dem Fernseher genauso gesetzmäßig in seinem Magnetfeld abgespeichert wie auch seine eigenen Gedanken. Diese Person geht später in die Welt hinaus und tritt natürlich gesetzmäßig in Resonanz mit ähnlich veranlagten Menschen, sogenannten „Gleich-Gesinnten", in Harmonie. Mit Gleichgesinnten versteht sich jeder blendend, da bei Gleichgesinnten die Gedanken und die denen entsprechenden Gefühle gleich sind und auch gleich schwingen. Und jeder wird, egal wohin er geht, immer auf Gleichgesinnte treffen und sich mit diesen auch immer blendend verstehen. Menschen, die andere Gedanken und Gefühle und daher ein anderes Weltbild haben, weisen daher auch ein anderes Magnetfeld auf als unser erster Schützling, und die beiden werden nicht gleich schwingen und auch nicht harmonisch miteinander umgehen können – kein Zufall, sondern gesetzmäßig.

Jeder kennt das. Eine Person kommt in einen Raum hinein, und sofort spürt man, ob man mit dieser Person zurechtkommt oder nicht. Die meisten Menschen können von vornherein sagen, ob sie sich mit einer Person verstehen werden oder nicht. Wie kommt das?

Es funktioniert nach dem gleichen Prinzip. Personen, die ähnliche Gedanken und Gefühle hegen, haben diese auch abgespeichert, wodurch auch deren Magnetfelder ähnlich schwingen. Wenn sich diese Personen nun zum erstenmal treffen, werden sie sich auf Anhieb zueinander hingezogen fühlen, da sie ähnlich schwingen. Dies funktioniert auch, ohne daß sich die Personen die Hände gegeben haben, ja sogar wenn sie mehrere Meter voneinander entfernt stehen, da das menschliche Magnetfeld nicht durch die Haut eines Menschen begrenzt ist, sondern darüber hinaus, sogar bis zu mehreren Metern, von einem Menschen abstrahlt.

Übertragen auf unser Buchthema bedeutet das folgendes:
Hat eine Person überwiegend aggressive und destruktive Gedanken und Gefühle, wird sie ständig im Leben auf Resonanzkörper treffen, also Menschen und Ereignisse, die ihr Grund zum Aggressiv-sein und zum Ärgern geben, oder Personen, die selber aggressiv oder verärgert sind.

Eine Person hingegen, die mit ihren Gedanken und Gefühlen bewußt umgeht und sie daher auch so bewußt einsetzt – in innerer Ruhe und Harmonie –, wird ebenso gesetzmäßig auf ähnlich schwingende Resonanzkörper stoßen, also ähnlich gesinnte Menschen, mit denen ein Zusammenleben harmonisch verläuft.

Und so wie das im Alltagsleben funktioniert, tut es dies auch im Kriegs- oder Katastrophenfall. Wie wir ja bereits erkannt haben, fällt ein Stein in einem disharmonischen Kriegsgebiet genauso nach unten wie an einem harmonischen Ort.

Ist daher eine Person in innerer Ruhe, ausgeglichen und hegt harmonische sowie bereichernde Gedanken, wird sie auch in einem Kriegsgebiet mit Harmonie in Resonanz sein (vorausgesetzt natürlich, daß das harmonische Verhalten nicht nur vorgespielt, sondern auch wirklich gelebt wird) – so geschehen in unserem Beispiel von Hiroshima.

Doch haben wir selber auch unsere Zweifel gehabt. Was wir soeben beschrieben haben, klingt zwar alles sehr logisch, doch wie ist es im Ernstfall? Da uns diese Frage sehr bewegte, hat uns das Leben eine Antwort darauf gegeben, und zwar in Form eines Erlebnisses.

Jans Freund Peter und er selbst wollten Anfang 1996 in die USA fliegen, um dort auf getrennten Wegen ihre Freunde zu besuchen. Peter hatte einen günstigen Flug angeboten bekommen, und zwar nach Los Angeles (L.A.), inklusive Mietwagen. Doch wollte Jan ursprünglich nach Phoenix und Peter mit seiner Frau nach San Franzisco. Doch das gute Angebot lockte. Sie hatten dieses Angebot kurz besprochen und kamen zu dem Schluß, daß sie es annehmen sollten.

Nun sollten sie dem Reisebüro bis zum Wochenende Bescheid geben, ob sie das Angebot wahrnehmen würden. Sie hatten es jedoch beide bis auf den letzten Tag hinausgezögert, ihre Flugtickets in Auftrag zu geben. Sie wollten sich an jenem Nachmittag gegenseitig anrufen, um nochmals zu klären, ob alles klar gehe. Unvermutet stimmte irgendetwas mit der Telefonanlage nicht, und sie konnten sich gegenseitig nicht erreichen. Dann überkam Jan plötzlich das Gefühl, daß er nicht nach L.A. fliegen sollte, sondern nach Phoenix, wie ursprünglich geplant. Der Preis war zwar billiger nach L.A., doch sagte seine innere Stimme zu ihm, daß er direkt nach Phoenix fliegen sollte. Also buchte er dorthin.

Interessanterweise hatten sich Peters Frau und er auch noch einmal Gedanken darüber gemacht beziehungsweise inwendig nachgefühlt. Auch sie kamen zu dem Schluß, doch, wie ursprünglich geplant, nach San Franzisco zu fliegen, trotz dem schon erheblichen Preisunterschied für Flug und Mietwagen.

Nachdem sie dann ihre Flugtickets in Auftrag gegeben hatten, funktionierte plötzlich die Telefonanlage wieder, und sie sprachen über ihre Buchungen – wobei sie beide das starke Gefühl hatten, daß es dafür einen Grund gäbe –, und beließen es dabei.

So flogen sie also los. Eine Freundin, die Jan in Sedona besuchen wollte, war zu dieser Zeit auch noch in L.A. bei ihren Eltern und wollte am Morgen losfahren, damit sie rechtzeitig zu seiner Ankunft in Phoenix auch zuhause war. Allerdings wachte sie mitten in der Nacht auf und bekam den inneren Impuls, *sofort* nach Hause zu fahren. So etwas hatte sie noch nie getan. Sie fuhr nun schon seit über zehn Jahren regelmäßig zu ihren Eltern und am Morgen wieder zurück (eine zehnstündige Autofahrt nach Sedona). Aber sie folgte ihrer inneren Stimme und fuhr mitten in der Nacht los. Am Morgen, als sie alle an ihren Zielen ankamen, wußten sie dann auch, warum sie ihre ursprünglichen Pläne verschoben hatten: Es gab an diesem Morgen eines der größten Erdbeben in Los Angeles.

Sie können sich vielleicht die Verwunderung vorstellen. Aber genau dieses Ereignis hatte allen gezeigt, daß sie perfekt geführt werden, wenn sie sich auch führen lassen. Die innere Stimme ist tausendmal mehr wert als ein billiger Flug oder ein logischer Gedanke.

Für Peter, seine Frau, Jan und seine Freundin Alana war das die Antwort auf die Frage aller, nämlich die, wie es sich im Ernstfall eines noch größeren Ereignisses zutragen könnte. Genauso, wie sie sich bei diesem Erdbeben hatten führen lassen und ihrer inneren Stimme gefolgt waren, so wird es auch funktionieren, falls es in Deutschland oder anderswo krachen sollte.

Seither fühlen wir uns selbst einigermaßen sicher, auch in einer sehr unsicheren Welt.

Vielleicht haben Sie auch schon ein ähnliches Erlebnis gehabt, überlegen Sie einmal. Solche Ereignisse sind mehr wert als irgendwelche schlauen Sprüche unserer Regierung oder Prognosen irgendwelcher Institute. Folgen Sie Ihrer inneren Stimme, die führt Sie besser als jeder Berater oder Außenstehender.

Sicherlich bleibt die Möglichkeit, daß die nächsten Jahre „reibungslos" verlaufen. Doch ist dies nur Illusion. Wir haben bereits in vielen europäischen Ländern Kriege und Unruhen, wirtschaftliche Probleme und so weiter. Die geplante Eskalation kann schnell zustande kommen. Sollten wir, Millionen von Menschen, es jedoch wirklich schaffen, ganz bewußt neue und konstruktive Ursachen zu setzen, unsere Leben zu verändern und neue Weltbilder zuzulassen, dann ist es absolut möglich, daß ein Dritter Weltkrieg nicht zustande kommt. Die Natur wird sich jedoch ganz bestimmt bemerkbar machen.

Nun mag es sein, daß es eine ganze Menge Leserinnen und Leser gibt, die weniger spirituell oder geistig orientiert sind und mit dem hier vorgebrachten „positiven Denken" eventuell nicht so viel anfangen können. Für diese möchten wir hier ein paar Gedanken mit einbeziehen. Wenn Ihnen der Satz „Vorsicht ist besser als Nachsicht" von Bedeutung erscheinen mag und Sie eventuell aufgrund dieser Gedanken Ihr Geld besser anlegen möchten, kann es sicherlich nicht schaden, sich zweigleisig vorzubereiten.

Manche raten dazu, sich einen Goldvorrat in Münzen anzulegen, sich auf die Selbstversorgung auszurichten, eventuell ein Ferienhaus im Ausland (Tessin, Kanarische Inseln oder Südamerika), auf einer Alm oder in einem einsamen und waldreichen Tal zu mieten oder zu kaufen, um im Ernstfall in Sicherheit zu sein. Wir kennen sogar jemanden, der hat sich bis nach dem Jahr 2005 einen Bunker gemietet.

Fühlen Sie in sich hinein, ob es für Sie als richtig erscheint, ein Häuschen im Ausland zu mieten. Sollten Sie heute oder in nächster Zukunft das unbestimmte Gefühl verspüren, an einen anderen Ort zu ziehen, zum Beispiel in die Berge, dann sollten Sie auf dieses Gefühl eingehen und ihm folgen. Materielle Planungen sind sicher nicht bedeutungslos, sollten aber nicht Selbstzweck sein. Wer seine Mitmenschen nicht mit einbezieht und nur an sein persönliches Wohlergehen denkt, wird aus Resonanzgründen auch das Gleiche wieder in sein Leben ziehen und auch nicht glücklich werden. Materielle Hilfen können segensreich wirken, wenn sie in sozialer Verantwortung geplant und durchgeführt werden.

Lassen Sie sich von Ihrer inneren Stimme führen. Wenn Sie fühlen, sie brauchen sich nicht vorzubereiten, so folgen Sie diesem Impuls. Doch würde ich mit Gleichgesinnten über dieses Thema sprechen. Auch der oberflächlichste Bürger kann nicht leugnen, daß die Wirtschaft immer weiter bergab geht, daß die Arbeitslosigkeit weiter steigt und die Welt immer brutaler wird. Nur die wenigsten wagen aber auszusprechen, was sowieso die meisten jetzt denken: das Ende droht und der Zusammenbruch. Durch Gespräche werden Sie Gleichgesinnte finden. Wenn Sie das Bedürfnis verspüren, wegzuziehen oder sich selbst zu versorgen, Ihr eigenes Erspartes aber nicht reichen sollte, dann schließen Sie sich eben mit mehreren Personen zusammen, dann wird das Geld schon reichen. Es soll ja nicht bedeuten, daß Sie für Jahre in der Hütte eingepfercht dahinvegetieren müssen. Falls es zu den hier aufgeführten Voraussagen kommen sollte, würde die schlimmste Zeit wahrscheinlich nur wenige Monate dauern, und danach würde es wieder genügend Häuser geben, die man beziehen könnte.

Doch wie bereits erwähnt, ist dies nur die äußere Vorbereitung. Wie wir später noch durch ein weiteres Beispiel aus unserem persönlichen Leben zeigen möchten, können Sie vor sich selbst nicht flüchten. Man kann heute eine Lebensversicherung abschließen und rutscht morgen auf einer Bananenschale aus, und es hat nichts genützt. Wie gesagt kann man sich zweigleisig vorbereiten, das ist sicherlich nicht verkehrt, sollte jedoch immer mit dem Wissen um die kosmischen Gesetze geschehen. Die eigentliche Vorbereitung findet im Innern von jedem von uns statt.

Die Personen, denen es schwerfällt, von den materiellen Werten loszulassen, werden in den kommenden Jahren bestimmt eine sehr unangenehme Transformation durchzumachen haben, da die materiellen Aspekte sicherlich als die niedersten derer anzusehen sind, die das Leben anzubieten hat. Der Mensch wurde geschaffen und mit dem Wissen ausgestattet, das ihn zum Meister über die Polaritäten machen soll. Doch die Menschen haben vergessen, wer sie sind und wie sie hier hergekommen waren. Der Mensch war vor langer Zeit noch Meister über die Materie und benötigte keine Maschinen, um die Materie zu bewegen oder zu verändern.

Wer sich auf Dinge im Außen verläßt, verliert das Vertrauen in sein Inneres. Und genau das ist die letzte Prüfung dieser Zeit. Und es ist ja deutlich sichtbar, daß der heutige Massenmensch von Technik und anderen äußeren Dingen abhängig ist.

Das Ehepaar Gauch-Keller schreibt in „Aufruf an die Erdbewohner", daß viele Menschen sich den Veränderungen gegenüber machtlos ausgeliefert fühlen und auch unfähig sind, aus ihrem überzüchteten Wohlstand auszubrechen, einem Wohlstand, der jedoch nur durch Unterdrückung (Geld und Armeen) aufrechterhalten werden kann. Zum Teil fühlen sie sich ohnmächtig in Anbetracht der schlimmen Lage, in der sich die Welt befindet. Das stimmt wortwörtlich, denn Ohnmacht heißt ja „ohne Macht", und ohne Macht müssen sie zusehen, wie sich alles um sie herum verändert, auseinanderfällt oder sogar zugrunde geht.

Und trotzdem klammern sie sich immer wieder an irdische Institutionen, da sie nichts anderes anerkennen wollen. Sie klammern sich an unsere irdischen Gesetze, die jedoch inzwischen zu einer Farce geworden sind, da diese Gesetze immer nur dem Geld dienen und dadurch die Kleinen und Armen nur noch mehr gebeutelt werden.

Treten dann größere Problemsituationen auf, welche durch die Polizei nicht mehr kontrolliert werden können, muß eben die Armee eingesetzt werden, um den „Frieden" aufrechtzuerhalten. Dies ist ein Frieden der

Narren, wie unsere Geschichte es immer wieder bewies. Kein echter Friede und keine echte Freiheit kann auf Dauer mit Waffengewalt aufrechterhalten werden. Frieden und Freiheit kann nur aus dem Herzen kommen, aber das sind für unsere Regierungen alles Fremdwörter.

Obwohl viele Menschen die kommenden Veränderungen unbewußt spüren und daher schon lange nach Frieden und Freiheit schreien, sind doch nur wenige bereit, für den echten Frieden ihre Gedanken und Gefühle so beherrschen zu lernen, daß sie ihr persönliches Umfeld bewußt verändern können und als Kettenreaktion davon schließlich auch die ganze Erde. Die meisten halten aus Bequemlichkeit lieber an alten Gedanken- und Verhaltensmustern fest, um ja nicht zuviel an sich und der gewohnten Umgebung ändern zu müssen. Doch wer weiterkommen will, muß die kommenden Veränderungen mitmachen oder er bleibt auf seiner momentanen Entwicklungsstufe stehen. (47, S. 58)

Eine weitere herausfordernde Frage ist, ob es für manche Personen überhaupt einen Ausweg aus dem kommenden Szenarium geben soll. Unserer Meinung nach kann kein Lebewesen mit eigenem Bewußtsein seinem Schicksal entrinnen, das heißt, daß jeder die Wirkungen dessen zu erfahren bekommt, was er vorher als Ursache setzte. Ändert er jedoch jetzt sein Handeln, also seine Ursachensetzung, wird natürlich auch die Wirkung dementsprechend verändert. Und mehr noch: ändert er seine eigene Schwingung, ist er natürlich ausschließlich für entsprechende Frequenzen empfänglich.

Das Leben in unserer dritten Dimension, das Zusammenwirken der beiden polaren Kräfte jeder Sache – Geben und Nehmen, zwischen Konstruktivem und Destruktivem, zwischen Gut und Böse, zwischen ESOTERIK und EXOTERIK – ist harmonisch. Der symbolische Kampf wiederum, den wir äußerlich wahrzunehmen scheinen, ist das Spiel der destruktiven Mächte, durch eine übermächtige AUSSENWELT von der uns als Wegweiser zur Verfügung stehenden INNENWELT abzulenken. Einfach gesagt, macht man die Menschen durch Dinge in der Außenwelt (Kleidung, Auto, Fernsehen, Reichtum, Ansehen, Macht...) abhängig, fixiert sie darauf und lenkt sie von den eigentlichen Aufgaben, auf die es im irdischen Leben wirklich ankommt, ab.

Die Materie, metaphysisch auch als „dritte Dimension" bezeichnet, ist „unser" Abenteuer – hohe Esoteriker sagen auch „unser Spiel" –, den Versuchungen der Materie zu widerstehen und dabei diese weder zu negieren, noch von ihr abhängig zu werden. Wir dürfen sie benutzen, müssen sie dann aber auch meistern. Es ist wie in der Schule. Um in die siebte Klasse zu kommen, müssen wir erst die sechste gemeistert haben. Das heißt, wir müssen die Prüfungen der sechsten Klasse erst bestanden haben, um die Prüfungen der siebten überhaupt bestehen zu können. Würde sich zum Beispiel ein ganz „Schlauer" in die siebte Klasse durchmogeln, würde er bei der ersten Klassenarbeit mit dem nächsthöheren Schwierigkeitsgrad scheitern, da er ja schon in der vorhergehenden Klasse keine Ahnung hatte.

Nochmals: Wer hier weg möchte, muß erst ein Meister der Materie, der dritten Dimension sein; er muß sie gemeistert haben, dann erst darf er weiter. Der Schlüssel dazu liegt im Inneren des Menschen, nicht in der Außenwelt.

All die Organisationen wie die heutigen Großkirchen, die aktuellen Regierungsformen, die eingefahrenen Gesellschafts- und Erziehungssysteme samt ihrer Gründer und Mitglieder, stellen Blockaden für die Natur und ihre Entwicklungsformen dar, sowie auch für das Leben selbst. Daher werden sie auch zerbrechen. Sie werden an ihren eigenen Problemen zugrunde gehen. Diese Strukturen widerstreben der Liebe, den Gefühlen, den hohen geistigen Werten, der Freiheit des Lebens und des Geistes – sie widerstreben den geistigen Gesetzen und Prinzipien.

„Wir sind keine menschlichen Wesen, die eine spirituelle Erfahrung machen, wir sind spirituelle Wesen, die eine menschliche Erfahrung machen!"

Wie die verehrten Leserinnen und Leser bereits festgestellt haben werden, sind wir Autoren nicht gerade gläubige Anhänger unserer großen Beamtenkirchen, wobei das für die Bearbeitung unseres Themas nichts heißen muß. Wie Sie lesen konnten, kommt sogar die Mehrzahl der Prophezeiungen aus dem kirchlichen Bereich, beziehungsweise bezieht sich die überwiegende Mehrheit davon auf den oder einen Gott, auf Jesus Christus, auf Erzengel oder andere in Gottes Auftrag sprechende Wesenheiten. In jedem Falle – und da stehen wir doch dazu – ist es immer der Geist, ob Heiliger Geist, Christusgeist, Allgeist oder einfach das Göttliche.

Nun empfehlen wir in unserem Buch, wann immer es angebracht ist, die Ent-Wicklung des einzelnen durch Eigen-Ständigkeit und Selbst-Bewußtsein sowie die dazugehörige Selbst-Verantwortung. Nur so kommen wir auf unseren „Weg nach innen", weg von den ablenkenden Äußerlichkeiten, hin zur eigenen Intuition, mit der wir unsere Gedanken, Worte und Handlungen ethisch aufwerten und dem Ziele einer höheren seelischen und spirituellen Frequenz konsequent näher kommen – dem möglichen Rettungsweg für die kommenden Jahre.

Aber sicher liegt vielen von uns der Weg des Einzelgängers nicht, und man sollte sich dann Gleichgesinnte suchen – was ganz sicher kein Problem sein wird, entsprechend der beiden geistigen Gesetze der Resonanz und der Affinität, verbunden mit etwas Geduld und der nötigen Offenheit oder Öffnung dafür. Solche Gleichgesinnte sind zu finden in den geistigen Bereichen der New-Age-Szene, der Esoteriker, der Anthroposophen, der Neugeistler (new thought...) und der Anhänger urchristlicher Lehren. Gerade letztere haben sich in den vergangenen Jahrzehnten stark entwickelt – im Rahmen der Großkirchen genauso wie in kleineren Glaubensgemeinschaften. Im Südwestfunk hieß es (im Mai 1996), daß allein in Baden-Württemberg in den letzten Jahren fast einhundert kirchliche Gruppierungen frühchristlichen Denkens und Lebens entstanden seien, so daß für jeden von uns – als Einzelgänger oder in der Gruppe – die Möglichkeit einer Lebensweg-Änderung irgendwo bereitsteht, wenn wir dazu endlich bereit sind.

Wen dieses Buch diesbezüglich nicht aufrüttelt, der verschläft sicherlich die große Möglichkeit des Evolutionssprungs seines Bewußtseins im Rahmen dieser Wendezeit und damit womöglich die Eintrittskarte in das gelobte „Goldene Zeitalter". Und wer von uns es dann auf einem dieser Wege schafft, kann verständig von sich geben: Selbst schuld! Wir wissen ja, was der Nazoräer empfahl: *„Wer Ohren hat zu hören..."*

Das heißt: Fangen wir nun an, uns zu ent-wickeln und zu ent-falten, uns daran zu erinnern, warum wir auf die Erde gekommen sind. Die Zeit herumzuspielen ist vorbei. Wir Menschen müssen uns jetzt bewußt werden, wer wir sind und womit wir in Zukunft unsere Zeit verbringen wollen.

Und diejenigen, die nun aus ihrem langen Schlaf aufwachen, sollten sich nicht wieder in irgendeinem Verein oder einer Religionsgruppe verstecken!

Kaum eine dieser Organisationen, noch irgendwelche Gurus oder Heilsversprecher werden in diesem Augenblick helfen. Möglichst nur jeder für sich selbst, eventuell zusammen mit „Gleichgesinnten"! Was wir wissen wollen, was wir alle suchen, ist „in" uns zu finden, daher kann uns auch kaum eine andere Person dabei helfen.

Wir werden erkennen, daß wir selbst auch eine ganz persönliche Beziehung zum Leben haben und zu dem, was wir als die „Schöpfung" bezeichnen, und daß wir alle Teil der Schöpfung sind, untrennbar, und auch niemals davon getrennt werden können, wenn wir es nicht selbst veranlassen. Nur in unseren Köpfen können wir uns davon trennen. Und wenn wir in unseren Köpfen und unserem Verstandesdenken an diese Trennung „glauben", wird uns dies das Leben in entsprechenden Denkmustern wiederum bestätigen.

Wovor haben wir wirklich Angst?
Die Glaubens- und Denksysteme auf der Erde sind unvollkommen geworden, und nichts davon darf zwischen uns und unser aller Schöpfung gestellt werden. Das ist die größte Prüfung und findet auf jedem bewohnten Planeten statt – das Festhalten an unwirklichen Dingen. Alles ist „MAYA", Illusion, alle Materie, wie wir sie wahrnehmen, besteht aus Energiensammlungen von Lichtmolekülen, die unser Auge, da es nur niedere Frequenzen wahrnehmen kann, als solide Körper wahrnimmt. Und in der Frequenz 666, der niedrigsten geistigen Frequenz, wirkt sich die Materie so auf uns aus, daß wir an allem festhalten möchten. Glauben Sie nicht, daß es uns nicht genauso geht. Man möchte eine Familie haben, sich Geborgenheit sichern. Eifersucht ist nichts anderes als ein Festhalten an der Geborgenheit, beziehungsweise die Angst davor, die Geborgenheit zu verlieren. Den physischen Besitz, den man sich mit mehr oder weniger viel Einsatz an Arbeit „erschaffen" hat, möchte man ungern wieder hergeben oder gar verschenken, und man fühlt sich leer, wenn man ihn verliert. Loslassen! Tradition ist nichts anderes als die Angst, Sicherheit zu verlieren. Wir Menschen der Erde klammern uns an Illusionen fest, an widerlegbaren Glaubensinhalten, an materiellen Dingen, an Traditionen, Kulturen, alles Sachen, die in Sekundenschnelle ausgelöscht sein können (Erdbeben, Polsprung, Krankheit oder Unfall).

Und genau darin besteht die Prüfung. Nämlich alles zu machen, und sogar auch alles zu haben, aber an nichts festzuhalten, außer an inneren Schätzen (zum Beispiel Buddhas und Jesu Lehren). Die kann uns niemand nehmen. Es ist sicherlich nicht immer einfach, ständig bewußt zu leben, aber es geht, wie uns beispielsweise Jesus zeigte. Es ist der Weg in die Freiheit. Und wer ihn kompetent gehen will, darf beziehungsweise muß ihn alleine gehen. So wie wir und jeder unserer Freunde ihn alleine gehen muß, müssen Sie es auch. Doch es ist nur am Anfang schwierig. Wenn wir einmal die ersten Erfahrungen gemacht haben, daß wir, egal wo wir uns befinden, nie alleine sind, daß immer etwas oder jemand Unsichtbares, das man aber trotzdem wahrnehmen kann, mit uns ist, äußerlich oder innerlich, dann brauchen wir auch keine Angst zu haben (und wir wetten, daß jeder irgendwann einmal so eine Erfahrung gemacht hat, in der er sich in einer offensichtlich ausweglosen Situation befunden hat, und plötzlich kommt eine helfende Hand, was man dann gerne als „Zufall" oder Wunder bezeichnen möchte...). Vertrauen wir – aber nicht auf Menschen oder Lehren, sondern auf unsere Intuition und was mit unseren Gedanken und Gefühlen geschieht. Denn damit schaffen wir unsere Zukunft.

Im Grunde genommen sind die Prinzipien des Lebens doch ziemlich einfach zu verstehen. Nur die Anwendung hat es in sich. Doch um diese einfachen Grundprinzipien dreht sich alles. ALLES ANDERE IST ABLENKUNG!

Die Wahrheit ist einfach! Und doch haben es die Menschen verstanden, das Einfachste immer wieder so kompliziert darzustellen, daß die Einfachheit der Wahrheit verlorenging. Das Verwirrungsprinzip!

Die Menschheit dieser unserer Welt scheint an ihrem kritischsten Punkt ihres Daseins angekommen zu sein. Wir haben hier und jetzt zu entscheiden, in welche Richtung, in welche Realität sich alles weitere entwickeln soll. Wollen wir uns für die friedliche Zukunft im „Wohlstand von Körper, Geist und Seele", also in eine andere Richtung lenkend entscheiden, oder dafür, daß wir nichts ändern und so der Kontinuität menschlichen Fehlverhaltens seit Jahrtausenden folgen, und somit die schlimmsten „Prophezeiungen" (Programme) wahr werden lassen?

Halten wir uns vor Augen: Wir alle unterliegen den Naturgesetzen – geistig wie materiell, metaphysisch wie physisch!

Karl Schnelting formulierte es so: *„...daß aber Rettung möglich ist für alle Menschen, die in der Liebe und im Glauben sind; daß also diejenigen den Übergang physisch überstehen, die an Gott und die Unsterblichkeit der Seele glauben und angstfrei der kommenden Transformation entgegensehen; daß nach der physikalischen Erd-Umpolung und der „Umpolung" der Menschen von materiellen auf geistige Interessen die Erde Frieden und Wohlstand erfährt, daß mit Hilfe der dann nicht länger geleugneten Sternenbrüder von anderen Planeten ein schneller Neuaufbau möglich wird und der Planet in größerer Schönheit als je zuvor wieder erblüht."* (55, S. 4)

Unser Erlebnis in Südspanien (aus Jans Sicht):
Nun möchten wir aber noch ein anderes Beispiel, welches sich erst kurz vor Erscheinen der ersten Auflage dieses Buches zugetragen hatte (1996), aufführen, das nicht nur für uns ein großes Zeichen und eine Beweisführung der geistigen Gesetze und Kräfte darstellte, sondern es wahrscheinlich auch für viele Leserinnen und Leser sein wird.

Franz besitzt ein Haus in Südspanien am Hang eines Berges in einem Naturschutzgebiet. Meine damalige Frau Viktoria und ich wollten ihn für ein paar Wochen besuchen, um etwas zu entspannen und Viktoria die nötige Ruhe in ihrer Schwangerschaft zu ermöglichen. So kamen wir nach sechzehn Stunden Fahrt bei ihm an und freuten uns zum einen über das herrliche Klima, aber auch die Ruhe und vor allem das Abendessen im Dorfrestaurant, wo es verschiedene Spezialitäten gibt, über die uns Franz schon Wochen zuvor vorgeschwärmt hatte. Doch dazu sollte es nicht mehr kommen.

Es muß noch zum besseren Verständnis der Lage hinzugefügt werden, daß Franz mit seiner Familie sieben Jahre zuvor das Haus erworben hatte und nun nach langen Aus- und Umbauarbeiten am Ende des Monats den langersehnten Umzug machen wollte. So war er diesmal mit einem Freund alleine gekommen und mit Anhänger, um schon einen Teil der Möbel zu transportieren. Als wir dann alle am frühen Abend ins Auto steigen wollten, bemerkte Franz zuerst den Geruch von verbranntem Plastik in der Luft und etwas später ein paar hundert Meter entfernt Rauch am Himmel.

So fuhren Guido und ich an die entsprechende Stelle und mußten zu unserem Entsetzen entdecken, daß der bewaldete Berghang in Flammen stand. Bis wir zum Haus zurückgekehrt waren, war dann bereits die Straße gesperrt, die ersten Feuerwehrwagen rückten an und wenig später auch die ersten Hubschrauber zum Löschen. Kurz darauf kam die Polizei und informierte uns, daß wir das Haus zu verlassen hätten und die wenigen Häuser im Naturschutzgebiet evakuiert werden müssen. Viktoria und mir gingen die gleichen Gedanken durch den Kopf: *"Na, das fängt ja gut an."* Franz, der zwei Jahre zuvor schon einmal einen Großbrand in der Nähe erlebt hatte, versuchte uns andere mobil zu machen. So verließen wir das Haus, fuhren unsere vollgepackten Autos und Anhänger ein paar hundert Meter weiter und ließen sie dort am Straßenrand stehen. Die Straße war bereits von unzähligen Schaulustigen überfüllt. Wir gingen dann zurück zum Haus und begannen, mit einem kleinen Dampfstrahlgerät und den Gartenschläuchen die Bäume und Sträucher auf und um das Grundstück herum so gut wie möglich einzunässen. Als dann die Dämmerung hereinbrach (so gegen 21.00 Uhr), mußten die Flieger und Hubschrauber aufhören zu fliegen, da sie keine Nachtaustattung und daher auch keine Flugerlaubnis hatten (unfaßbar!). Inzwischen stand der gesamte Hang in Flammen, ein starker Wind blies sowieso schon die ganze Zeit und brachte das Feuer so richtig in Fahrt, daß es Flammen (die Pinien hatten eine durchschnittliche Höhe von vier bis sechs Metern) bis zu fünfzehn Metern Höhe gab (laut Zeitungsartikel zwanzig Meter). Dieses sechshundert Meter breite Flammenmeer kam nun immer näher auf uns zu, zumal das Haus von Franz auch das Eckhaus am Wald war und keinerlei Schutz davor hatte. Von da an war mein Platz das Dach des Hauses, von wo aus ich ständige Beobachtungen und Meldungen an die anderen gab, wo sich das Feuer hinbewegte. Nachdem Guido weiter mit dem Dampfstrahlgerät die Bäume benetzte, saßen Franz und ich auf dem Dach, meditierten und beteten. Ich hatte ständig den einen Satz im Kopf: *"Das kann einfach nicht sein, das gibt es nicht."* Das Feuer kam immer näher, aber ich blieb völlig ruhig und sagte ständig vor mich hin, *"Das kann ganz einfach nicht sein. Da fahren wir sechzehn Stunden hier runter, um dann Franz's Haus abbrennen zu sehen"*. Das war weder logisch, noch sprach mein Gefühl auf die Gefahr an. Meine Intuition sagte mir eindeutig, daß wir keine Angst zu haben brauchten. Doch das Feuer kam weiter, durch den starken Wind angefacht, in unsere Richtung. Die Lage wurde immer brenzliger. Gegen ein Uhr morgens kamen dann auch noch die Feuerwehrmänner schleunigst aus dem Pinienwald zurück und erklärten, daß nichts mehr zu retten sei, sie könnten das Feuer nicht mehr unter Kontrolle bringen. Viktoria und Guido waren inzwischen zu der Absperrung gegangen, wo all die anderen Hausbesitzer, die Schaulustigen wie auch Reporter, Fernsehen und wer weiß noch alles standen. Es war ein immenser Waldbrand, der bereits mehrere Quadratkilometer Wald vernichtet hatte. Das ganze Geschehen zog sich über die ganze Nacht dahin. Zwischenzeitlich hatten wir über Handy in Deutschland angerufen und die Familien benachrichtigt. Und wie wir später erfuhren, hatte die Frau von Franz eine ganze Reihe Menschen mobil gemacht, um uns Fern-Reiki zu schicken, für uns zu beten oder zu meditieren. Jeder auf seine Weise. (Vielen Dank nochmals an dieser Stelle.)

Wie dem auch sei, Sie müssen sich die Lage vorstellen. Franz und ich zwischen den Feuerwehrmännern vor seinem Haus, neben dem der Wald vom Feuer verschlungen wird. Die Feuerwehrmänner starren genauso entsetzt wie wir auf die Flammen, die inzwischen bis zu fünfzig Meter ans Haus herangekommen waren. Es wurde schon so heiß, daß wir die Hände oder Kleidungsstücke vor das Gesicht halten mußten. In ihrer Verzweiflung fällten die Feuerwehrmänner einen riesigen Baum, der direkt vor Franz's Haus stand und den Autos tagsüber Schatten spendete, um zu verhindern, daß das Feuer auf das Haus übertreten würde, was natürlich aussichtslos war bei der Macht der Flammen. So stand Franz vor mir und vor ihm die Flammen. Franz stand mit zwei Kanistern Grander-Wasser in der Hand da und stammelte vor sich hin: *„Nur ein Wunder kann das Ganze noch retten, nur ein Wunder."* Es war eigenartig. Der logische Verstand sagte: *„das war's"*, aber unsere inneren Stimmen sagten ganz leise zu uns, daß nichts schiefgehen kann. Ich selbst sagte immer wieder zu mir: *„Das kann einfach nicht sein. Ich glaub es einfach nicht."* Als dann Franz immer noch so da stand, sagte ich zu ihm, *„Wenn wir hier schon so nah am Feuer stehen, dann können wir doch auch zurück ins Haus gehen, und das Dampfstrahlgerät wieder anwerfen und zumindest so tun, als wollten wir etwas gegen das Feuer tun."* Also gingen wir wieder hinein, hinter dem Rücken der Polizei, die uns evakuiert hatte und selber machtlos dastand, und der Feuerwehr, und warfen das Gerät wieder an. Das Feuer erhellte die Nacht derart, daß wir um zwei Uhr Morgens kein Licht brauchten. Der

Aschen- und Funkenregen war lebensbedrohlich und wir als absolute Laien mittendrin. Wir gingen an den Rand des Grundstückes und sahen dort die ersten Flammen dem Grundstück entgegenbrennen. Dann entdeckten wir unsere Schweizer Nachbarn, die sich auch wieder hineingeschmuggelt hatten und am Zaun standen und den Gartenschlauch in Richtung Feuer hielten. Doch erreichten sie die Flammen nicht richtig. Also rief ich Franz zu, er solle mehr Schlauch holen und stieg über den Zaun, dem Feuer entgegen (mit kurzer Hose und Freizeitschuhen). So spritzte ich, so gut es ging, an die Stellen, an die ich herankam, als plötzlich ein sehr großer Baum in der Nähe des Zauns Feuer fing und die Funken in Franz's Grundstück flogen. Sofort fing eine der Palmen auf dem Grundstück Feuer, doch Franz war gleich zur Stelle und löschte es. Nun rief er: *„Jan, komm, laß uns abhauen. Wir können es nicht mehr retten."* Die rasende Feuerwand kam seit Stunden genau auf uns zu, der Wind blies genau in unsere Richtung und die zweite Baumreihe hinter dem Grundstück von Franz explodierte krachend. Die Hitze und der Qualm wurden unerträglich. Wir waren genau in der Richtung, die das Feuer seit Stunden eingeschlagen hatte, und es war nur noch wenige Meter vom Zaun entfernt. Doch in diesem Moment verspürte ich ein absolutes Vertrauen und eine Ruhe in mir, auch keine Angst (obwohl ich sonst wirklich nicht so mutig bin), und rief Franz zu, daß wir hierbleiben und weitermachen sollen. Wenn das Haus brennen würde, könnten wir immer noch in den Pool springen. Franz überlegte einen Moment, stimmte mir zu, warf das Dampfstrahlgerät wieder an, das er zwischenzeitlich wieder ausgeschaltet hatte, und hielt weiterhin die Pflanzen und Bäume auf dem Grundstück benetzt. Ich stand hinter dem Zaun, dem Feuer entgegen mit dem Gartenschlauch (kaum vorzustellen) und wurde dann sogar von ein paar Reportern geknipst, die sich in Schutzanzügen bis dahin vorgewagt hatten. Tja, und dann weiß ich auch nicht mehr wie es geschah, doch wenige Sekunden später nach dieser Entscheidung, auf dem Grundstück zu bleiben und weiterzukämpfen, war das Feuer im rechten Winkel abgedreht, um die letzte Baumreihe vor Franz's Grundstück herum, brannte in einem Anstand von zwei Metern (!) den Zaun entlang und dann den Berg hinauf weiter.

Guido und Viktoria kamen zurück, und wir standen dann mit mehreren Schläuchen und Wassereimern um das Grundstück herum und löschten, was ging. Plötzlich war auch die Feuerwehr wieder da, doch verschwand sie bald wieder, da ihnen das Wasser ausgegangen war (einfach unfaßbar). Das Ganze ging bis etwa fünf Uhr morgens, als die Flieger und Hubschrauber wieder anfingen zu fliegen. Das Feuer brannte noch den ganzen Tag und war erst am Abend insoweit gelöscht, daß die Lufteinsätze abgebrochen werden konnten. Wir anderen gingen gegen fünf Uhr völlig fertig ins Bett und Franz alleine löschte bis zehn Uhr vormittags mit dreihundert Meter Gartenschlauch die brennenden Baumstümpfe im Umkreis um sein Grundstück. Kein einziger Feuerwehrmann zeigte sich, nur ein alter Mann, ein Bauer, schlurfte durch die Hänge, zwischen den rauchenden Stümpfen umher, und suchte verzweifelt seine Mandelbäume, die inzwischen verkohlt waren. Er war fassungslos, daß ein einzelner Fremder ganz allein die verkohlten Reste seiner Mandelbäume mit einem Gartenschlauch löschte und wackelte mit einem „que fuego" stammelnd davon.

Wir hatten dann entdeckt, nachdem wir am Tage einmal das Grundstück abgegangen waren und auch den Hang von der Ferne aus angesehen hatten, daß die Flammen über eine Strecke von etwa einen Kilometer wie eine gerade Wand auf die Siedlung zugebrannt waren und dann genau zwei Meter (!) vor dem Zaun um das Haus von Franz im rechten Winkel abbogen und gegen Norden weiterbrannten. Ganz seltsam! Die Nadeln der unversehrten Bäume hatten die fast explosionsartig verbrennenden Bäume berührt, doch waren nur die Spitzen leicht angesengt. Normalerweise hätte das Feuer ein bis zwei Baumreihen auf einmal angesteckt. Doch hier hatte eine unsichtbare Hand dazwischengehalten, sich wie eine Schutzglocke um die letzte Baumreihe gelegt.

Auch die Feuerwehrmänner waren sprachlos. Am nächsten Morgen kam ein Fernsehteam und berichtete über das seltsame Abbiegen des Feuers und befragten mich dazu.

Als wieder Ruhe eingekehrt war, redeten wir darüber, was geschehen war. Für uns alle war es ziemlich klar, daß durch die Entscheidung, auf dem Grundstück zu bleiben, sich offenbar eine Art geistiger Schutzwall oder Schutzwand gebildet hatte, die das Feuer nicht an uns heranließ. Es war nicht das Wasser unserer Gartenschläuche gewesen, sondern unser Vertrauen in unsere innere Kraft, das Vertrauen, daß die geistige Welt immer bei uns ist. Doch wenn wir davongerannt wären, hätten sie uns nicht helfen können. Sind wir hier in der physischen Welt aktiv, so kann auch die Geistwelt durch uns aktiv werden.

Und uns war allen sofort klar, daß das auch ein wichtiges Beispiel für dieses Buch war. Zum einen zeigte es uns, daß die Flucht vor der Verantwortung nicht funktionieren kann. Wir können zwar in Deutschland vor dem Kriegsgeschehen fliehen, aber dann kann hier, in dem vor dem Krieg eventuell sicheren Spanien, eben ein gewöhnlicher Waldbrand unser Hab und Gut auslöschen. Doch am wichtigsten ist die Erkenntnis, daß unsere Entscheidung in Spanien (die auch auf einen Dritten Weltkrieg oder auf irgendeine andere unangenehme Situation im Leben übertragen werden kann), das Unangenehme zu konfrontieren, der Aus-Löser dazu war, damit sich das Problem auf-löst.

Edgar Cayce sagte zu solch einem Phänomen oder Gesetz:
„Es gibt jenen Zustand, daß die Aktivität von Individuen, in der Denkweise und in der Verhaltensweise, manche Stadt und manches Land intakt hält, durch Anwendung der spirituellen Gesetze...
Wenn es auf der Erde jene Gruppen gibt, die genug den Frieden gewünscht und gesucht haben, dann wird der Frieden beginnen. Es muß im Selbst geschehen." (146, S. 147-152)

Liebe Leserinnen und Leser, wir hoffen, sie konnten diesem Beispiel entnehmen, was wir Ihnen mit auf den Weg geben wollen: welche Kraft im Vertrauen und in Ihnen selbst stecken kann. Diese Kraft entdecken Sie aber erst, wenn Sie ihr die Möglichkeit geben, sich zu beweisen. Wenn wir davonrennen, kann uns die geistige Welt und auch sonst niemand beistehen.

Daß man vor seinen Ursachensetzungen und den entsprechenden Wirkungen nicht entfliehen kann, und auch nicht dem Schicksal, welches man sich selbst durch seine Schöpfungen geschaffen hat, mag eine kleine nette Episode verdeutlichen: *„Das Orakel sagte einem Kaufmann, daß er in Bagdad den Tod treffen würde. Er wollte nicht, daß sich sein Schicksal so schnell erfülle und plante, die Begegnung zu vermeiden. So reiste er stattdessen in eine weit entfernte Stadt. Er trat durch das nördliche Tor ein und mischte sich auf dem Markt eine Weile unter das Volk. Plötzlich sah er dort in der Menge den Tod, der ihn mit bleichen Augen anstarrte. Und der Tod sagte zu ihm: „Mein Bester! Was bin ich überrascht, Dich hier zu sehen; ich wollte gerade nach Bagdad fahren, um Dich dort zu treffen!"*

Durch unser Vertrauen-in-uns-selbst und die Göttlichkeit-in-uns können wir alle ein Potential erschaffen, das es ermöglicht, vieles zu verändern. Wir brauchen nicht acht Milliarden Menschen dazu, sondern nur ein geringer Teil reicht schon aus, um nach dem Gesetz der Morphogenetik (morphogenetische Felder) und nach dem Prinzip des hundertsten Affen die anderen mitzureißen und Großes zu verändern.

Der Wichtigkeit wegen möchten wir an dieser Stelle nochmals das Prinzip des hundertsten Affen anführen, das zum Verständnis des Potentials in jedem von uns sehr bestätigend wirkt.

Auf einer japanischen Insel haben Wissenschaftler mit einer Gruppe von Affen Versuche unternommen. Man warf den Affen Süßkartoffeln in den Sand, um ihr Verhalten zu testen. Die Affen nahmen diese und verzehrten sie, bemerkten jedoch den unangenehmen Nebeneffekt des Sandes zwischen den Zähnen. Einer der Affen war etwas schlauer als die anderen und ging mit seiner Kartoffel zum nahegelegenen Bach und wusch sie. Neugierig wie Affen nun mal sind, beobachteten sie den anderen, um zu sehen, was er vorhatte. Als sie bemerkten, daß der Genuß der Kartoffel ohne Sand offensichtlich angenehmer war, machten sie es ihm nach. Als die Forscher nun den Affen weitere Kartoffeln in den Sand warfen, gingen sie direkt damit zum Bach und wuschen sie dort. So taten es alle, neunundneunzig an der Zahl, bis der hundertste mit seiner Kartoffel nicht zum Bach ging, sondern ans Meer und sie dort im Salzwasser wusch. Und daß eine Kartoffel mit Salz noch besser schmeckt, wurde diesem Affen dann auch klar. Doch jetzt geschah etwas sehr Interessantes. Jetzt taten es nicht nur alle anderen Affen auf der Insel auch nach, sondern ebenso auch diejenigen auf einer neunzig Kilometer entfernten Nachbarinsel. Auch diese gingen, nachdem man ihnen die Kartoffeln in den Sand geworfen hatte, direkt ans Meer und wuschen sie dort. Und auch auf dem Festland geschah es so. Durch den hundertsten Affen war genügend Potential an Energie zusammengekommen, daß dieser Gedanke auf die anderen Affen übergesprungen ist. Rupert Sheldrake, der mehrere Bücher über diese Thematik geschrieben hat, spricht bei solchen Übertragungen von „morphogenetischen Feldern".

Übertragen auf unser Thema bedeutet das: Wenn genügend Menschen auf der Welt einen bestimmten Gedanken- oder Gefühlsprozeß oder eine nächst höhere Bewußtseinsstufe erreicht haben, wird es für den Rest der Menschheit einfacher sein, dieses ebenfalls zu schaffen, da schon ein bestimmtes Potential von den Pionieren aufgebaut worden ist, das sich automatisch auf den Rest überträgt.

Viele Menschen kommen mit der Ausrede daher: *„Was kann denn ich als einzelner schon tun?"* Wir haben das obige Beispiel gewählt, um Ihnen zu verdeutlichen, daß vielleicht gerade Sie der „hundertste Affe" in einem ganz bestimmten Prozeß sind (ein Gedanke vielleicht, ein Gefühl oder eine Erkenntnis), das heißt, daß schon neunundneunzig vor Ihnen an einem Problem gearbeitet haben, diesen bislang jedoch der Durchbruch noch nicht gelungen ist. Und vielleicht bedarf es nur noch der Anstrengung eines einzigen Menschen, möglicherweise von Ihnen, um das Maß voll zu machen, damit es auf die anderen überspringt und es Allgemeingut wird. Das mag auf den ersten Blick etwas ganz Bedeutungsloses sein. Womöglich gelingt es Ihnen, das Thema Eifersucht, Trauer oder Groll gegenüber einer bestimmten Person zu bewältigen, vielleicht sogar eine Erfindung zu machen, wer weiß?

Tatsächlich können wir Ihnen mit Sicherheit sagen, daß Sie sogar ganz bestimmt der „hundertste Affe" sind und daher auch uns etwas zu geben haben, durch einen Erfahrungsprozeß, den Sie für uns alle durchleben. Auch ist es kein Zufall, daß Sie gerade dieses Buch lesen, sondern Resonanz. Sie wurden nicht zufällig mit diesem Thema konfrontiert, sondern gesetzmäßig. Es hat etwas mit Ihnen zu tun. Es ist ein Hinweis an Sie vom Leben, daß die Dinge nicht immer so weitergehen werden, wie uns täglich durch die Gehirnwäsche erklärt wird. Es ist eine Chance, jetzt auszusteigen. Nicht unbedingt aus dem täglichen Leben auszusteigen oder aus Ihrem Beruf, sondern aus einem alten Weltbild. Sie können ruhig Ihren alten Beruf ausüben, aber hören Sie auf, Ihren Mund zu halten und Ihre Meinung vor anderen zu verbergen. Stellen Sie unangenehme Fragen, wie zum Beispiel über den Inhalt dieses Buches. Und Sie werden merken, wie die Menschen Angst davor haben. Werden Sie in Ihrem Umfeld zu einem Pfeiler in der Brandung. Werden Sie Beispiel für andere, seien Sie ein Pionier. Die anderen haben sicherlich noch mehr Angst als Sie, aber wenn

Leute wie Sie und wir uns vor der Aufgabe drücken, ja was soll denn dann mit der Menschheit werden?

Moira Timms über die Übernahme von Verantwortung: *„Jene Menschen, die die Krise erkennen, der die Zivilisation gegenübersteht, können nicht so schnell wie nötig Veränderungen erzielen, weil das Karma von Generationen von Selbstsucht und Ignoranz die Fundamente des Planeten erschüttert hat. Für die große und hungrige Mehrheit der Bürger dieser Welt wird es Zeit für Veränderungen, und es wird allerhöchste Zeit. Aber Menschen KÖNNEN sich ändern. Das ist eine lebenswichtige Wahrheit, die zu übersehen wir uns nicht leisten können. Jeder Mensch kann Verantwortung für sich selbst übernehmen, kann sich an sozialen Taten, an friedlichen Veränderungen und Neuerungen beteiligen. Zusammen können wir unser Leben und unsere Welt neu formen. Wir werden die gesamten konzentrierten Anstrengungen brauchen, die wir aufbieten können, weil wir jetzt so viele sind und weil es schon so spät war, als wir aufwachten. Aber so ist unser Aufenthalt auf diesem rotierenden grünen Globus – wir lernen und entwickeln uns unter diesem wirkungsvollen und radikalen Lehrmeister, der Not. Natürlich wäre das nicht nötig gewesen, aber es hat sich nun einmal so entwickelt, weil der „Meisterplan" für das Paradies auf Erden ignoriert wurde. Untersuchen wir noch einmal die Gesetze, die er enthält und prüfen wir nach, ob wir es diesmal richtig machen können. Wenn sich, wie wir behaupten, die Katastrophen der Erde und des Sonnensystems zyklisch und nach kosmischen und göttlichen Rhythmen ereignen, liegt die Verantwortung für das gegenwärtige Tohuwabohu immer noch bei der Menschheit. Wir allein sind für das <u>Ausmaß</u> der potentiellen Katastrophe verantwortlich...*

In dem Ausmaß, in dem die Menschen beginnen, nach ihren besten Grundwerten zu leben (ohne Rücksicht darauf, was andere vielleicht tun), indem sie aus den alten, zu nichts führenden Verhaltensmustern ausbrechen und sich nach ihren besten Fähigkeiten auf die Naturgesetze und auf menschliche Werte ausrichten, kann die Zukunft verbessert werden. Wir erschaffen sie jetzt, Minute für Minute. Wenn nicht jetzt, wann dann? Wenn nicht Du, wer sonst?" (109, S. 89 und 90)

„Gleicht euch nicht dieser Welt an, sondern wandelt euch und erneuert euer Denken!" (Römer 12:2)

Was lernen wir daraus?

Unserer Ansicht nach ist das Wichtigste – also viel wichtiger als auszuwandern, Vorräte zu horten oder Freie-Energie-Maschinen zu bauen –, die tägliche Rücksprache mit unserer geistigen und inneren Führung. Was wir hier meinen, ist nicht unbedingt das klassische Gebet aus der christlichen Kirche, sondern mit der Rücksprache meinen wir die Kommunikation mit der Schöpfung. Das kann eine Meditation sein oder ein Spaziergang durch den Wald, bei dem man mit der Natur spricht, und natürlich auch ein Kirchgang. Die Form der Kommunikation ist uns freigestellt, auch die Sprache und die Anrede. Doch die Rücksprache (religio) mit der Schöpfung, wir nennen sie hier einmal „Gebet", ist außerordentlich wichtig. Sie hilft uns, bewußter zu leben, demütiger, respektvoller, auch ruhiger und gelassener. Die wenn möglich ständige Kommunikation mit unserem Geist in unseren Gedanken kann uns enorm bei unserer Aufgabe „hier unten" helfen. Es hilft uns, den Alltag bewußter zu leben. Doch wiederum liegt es an uns, uns durch das Gebet oder das „nach Innenkehren" für die Antworten des Geistes zu öffnen. Die Schöpfung spricht ständig zu uns, bloß lenken wir uns die meiste Zeit durch die Faszinationen der Außenwelt davon ab.

Und was könnten wir durch die Kommunikation mit unserem Innern herausfinden? Zum Beispiel, daß die Ursachen der Probleme, die wir haben, nicht im Außen liegen, sondern in unserem Innern. Und daher bleibt unserer Außenwelt nichts anderes übrig als uns dies widerzuspiegeln.

Wichtig ist es auf jeden Fall, daß wir durch die Prophezeiungen daran erinnert werden sollen, daß es mit Fortschritt, Luxus, Wohlstand und Vollbeschäftigung nicht immer so weitergehen wird. Wir werden wieder lernen, einfacher, bedürfnisloser, genügsamer und respektvoller zu leben. Respektvoll soll in diesem Zusammenhang bedeuten, daß wir uns wieder darüber bewußt werden, daß wir Menschen nur existieren, das heißt leben, atmen, denken, fühlen, lachen, schöpfen und erschaffen, weil unser Körper und unsere Seele durch einen Geist belebt wird, der nicht dieser Welt entsprungen ist. Dieser Geist belebt uns permanent, aber vor allem freiwillig, und ermöglicht durch seine selbstlose Liebe uns gegenüber überhaupt erst unsere Existenz. Dieser Geist belebt alles was existiert. Alles was es gibt ist eine individuelle Ausdrucksform der Schöpfung. Auch wir selbst! Wer und wo ist dieser Geist? Der Geist ist überall, auch in uns. Wir bestehen daraus und sind es selbst. Jesus sagte einst: *„Der Vater ist Dir näher als Dein Hemd, näher als Dein Atem."* Wo könnte er denn noch versteckt sein, wenn nicht in unserem ganzen Sein, unserer ganzen Existenz? Das beschreibt auch das Wort „Sünde". Es kommt vom altdeutschen Wort „sinte", das als „Trennung" übersetzt wird. Die Sünde ist das Getrennt-Sein von der Schöpfung, sich nicht als Teil der Schöpfung zu sehen. Jesus hat gesagt, daß Himmel und Hölle IN uns sind. Und an anderer Stelle: *„Alle können tun, was ich getan habe, denn der Vater und ihr seid eins. Das himmlische Königreich ist in euch."*

Ramtha formulierte es so: *„Ihr wollt sehen, wie Gott aussieht? Geht und schaut in einen Spiegel, und ihr seht Gott direkt ins Gesicht!"*

Seit Jahrtausenden hat man die Menschen gelehrt, daß die Schöpfung außerhalb von ihnen selbst zu finden sein soll. Die meisten haben das geglaubt und als Wahrheit akzeptiert. Die Schöpfung aber, der Ursprung allen Lebens, ist nie außerhalb von uns gewesen – wir SIND sie.

Die Schöpfung, die wir sind, hat sich zu irgendeinem Zeitpunkt dazu entschlossen, sich in unzählige Teile zu teilen und sich damit die Möglichkeit gegeben, sich selbst neu zu erfahren. Jeder von uns ist ein solches Teilchen, doch haben wir das irgendwann einmal vergessen und wundern uns nun, was wir hier „unten" machen. Die Körper, die wir hier bewohnen, sind perfekte Transportmittel, von uns gewählte Fahrzeuge, die es uns erlauben, auf der Ebene der Materie zu leben und zu spielen. Doch inzwischen sind wir in die Illusion getaucht, daß diese Körper wir SELBST sind. Wir haben unseren Ursprung, unser Erbe, das wir vor unendlich langer Zeit angetreten haben, und uns selbst vergessen. Wir haben vergessen und leugnen mit aller Macht, daß wir selbst diese Schöpfung sind, und leugnen leider auch unsere Verantwortung dafür.

Wir haben uns dies alles erschaffen und schaffen weiterhin. Wir SIND, was wir denken. Und unsere Umwelt ist ein Spiegel von uns selbst.

Der Mensch hat Bilder von „Gott" geschaffen, die ihm dazu dienen, über seine Brüder zu herrschen. Religionen wurden geschaffen, um Menschen und Völker unter Kontrolle zu halten. Nimmt man einem Menschen seine Göttlichkeit, seine Vollkommenheit, und erklärt ihm, daß er getrennt von der Schöpfung existiert, kann man ihn leicht beherrschen. Die Schöpfung hat weder eine Hölle noch einen Teufel geschaffen. Diese waren nur furchteinflößende Schöpfungen des Menschen, um seine Brüder zu quälen. Die Schöpfung ist alles – jedes Sandkorn, jeder Stern im Universum, jeder Schmetterling, jeder Mensch. Alles und jeder ist die Schöpfung. Doch sind sich die meisten natürlich nicht mehr darüber bewußt. Und genau darin liegt ja das Abenteuer des Lebens – sich selbst wieder seiner Herkunft und seiner wahren Existenz, seiner Göttlichkeit bewußt zu werden.

Wir brauchen keinen anderen Menschen oder gar die Schöpfung zu fragen, was wir zu tun haben. Das wäre das gleiche, als wenn ein Wassertropfen einen anderen Wassertropfen danach fragen würde. Stellen wir uns vor, die Schöpfung wäre ein Ozean und gibt fünfhundert Milliarden Wassertropfen die Möglichkeit, sich von ihm freiwillig zu trennen, um verschiedene Erfahrungen zu sammeln. Die Wassertropfen sind durch die Schöpfung von Geburt an alle mit den gleichen Talenten ausgestattet worden, da ja alle, wie die Schöpfung selbst – der Ozean – aus den gleichen Grundbestandteilen (Moleküle, Atome, physische wie auch chemische Zusammensetzung) bestehen. Das wäre ihr Bündel, das sie mit auf die Reise nehmen. Es sind die Talente, die auch als Werkzeuge beschrieben werden können. Nun wird ein Wassertropfen zu Wasserdampf, der nächste zu Eis, einer zu destilliertem Wasser, einer zu Grander-Wasser, einer zu Wein, einer zu Bier, einer zu Rhein-Wasser...

Doch eines Tages vergessen die Wassertropfen, daß sie alle aus dem Ozean gekommen waren und daß sie aus den gleichen Bestandteilen wie der Ozean bestehen, und fangen an, an sich zu zweifeln. Sie fangen an, sich miteinander zu streiten: Der Biertropfen gründet eine Bier-Liga und kämpft gegen die Wein-Tropfen-Republikaner. Die Wein-Tropfen glauben, daß sie die reinrassigen Weintropfen sind, die Elite, und damit die auserwählte Rasse. Dasselbe behaupten auch die Bier-Tropfen von sich. Dann gibt es die „Mutanten-Tropfen", eine Mischung aus Wein und Bier, die von den beiden anderen gemieden werden, obwohl sie aus exakt den gleichen Bestandteilen bestehen. Die Bier-Tropfen beten den Wasserstoff-Aspekt des Ozeans an und die Wein-Tropfen den Sauerstoff-Aspekt. Dann gibt es die Grünen, die glauben, sie müßten das Salz anbeten. Und der Ozean denkt sich: *„Ihr Dümmlinge, was betet ihr um etwas, woraus ihr selbst be-*

steht, ja immer bestanden habt? Wenn ihr nicht schon daraus bestehen würdet, würdet ihr gar nicht existieren. Habt ihr denn alles vergessen?"
Doch die Wassertropfen sehen sich getrennt von ihrem Erzeuger, dem Ozean und glauben, sie müßten diesen anbeten und um Hilfe fragen. Der Ozean denkt sich erneut: *„Was wollt ihr denn? Ich kann euch auch nicht mehr geben, als ihr schon habt. Ich habe auch keine andere Zusammensetzung als ihr, dieselben Bestandteile, es liegt an euch. Wenn ihr nichts damit macht, kann ich euch auch nicht helfen. Ich kann euch nur sagen, daß ihr genauso seid wie ich, ja auch alles habt, doch müßt ihr euch darüber bewußt werden. Ihr seid in eurem Ursprung alle gleich, „absolut" gleich und ihr kommt alle von mir, und ich habe euch die Freiheit gegeben, um diese Freiheit auch bewußt zu leben und nicht um euch nachher begrenzt zu sehen. Das ist euer Problem. Wenn ihr in die Natur schaut und wieder verstanden habt, woraus ihr besteht und daß ihr eure Frequenz erhöhen könnt (zu Wasserdampf), dann könnt ihr auch wieder ganz leicht werden und über eine Wolke zu mir zurückkommen. Aber dabei kann ich euch nicht helfen. Das müßt ihr schon selber tun. Und es gibt tausende verschiedener Wege, wo ihr euch als Tropfen hinbewegen und eine Beschleunigung eurer Moleküle erfahren könnt, was wiederum eure Frequenz erhöht und euch die Freiheit gibt. Doch das Wissen dazu kommt aus dem Bewußtsein heraus, dem Bewußtsein darüber, wer ihr seid und warum ihr dort seid, wo ihr seid, und daß es eigentlich gar kein Problem gibt. Ihr müßt auch gar nicht zurückkommen. Warum auch? Ihr seid doch losgezogen, um ein Abenteuer zu erleben. Und jetzt erfahrt ihr einmal ein Abenteuer und schon habt ihr wieder Panik und wollt nach Hause. Vielleicht schicke ich euch mal einen Christus-Wassertropfen, einen, der sich über seine Herkunft und seine Bestandteile bewußt ist, der euch nochmals an euch erinnert und zeigt, wie es sein könnte."*

Die Schöpfung hat uns die Freiheit und damit die Möglichkeit gegeben, selbst auch zu schöpfen, und hat uns daher die gleichen Werkzeuge mitgegeben, die sie auch hat, nur im Kleinformat. Wie im Großen, so im Kleinen! Wir haben die gleiche Liebe, die gleiche Demut, die gleiche Ruhe, Kraft, Vertrauen und so weiter bekommen und sollten nun endlich anfangen, diese auch zu benutzen. Wir sind ein Ebenbild des Schöpfers. Es ist doch völlig überflüssig, jemanden nach etwas zu fragen, das man selbst schon immer hatte und war. Wie wenn ein Wassertropfen einen anderen

Wassertropfen darum bittet, ihm ein Wasserstoffmolekül zu geben. Und der andere, der sich bereits bewußt geworden ist, daß er aus diesem Wasserstoffmolekül besteht, wird dem anderen sagen, *„aber Du hast es doch schon, Du bist es doch, sonst könntest Du doch gar nicht existieren."* Das Gleiche gilt für die Menschen. Die großen Weltlehrer, Jesus inbegriffen, haben uns immer und immer wieder gelehrt, daß wir ihnen genau gleichen und daß sie um keinen Deut besser sind als wir und wir daher genau die gleichen Dinge tun können wie sie selbst. Jesus, der sich immer wieder als „Menschensohn" bezeichnet hat, lehrte, daß Himmel und Hölle in uns sind und daß wir auch Gott in uns finden und nicht irgendwo im Weltraum! Er hat uns gelehrt, daß wir es schon sind, schon immer waren und gar nicht existieren könnten, wenn wir es nicht schon immer gewesen wären.

Das erkennen wir auch in der Geschichte der drei Engel, die Gott mit der Aufgabe beauftragt, die „Wahrheit" zu verstecken. Die Engel machen sich auf die Socken beziehungsweise Flügel und kommen nach geraumer Zeit zurück. Der erste Engel erzählt voller Stolz: *„Ich habe den besten Platz gefunden, den höchsten Berg auf der Erde, auf dessen Gipfel werden wir sie verstecken."* Gott sagt: *„Ist schon ganz gut, wollen wir hören, was der zweite Engel gefunden hat!"* Dieser erzählt: *„Ach, mein Platz ist viel besser, da kommt keiner hin. Es ist die tiefste Stelle des Ozeans, wo wir die Wahrheit verstecken können." „Auch nicht schlecht"*, spricht Gott, *„doch ganz zufrieden bin ich noch nicht mit euren Ergebnissen. Wollen wir hören, was der dritte von euch gefunden hat."* Und dieser sagt: *„Ich habe den Platz gefunden, lieber Gott, wo wir die Wahrheit verstecken können, und sie die Menschen hundertprozentig nie finden werden – im Menschen selbst!"*

Ein weiteres schönes Beispiel mit Wasser ist die Geschichte des Ozeans, der erfahren möchte, was ein Berg ist. Also gibt er einem Wassertropfen oder mehreren die Möglichkeit, sich von ihm zu trennen (man hatte sich freiwillig gemeldet), und diese ziehen nun als Wasserdampf in Richtung Berg los. Sie lassen sich dann niederregnen und fangen am Gipfel des Berges mit ihrer Forschungsreise an. So gefrieren sie erst, um später dann einmal aufzutauen. Doch jeder Wassertropfen nimmt einen anderen Weg. So rauschen die Tropfen den Wasserfall und den Bergbach hinunter, einer nimmt noch einen Umweg über eine Quelle, ein anderer einen über einen Gebirgssee. Später treffen sie sich wieder im Fluß des angrenzenden Tales, strudeln durch das Land, bis sie wieder in den Ozean münden. Und alle werden nun dem Ozean eine andere Geschichte über den Berg erzählen. Doch ist es der gleiche Berg. Kein Weg war besser oder schlechter, nur anders.

Und so ist es eben auch mit uns Menschen. Wir gehen alle verschiedene Entwicklungswege, doch haben alle den gleichen Ursprung und das gleiche Ziel und können nachher tolle Geschichten erzählen, wie auch wir alle die unterschiedlichsten Erfahrungen gemacht haben. Doch welche war nun besser?

Was wir in diesem Buch aufgezeigt haben, ist nur möglich gewesen, weil sich ein großer Teil der Menschen auf die Stimme ihres Verstandes verlassen hat, der nachweislich nur zirka zehn Prozent unseres Gehirns benutzt, anstatt auf die Stimme aus ihrem Herzen. Es ist wichtig, keine Angst zu haben, was die anderen mit einem machen oder wie andere einen beeinflussen könnten, sondern wo immer man ist, mit seinem eigenen Wirken so überzeugend und authentisch zu sein, damit man dadurch zu einem Vorbild für andere wird. Nicht das Destruktive auf einen wirken lassen, sondern das Destruktive umwandeln! Raus aus der Opferrolle und rein in die Meisterrolle!

Dazu nochmals die „goldene Regel":
„Was Du nicht willst, das man Dir tu', das füg' auch keinem andern zu."

Möchten Sie belogen, bestohlen oder beleidigt werden? Nein? Also tun Sie es auch nicht mit Ihren Mitmenschen. Und wie viele kleine Lügen kommen uns so täglich über die Lippen. Seien wir einmal ganz ehrlich.

Anders herum: Freuen Sie sich, wenn Sie jemand beschenkt oder jemand auf Sie zukommt und Sie umarmt? Ja? Also tun Sie es mit jemand anderem und Sie werden sehen, wie sich Ihr Leben nach und nach verändert. Auch wenn Ihnen am Anfang der Mut fehlt, einfach auf jemanden zuzugehen und ihn zu umarmen oder ihm etwas Schönes zu sagen, dann stellen Sie sich die Szene einfach nur einmal vor. Tagträumen Sie einfach ein wenig, wie Sie anderen Menschen eine Freude bereiten. Und Sie werden feststellen, wie allein schon durch Ihre Gedanken sich Ihr Leben zu Ihren Gunsten verändern wird.

Liebevoll und sanftmütig können Sie überall und absolut immer leben, ob Sie gerade Moslem, Christ, Zeuge Jehovas oder Atheist sind. Selbstlose Liebe ist wertfrei und an keine Organisation, Kirche oder Rasse gebunden. Sie ist für jeden auf der Welt verwendbar und nicht käuflich.

Daher ist es das höchste Ziel, die Schöpfung, die sich in allem Leben widerspiegelt, auch entsprechend zu behandeln. Wenn wir eines Tages fähig sein werden, unserem nächsten Mitmenschen auf der Straße oder sonstwo zu begegnen, als sei er unser Bruder oder Lebensgefährte, dann werden wir auch wieder fähig sein, solche „Wunder" zu vollbringen wie sie auch Jesus oder Saint Germain vollbracht haben.

Maria durch Little Pebble am 26.9.1987:
„Warum, ihr lieben Kinder von Deutschland und der Welt, habt ihr eure Berufung vergessen, Christus gleich zu sein in eurem täglichen Leben?"

Sie, liebe Leserinnen und Leser, wissen sicherlich ganz genau, was dieses Zitat uns sagen möchte. Auch wir wissen es, und doch vergessen wir es immer wieder einmal, und dann darf uns das Leben durch ein paar kleine „Hinweise" (meistens schmerzlich, das funktioniert am besten) darauf aufmerksam machen, daß wir wieder unbewußt geworden sind. Aber das ist auch das Schöne an diesem Spiel, nämlich daß wir alle dieses Spiel spielen, der „Große Bruder" und der „Antichrist" genauso wie ein Meister in Tibet oder der Metzger oder der Yogi. Wir alle sind den gleichen Prüfungen unterzogen. Doch diese Prüfungen spielen sich in uns ab. Nicht das Haben und Besitzen ist unser Auftrag, sondern das Geben und die Liebe zum Nächsten und zur Schöpfung.

Fangen Sie also an zu „lesen". Und lesen Sie aufmerksam. Jedoch nur in einem einzigen Buch – dem Buch des Lebens! In diesem Buch des Lebens ist jeder Mensch, der Ihnen begegnet, eine Seite. Lesen Sie diese Seiten bewußt, merken Sie sich diese und lernen Sie daraus. Es ist übrigens ein sehr spannendes Buch – können wir Ihnen nur empfehlen.

Meister Eckhardt formulierte es so: *„Der wichtigste Moment in meinem Leben ist der Gegenwärtige! Der wichtigste Mensch ist der, der mir in diesem Moment gegenübersteht. Und die wichtigste Tat ist immer die Liebe."*

Also

Es ist völlig gleichgültig und irrelevant, wer wir in unserem Vorleben waren, welchen Beruf wir bisher ausgeübt, welche Schulausbildung oder sonstige Laufbahn wir haben.

Das Höchste, was wir Menschen zu geben haben, ist die Liebe. Also sollten wir uns fragen, in welcher Form jeder einzelne von uns das Leben mit seiner Anwesenheit hier und jetzt bereichern kann. Wir sollten uns fragen, in welchem Bereich wir noch nicht liebevoll leben, und sollten uns überlegen, was uns bisher daran gehindert hat. (Wir selbst?) Und durch konstruktive Handlungen, ab jetzt, sofort, kann jeder einzelne von uns entscheiden, beziehungsweise setzt er die Ursachen, die entscheidend werden, ob er bei jenen ist, die überleben, oder bei denjenigen, die erst später in dem „Goldenen Zeitalter" mitspielen.

Und das Schönste an dieser Geschichte ist: Falls Sie diese genannten guten Ratschläge anwenden und es nie zu einem Dritten Weltkrieg oder zu Erdveränderungen kommen sollte, haben Sie durch diese Umstellung in Ihrem Leben NUR dazugewonnen. Es kann also nur gutgehen!

Werden wir uns noch einmal bewußt, was passiert, wenn
...die Liebe fehlt:
Klugheit ohne Liebe macht heuchlerisch,
Ordnung ohne Liebe macht kleinlich,
Sachkenntnis ohne Liebe macht rechthaberisch,
Ehre ohne Liebe macht hochmütig,
Besitz ohne Liebe macht geizig,
Pflichtbewußtsein ohne Liebe macht verdrießlich,
Verantwortung ohne Liebe macht rücksichtslos,
Gerechtigkeit ohne Liebe macht hart,
Wahrheit ohne Liebe macht kritisch,
Erziehung ohne Liebe macht widerspruchsvoll,
Glaube ohne Liebe macht fanatisch,
Macht ohne Liebe gewalttätig.
Ein Leben ohne Liebe ist sinnlos!

Niemand, keine Organisation, auch keine noch so destruktive Macht kann uns daran hindern, zu lieben und zu unserem Nächsten freundlich und herzlich zu sein, ihn liebevoll zu behandeln – die Bäckersfrau am Morgen, die Putzfrau im Betrieb, den Obdachlosen unter der Brücke, den sogenannten „Ausländer" oder Andersfarbigen oder -gläubigen.

Die Liebe ist das Höchste, das wir Menschen zu geben haben, und das sollten wir auch reichlich tun!

Auf Ihrem Weg, die Liebe täglich praktisch umzusetzen, wünschen wir Ihnen viel Kraft, viel Geduld, vor allem viel Humor (sehr wichtig!) und ganz besonders viel Offenheit, denn Sie werden diese brauchen, um all die Liebe aufnehmen zu können, die dann auf Sie zurückströmt.

Jan Udo Holey alias *Jan van Helsing*
und Franz von Stein

„*Das Schicksal einer Nation kann durch den kollektiven freien Willen ihrer Menschen modifiziert werden, und das Schicksal eines Planeten kann durch den kollektiven freien Willen seiner Nationen verändert werden.*"
Moira Timms

„*Ich lade Dich zu dem großen Abenteuer ein, und bei diesem Abenteuer sollst Du nicht geistig wiederholen, was andere vor uns getan haben, weil unser Abenteuer jenseits dieses Stadiums beginnt. Wir sind auf eine neue Schöpfung aus, vollkommen neu, die alles Unvorhergesehene, alle Risiken, alle Gefahren in sich trägt – ein wahres Abenteuer... dessen Weg unbekannt ist und Schritt für Schritt im Unerforschten aufgespürt werden muß. Es ist etwas, das es im gegenwärtigen Universum noch nie gab, und es wird nie mehr das Gleiche sein. Wenn Dich das interessiert, schön, dann steig ein.*"
Die Mutter, Auroville, Indien

ANHANG 1

I. Chronologie des III. Weltkrieges nach B. Bouvier

1. Vorlauf
a) Allgemeines Geschehen
- Wiedervereinigung Deutschlands
- USA werden in einen Nahostkonflikt verwickelt
- Kommunismus in der Sowjetunion scheitert (Juni 1991)
- Stationierungsstreitkräfte der USA und UdSSR ziehen ab
- Bundeswehr wird reduziert
- Schwere Unruhen auf dem Balkan, besonders in Jugoslawien
- Wirtschaftskrise im Westen, neue Steuern
- Vulkanausbruch im Süden Europas
- Weltweiter Börsen- und Bankencrash
- Handlungsunfähigkeit der westlichen Regierungen
- Krieg/Unruhe im Osten Afrikas
- Rußland gewinnt Einfluß auf die Ölregion
- Abfall der Katholiken von Rom, Kirchenspaltung
- Verfolgung von Priestern in Italien und Frankreich
- Terroristischer Sprengstoffanschlag auf Hochhäuser im Zentrum New Yorks mit verheerenden Folgen
- Krise im Innern der Bundesrepublik bis zum verdeckten Bürgerkrieg

b) Vorzeichen des Kriegsjahres
- Man entdeckt einen Planetoiden, dessen Bahn die der Erde kreuzt
- Außergewöhnlich milder Winter
- Innenpolitische Lage in Italien und Frankreich ist außer Kontrolle
- Straßenkämpfe in Paris, die Stadt brennt
- NATO handlungsunfähig
- Krise im östlichen Mittelmeerraum um Israel
- Scheitern von Friedensgesprächen
- Rußland besetzt Iran/Irak/Türkei
- Zweiter Golfkrieg
- Aufmarsch von Flottenverbänden im Mittelmeer
- Mord am Dritten Hochgestellten

2. Verlauf des Krieges

a) Frühsommer
- Russische Truppen besetzen Jugoslawien und Griechenland
- Einmarsch der russischen Truppen nach Norditalien mit Stoßrichtung Südfrankreich
- Der Papst flieht aus Rom.
- Truppenverbände der Russen besetzen den Norden Skandinaviens. Damit:
- Abschluß der Flankensicherung des Angriffs in Europa
- Deutschland und Frankreich sind isoliert, ebenso die übrigen Staaten im Zentrum Europas.
- Letzte Versuche, den Konflikt zu begrenzen und Friedenshoffnungen
- Bürgerkriegsähnliche Zustände in Italien und Frankreich

b) Hochsommer
- Überraschender Angriff der Russen auf das Zentrum Europas mit drei Armeen:
    - Norddeutsche Tiefebene in Richtung Niederrhein
    - Durch Sachsen/Thüringen in Richtung Köln
    - Durch Tschechien in Richtung Oberrhein in das Elsaß und Richtung Besancon/Lyon
- Zerstörung Frankfurts a.M. und von Teilen des Ruhrgebietes
- Rote Truppen erreichen die Kanalküste
- Truppenlandungen in Alaska und Kanada
- Französische Truppen treten zum Gegenangriff an.
- Polen kämpft an der Seite des Westens.
- US-Luftstreitkräfte, vermutlich aus dem Nahen Osten, trennen entlang einer Linie Stettin – Prag – Schwarzes Meer mit einer chemischen Barriere die erste strategische Staffel des Angreifers von der zweiten und den Reserven sowie von seinem Nachschub.
- Schlachten bei Lyon und Köln, etwas später, Mitte August, bei Ulm: Der Angriff der Roten ist gescheitert.
- Einsatz von Atomsprengkörpern (Neutronenwaffen), z.B. auf Paris, Prag, London, Münster, Ulm und viele andere Städte
- China besetzt den Osten Rußlands und stößt nach Westen vor.

c) Herbst
- Weltweite Naturkatastrophen von kosmischen Ausmaßen, ausgelöst durch einen Himmelskörper
- Weltweite Erdbeben
- Massensterben der Menschheit
- Veränderungen des Küstenverlaufs durch Hebungen und Senkungen der Erdkruste
- Polsprung – Schollenverschiebung – Klimaveränderung
- Drei Tage Finsternis
- Rußland bricht zusammen
- Russische Truppen werden in Westfalen vernichtet. Schweizer Armee greift in Süddeutschland ein.
- Vernichtungsschlacht in Israel (Armageddon)
- Revolution in Rußland. Die Führungsschicht wird ermordet.

3. Nachkriegszeit
a) Unmittelbar
- Schwerste Hungersnot weltweit
- Menschheit durch Krieg/Erdbeben/Gifte/Verdursten (!) erheblich dezimiert
- Unsicherheit und Unruhen; Not
- Bandenkriege und Plünderungen
- Klima in Europa wird subtropisch

b) Im folgenden Jahr
- Wiederherstellung der öffentlichen Ordnung
- Papst kehrt im Frühjahr nach Rom zurück
- Einigung des deutschen Sprachraums
- Republiken werden Monarchien, z.B. Deutschland, Frankreich, Polen und Ungarn
- Kaiserkrönung im Kölner Dom
- Zusammenschluß der skandinavischen Länder sowie Spaniens mit Portugal (18)

Ergänzungen der Autoren über die weitere Zukunft:
- Reform des Christentums (womöglich ohne Kirche)
- Die USA zerfallen in vier Teilstaaten und werden politisch unbedeutend, ebenso wie Rußland
- Europa blüht in einer langen Friedenszeit auf.
- Deutschland in Europa und weltweit in führender Stellung
- Interplanetare Kontakte und Reisen

ANHANG 2
Einsatz reichsdeutscher Flugscheiben (fliegender Untertassen) im ersten Golfkrieg (von Jan)

Wie ich in meinem Buch *„Unternehmen Aldebaran"* ausführlich schilderte, wurden während des Zweiten Weltkriegs Flugkörper diskusförmiger Bauweise – zumindest in Prototypenform (62 Stück) – in Deutschland entwickelt. Zu Ende des Krieges ist meinen Recherchen zufolge der Großteil dieser Flugkörper in verschiedenen Gegenden dieser Welt in Sicherheit gebracht worden – Südamerika, Antarktis, Arktis, Grönland, Himalaya, Saudi Arabien und – in den Irak!

Dies ist nicht abwegig, da während des Zweiten Weltkriegs das Deutsche Reich und der Irak Verbündete waren und es bei Kriegsende nachweislich eine Absatzbewegung in Form von Transporten in den Irak gab, die vorwiegend vom *Kampfgeschwader 200* organisiert war.

Nun ist es nicht nur Insidern bekannt, daß nach dem Krieg ein Großteil der Bunkeranlagen im Irak von deutschen Firmen gebaut wurde, sondern, wie sich nun nach den UN-Inspektionen Anfang 2003 erneut bestätigt hat, auch Waffenteile geliefert wurden.

Wollen wir unter diesem Gesichtspunkt in das Jahr 1993 zurückgehen: Insideraussagen zufolge soll zu dieser Zeit nicht weit von Bagdad entfernt eine deutsche Flugscheibenbasis existiert haben. Mit diesem Hintergrund scheint es auch nicht unwahrscheinlich, daß die Alliierten neben einem Machtwechsel und einer damit verbundenen „Übernahme" der dortigen Ölvorkommen so ganz nebenbei auch die reichsdeutsche Flugscheibenbasis auslöschen wollten. Es scheint ein netter Versuch gewesen zu sein, denn wie wir nun aus nachfolgendem Bericht eines Informanten erfahren, war dieser als ein Desaster für die Alliierten zu verbuchen.

Und zwar bekam ich 1995 über eine österreichische Geheimgesellschaft einen Bericht von einem US-feindlichen Agenten zugespielt, der mehrere Monate im Golfkrieg eingesetzt war. Möge dieser Bericht beschreiben, was seinen Worten nach dort vorgefallen sein soll:

„Die „Mächte des Bösen", wie Saddam Hussein in seiner jüngsten Rede vor dem Golfkrieg die Illuminati richtig bezeichnet hatte, unternahmen am 12. und 13. Januar 1993 einen erneuten Versuch, das irakische Volk und den Flugscheibenstützpunkt auszulöschen.

Geplant war eine für zunächst elf Tage vorgesehene Luftoffensive, insbesondere gegen Basra, die Landwirtschaftgebiete nordöstlich von Basra, das Siedlungsgebiet um Nedschef, Dorfansammlungen am östlichen Euphratufer auf der Höhe Nedschef bis 200 Meilen südlich, Siedlungen in den Seengebieten der Euphrat-Tigris-Gabelung sowie die südlichen und südwestlichen Vorstädte von Bagdad.

Bereitgestellt waren 182 Jagdbomber F-14, 56 Jagdbomber F-18, 81 Jagdbomber F-15, 12 Begleitjäger F-15, 22 Begleitjäger F-4, 8 Begleitjäger F-16, 12 Tornados, 4 Jagdbomber Mirage 2000 und zusätzlich noch 48 F-111 und 9 Bomber B-52, zusammen also 434...

Eines der Hauptziele der USA war daher die Gegend von Nedschef, in welcher der deutsche Stützpunkt vermutet wird. Diesen anzugreifen war den 12 Tornados der RAF unter dem Jagdschutz der 22 F-4 der USAF übertragen worden. Im übrigen war wieder die Dezimierung des irakischen Volkes ein weiterer Beweggrund für deren Einsatz, unter anderem durch die Vernichtung der landwirtschaftlichen Ernährungslage.

Den ersten Einflug unternahm die USAF mit gleichzeitig 144 F-14 und 22 F-15 gegen Basra. 16 F-14 und 1 F-15 wurden dabei von den Deutschen abgeschossen. Die weiteren geplant gewesenen Luftangriffe wurden daraufhin abgesagt. Allein die schon in der Luft befindliche erste Welle von 32 F-111 griff noch den Raum Basra an, 1 F-111 ging dabei verloren.

Die Offensive wurde abgebrochen. Es erfolgte lediglich noch die Bombardierung verlassener irakischer Stellungen im Norden Kuwaits, was ohne jede Bedeutung blieb und lediglich um der Truppenmoral wegen unternommen wurde. Dort kamen alle bisher nicht genannten Einheiten der Aufstellung zum Einsatz, mit Ausnahme der für Punktziele ausgestattet wordenen Tornados, nämlich 8 der bereitgestellten.

Die USA hatten also 198 Flugzeuge im Einsatz, davon 18 Totalverluste. Die Gesamtdauer des Einsatzes betrug 3 Stunden und 45 Minuten. Ferner brachten die USA 228 Flugzeuge zum Alibieinsatz zwecks der Truppenmoral. Dabei die 9 B-52 als „Beobachter" ohne Bombenabwurf. Gesamtdauer des Alibieinsatzes: 1 Stunde und 20 Minuten.

Am 16. Januar 1993 unternahmen als Gegenschlag irakische Bomber einen gewagten Angriff gegen den US-Flugzeugträger KITTIHAWK, von dem aus ein Gros der F-14 gestartet worden war. Hussein hatte eine „konkrete Antwort" auf den Erstschlag der USA angekündigt, was jedoch die Medienkontrolleure wie gewohnt verschwiegen haben.

Für einen Teilerfolg des irakischen Angriffs spricht, daß der Flugzeugträger zumindest für mehrere Tage kommunikationsunfähig war. Zwischen 21.25 und 21.40 Uhr erfolgte ein Angriff der US-Streitkräfte gegen die offene Stadt Bagdad. In zwei Wellen wurden insgesamt 42 Marschflugkörper des Typs TOMAHAWK von 5 verschiedenen Schiffen der US-NAVY abgefeuert. Die erste Welle startete weitgehend einheitlich, wogegen die zweite wegen technischer Schwierigkeiten eher als unregelmäßiges Staffelfeuer, denn als Welle bezeichnet werden konnte.

Von diesen 42 Geschossen wurden etwa 20 in der Luft abgeschossen und nach vorliegenden Berichten haben nur 6 der restlichen einen Schaden anrichten können. Das angebliche Ziel eines „Atomforschungszentrum" existiert überhaupt nicht (Saffranya ist eine Textilfärbefabrik). Es handelte sich bei diesem Versuch um einen typischen Terrorangriff nach bewährtem alliiertem Muster á la Hiroshima oder Dresden."

Dieser von mir bereits 1994 veröffentlichte Text wurde nunmehr als Bericht eines französischen Zeugen in dem Buch *„Die größte Täuschung"* von Karl-Heinz Zunnick in etwas abgeänderter Form wieder publiziert. Doch Herr Zunnick ergänzt ihn noch durch folgende spannende Episode:

Über einen Bekannten von Herrn Zunnick, der zu DDR-Zeiten als Botschaftsmitarbeiter im Iran wie auch im Irak tätig gewesen war, erhielt er diesen Bericht: *„Die Bodenoffensive wurde unter anderem von Saudi Arabien aus, an der Grenze zwischen Kuwait und Irak in Richtung Norden mit der Zielsetzung gestartet, die in Kuwait befindlichen irakischen Streitkräfte einzuschließen. Die Spitze des alliierten Vorstoßes bestand aus französischen Panzereinheiten, die teilweise mit deutschen Legionären, die aus Elsaß-Lothringen stammten, besetzt waren. Die Offensive wurde aber auch von britischen Panzerverbänden und starken amerikanischen Einheiten unterstützt. Auf Widerstand stießen die alliierten Einheiten erst südlich des Euphrat. Hier wurden sowohl die britischen als auch die französischen Einheiten in schwere Gefechte verwickelt. In diese Auseinandersetzungen griffen zunächst irakische Flugzeu-*

ge, dann aber plötzlich auch scheibenförmige Flugkörper unbekannter Herkunft und ohne Hoheitszeichen ein, die – wie Zeugen berichteten – sofort mit „Laserkanonen" auf die alliierten Panzer schossen, so daß zum Beispiel britische Soldaten vollkommen in ihren Panzern eingeschweißt wurden. Es gab zahlreiche Tote und Verletzte auf alliierter Seite, und die Zahl der unbrauchbar gewordenen Panzer erreichte drastische Werte." (147, S. 156)

Herrn Zunnicks Aussage zufolge könnte wohl auch Peter Scholl-Latour über diese Vorgänge unterichtet gewesen sein, da er innerhalb einer Fernsehdiskussion angeblich darauf hingewiesen habe, daß die alliierten Streitkräfte bei ihrem Vorstoß auf Bagdad total aufgerieben worden seien. Demnach sollen auch Teile der französischen Armee gemeutert und ihre Offiziere gefangengesetzt haben, weil diese keine Erklärung für die Herkunft der Flugscheiben geben konnten (oder durften!).

Im ersten Golfkrieg sollen aber nicht nur reichsdeutsche Flugscheiben mit irakischer Flagge zum Einsatz gekommen sein, sondern auch eine ganze Reihe von US-Geheimwaffen, darunter auch eine fußballfeldgroße Untertasse, die an die dreißig CIA-Agenten auf dem US-Stützpunkt in der Nähe Kuwaits abgesetzt haben soll. Diese Informationen über die CIA-Untertassen-Landung erfuhr ich von einem britischen Soldaten, der während des Golfkriegs auf diesem Stützpunkt eingesetzt und wohl „aus Versehen" an diesem Tag der Landung dort anwesend war. Diesen traf ich 1991 in Phoenix, Arizona, als er erstmals darüber berichtete. Und er hatte sowohl auf mich als auch auf die anderen Anwesenden einen äußerst glaubwürdigen Eindruck gemacht.

Inzwischen ist der zweite Irak-Krieg vorbei, Saddams Söhne angeblich tot und er selbst angeblich festgenommen (*angeblich* deswegen, da bei Erscheinen dieser Ausgabe nicht definitiv geklärt ist, ob es sich bei den Leichen der Söhne und dem verhafteten Saddam nicht um Doppelgänger gehandelt hat). Einen Eingriff deutscher Flugscheiben hat es nach offiziellen Angaben nicht gegeben, und die USA sind weiter im Begriff, noch tiefer in den arabischen Raum vorzudringen – Iran und Saudi Arabien. Doch heißt das auch, daß es keine geheimen Streitkräfte mehr gibt? Könnte es nicht sein, daß man die alliierten Streitkräfte sich aufreiben läßt, so wie in Vietnam und Korea, und dann zuschlägt?

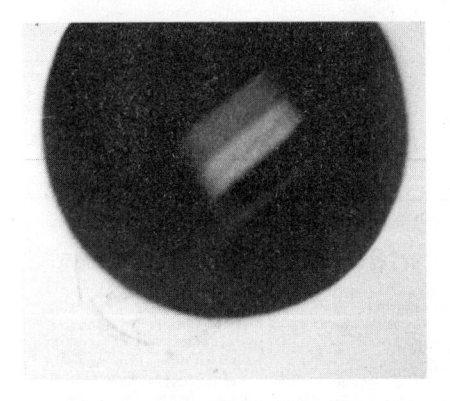

Flugscheibe mit irakischer Flagge
im Luftkampf mit einer F-14 am
12. Januar 1993

ANHANG 3
Mini-Chip unter der Haut

Hohenloher Tagblatt, 21.12.2001

ELEKTRONIK/ US-Firma will Informations-Implantate auf den Markt bringen

Mit einem Chip unter der Haut Geld abheben

LOS ANGELES ■ Eine US-Firma will in drei Monaten mit dem Verkauf von Mikrochips beginnen, die Menschen unter der Haut eingepflanzt werden. Die Chips sollen wichtige medizinische Informationen enthalten, die mit einem Scanner gelesen werden können. Der Hersteller „Applied Digital Solutions" empfiehlt diese Kennzeichnung besonders Patienten mit künstlichen Organen für eine schnelle Identifizierung in medizinischen Notfällen. Der implantierte „Ausweis" könnte auch bei der Suche nach entführten Personen hilfreich sein, wirbt die Firma für ihr Produkt. Über Satelliten könnte der Chip und damit auch sein Träger lokalisiert werden. „Ich wäre überrascht, wenn wir in zehn Jahren nicht einen Chip unter der Haut haben, mit dem man sein Haus aufschließt, das Auto startet und Geld abhebt", meint Chris Hables Gray, Computerprofessor von der Universität Great Falls in Montana. „Applied Digital" stellt bereits elektronische Chips für Tiere her, mit denen Landwirte ihre Herden überwachen können. dpa

---

MEDIZIN / Gerät liefert Notfall-Informationen für Ärzte

Mini-Chip unter der Haut

Bei der Vorstellung kann es einem im ersten Moment grausen: In den USA wurde Menschen ein Computerchip eingepflanzt. Doch das Ding soll in Notfällen Leben retten.

BOCA RATON ■ Ein US-Ehepaar und sein 14-jähriger Sohn haben sich im US-Bundesstaat Florida als erste Menschen weltweit einen Computerchip einpflanzen lassen. Der reiskorngroße Chip, auf dem die Telefonnummer sowie Informationen über Medikamente der Familienmitglieder gespeichert sind, wurde ihnen unter örtlicher Betäubung in den Arm implantiert. Der Eingriff dauerte nach Angaben von Jeff und Leslie Jacobs nur eine Minute und verlief problemlos.

„Wir versprechen uns davon mehr Sicherheit", sagte Leslie Jacobs (46). Ihr Mann Jeff hat bereits mehrere Operationen hinter sich und kämpft mit vielen Krankheiten. Die Familie wolle mit dem Chip für Notfälle besser gerüstet sein.

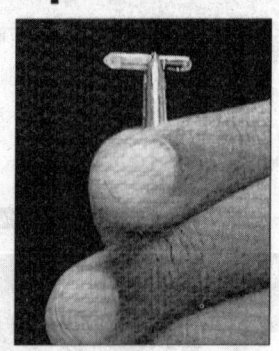

Das Gerät ist winzig. FOTO: AP

Ärzte können mit dem Gerät in Notsituationen und bei Bewusstlosigkeit schnell Patienteninformationen bekommen. Auch für Alzheimer-Patienten, die an Gedächtnisverlust leiden, sei der Chip gedacht. Die Daten sind mit einem Scanner durch die Haut abzulesen.

„Wie ein Hund an der Leine"

Kritiker äußerten sich dagegen besorgt über mögliche Eingriffe in die Privatsphäre. „Wer entscheidet, wer einen solchen Chip bekommt?", fragte Marc Rotenberg vom US-Informationszentrum für Privatsphäre in der Elektronik. „Damit kann man einen Menschen einfacher gängeln als wenn man einen Hund an die Leine legt."

Der Hersteller will den so genannten VeriChip für etwa 200 Dollar (rund 219 Euro) verkaufen. Er geht von einem riesigen Markt aus dpa

Hohenloher Tagblatt vom 14.5.2002

AUTO / Diebstahlschutz mit neuen KFZ-Kennzeichen

Intelligente Schilder

Bisher war es schwer, Autodieben das Handwerk zu legen. Das soll sich nun ändern mit neuen KFZ-Kennzeichen, welche Daten des Wagens speichern.

MÜNCHEN ■ Ein neues „intelligentes" Autokennzeichen mit integrierter Elektronik soll laut Chiphersteller Infineon künftig Autodiebe abschrecken. Gemeinsam mit zwei Partnern hat das Unternehmen einen selbstklebenden Speicherchip in der Größe eines Personalausweises entwickelt, der zum Beispiel Kennzeichen und Zulassungsdaten speichern kann.

Dieser „iltag" sei eine Art Minicomputer, der über eine eingebaute Antenne Radiosignale mit einem Lesegerät austauschen könne, sagte Ingo Susemihl von Infineon. Bereits im zweiten Halbjahr 2003 soll das neue Kennzeichen weltweit verfügbar sein. Der Silizium-Chip soll bis zu 1000 Zeichen speichern. Einzelne Daten-Gruppen könnten so gesichert werden, dass sie nur von bestimmten, jeweils berechtigten Personen ausgelesen werden könnten.

Sichtbar soll der „iltag" lediglich Informationen wie die Daten des Nummernschildes enthalten. Anders als ein normales Nummernschild lässt sich das Kennzeichen nicht entfernen, denn bei einem Ablöseversuch der Folie wird automatisch die Verbindung zwischen Chip und Antenne zerstört. dpa

Hohenloher Tagblatt vom 18.9.2002

2 „Big Brother" mit neuen Möglichkeiten

In den USA entwickelt das militärische Experimentierlabor Darpa („Defence Advanced Research Projects Agency") unter dem Arbeitstitel „Total Information Awareness" (TIA) eine Megadatenbank, mit deren Hilfe terroristische Aktivitäten schon im Vorfeld geortet werden können. Bei genauerer Betrachtung läßt TIA jedem „Datenschützer" die Haare zu Berge stehen:

Es geht um nicht weniger als eine perfekte Verknüpfung zahlreicher Datenbanken, um so das Leben möglichst vieler Bürger zu einem weitgehend offenen Buch werden zu lassen. Kreditkartenzahlungen, medizinische Befunde und Verschreibungen, Nutzung des Internet, abgelegte Prüfungen, Reisebuchungen usw. – geht es nach den geheimen Plänen der US-Regierung, dürften all diese Daten schon bald zentral gespeichert und ausgewertet werden.

Das Projekt wird von Admiral John Poindexter geleitet, der unter Präsident Ronald Reagan Sicherheitsberater war, später als Mitakteur der Iran-Contra-Affäre verurteilt und nach einiger Zeit von Präsident George Bush sen. begnadigt wurde. Das von Poindexter vorgesehene System soll in einer späteren Ausbaustufe übrigens auch die Möglichkeit der optischen Fernidentifizierung einzelner Personen bieten. Auf den internationalen Flughäfen könnten dann beispielsweise Kameras die Gesichter der Reisenden aufnehmen und diese Daten an einen zentralen Rechner senden, der die Personen identifiziert. „Big Brother" wird immer mächtiger!

Vertrauliche Mitteilungen, Nr. 3499/25.2.2003

ANHANG 4
Aufrüstung Rußlands seit 1991

Liebe Leserinnen und Leser,
nachdem wir das vorliegende Buch erstmals 1996 veröffentlicht hatten, kam immer wieder der Einwand mancher Leser, daß ein Einmarsch russischer Truppen gänzlich absurd wäre, da sich diese in einem desolaten Zustand befinde und daher für den europäischen Raum mit Gewißheit keinerlei Sicherheitsrisiko mehr darstellen würden.

Auf den folgenden Seiten werden in Form einer Chronologie zum Teil hochbrisante Fakten aufgeführt, die zwar den westlichen Nachrichtendiensten bekannt sind, in den europäischen Medien dagegen bisher kaum Erwähnung fanden.[1] Diese Aufzählung ist ein Auszug aus einem umfangreicheren Dossier, das von Karl Leopold von Lichtenfels und Leo H. DeGard verfaßt wurde, die beide Bücher zur Thematik der Prophezeiungen veröffentlicht haben (siehe Quellen am Ende des Dokuments).

Es geht hier jedoch nicht darum, alte Feindbilder wiederzubeleben. Wenn hier gezeigt wird, wie die UdSSR und die Russische Föderation als ihr Rechtsnachfolger sämtliche Waffenbeschränkungs- und Abrüstungsabkommen mißachtet haben, darf dabei nicht vergessen werden, daß es in anderen Staaten ebenfalls Verstöße gab.

Allein Tatsachen wie die detaillierte Vorhersage der Perestroika durch einen KGB-Überläufer in den sechziger Jahren des letzten Jahrhunderts, der Bau quadratkilometergroßer Bunkeranlagen im Ural, das Auftauchen alter Mittelstreckenraketen, die es längst nicht mehr geben dürfte oder der Bau von fünfhundert Interkontinentalraketen der neuesten Generation (all das zu einer Zeit, in der Rußland offiziell nur durch westliche Hilfe wirtschaftlich überlebt) dürfen keinem Europäer verheimlicht werden – besonders im Zusammenhang mit der Diskussion über die Osterweiterung der NATO.

1961	Der KGB-Major Anatolij Golizyn läuft in Helsinki über und berichtet dem Westen über einen gewaltigen Täuschungsplan, den KGB-Chef Alexander Schelepin ihm und einigen weiteren Offizieren im Mai 1959 eröffnet haben soll. Die Aussagen erschienen später (1984) in Buchform („New lies for old"): *Eine Kampagne der falschen Liberalisierung und Demokratisierung des Systems in der Sowjetunion und in Osteuropa, Wiederzulassung der Solidarnosc in Polen, Privatisierung staatlicher Betriebe, Verbreitung der Lüge einer gespannten Beziehung zwischen Peking und Moskau, Auflösung des Warschauer Paktes, Abzug amerikanischer NATO-Truppen aus Europa, eine für die NATO unvorteilhafte Abrüstung, Wiedervereinigung Deutschlands, Konzessionen in Afghanistan, fingierte Machtkämpfe in Moskau, Ausweitung der EG, auch auf Staaten des Ostblocks und später die Sowjetunion, gleichzeitig ein Linksschwenk in den Regierungen Westeuropas: vorwiegend sozialdemokratische oder sozialistische Regierungen, auch im Europaparlament, amerikanische Annäherung an China, das Moskau aber treu bleibt, kommunistische Regierungen in Frankreich, Italien und Staaten der dritten Welt, schließlich: Schaffung eines totalitären eurasischen Einheitsstaates.* (Kapitel 25 und 26, S. 340ff.)
1962	Am 28. Juli 1962 schreibt der neue KGB-Chef Wladimir Semitschastnij einen Brief an den nunmehr ins Parteisekretariat beförderten Alexander Schelepin, in dem er eine Kampagne zur Diskreditierung Golizyns vorschlägt, um dessen Ruf im Westen zu zerstören. Darüber hinaus erbittet er den Segen der Partei *„um eine Operation durchzuführen, die zu seiner [Golizyns] Entfernung führt".[2]
1972	Rußland verpflichtet sich in der Genfer Biowaffenkonvention, B-Waffen zu ächten.
1972	Der ABM-Vertrag wird ratifiziert.
1980 -82	Europa ist geteilt. Die NATO ist auf der Hut. Die BRD wird stark bewacht. Die wirtschaftliche Situation in Rußland ist schlecht. Es fehlt an Geld und vor allem Computertechnologie.
1982	Der ehemalige KGB-Chef Jurij Andropow wird Parteisekretär.
1982	Der tschechische General **Jan Sejna** veröffentlicht sein Buch „**We will bury you**"[3]: Das strategische Hauptziel der Phase 3 im Langzeitplan der Sowjetstrategen, der *„Periode dynamischen sozialen Wandels"*, sei es, in den Worten der sowjetischen Direktive, *„die Hoffnung auf falsche Demokratie zu zerstören"* und die völlige Demoralisierung des Westens

	zu erreichen. **In dieser Phase sollte Rußland scheinbar eine freundschaftliche Beziehung zum Westen eingehen, um einerseits die größtmögliche wirtschaftliche und technologische Unterstützung zu erhalten, gleichzeitig aber die kapitalistischen Länder davon zu überzeugen, daß für sie kein Bedarf an Verteidigungsbündnissen bestehe.**
1983	Die USA geben bekannt, daß sie in der Nähe der Stadt Krasnojarsk eine riesige Radaranlage der Russen entdeckt haben, die eine klare Verletzung des ABM-Vertrags bedeutet.
1984	Andropow will vom Totenbett aus das Zentralkomitee bewegen, Michail Gorbatschow zu seinem Nachfolger zu machen. Das Komitee entscheidet sich aber für Konstantin Tschernenko, der jedoch ein Jahr darauf stirbt.
1984	**Golizyn** macht seine zwanzig Jahre zuvor den Geheimdiensten mitgeteilten Informationen in seinem Buch „**New lies for old**" öffentlich und **sagt** damit **den gesamten Perestroika-Prozeß voraus – ein Jahr bevor dieser beginnt.**
1985	Im April Beschluß einer Plenarsitzung des Zentralkomitees der Kommunistischen Partei zu wirtschaftlichen Reformen.
1987	INF-Abkommen zur Abrüstung der Mittelstreckenraketen
1988 -89	**Die Operation Lutsch („Strahl"), eine ultrageheime Gruppe von KGB-Agenten, über die nicht einmal die Stasi informiert ist, bereitet in der DDR den kontrollierten Kollaps vor.**[4] Der **KGB-Agent Wladimir Putin** ist zu dieser Zeit in Dresden (unweit Leipzig, wo ab September 1989 die Montagsdemonstrationen gegen das SED-Regime stattfinden). Putin ist angeblich nur ein unwichtiger Agent, wird jedoch für Verdienste, die in seiner Biographie nicht näher geschildert werden, mehrfach ausgezeichnet und ungewöhnlich schnell befördert.[5] In anderen Ostblockstaaten (z. B. Rumänien) scheint es ähnliche Operationen zu geben.
1989	Der Historiker Natan Ejdelman kommt in „Die russische Revolution von oben"[6] zu dem Schluß: *„Die Perestroika wird genau so lang dauern, wie der Kreml das duldet."*
1990	Präsident Gorbatschow und Präsident Bush unterzeichnen ein Abkommen über drastische Reduzierungen im B-Waffen-Bereich.

1990	Als Jelzin und Sacharow zunehmend mächtiger werden, **gründet der KGB als Gegenströmung zu den Reformern den „Zentristischen Block", dessen politische Absicht offiziell (!) die Auflösung des kommunistischen Systems ist.** Der Kommunismus soll durch Nationalismus, die Planwirtschaft durch einen Staatskapitalismus ersetzt werden, während der KGB im Hintergrund die Kontrolle behält.[7]
1990	Der zu Beginn der neunziger Jahre entwickelte russische Kampfpanzer T-90 mit Aktivpanzerung ist ein modernes, hochtechnisiertes Waffensystem, das hinsichtlich Kampfwert und technischer Eigenschaften den besten ausländischen Panzern nicht unterlegen ist, sondern sie in mancher Hinsicht sogar übertrifft.
1991	Der Flugzeugträger Admiral Kusnezow wird in Auftrag gegeben. Besatzung: 2.626 Mann, Abmessungen: 302,3m x 72,3m x 9,14m
1991	19. August: „Putschversuch"[8]
1991	Dezember: offizielle Auflösung der UdSSR, die meisten der Nachfolgestaaten finden sich jedoch im Staatenbund der **GUS** wieder. **Von fünfzehn „unabhängigen Republiken" ist Estland die einzige, die nicht von einem Ex-Kommunisten geführt wird.**[9] In der Folge werden zwischen Rußland und anderen GUS-Staaten noch engere wirtschaftliche und militärische Bündnisse geschlossen.
1992	In dieser Zeit wird im Westen erstmals von der russischen „Mafiya" gesprochen. *„Personell rekrutieren sich die Mitglieder dieser Mafiya fast durchwegs aus der ehemaligen roten Bourgeoisie der Sowjetunion. Es war jenes privilegierte Bürokratenmilieu, das mit dem Zerfall der alten Strukturen in die Lage versetzt wurde, das riesige Imperium zu privatisieren. Dabei war es keiner rechtlichen Kontrolle unterworfen."*[10] (Der Russenmafia-Experte Jürgen Roth)
1992	**Stanislav Lunev, der höchstrangige GRU**[11]**-Überläufer aller Zeiten, setzt sich in den Westen ab und bestätigt durch seine Aussagen indirekt jene Golizyns und Sejnas.**
1992	**Dr. Kanatjan Alibekow**, von 1988 bis 1992 Leiter der 32.000 Mitarbeiter des russischen Kombinats BIOPREPARAT, das für die Produktion von biologischen Waffen zuständig ist, **setzt sich in den Westen ab und bezeugt, daß Rußland nach wie vor biologische Waffen entwickle** und hunderte Tonnen von Erregern von Anthrax bis hin zu verschiedenen Pest-Stämmen eingelagert habe.

1992	Es wurden bereits zahllose russisch-westliche Gemeinschaftsunternehmen gegründet. Laut Gesetz müssen alle ausländischen Investoren russische Partner haben. 1992 sind an achtzig Prozent dieser „Joint Ventures" KGB-Offiziere beteiligt. Wladimir Putin in Leningrad ist einer von ihnen.[12]
1992	Riesige Vermögen aus der Partei- und Staatskasse, aus den Verkäufen von Öl und Gas, verschwinden spurlos. Jewgenij Primakow, Chef des Auslandsgeheimdienstes[13], sorgt dafür, daß eine parlamentarische Untersuchung der Kapitalflucht aus Rußland abgeblockt wird.
1993	Jelzin löst das Parlament auf, nachdem dieses Alexander Ruzkoj zum Präsidenten ernannt hat.
1994	Der Reformwille scheint zu erlahmen. Am „Schwarzen Dienstag" im Oktober verliert der Rubel ein Drittel seines Wertes.
1994	Allein 1994 kommen 223.000 Spätaussiedler aus der Russischen Föderation nach Deutschland. Darunter sind junge Männer, die darauf bestehen, an der (deutschen) Universität mit ihrem militärischen Titel bezeichnet zu werden.[14]
1994 –96	Im ersten Tschetschenien-Krieg setzt Rußland, das weitaus bessere Waffen und Truppen zur Verfügung hätte, nur schwache, unerfahrene Einheiten ein. Die Öffentlichkeit im Westen erhält das Bild einer völlig unfähigen Armee.
1995	Golizyn veröffentlicht sein zweites Buch „The Perestroika Deception", in dem er ausführt, daß der Putsch von 1991 nur ein Schmierentheater gewesen sei.
1995	Die Clinton-Administration ermöglicht umfangreichen Technologietransfer nach Rußland und China. IBM liefert beispielsweise Supercomputer direkt an russische Waffenschmieden, wofür der Konzern später 8,5 Millionen Dollar Strafe zahlen muß. Unter Clinton schrumpft die US Army um 40%, Navy, Air Force und Marines um je 30%, was die Personalstärke betrifft.
1995	Die russischen Finanzclans kaufen massenweise die „Kurzfristigen Staatsobligationen" (GKO) der russischen Staatsbank auf, woraufhin sie durch den staatlichen Schuldendienst enorme Gewinne machen.
1996	*„In wenigen Jahren würde die Wahrscheinlichkeit eines Atomkrieges auf 50% ansteigen."* Zitat von Dr. Edward Teller, dem „Vater der Wasserstoffbombe", über die Fortsetzung der von Präsident Clinton verfolgten Politik.

1996	Die New York Times berichtet auf der Titelseite über die gigantische russische Untergrundbasis Yamantau im Ural. Satellitenbilder lassen erkennen, daß 60.000 Menschen, die in zwei eigens geschaffenen Satellitenstädten wohnen, in einem hermetisch abgeriegelten Gebiet eine unterirdische Stadt von mittlerweile 35 km² Fläche geschaffen haben. Offizielle Aussagen sind widersprüchlich, höchstwahrscheinlich handelt es sich jedoch um einen Bunker, in dem Tausende Menschen jahrelang überleben könnten. Kosten: mehrere Milliarden Dollar.[15] Nach Aussagen des KGB-Überläufers Col. Oleg Gordievskij gibt es mehrere solcher Anlagen.[16]
1997	Im Februar schreibt die Washington Times über ein Dokument aus Geheimdienstkreisen, demzufolge Rußland ein neues Nervengas namens A-232 entwickelt hat. Es handelt sich dabei um eine binäre Waffe, deren Komponenten als Kunstdünger oder chemischer Rohstoff getarnt gelagert werden können.[17]
1997	Nach Angaben von **General Alexander Lebed** sind aus den Lagern der Regierung der Russischen Föderation zwischen vierzig und einhundert taktische Nuklearwaffen des Typs RA-115 („Koffer-Atombomben") verschwunden.[18]
1997	1997 bringt Rußland eine Rekordernte von nahezu neunzig Millionen Tonnen Weizen ein, mit deklarierten Reserven von zwanzig Millionen Tonnen. Botschafter Richard Staar[19], führender Experte für Waffenkontrollen unter der Regierung Reagan, zeigt jedoch auf, daß Rußland Getreidevorräte im Umfang von mehr als 362 Millionen Tonnen angelegt hat.[20] (Diese Menge genügt, um die Bevölkerung der gesamten ehemaligen Sowjetunion drei Jahre lang zu ernähren.)
1997	Im Oktober macht Premierminister Iwanow eine seltsame Ankündigung, wonach Rußland etwa sechshundert Millionen Dollar zur Lebensmittelbeschaffung für „spezielle Konsumenten"[21] und „bestimmte Regionen" bereitstellen werde. Die Viehbestände sind nach einem Bericht von SovEkon in den letzten fünf Jahren um fünfzig Prozent gesunken.
1997	Im November unterzeichnete Präsident Clinton **PDD-60** (Presidential Decision Directive 60), **eine geheime Direktive, in der die seit über vierzig Jahren geltende nukleare Einsatzdoktrin, „Raketenabschuß bei Vorwarnung" durch „Abschuß bei Einschlag" ersetzt wird.** Da

	die Nuklearwaffen in den USA geographisch stark konzentriert sind, würde es nach einem Erstschlag kaum noch etwas zum Abschießen geben, zumal es auch Unterseebooten nicht gestattet ist, ohne vorherige Kommunikation mit dem Präsidenten Raketen zu starten. **Durch die einseitigen Abrüstungsschritte der Clinton-Administration ist die jahrzehntelang gültige MAD-Doktrin („mutual assured destruction" – „gegenseitig versicherte Vernichtung") heute nicht mehr wirksam!** Dazu kommt, daß die russische Militärdoktrin einen Nuklearkrieg immer schon für führ- und gewinnbar gehalten hat.
1997	Einer Aussage von Richard F. Staar von der Hoover Institution zufolge, stiegen die Rüstungsausgaben Rußlands von 2,1 Milliarden Dollar im Jahr 1994 auf 12,8 Milliarden im Jahr 1997.[22]
1997	Bei einer Flugshow in Moskau wird der **Anti-Schiff-Marschflugkörper YAKHONT (SS-N-26) ASCM** gezeigt. Seine Eigenschaften sind niedriges Gewicht und geringe Abmessungen, Tarnkappentechnologie (Stealth), Überschallgeschwindigkeit und ein auf dem *fire-and-forget*-Konzept basierendes, völlig unabhängiges Lenksystem. Bei der Entwicklung wurde berücksichtigt, daß der Feind den Start einer Rakete in einer Entfernung von dreihundert Kilometern bemerken und Gegenmaßnahmen einleiten würde, um sie abzufangen. Aufgrund ihrer Immunität gegen elektronische Störmaßnahmen, wegen ihrer hohen Geschwindigkeit von 750 m/s und durch ein Muster komplexer Flugmanöver wird die Yakhont ASCM trotzdem ihr Ziel erreichen. **Moderne Seestreitkräfte weltweit besitzen keine effektiven Gegenmaßnahmen gegen diese russische Rakete.**
1997	**Es wird öffentlich bekannt, daß sich in der Slowakei und in Bulgarien noch russische SS-23 Kurzstreckenraketen befinden, die nach dem INF-Vertrag schon längst vernichtet sein müßten.** Rußland hat unter Mißachtung der Abkommen dreiundsiebzig dieser Nuklearraketen allein in Osteuropa versteckt. Es besteht der begründete Verdacht, daß Rußland auch andernorts viele Raketen nicht demontiert, sondern versteckt hat.[23]
1997	Am Weihnachtstag werden erstmals die neuen aktivmanövrierenden **Interkontinentalraketen vom Typ Topol-M** in der Region Saratow stationiert. **Diese Raketen haben eine Reichweite von 10.500 km bei einer Zielabweichung im Meterbereich. Sie können bis zu zehn Nuklearsprengköpfe tragen, sind mobil und daher leicht zu verbergen.** Während die Russen fünfhundert dieser Interkontinentalraketen

	bauen, haben die Amerikaner ihre letzte Interkontinentalrakete (MX-Peacekeeper) vor mehr als zehn Jahren entwickelt und sind dabei, diese bis 2007 vollständig abzurüsten.
1998	Verteidigungsminister Sergejew erklärt, daß im Jahr 1997 nicht weniger als zweiundvierzig neue Waffen- und Militärtechnikmodelle in die Bewaffnung der russischen Armee aufgenommen wurden.
1998	Die strategischen Raketentruppen führen mehrere Übungen mit Interkontinentalraketen durch, die dabei gewartet und betankt werden.
1998	Der nuklearbetriebene Raketenkreuzer Pjotr Weliki nimmt den Dienst in der Nordflotte auf. „Peter der Große" ist der größte Raketenkreuzer der Welt. Experten versichern, daß seine Feuerleit- und Radarsysteme denen westlicher Schiffe überlegen sind.
1998	Lunev veröffentlicht gemeinsam mit Ira Winkler seine Warnung „Through the Eyes of the Enemy".[24] Er **warnt vor russischen Agenten, die im Westen Sabotageakte für die Stunde Null in einem Blitzkrieg vorbereiten.**
1998	**Katastrophale Wirtschaftslage** in Rußland: Vierzig Prozent der Bevölkerung leben unter der Armutsgrenze (1995: 11%), das Durchschnittseinkommen ist ein Viertel jenes von 1991, die Durchschnittspension beträgt siebzehn Dollar im Monat, die Wirtschaftsleistung ist geringer als die belgische.[25]
1998	Die russische Regierung beschließt, **weitere zwölf Milliarden Dollar für neue Rüstungsprojekte** auszugeben, *„um international ein Machtfaktor zu bleiben".*[26]
1998	Generaloberst a. D. Prof. Anatolij Kunzewitsch, langjähriger Befehlshaber der chemischen Truppen der Sowjetunion, erklärt, daß die vorgesehene Vernichtung der in Rußland lagernden chemischen Waffen nicht durchgeführt werden könne, da Rußland die dafür erforderlichen sechs bis acht Milliarden Dollar nicht habe. Zwar habe die russische Regierung ursprünglich eine gewisse Summe für den Anlauf dieses Abrüstungsprogramms vorgesehen, diese sei jedoch vom russischen Verteidigungsministerium für andere Zwecke verwendet worden.
1998	Die Beweise verdichten sich, daß Rußland gegen alle Abkommen eine neue Fabrik für chemische Waffen baut.[27]
1998	In Abu Dhabi und Athen werden auf Waffenmessen verbesserte Versionen des revolutionären Shkval-Torpedos gezeigt. **Der Shkval ist ein Raketentorpedo, der in einer widerstandslosen Superkavitationsbla-**

	se unter Wasser unglaubliche Geschwindigkeiten von bis zu 500 km/h erreichen kann. Aufgrund der kurzen Laufzeiten haben westliche Schiffe derzeit keine Möglichkeit, dieser auch atomar bestückbaren Waffe zu entkommen, wodurch die Seekriegsführung revolutioniert werden könnte. Admiral Eduard D. Baltin, pensionierter Kommandant der sowjetischen Schwarzmeerflotte, sagte, daß es im russischen Arsenal noch effizientere Waffen als den Shkval gebe.
1998	Verschiedene Manöver, bei denen ein Angriff auf die USA simuliert wird, finden statt.
1998	Juli: Der Kommandant der russischen Marine gibt in den russischen Medien bekannt, daß die russische Marine dabei sei, eine große Anzahl landgestützter strategischer Nuklearwaffen auf Kriegsschiffe zu verlegen, wo sie vor gegnerischen Angriffen viel besser geschützt seien.[28]
1998	Ende Juli wird Wladimir **Putin zum Chef der KGB-Nachfolgeorganisation FSB ernannt. Dies ist ungewöhnlich, da Putin seit 1991 offiziell nicht mehr für den Geheimdienst arbeitete und in den vorangegangenen Jahrzehnten stets nur Generäle zu Vorsitzenden des KGB oder FSB ernannt wurden,** Putin jedoch nur Oberstleutnant der Reserve ist. Bald entläßt Putin ein Drittel der sechstausend Mitarbeiter des FSB.
1998	Noch vor der Währungskrise im Spätsommer 1998 erhält Rußland im August vom IWF 4,5 Milliarden Dollar, die zu einer Stützungszahlung für den Rubel von insgesamt 22,6 Milliarden Dollar gehören. Diese 4,5 Milliarden Dollar verschwinden bereits am Tag nach dem Transfer von den Konten der Zentralbank der Russischen Föderation. Die russische Presse deckt später auf, daß die Hälfte dieser Summe über Schweizer Institute an die Australian Bank of Sydney geflossen war, von wo wiederum 235 Millionen Dollar an eine dubiose russische Firma gingen. James A. Baker, der US-Außenminister der Wende-Jahre, zitiert in seinen Memoiren den damaligen sowjetischen Staatschef Michail Gorbatschow, den man über den Verbleib von Milliarden deutscher Steuergelder zur Hilfe für die Sowjetunion bzw. Rußland befragte: *„Dinge verschwinden hier einfach. Wir haben eine Menge Geld für die deutsche Wiedervereinigung bekommen, aber als wir unsere Leute anriefen und danach fragten, sagten sie, sie wüßten nicht, wo es geblieben sei."*[29] Ende August bricht das Währungssystem zusammen, wodurch der junge Mittelstand fast ausradiert wird. Das Kapital der Hochfinanz flieht ins Ausland, pro Monat sind es etwa 1,5 Milliarden Dollar.[30]

1998	Interfax meldet im Herbst, daß die landwirtschaftliche Produktion gestiegen sei und nun 0,4 Prozent höher als 1996 liege.
1998	Rußland gibt im Herbst bekannt, daß es an der schlimmsten Nahrungsmittelknappheit seit mehr als vierzig Jahren leidet. Die EU beschließt, Nahrungsmittel im Gegenwert von zirka 550 Millionen Dollar zu liefern; die USA senden 625 Millionen Dollar an Nahrungsmitteln. Das Hilfspaket schließt ein Geschenk von 1,5 Millionen Tonnen anderer Waren mit ein. Der russische Landwirtschaftsminister, Viktor Semjonow, bestreitet jedoch, daß es in Rußland ernste Probleme mit der Ernährung gebe. *„Er behauptet, daß diese Kampagne im Auftrag landwirtschaftlicher Produzenten im Ausland geführt werde. Unter dem Vorwand eines ernsthaften Mangels an Nahrungsmitteln versuchen sie, Vorteile für den Import ihrer Produkte zu erlangen."* [31]
1998	Von 1992 bis 1998 unterstützte der Internationale Währungsfonds (IWF) die Russische Regierung mit über 20 Milliarden Dollar. 1998 beträgt die Auslandsverschuldung Rußlands 200 Milliarden Dollar, wodurch die Schuldentilgung bereits ein Drittel des Staatshaushaltes ausmacht.
1998	Im Oktober meldet TASS, Rußland habe seine **Ölexporte** in den ersten acht Monaten des Jahres um 26,6 Prozent, auf 30,2 Millionen Tonnen *gedrosselt* – **trotz Wirtschafts- und Währungskrise!** Zusätzlich wurden 107 Millionen Barrel irakisches Öl angekauft.
1998	Nachdem die großen Goldreserven der UdSSR nach dem Zusammenbruch verschwunden sind, kündigt die Regierung an, Gold im Wert von 1,5 Milliarden Dollar auf den Markt zu werfen. Zusätzlich wird der Goldkauf von allen Steuern befreit, um den Bürgern einen Kaufanreiz zu bieten.
1998	Die russische Regierung zahlt monatelang Löhne und Gehälter nicht aus, die Privathaushalte zahlen keine Steuern.
1998	Rußland befinde sich *„auf einem ganz schmalen Pfad zwischen Chaos und Kriminalität"*, sagt Gennadi Sjuganow, Vorsitzender der Kommunistischen Partei Rußlands, in Bonn. Zwanzig Millionen Menschen in Rußland seien ohne Arbeit, fünfzehn bis zwanzig Millionen litten Hunger, fast die Hälfte der Bevölkerung lebe in Armut. Der *nicht regierungsfähige* Präsident Boris Jelzin habe dazu beigetragen, daß das Volk *ausgeraubt* worden sei und nur eine kleine Schicht zu Wohlstand

	gekommen sei. Die Masse der Bevölkerung sieht den westlichen Kapitalismus als gescheitert an, jeder zweite sehnt sich nach der UdSSR zurück.³²
1999	Nach Berichten von Tageszeitungen im Januar leben Menschen in der Region Wologda mangels geeigneter Nahrung von Viehfutter.³³
1999	Der **Ex-KGB Agent Vasilij Mitrochin,** der viele KGB-Dokumente versteckte und in den Westen schmuggeln konnte, veröffentlicht mit Christopher Andrew „**The Sword and the Shield**. The Mitrokhin Archive and the Secret History of the KGB".³⁴ **Mitrokhin warnt vor Saboteuren, die in den USA und in Westeuropa seit den sechziger Jahren versteckte Waffenlager angelegt hätten.³⁵ In der Folge wird in einem Schweizer Waldstück nach seinen Angaben ein solches Lager gefunden und ausgehoben.**
1999	März: Das NATO-Bombardement im Kosovo löst in Rußland heftige Proteste aus. Die NATO wird von der russischen Bevölkerung zunehmend als Bedrohung empfunden. **Jelzin droht mit dem „Dritten Weltkrieg".**
1999	Ende Juli: Die Situation im Nordkaukasus eskaliert, als zweitausend schwer bewaffnete Tschetschenen in Dagestan einfallen. Stepaschin kann die Lage nicht kontrollieren und wird als Regierungschef entlassen.
1999	Nachdem Putin Ende März bereits die Kontrolle über die Armee, das Innenministerium und praktisch alle Geheimdienste erhalten hat, macht Jelzin ihn am 9.8.1999 offiziell zum Premierminister und proklamiert ihn als seinen Wunschnachfolger. Damit ist zum dritten Mal hintereinander ein ehemaliger Geheimdienstchef an der Spitze der Regierung.
1999	Durch Korruptionsvorwürfe aus dem Ausland (nach US-Zeitungen sollen russische Regierungsbeamte 15 Milliarden Dollar gewaschen haben) gerät die Regierung unter Druck. Da kommt es in Rußland zu einer aufsehenerregenden Serie von Bombenanschlägen mit 304 Todesopfern. Bekennerbriefe der „Dagestanischen Befreiungsarmee" tauchen auf, diese jedoch streitet jede Beteiligung ab. In der Provinzstadt Rjazan werden dagegen russische Geheimdienstler gefaßt, die als Zucker getarnte Sprengstoffsäcke im Keller eines Hauses deponieren wollen. Sie erklären der Polizei, es handle sich *„um eine Übung, um die Wachsamkeit der Menschen zu testen"*. Putin, dessen Umfrageergebnisse bis-

	lang sehr bescheiden sind, greift in Tschetschenien hart durch[36] und profiliert sich als der starke, durchsetzungsfähige Führer, nach dem sich viele Russen sehnen. Innerhalb weniger Wochen gelingt jetzt, was fünf Jahre zuvor innerhalb von einundzwanzig Monaten nicht gelang.
1999	Nach einem Bericht in der russischen Publikation Segodnja[37] überwachte Premierminister Tschernomyrdin am 21. Februar in der Nuklearkommandozentrale Odinstwo eine Übung, deren Zielsetzung darin bestand, *„die USA in weniger als einer Stunde zu zerstören"*.[38]
1999	Haftbefehl gegen den Finanzier Boris Abramowitsch Berezowskij, einen der mächtigsten Männer der russischen Hochfinanz. Es zeigt sich, daß die Oligarchen, die Jelzin und Putin zum Aufstieg verholfen haben, nunmehr keineswegs unantastbar sind.
1999	**Putin unterstellt sämtliche Nuklearwaffen einem gemeinsamen Oberkommando,** was eigentlich **nur für einen Angriffskrieg von Vorteil** ist; für die Defensive wäre die bisherige dezentrale Lösung besser.
1999	Es zeichnet sich ab, daß die USA aus dem ABM-Vertrag aussteigen wollen, um ein Raketenabwehrsystem zu errichten.
1999	Die NATO zählt nun neunzehn Mitglieder. Neu hinzu kamen Polen, Ungarn und die Tschechische Republik.
1999	Putin gewinnt mit dem Wahlbündnis „Edinstwo" im Dezember die Parlamentswahlen. Die größte Fraktion jedoch stellen die Kommunisten dar (123 Mandate). Am 31. Dezember tritt Jelzin ab und übergibt die Macht offiziell an Putin, der drei Monate später die Präsidentschaftswahl gewinnt.
1999	*„Jetzt ist das gefürchtete Dach der Mafiya, die Kryscha, der KGB selbst bzw. dessen Nachfolgeorganisation geworden. Jeder weiß endlich, wer das Sagen hat."* Der Oligarch Vadim Rabinovich über Putin[39]
2000	*„Ihr im Westen habt uns lange genug gedemütigt. Ihr habt uns bevormundet, unser Land klein gehalten... Jetzt wird alles anders... Das russische Volk hat aus seiner Mitte in einer schweren Zeit einen neuen Anführer erkoren. Eure Kritik an seiner Person ist Kritik an unserer Auferstehung."* Ein russischer Reporter in „Deutsche Welle", Köln, über Putin[40]
2000	Juni: Rußland verlegt taktische Atomwaffen nach Kaliningrad.
2000	**Westlichen Schätzungen zufolge sind in den letzten zehn Jahren zweihundertfünfzig bis fünfhundert Milliarden Dollar von Rußland**

	in den Westen geschafft worden. Experten wie Hans-Joachim Hoppe, der für die Zeitschrift „Osteuropa" schreibt, glauben, daß auch der russische Geheimdienst Gelder gewaschen und in den Westen transferiert hat.
2000	Nach Angaben des Instituts für Wirtschaft der russischen Akademie der Wissenschaften im Oktober stieg 1999 und 2000 die Industrieproduktion jeweils um zehn Prozent an. Die höchsten Zuwachsraten gab es im Bereich der Schwerindustrie und Verarbeitung von Eisen und anderen Metallen. Der Lebensstandard der Bevölkerung änderte sich kaum; Hauptabnehmer der Erzeugnisse ist das Militär.
2000	**Mit einer neu entwickelten Plasmafeld-Tarntechnologie gelingt es russischen Kampfflugzeugen gleich an zwei Tagen, einen amerikanischen Flugzeugträgerverband zu überfliegen, ohne daß sie von den vier unabhängigen Radarsystemen der Amerikaner bemerkt werden.**
2000	Rußland drosselt weiterhin die Exporte und hortet Metalle und Öl.
2000	Am 18. Oktober beginnt in Moskau der Prozeß gegen Edmond Pope, der russische Marine-Geheimnisse ausspionierte. Amerikanische Experten geben zu, über die Leistungsfähigkeit des Shkval-Torpedos geschockt zu sein.[41]
2000	Am 20.12.2000 wird im Beisein von Wladimir Putin der 83. Geburtstag der russischen Geheimpolizei gefeiert. Nikolaj Patruschew, Ex-KGB-Kollege und Freund Putins, nunmehr Chef des Föderalen Sicherheitsdienstes FSB, meint, die Hauptaufgabe des russischen Geheimdienstes sei heute, zu verhindern, *„daß ausländische Spione die wahren Absichten der neuen russischen Regierung aufdecken"*.
2000	**Im Dezember beschließt die Duma auf einen Vorschlag Putins hin, die stalinistische Hymne wieder einzuführen und das Rote Banner zur offiziellen Flagge der russischen Armee zu machen. Immer mehr Reservisten müssen an Manövern teilnehmen. An den Grundschulen wurde der Militärunterricht wieder eingeführt.**
2000	Nach einer Aussage von Wladimir Makarow, Leiter des Amtes zur Bekämpfung der Wirtschaftskriminalität, kontrolliert die Mafia in Rußland fünfhunderttausend Firmen.[42]
heute	Nach Erkenntnissen von William Lee, einem ehemaligen Analytiker der Defense Intelligence Agency, **besitzt Rußland zwischen zehntausend und zwölftausend Abfangraketen,** die von achtzehn Gefechts-

	feldüberwachungs- und Kontrollradarsystemen koordiniert werden. **Die Raketen gelten als die besten der Welt.** Dieses hervorragende Raketenabwehrsystem ist eine **klare Verletzung des ABM-Vertrags.**
heute	**Die russischen Luftlandetruppen sind seit 2000 stufenweise um fünftausend Mann auf eine Stärke von fünfundvierzigtausend Mann erweitert worden.** Die offizielle Begründung dafür ist die russische Teilnahme an Auslandseinsätzen zur Friedenserhaltung. Im Jahr 1999 wurden die Luftlandetruppen bereits von zweiunddreißig auf vierzigtausend Mann erweitert. Die Luftlandeeinheiten gehören zu den renommiertesten und bestausgerüsteten Einheiten der Streitkräfte. Neu entwickelte Schützenpanzer können ebenfalls per Fallschirm oder Abwurf mit Bremsraketen binnen kürzester Zeit im Gefechtsfeld installiert werden.
heute	Gemeinsam können Rußland und China sechsundzwanzigmal so viele Truppen ins Feld führen, wie die USA.
heute	Siehe auch die Ausführungen über das neueste und gleichzeitig weltweit größte Atom-U-Boot – die *Dmitri Donskoi* –, das im September 2002 vom Stapel lief sowie das neue Raketenabwehrsystem *S-400*, welches ebenfalls als das weltweit beste eingeschätzt wird, auf Seite 36.

„Jegliche Kriegsführung baut auf Täuschung auf. Daher täusche Unfähigkeit vor, wenn du fähig bist, und Inaktivität, während du handelst. Wenn du nahe bist, erwecke den Eindruck, entfernt zu sein, und wenn du entfernt bist, erscheine nahe. Locke deinen Gegner mit einem Köder; täusche Unordnung vor und schlage ihn."

Sun Tsu, Die Kunst des Krieges, ca. 500 v. Chr.

Quelle und Endnoten für Anhang 4:

Leo H. DeGard
„*Wer plant den 3. Weltkrieg*", Eine Analyse aus prophetischer und geheimdienstlicher Sicht, Kopp-Verlag, 2002, ISBN 3-930219-46-8
„*Armageddon*", Kopp-Verlag, 2003, ISBN 3-930219-71-9

Karl Leopold von Lichtenfels
„*Lexikon der Prophezeiungen. Eine Analyse von 350 Vorhersagen von der Antike bis heute*", Herbig, 2001 und
„*Lexikon des Überlebens. Das Survival-Handbuch für Krisenzeiten*", Herbig, 2001   **Siehe auch im Internet unter: www.wk3.net**

Endnoten:

[1] In den USA dagegen werden Stimmen wie jene von J. R. Nyquist oder Joel Skousen nicht müde, auf die gefährliche Lage hinzuweisen.
[2] Quelle: Semichastny an Shelepin, 28. Juli 1962, in St. 33/26c, 31. August 1962, TsKhSD, fond 4, opis 14, delo 13, ll. 1-6.
[3] Sejna, Jan, *We will bury you* (London: Sidgwick & Jackson, 1982)
[4] Reuth, Ralf Georg/Bönte, Andreas, *Das Komplott. Wie es wirklich zur deutschen Einheit kam* (München: Piper, 1993, ³1995) S. 251
[5] Rahr, Alexander, *Wladimir Putin. Der „Deutsche" im Kreml* (München: Universitas, 2000) S. 286, S. 69ff.
[6] Ejdelman, Natan J., *Revoljucija sverchu v Rossii* (Moskau: Izdat. Kniga, 1989) S. 171
[7] Rahr, *Putin*, S. 70
[8] Beim „Putsch" sollte der Petersburger Oberbürgermeister Sobtschak vom KGB am Flughafen verhaftet werden, was sein Assistent, der KGB-Mann Putin, verhinderte, indem er eine Miliz zum Schutz Sobtschaks zum Flughafen schickte. Wie verfuhr Sobtschak nach dem mißlungenen „Putsch" mit dem KGB? Er machte drei ehemalige KGB-Offiziere zu Bürgermeistern!
[9] *International Currency Review* 22, S. 3–4, zitiert nach Nyquist, J. R., *Origins of the Fourth World War* (Chula Vista: Black Forrest Press, 1999) S. 258
[10] Roth, Jürgen, *Der Oligarch, Vadim Rabinovich bricht das Schweigen* (Hamburg: Europa Verlag, 2001) S. 300, S. 158
[11] militärischer Geheimdienst der UdSSR
[12] vgl. Rahr, *Putin*. Die Situation erinnert an Lenins Neue Ökonomische Politik (NEP) in den zwanziger Jahren, die ebenfalls versuchte, ausländische Investoren ins Land zu holen.

[13] Nachfolgeorganisation der ersten KGB-Hauptverwaltung
[14] http://www.mathematik.uni-ulm.de/germnews/1995/01/012200.html#5
[15] http://www.wnd.com/news/article.asp?ARTICLE_ID=17518
[16] Andrew, Christopher/Gordievsky, Oleg, *KGB. The Inside Story of Its Foreign Operations from Lenin to Gorbachev* (New York: Harper Trade, 1990) S. 776
[17] http://www.security-policy.org/papers/1997/97-D19.html
[18] u. a. in der Pressekonferenz von *Interfax* am 20. November 1997
[19] sein wichtigstes Buch: Staar, Richard F., *The New Military in Russia. Ten Myths That Shape the Image* (Annapolis: Naval Institute Press, 1996) S. 248
[20] http://www.angelfire.com/on/GEAR2000/nuclear.html
[21] eine gängige Chiffre für das Militär
[22] zitiert von Dr. J. Michael Waller, Vizepräsident des American Foreign Policy Council, Washington Times, 23.1.1998
[23] http://www.wnd.com/news/article.asp?ARTICLE_ID=17516
[24] Lunev, Stanislav/Winkler, Ira, *Through the Eyes of the Enemy* (Washington, D. C.: Regnery Publishing, 1988) S. 177
[25] *Washington Post*, 15.8.1999
[26] http://www.schweizerzeit.ch/2998/russ.htm
[27] Jevgenija Albaz und David Hoffman, *Soviets Reportedly Built Chemical Weapon Despite Pact with U.S.*, *Washington Post*, 16.8.1998.
[28] http://www.marynet.com/advisor/Download/download.html
[29] http://www.konservativ.de/hvd/hvd_mosk.htmv
[30] Rahr, *Putin*, S. 186
[31] http://www.marynet.com/advisor/Download/download.html
[32] Zeitungen vom 27.11.1998 APA, AP, dpa
[33] Zeitungen vom 16.1.1999, dpa-Korrespondentin Dorothea Hülsmeier
[34] Andrew, Christopher/Mitrokhin, Vasili, *The Sword and the Shield* (Basic Books, 1999) S. 720
[35] http://www.fas.org/spp/starwars/congress/1999_h/has299010_0.htm
[36] u. a. mit Vakuumbomben, die ihre Opfer verbrennen oder ersticken lassen
[37] Diese kritische Zeitung des Media-Most-Konzerns wurde dieser Tage auf Geheiß Putins eingestellt.
[38] Vortex 2/99, S. 20
[39] Roth, *Der Oligarch*, S. 24
[40] zitiert nach Rahr, *Putin*, S. 244
[41] http://groups.yahoo.com/group/armstrade/message/2883
[42] http://www.etika.com/deutsch5/5r0.htm

Verzeichnis der hier aufgeführten Seher:

1. **Abbé Curique**, schrieb 1872 das Buch „*Voix Prophétiques*"
2. **Abbé Souffrand**, Vision im Jahre 1828
3. **Abd-Ru-Shin**, schrieb Buch „*Im Lichte der Wahrheit*"
4. **Andersen, Hans-Jürgen**, Autor von „*Polwende-Zeitenwende*"
5. **Anna Maria Taigi** (1769-1837), Rom, Mutter von sieben Kindern, wurde 1920 selig gesprochen.
6. **Annie Kirkwood**, Amerikanerin, zu der von 1987 bis 1991 Maria sprach
7. **Antonjas** (1820), Einsiedler, lebte in der Umgegend von Aachen
8. **Ashtar Sheran**, Außerirdischer und Leiter des „Ashtar Kommandos"
9. **Augustinus Quack**
10. **Barbara Becher**, Ordensschwester aus Losheim im Saarland
11. **Bauer aus Elsen**, einäugiger Bauernsohn aus Elsen bei Paderborn
12. **Bauer aus Krems** (um 1976)
13. **Bauer bei Bregenz**, zitiert nach Ellerhorst (1922)
14. **Berta Dudde**, (gest. 1968) deutsche Mytikerin in der Tradition J. Lorbers
15. **Biernacki** (um 1980)
16. **Blinder Jüngling von Prag** (1356)
17. **Bruder Adam**, hatte 1949 eine Marienerscheinung
18. **Caesarius von Heisterbach** (1180-1240), Zisterziensprior von Köln
19. **Chet Snow** (Mitte der 80er Jahre), Psychotherapeuth aus den USA
20. **Dannion Brinkley** (1975) war vom Blitz getroffen worden
21. **De la Vega, Garcilaso**, geb. in Baldio/Argentinien, lebte in Peru, Spanien und England. Erscheinungen und Offenb. bei Maria Laach in der Eifel.
22. **Deutscher Mönch** lt. Emmerich (17. Jahrhundert)
23. **Don Bosco** (1815-1888), visionär Begabter, Ordensgründer der Salesianer, Turin
24. **Düsseldorfer Kapuzinerpater** (1762)
25. **Edgar Cayce** (1877-1945), der schlafende Prophet genannt, Norfolk, Virginia, USA
26. **Elena Aiello** (1895-1961), stigmatisierte Ordensschwester aus Consenza bei Tarent
27. **Elisabeth Eppinger**
28. **Emelda**, belgische Seherin
29. **Erna Brandt** (geb 1909), Kauffrau aus Rottenburg am Neckar, Traumvisionen

30. **Erna Stieglitz** aus Augsburg (1894-1975)
31. **Evangelist Ron White** aus den USA hatte 1976 eine Vision
32. **Fatima**, drei Kinder hatten mehrere Marienerscheinungen vom 13. Mai bis zum 13. Oktober 1917
33. **Fließer Pfarrer** (ca. 1850)
34. **Franziskaner** vom Berge Sinai, eigentl. Ludovico Rocco (1748-1840), besuchte die heiligen Stätten und starb dort
35. **Fuhrmannl** (1690-1763), Bauer aus Westböhmen
36. **Garabandal** (1961-65), Marienerscheinung vier etwa elf-jähriger Mädchen
37. **Gräfin Beliante**, Franziska Maria, Prinzessin von Savoyen, schilderte ihre Zukunftsschau 1923 brieflich
38. **Higginson, Theresa Helena** (1880), stigmatisierte englische Lehrerin
39. **Hildegard von Bingen** (1098-1179), heilige, rheinische Äbtissin, gilt als bedeutendste Frauengestalt des Mittelalters
40. **Hopis**, Indianerstamm im Südwesten der USA (Arizona)
41. **Irlmaier, Alois** (1894-1959), Brunnenbauer aus Freilassing
42. **Jakob Lorber** (1800-1864), Musiklehrer aus Graz, der mit 40 Jahren eine Stimme vernahm
43. **Jasper** (1764-1833), Wessel D. Eilert, genannt der alte Jasper
44. **Jeane Dixon** (geb. 1915), Immobilienhändlerin und bekannteste Hellseherin in den USA)
45. **Johannes Friede** (1204-1257), österreichischer Mönch des Ordens von St. Johann, war der größte Seher seiner Zeit.
46. **Johannes von Jerusalem** (1042-1119)
47. **Johansson** (gest. 1922), Eismeerfischer aus Finnmarken
48. **Josef Stockert** (1897-1975), Münchner Handwerker, hatte 1947 zu Ostern Visionen.
49. **Katharina aus dem Ötztal** (1883-1951)
50. **Katholischer Pfarrer** aus dem Süden Badens (1923)
51. **Kerizinen**, Reihe von Marienerscheinungen in der Bretagne, Seherin ist Jeanne Louise
52. **Knopp zu Ehrenberg** (1714-1794), Johann Peter Knopp aus Westfalen
53. **Korkowski, Edward** (geb. 1931), visionär begabter Chemiearbeiter in Pullach bei Köln
54. **Kugelbeer** (um 1920), Bauer aus Lochau bei Bregenz
55. **La Salette** (1846), in der Bergeinsamkeit von Grenoble hatten zwei Kinder eine Marienerscheinung

56. **Lied der Linde** (ca. 120 Jahre alt), wurde in einem hohlen Stamm einer uralten Linde, die an einem Hohlweg zum Friedhof in Staffelstein steht, gefunden. Es enthält die Geschichte Deutschlands.
57. **Little Pebble**, noch aktiver Seher aus Australien
58. **Lothringer** (Feldpostbriefe, 1914)
59. **Maya-Kalender**
60. **Maria Baourdi** (gest. 1878), Karmeliterin zu Pau in Frankreich
61. **Marie Julie Jahenny de la Faudais**, stigmatisierte Seherin, die am 15. März 1873 eine Marienerscheinung erlebte
62. **Melanie Calvat** (1846), Marienerscheinung
63. **Mother Shipton**, lebte vor Nostradamus in England
64. **Mönch aus Werl** (1701), Franziskanerbruder, der mit Erlaubnis seines Ordens 1001 seine Visionen in Köln veröffentlichte
65. **Mönch vom Kloster Maria Laach** (16. Jahrhundert), Prophezeiung aus dem Eifelkloster
66. **Mühlhiasl** (geb. 1825), Matthias Stormberger, Waldhirte und Aschenbrenner zu Rabenstein, möglicherweise aber auch der Mühlhiasl von Apoig, Matthias Lang (1753-?). Er war Waldhüter, Mühlknecht und Waldhirte. Über seinen Tod ist nichts bekannt. Seine Prophezeiungen leben noch heute im niederbayerischen Volk. Die Voraussagen beider Seher decken sich zum großen Teil, so daß sogar behauptet wird, es hätte überhaupt nur einen Seher im Bayerischen Wald gegeben.
67. **Mutter Graf** (1906-1964), bürgerl. Maria Graf-Sutter, Familienmutter aus dem Schweizer Kanton Appenzell
68. **Nostradamus** (1503-1568), jüdischer Arzt, Astrologe, Geheimwissenschaftler aus Salon, Südfrankreich
69. **Onit**, Pseudonym eines jüdischen Magiers und Kabbalisten, den Marcus Varena zitiert
70. **Palma Matavelli** (1825)
71. **Palma von Oria**, Stigmatisierte aus Oria in Italien
72. **Paracelsus**, Theophrastus von Hohenheim, deutscher Arzt (1493-1541)
73. **Pater Johannides**
74. **Pater Mattay** (1814)
75. **Pater Nectou** (1790), war Vorsteher eines Hauses der Jesuiten in Belgien
76. **Pater Pio**, stigmatisierter Kapuzinerpater, bürgerlich Francesco Forigionr (prophezeite zwischen 1956 und 1961)
77. **Paulussen**, deutscher Seher
78. **Pfarrer Birker Claesson** aus Schweden, hatte 1950 eine Vision

79. **Pfarrer Handwercher** (1792-1853) aus Niederbayern
80. **Porto Santo Stefano**, der Arbeiter Enzo Alocci erhielt auf dieser italienischen Halbinsel von 1974 bis 1985 Botschaften von Maria
81. **Prophezeiung** aus dem Böhmerwald
82. **Ramatis**, spiritueller Heiler aus Brasilien
83. **Ramtha**, Wesenheit, die vor ca. 60.000 Jahren lebte und heute durch das amerikanische Medium J. Z. Knight spricht
84. **Rosa Kolumba Asdente** (gest. 1847), Nonne in Taggia, Italien
85. **San Damiano**, Ort in Oberitalien, an dem „Mamma Rosa", bürgerlich Rosa Buzzini Quattrini (1909-1981), von 1964 an bis zu ihrem Tod Marienerscheinungen hatte
86. **Schlinkert, Josef**, Der Seher aus dem Möhnetale (um 1770)
87. **Schwester Nativaitas** (1731-1798), bürgerlich Johanna Royer, Clarissin im Konvent zu Fougères in der Bretagne
88. **Seherin** aus dem Füssener Raum
89. **Sepp Wudy** (1914), Bauernknecht vom Frischwinkel
90. **Sibylle von Prag**, die Tochter eines verarmten Grafen (gest. 1658) Sie kam mit Zigeunern viel in der Welt umher.
91. **Sibyllische Bücher**, Oracula Sibyllina von Friedlieb (1852)
92. **Smaragdstern** (Tibet), uralte Prophezeiung aus dem Himalaya
93. **Spielbähn**, Bernhard Rembort (1689-1783), Sohn eines armen Leinewebers in Eschmar an der Sieg im Rheinland. Versah häufig Botengänge für die Klöster Siegburg und Heisterbach. Da er Geige spielen konnte, wurde er Spielbähn genannt, Bähn als Kurzform für Bernhard.
94. **Unbekannter Seher** aus dem Sauerland
95. **Unbekannter Verfasser** (Gedicht)
96. **Veronika Lueken** von Bayside, amerik. Seherin, die von 1971 an bis heute Visionen hat
97. **Vianney von Ars**, Jean-Baptiste Marie (1786-1859), heiliggesprochener Pfarrer von Ars in Südfrankreich
98. **Visnu Purana**, 6.000jährige heilige Schrift aus Indien
99. **White Bear** (Hopi), ehemaliger Häuptling
100. **Wolfram Fragner** schrieb das Buch *„Kaiser von Europa"*
101. **Van Rensburg**, südafrikanischer Seher, 1864-1926

Literatur- und Quellenverzeichnis

1. Adlmaier, Dr. C.: *Blick in die Zukunft*, Chiemgau-Druck 1961
2. Allgeier, Kurt: *Die geheimen Heilrezepte des Nostradamus*, München 1982
3. Allgeier, Kurt: *Die großen Prophezeiungen des Nostradamus in moderner Deutung*, München 1982
4. Allgeier, Kurt: *Morgen soll es Wahrheit werden*, München 1987
5. Allgeier, Kurt: *Prophezeiungen des Nostradamus*, München 1989
6. Angerer, Anton: *Feuerrad Apokalypse*, Mediatrik-Verlag 1991, A-3423 St. Andrä-Wördern
7. Andersen, Hans J.: *Polwende - Zeitenwende*; Moestel-Verlag, Fürth 1977
8. Andrea, Peter: *Was Morgen wahr sein kann*, Düsseldorf 1981
9. Backmund, P. Norbert: *Hellseher schauen die Zukunft*, Grafenau
10. Baumgartlinger, K.: *Das geheimnisvolle Kreuz von Eisenberg*, Ried
11. Bekh, Wolfgang Joh.: *Am Vorabend der Finsternis*, Pfaffenhofen 1988
12. Bekh, Wolfgang Johannes: *Bayerische Hellseher*, Pfaffenhofen 1976
13. Bekh, Wolfgang Johannes: *Das dritte Weltgeschehen*, München 1980
14. Bender, Hans: *Zukunftsvisionen, Kriegsprophezeiungen, Sterbeerlebnisse*, München 1983
15. Berlitz, Charles: *Weltuntergang 1999*, Knaur 1981
16. Berndt, Stephan: *Zukunftsvisionen der Europäer*, Die Blaue Eule-Verlag
17. Blavatsky, H. P.: *Die Geheimlehre Band 1 und 2*
18. Bouvier, Bernhard: *Die letzten Siegel*, Ewertverlag, Lathen 1996
19. Brand von Ludwiger, Illo: *Unglaubliche Geschichten*, Gütersloh 1986
20. Bundesminister der Verteidigung, Hrsg.: *Weißbuch 1985 - Zur Lage und Entwicklung der Bundeswehr*; Im Auftrag der Bundesreg., Bonn 1985
21. Bundesminister der Verteidigung: *Soldat heute - Informationen, Tips, Hilfen*; Informations- und Pressestab, Bonn 1987
22. Buschik, R. Dr.: *Sternenkunde*, Leipzig 1927
23. Centurio, Dr. Alexander N.: *Nostradamus, Prophetische Weltgeschichte*, Bietigheim 1971
24. Charpentier, Louis: *Macht und Geheimnis der Templer*, Olten 1986
25. Cheiro: *World Predictions*, London 1928
26. Cheney, Richard B.: *Soviet Militäry Power 1989*; Secretary of Defence, Washington 1989
27. Clemens, Richard: *Die sibyllischen Orakel*, München 1984
28. Deighton, Len: *Blitzkrieg*, München 1983

29. Dick, C. J.: *Überrumpelung der NATO - Die sowjetische Strategie der Täuschung*; Royal Military Academy, Sandhurst; Internationale Wehrrevue (CH) 19/1986
30. Dimde, Manfred: *Nostradamus entschlüsselt*, Neueste Prophezeiungen, die wahre Dokumentation der Zukunft, 1986
31. Ditfurth, Hoimar von: *So laßt uns denn ein Apfelbäumchen pflanzen - es ist soweit*, München 1988
32. Douglas, Joseph D. jr.: *Sowjetische Militärstrategien in Mitteleuropa*, München 1983
33. Dryse, James Morgan: *Die Apokalypse entschleiert*, Interlaken 1981
34. Ehrensvärd, Gösta: *Nach uns die Steinzeit*, Bern 1972
35. Eichstaedt, Hans-Joachim: *Der lebendige Kosmos - Eine Kosmologie für das Jahr 2500*, Freiburg 1987
36. Ellerhorst, Winfried: *Prophezeiungen über das Schicksal Europas - Visionen berühmter Seher aus 12 Jahrhunderten*; Aus dem Nachlaß ausgewählt und bearbeitet von Dr. M. Armand, München 1951
37. Ephemerides, 1900-2000, France 1989
38. Ernst, R.: *Nostradamus - Vom Mythos zur Wahrheit*, 1986
39. Eshel, David: *Soviet Ground Forces in Eastern Europe*, Journal of Defense (USA), 7/1989
40. Fernau, Joachim: *Halleluja, Die Geschichte der USA*, München 1977
41. Fontbrune, Max de: *Was Nostradamus wirklich sagte*, Wien 1989
42. Fontbrune, Jean-Charles de: *Nostradamus, Historiker und Prophet, Seine Vorhersagen*, Berlin 1982
43. Friedl, Paul: *Prophezeiungen aus dem bayerisch-böhmischen Raum*, Rosenheim
44. Frissell, Bob: *Zurück in unsere Zukunft*, Michaels-Verlag, Sonnenbichl 12, 86971 Peiting, Tel: 08861-59018
45. Fuchs, Eberhard: *Nostradamus, Die geheimen Offenbarungen*, München 1982
46. Garabandal Journal, Nr. 1, 1992
47. Gauch-Keller: *Aufruf an die Erdbewohner*
48. Grünzweig, Fritz: *Scheinwerfer auf dem Weg durch die Endzeit*, Stuttgart 1975
49. Hackett, Sir John, General: *Welt in Flammen - Der dritte Weltkrieg: Schauplatz Europa*, München 1983
50. Hagenau, Gerda: *Verkünder und Verführer, Prophetie und Weissagung in der Geschichte*, Düsseldorf und Wien 1976

51. Hagl, Siegfried: *Die Apokalypse der Hoffnung*, München 1984
52. Hanke, Erich: *Ins nächste Jahrhundert*, Leipzig 1983
53. Hogue, John: *Nostradamus - Jahrtausendwende, Was bringt uns die Zukunft*, Vaduz 1987
54. Hübscher, A.: *Die große Weissagung*, München 1952
55. IDNDR - International Decade for Natural Desaster Reduction - Referat von Karl Schnelting, *Zukunfts-Szenarien aus Geisteswissenschaft und Prophetie*
56. Johnson, Chalmers: *Revolutionstheorie*, Köln und Berlin 1971
57. Kahir, M.: *Nahe an 2000 Jahre, Gegenwart und Zukunft in prophetischer Schau*, Bietigheim
58. Kaiser, Peter: *Vor uns die Sintflut*, München 1985
59. Kaiser, Peter: *Die Rückkehr der Gletscher, Die Welt vor einer Naturkatastrophe*, München 1971
60. Kemmenich, Dr. Max: *Die Berechnung der Geschichte und Deutschlands Zukunft*, Dießen 1925
61. Kemmenich, Dr. Max: *Prophezeiungen - alter Aberglaube neue Wahrheit?*, München 1925
62. Kirkwood, Annie: *Marias Botschaft an die Welt*, Falk-Verlag
63. Klee, Konrad: *Nostradamus, Prophet der Zeiten und Momente*, München 1982
64. Koch, Dr. Kurt: *Tag X*, Berghausen 1971
65. Korkowski, E.: *Kampf der Dimensionen*, 1990
66. *Kriege sind Strafen*, Flugblatt
67. Läpple, Alfred: *Wunder sind Wirklichkeit*, Augsburg 1989
68. Ley, Willy: *Die Himmelskunde*, Düsseldorf 1965
69. Lindsey, Carlson: *Alter Planet Erde, wohin?*, Hannover 1971
70. Lindsey, Hal: *Die Feuerflut*, Wetzlar und Hannover 1974
71. Loerzer, Sven: *Visionen und Prophezeiungen - Die berühmtesten Weissagungen der Weltgeschichte*, Augsburg 1990
72. Ludwiger von/Brand, Illo: *Das Rätsel von Raum und Zeit*, Luzern 1984
73. Lueken, Veronika: *Our Lady of the Roses, Mary, help of Mothers*, Lensing 1981
74. Malgo, Wim: *Weltgeschichte der Zukunft*, Pfäffikon/Schweiz
75. Martin, Paul C.: *Sachwert schlägt Geldwert*, Frankfurt a.M. 1986
76. Mayer, B.: *Königin des Weltalls*, Olten
77. Menges, J. H.: *Der kommende Weltkrieg*, Bad Harzburg 1977
78. Mesarovic, Mihailo: *Menschheit am Wendepunkt*, Stuttgart 1974

79. Miller, Russel: *Driftende Kontinente*, Amsterdam 1983
80. Natzmer, Gert von: *Auf der Suche nach dem Sinn*, München 1980
81. Nostradamus - Prophezeiungen des: Nach der Lyoner Ausgabe von 1568, Stuttgart 1840
82. Ovid: *Metamorphosen*, München 1984
83. Pakraduni, T.: *Die Welt der geheimen Mächte*, Wiesbaden
84. Paracelsus - Gesamtwerk, Anger-Verlag Eick
85. Patrian, Carlo: *Nostradamus, die Prophezeiungen*, Fribourg/Schweiz 1982
86. Penkowsky, Oleg: *Geheime Aufzeichnungen*, München und Zürich 1966
87. Pestalozzi, Hans A.: *Nach uns die Zukunft*, München 1979
88. Philberth, Bernhard: *Christliche Propheterie und Nuklearenergie*, Stein am Rhein 1963 und 1974
89. Putzien, Rudolf: *Nostradamus, Weissagungen über den Atomkrieg*, München 1968
90. Ratthofer, N. J.: *Das Vril-Projekt*, Damböck-Verlag
91. Rauschenbach, B. Red.: *Die Edda*, Düsseldorf 1981
92. Richard, Alain: *Der Krieg im 3. Jahrtausend - Waffen der Zukunft*, Années d'aujourd'hui (F), 7/8, 1988
93. Riemann, Gerhard: *Und ich sah einen neuen Himmel; Die Ramala Offenbarung*, Ulm 1978
94. Salman, Ernst: *Was bald geschehen wird*, Lahr-Dinglingen 1969
95. Samhaber, Ernst: *Weltgeschichtliche Zusammenhänge - Perspektiven für die Zukunft*, Berlin 1976
96. Schell, Jonathan: *Das Schicksal der Erde*, München 1982
97. Schnyder, Henri: *Wie überlebt man den dritten Weltkrieg? Prophetische Mahnungen an die Menschheit*, München 1984
98. Schönhammer, Dr. Adalbert: *PSI und der 3. Weltkrieg*, Bietigheim 1978
99. Schoeps, Julius: *Von kommenden Zeiten*, Bonn 1984
100. Silver, Jules: *Prophezeiungen bis zur Schwelle des 3. Jahrtausends*, 1987
101. Stearn, Jess: *Der schlafende Prophet*, Genf 1976
102. Stocker, J.: *Der Dritte Weltkrieg und was danach kommt*, Wien 1978
103. Stocker, J.: *Reinigung der Erde*, Wien 1980
104. Stockert: *Voraussagen-Prophetien*, München 1971 (Selbstverlag)
105. Sugrue, Thomas: *Edgar Cayce*, München o.J.
106. Sumner, Dr. F.W.: *Das kommende Goldene Zeitalter*
107. Swoboda, Helmut: *Propheten und Prognosen*, München und Zürich 1979
108. Termolen, Rosel: *Apokalypsen*, Augsburg 1990
109. Timms, Moira: *Zeiger der Apokalypse*, München 1981

110. Troll, Hildebrand: *Die Prophezeiungen des hl. Malachias*, Aschaffenburg 1961
111. Turbville, Graham H. jr.: *Strategic Deployment - Mobilizing and moving the force*, Military Review (USA) 12/1988
112. Varena, M.: *Gesammelte Prophezeiungen*, Freiburg 1959
113. Voldben, A.: *Nostradamus, Die großen Weissagungen über die Zukunft der Menschheit*, München 1988
114. *Vorsorge für Christen und solche, die die Zeichen prüfen wollen*, kein Autor angegeben
115. Wagner, K.: *Erscheinung der weinenden Mutter Gottes im La Salette*, Wien 1921
116. Wehr, Gerhard; Jakob Böhme: *Geistige Schau und Christuserkenntnis*, Schaffhausen 1976
117. Weizsäcker, Carl Friedrich von: *Kriegsfolgen und Kriegsverhütung*, München 1970
118. Widler, Walter: *Buch der Weissagungen*, Gröbenzell 1961
119. Werdenberg, Gottfried von: *Vision 2004*, Eigenverlag
120. Wiener, Friederich: *Taschenbuch der Landesstreitkräfte*; Band 2: Die Armeen der Warschauer Paktstaaten, München 1979
121. Winkler, Dr. Bruno: *Und dies geheimnisvolle Buch*, Görlitz 1937
122. Wittmann, Walter: *Das globale Desaster*, Langen Müller, 1995
123. Zanot, Mario: *Die Welt ging dreimal unter, Kometen, Sintflut-Mythen und Bibel-Archäologie*, Wien und Hamburg 1976
124. Zeitler, Walther: *Der Mühlhiasl und seine Prophezeiungen*, Amberg 1987
125. *Zeitzeichen*, Adelmannverlag, 5948 Schmallenberg, mehrere Ausgaben
126. *Johannes von Jerusalem - Das Buch der Prophezeiungen*, Wilhelm Heyne Verlag, München 1995
127. DeGard, Leo H.: *Wer plant den Dritten Weltkrieg?*, ISBN 3-930219-46-8, Kopp-Verlag, Rottenburg
128. Thietz, Hans-Peter: *Der Dritte Weltkrieg als globale Wende – und das wiedererstehende souveräne Deutschland*, Visionen eines südafrikanischen Sehers, im Selbstverlag Edition Drittes Jahrtausend, Bezugsquelle: Thietz@Erde2000.de
129. Thietz, Hans-Peter: *Wetterleuchten über Planet Erde*, Dez. 2002 im Selbstverlag Edition Drittes Jahrtausend, Bezugsquelle: Hans-Peter Thietz: Tel.: 02692-931246 oder über Thietz@Erde2000.de
130. *Der Schwarze Brief*, Nr. 38/2002, Herausgeber Claus Peter Clausen, Lange Straße 30a, 59523 Lippstadt; Tel.: 02941-77147

131. *Saarbrücker Zeitung* vom 14.9.1957
132. Lichtenfels, Karl Leopold von, *Memorandum zum rüstungstechnischen Zustand der Streitkräfte der Russischen Föderation*, siehe www.wk3.net
133. Lichtenfels, Karl Leopold von: *Lexikon der Prophezeiungen. Eine Analyse von 350 Vorhersagen von der Antike bis heute*, München, Herbig, 2000, ISBN 3-7766214-7-8, www.wk3.net
134. www.survivalcenter.com/Planetx.html   http//beam.to/nibiru
 www.jmccanneyscience.com   www.cyberspaceorbit.com
 www.detailshere.com/nibiru.htm
135. www.petitiononline.com/nes911/petition.html
 Es existiert noch eine offizielle homepage von NESARA, deren Inhalt jedoch nach Antritt Bushs geändert wurde:
 www.relfe.com/plus_5_german.html
136. Eric Hufschmid: *Time for Painful Questions, Hintergründe der Anschläge vom 11. September 2001 und der laufenden US-Politik*, Text stammt aus dem Internet unter www.pilt.de und www.forumaugsburg.de/s_3themen/irak/030129_twin-towers/kriegsvorbereitung.rtf
137. *L'autre Journal*, März 1991
138. *Interinfo*, Folge 286, September 2002
139. Hohenloher Tagblatt vom 21.12.2001, 14.5.2002, 18.9.2002
140. Abd-Ru-Shin: *Im Lichte der Wahrheit*, Auszug aus dem Kapitel: *Der große Komet*
141. Prawda, http://science.pravda.ru/science/2002/6/79/306/3613_ufologia.html und http://english.pravda.ru/main/2002/11/29/40124.html
142. Christian Guthart, *11. September 2001 – Ein Untersuchungsbericht*
143. PHI – Politische Hintergrundinformation Nr. 11/2003, PHI, Zuvedru 4, LT-4237 Rumsiskes/Litauen, email: phi@is.lt
144. Helmut Finkenstädt: *Eine Generation im Banne Satans*
145. Johannes Holey: *Die andere Sicht oder der heilende Krieg*, Artikel im Magazin 2000Plus, Nr. 182
146. Aus registrierten Aufzeichnungen Edgar Cayces aus der *Association for Research and Enlightenment* in Virginia Beach, USA
147. Karl-Heinz Zunnick: *Die größte Täuschung*, CTT-Verlag
148. Vertrauliche Mitteilungen, Nr. 3.489 und 3.475, Verlag Arbeit und Wirtschaft, Junkerstr. 46, 78266 Büsingen, Tel.: 04251-561
149. Jan van Helsing, *Hände weg von diesem Buch*, Amadeus-Verlag, 2004

Namenregister

Abd-Ru-Shin 214
Andersen, Hans-J. 217, 285
Angerer, Josef 266, 272
Annie Kirkwood 261
Antichrist 68, 97, 102f, 324
Antonjas 208
Arguelles, José 80
Asdente 169
Barbara Becher 151
Berlitz, Charles 78f, 80, 82, 260
Berossos 78, 79
Berta Dudde 217
Bielek, Al 117
Biernacki 151, 237, 272
Bouvier, Bernhard 8, 14, 15, 35, 68, 115, 150, 158, 163f, 166, 170, 177, 178, 182, 184, 185, 189, 209, 212, 213, 222, 327
Bruder Adam 115, 155, 162, 167, 206
Bush, George 12, 22, 23, 24, 27, 28, 29, 30, 35, 98, 117
Caesarius Heisterbach 218, 255
Chet Snow 55, 146
Claesson, Pfarrer 193
Clairvaux, Bernhard 57, 58, 60
Curique, Abbé 269
Dannion Brinkley 83, 272, 279
De la Vega 146, 181, 236
DeGard, Leo 216
Don Bosco 153, 269
Drunvalo Melchizedek 273
Edgar Cayce 41, 84, 85, 87, 146, 227, 228, 257, 264, 273, 314
Elena Aiello 169, 231
Elisabeth Eppinger 153
Emelda 181
Erna Brandt 163
Erna Stieglitz 137, 140, 149, 153, 155, 167, 180, 188, 193, 194, 195, 204, 205, 251
Fabio Araujo 267
Fatima 89, 90, 93, 104, 105, 272
Fließer Pfarrer 137, 141
Franziskaner 153, 154
Fuhrmannl 139, 142
Garabandal 94, 144, 145, 272
Gräfin Beliante 189
Hildegard von Bingen 227
Hitler, Adolf 68, 70f, 120f, 157
Hopi 81, 139, 146, 217
Irlmaier 14, 72, 143, 146, 147, 151, 153, 155, 157, 164, 167, 168, 180, 188, 189, 194, 202, 206, 211, 227, 230, 232, 248f
Jakob Lorber 50, 118, 139, 142, 143, 144, 217, 237, 245, 253, 257, 272, 293
Jan van Helsing 5, 6, 8, 19, 61, 117, 187, 243, 244, 299, 300, 301, 312, 326, 331
Jasper 147, 162, 182, 207
Jeane Dixon 103, 154, 248
Jesus 87, 88, 91, 98, 133, 135, 199, 221, 246, 264, 265, 277, 305, 308, 319, 322, 324
Johannes Friede 144, 232
Johannes Holey 273
Johannes von Jerusalem 96, 263
Johannides 189
Johansson 149, 154, 169, 192, 194, 195, 196, 203, 204, 221
Josef Stockert 142, 232
Julie Jahenny 232
Jüngling von Prag 14, 58, 123, 162, 164, 251
Katharina aus dem Ötztal 149
Knopp zu Ehrenberg 138
Korkowski 181, 252, 258, 272
Kugelbeer 148, 155, 236, 253
La Salette 90, 151, 153
Lied der Linde 125, 155, 206, 227, 234, 253, 254, 255
Little Pebble 105, 324
Lothringer 70, 71, 73, 120, 143, 162, 204, 205, 206, 210
Lueken, Ver. 147, 151, 155, 194, 196, 214, 219, 220, 236, 252
Luzifer 94, 103
Maria 87, 89, 93, 104, 105, 135, 144, 151, 154, 156, 179, 220, 221, 230, 236, 261, 272, 324
Maria Baourdi 236
Mazzini, 16, 17, 34, 109, 119
Meyssan, Thierry 26
Mönch aus Werl 210
Mother Shipton 140
Mühlhiasl 14, 130f, 133, 138, 142f, 148, 163, 166, 168, 232
Mutter Graf 234
Nativaitas 204
Nostradamus 14, 56, 57, 61, 68, 69, 70, 72, 140, 143, 146, 147, 148, 151, 152, 157, 158, 161, 165, 166, 168, 169, 200, 209, 217, 227, 237, 251, 255f, 266f
Onit 153, 155, 163, 195, 204
Palma Matavelli 152
Palma von Oria 235
Paracelsus 61, 62
Pater Mattay 205
Pater Nectou 153, 154
Pater Pio 235
Paulussen 162
Pike, Albert 16, 17, 34, 109, 119
Putin, Vladimir 117, 267, 268
Ramatis 217
Ramtha 146, 319
Ron White 219
Roosevelt, Präsident 116, 117
Rosa Kolumba Asdente 169
San Damiano 239, 249
Schnelting, Karl 49, 55, 83, 309
Sepp Wudy 138, 141, 142, 168, 178, 182, 218
Sibylle von Prag 190, 217
Souffrand, Abbé 153
Spielbähn 138, 142, 207, 210
Timms, Moira 38, 42, 46, 84, 85, 224, 228, 256, 259, 264, 270, 317, 326
Todd, John 95
Van Rensburg 185
Vianney von Ars 153
Visnu Purana 76
White Bear 146
Wolfram Fragner 248
Zunnick, Karl-Heinz 333

Sachregister

2012 9, 72, 80, 273
Afghanistan 21, 28, 29, 34, 36, 115, 117, 193
Aldebaran 6
Atomwaffen 8, 35, 171, 172, 174, 195, 219
Aufrüstung 8, 35
Außerirdische 14, 57, 87, 245, 249
Birkenbaum 8, 207, 210
Bundeslade 58, 59, 60, 61, 62, 68
Chemische Kriegsführung 7, 178
Chip 12, 34, 100, 185, 296, 336
Computer 13, 15, 28, 33, 41, 66, 96, 98, 100, 124, 139, 276, 277, 278, 279, 288, 296
Datierung 8, 266, 270
Deutsches Reich 331
Dritter Weltkrieg 7, 9, 11, 14, 17, 20, 47, 55, 71, 81, 84, 89, 95, 113, 115, 118, 120, 124, 135, 146, 149, 151, 156, 158, 159, 162, 171, 175, 179, 184, 186, 197, 216, 217, 249, 266, 268, 274, 292, 297, 314, 325
England 28, 68, 121, 134, 148, 151, 154, 175, 186, 202, 259
Entrückung 8, 239, 247, 249
Erdbeben 11, 13, 38, 39, 45, 52, 56, 78, 82, 84, 86, 109, 111, 113, 134, 136, 146, 152, 202, 221, 223, 224, 226, 232, 233, 234, 235, 236, 248, 285, 300, 301, 307, 329
Erster Weltkrieg 16, 123, 130
FED 30, 31, 32, 33, 198
Flugscheiben 8, 139, 184, 185, 206, 241, 243, 246, 249, 331, 334
Frequenzerhöhung 64, 66, 262, 272, 273, 295
Funkenregen 7, 159, 226, 312

gelber Strich 7, 188
Gnadenfrist 8, 272
Goldenes Zeitalter 8, 251, 256, 284, 306
hundertste Affe 316
Illuminati 12, 17, 27, 33, 34, 61, 94, 95, 98, 101, 119, 198, 332
Irak 9, 17, 28, 193, 327, 331, 333
Jahrtausendwende 7, 9, 38, 78, 84, 144, 238, 239
Kabbala 29, 57, 68, 99, 102
Kaiserkrönung 125, 128, 135, 208, 209, 211, 248, 254, 329
Kali Yuga 7, 74, 76, 287, 289
Kausalitätsgesetz 40
Kreditkarte 97, 100, 101, 109, 296
Kriegsbeginn 131, 158, 164
Marienerscheinung 49, 89, 115, 230, 249
Maya-Kalender 80
Naher Osten 7, 20, 44, 84, 135, 156, 158, 270, 328
NATO 21, 113, 118, 158, 164, 165, 166, 167, 171, 175, 182, 327
Naturzerstörung 143
NESARA 30, 33
New York 8, 18, 22, 24, 26, 31, 32, 33, 36, 50, 56, 85, 86, 146, 157, 195, 197, 198, 202, 221, 258, 269, 327
Nordsee 8, 167, 188, 202
Papst 7, 59, 89, 91, 92, 93, 105, 122, 134, 135, 151, 152, 155, 206, 208, 209, 211, 215, 254, 255, 269, 270, 328, 329
Paris 8, 32, 134, 152, 153, 169, 200, 327, 328
Pearl Harbor 116, 117
Planetoid 8, 136, 159, 161, 190, 214, 216, 218, 219,

221, 222, 231, 238, 248, 267, 268, 294, 327
Polarität 41, 42, 158, 225
Polsprung 8, 86, 224, 232, 237, 273, 285, 307, 329
Prophetie 7, 18, 48, 54, 55, 72, 73, 83, 267, 279, 284
Resonanz 42, 43, 275, 277, 289, 295, 298, 299, 306, 316
Revolutionen 7, 148, 204, 206, 230
Sarkophage 60, 61
Schwingung 42, 43, 80, 256, 265, 304
Skandinavien 7, 192
Smaragdstern 106, 107
Süddeutschland 122, 205, 206, 211, 329
Tempelritter 60, 61
Terrorismus 26, 195
Tibet 106, 241, 324
Tschetschenien 28, 115
U-Boot 36, 243
UFO 239, 242, 244, 257
USA 18, 22, 23, 25, 27, 30, 31, 32, 33, 34, 35, 56, 81, 84, 86, 94, 95, 100, 101, 103, 109, 111, 116, 117, 124, 136, 156, 165, 166, 182, 189, 194, 195, 204, 215, 219, 283, 299, 327, 330, 332, 333, 334
Vorzeichen des Krieges 7, 137, 143
Vulkan 136, 146, 221, 226, 285
Weltuntergang 71, 78, 82, 286
wirtschaftliche Krise 7, 108
World Trade Center 9, 12, 18, 20, 21, 24, 26, 33, 34, 116, 117, 199
Zeitalter 7, 74, 76, 104, 107, 124, 261, 270, 272, 281, 282, 284, 285, 287, 289, 325
Zentralsonne 64, 80, 281, 283, 284, 286, 287, 288
Zweiter Weltkrieg 17, 113

Über den Autor

Jan Udo Holey alias **Jan van Helsing** (geb. 1967) ist Autor mehrerer Sachbücher, Inhaber des Ama Deus Verlags und des Fernsehsenders secret.TV. Seit 1985 bereist er kreuz und quer unseren Planeten und machte vor allem bei Expeditionen in den USA, Ägypten, Südamerika und in Asien Entdeckungen, die unsere „aufgeklärte" Sicht der Welt sehr in Frage stellen. Auf seinen Reisen begegnete er aber auch interessanten Personen aus Geheimdienstkreisen, aus Tempelritter- und Freimaurerlogen sowie Menschen, die magischen Verbindungen angehörten, wobei diese Begegnungen und der erfolgte Wissensaustausch schließlich dazu führten, dass er 1993 sein erstes Buch über Geheimgesellschaften schrieb. Dieses entwickelte sich innerhalb zweier Jahre zum Bestseller – mit weit über 100.000 verkauften Exemplaren und Übersetzungen in acht Sprachen. 1995 folgte Band 2 der Geheimgesellschaften, dessen Inhalt aber diverse Interessenskreise in der Schweiz wie auch in Deutschland dazu bewog, die größte Buchbeschlagnahme in der BRD seit 1945 durchzuführen, um die Bevölkerung vor seinen brisanten Recherchen zu ‚schützen'.

Noch erfolgreicher ist jedoch sein Werk „Hände weg von diesem Buch!", welches im Mai 2004 erschien und offenbar wieder einmal den Nerv der Zeit getroffen hat.

In seinen (bisher insgesamt zehn) Büchern hatte er nicht nur viele Jahre im voraus die politische wie auch wirtschaftliche Entwicklung vorhergesagt, sondern auch schlüssig erklärt, wie die Welt über den (gezielt herbeigeführten) globalen Terrorismus und die dadurch gerechtfertigte Überwachung der Bürger in eine Neue Weltordnung geführt wird.

2007 stieg er mit einem eigenen Fernsehsender (www.secret.tv) ins Filmgeschäft ein und landete mit seinem Spiel-Dokumentarfilm »Die Cheops-Lüge«, bei dem er selbst eine der beiden Hauptrollen spielt, auf Anhieb einen großen Erfolg.

Besuchen Sie Jan van Helsing auch im Internet unter:

www.secret.tv und www.amadeus-verlag.com

Ein Film von und mit Jan van Helsing

Seit Napoleon geistert die Behauptung durch die Welt, die Pyramiden von Gizeh seien Grabmäler gewesen. Fakt ist jedoch, daß niemals die Mumie eines Pharaos in einer Pyramide entdeckt wurde. Doch wozu dienten die Pyramiden - vor allem die sogenannte "Cheops-Pyramide" - dann tatsächlich?

Stefan Erdmann und Jan van Helsing sind durch ihre Sachbuch-Bestseller weltweit bekannt. Beide Autoren sind seit Jahrzehnten auf dem Globus unterwegs und jeder von ihnen hat weit über 70 Länder bereist. Vor allem Stefan Erdmann ist mit den ägyptischen Pyramiden derart verbunden, daß er inzwischen über 40 mal in Kairo war.

Wohl kaum ein freier Forscher hat in den vergangenen Jahren so viel Zeit auf dem Plateau und so viele Stunden und Nächte in der großen Pyramide verbracht, wie er - davon ist man auf dem Gizehplateau überzeugt.

Bei ihren Forschungen entdeckten sie sensationelle Tatsachen, die alle bekannten Theorien über die Funktion der Großen Pyramide über den Haufen werfen könnten. Waren die Erbauer der großen Pyramide technisch weit fortgeschrittener als bisher angenommen?

In der "Cheops-Lüge" ist die spannende Entdeckungsreise von Stefan Erdmann und Jan van Helsing in einer Kombination aus Dokumentation und Spielfilm von Regisseur Chris toph Lehmann unterhaltsam verarbeitet.

ISBN 978-3-940289-00-1
DVD-Laufzeit: ca. 78 min
21,00 €

DIE JAHRTAUSENDLÜGE

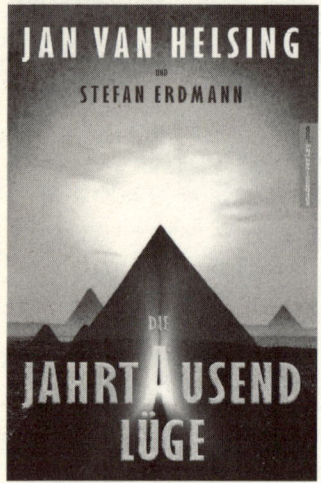

Jan van Helsing / Stefan Erdmann

Seit Jahrtausenden sind die Menschen von den Pyramiden von Gizeh fasziniert, dem letzten der sieben Weltwunder der Antike. Sie strahlen etwas Mystisches, etwas Magisches und Geheimnisvolles aus, und viele haben sich – so wie Stefan und Jan – in der Großen Pyramide aufgehalten, dort gar die eine oder andere Nacht verbracht und können von eigenartigen Erlebnissen, Visionen oder ganz besonderen Eindrücken berichten. Wie passt das zur gängigen Theorie, dass die Große Pyramide von Gizeh ein Grabmal gewesen sein soll? Oder war sie eine Einweihungsstätte, wie manch Esoteriker es annimmt? Was ist denn an solchen Behauptungen dran, was davon ist bewiesen? Oder war die Große Pyramide etwas ganz anderes?

Vor allem Stefan Erdmann, der seit 18 Jahren auf dem Gizeh-Plateau forscht, beschäftigen immer wieder folgende Fragen:

1. Wieso standen diese Pyramiden ursprünglich in einem ummauerten Wasserbecken?
2. Weshalb finden sich in verschiedenen Kammern der Großen Pyramide Wasserstandslinien?
3. Warum hatte diese Pyramide gar keinen Eingang?
4. Wie kommt Nilschlamm in die Entlastungskammern?
5. Wieso finden sich im sogenannten ‚Gantenbrink-Schacht' Kupfer-Elektroden?
6. Aus welchem Grund werden neue Entdeckungen – ein unterirdisches Labyrinth, Wasserkanäle und verborgene Kammern – geheim gehalten?
7. Was hat es mit den nach hinten verlängerten Totenschädeln auf sich, die gefunden wurden?
8. Wieso waren manche Pharaonen blond?

Durch ein geheimes Zusammentreffen mit einem hochrangigen ägyptischen Diplomaten, erfuhren Stefan und Jan von neuen, geheimen Grabungen und einer Entdeckung, welche den Sinn und Zweck der Erbauung der Großen Pyramide in ein ganz neues und gänzlich unerwartetes Licht rückt. In diesem Buch präsentieren die beiden ihre Erkenntnisse und vor allem auch Beweise einer abenteuerlichen Recherche – die moderne Wissenschaft macht's möglich...

ISBN-10: 3-938656-30-1 • ISBN-13: 978-3-938656-30-3 • 21,00 Euro

ALDEBARAN-Versand
50670 Köln • Weißenburgstr. 10 a
Telefon 02 21 - 737 000 • Telefax 02 21 - 737 001

AUDIO-CDs mit Jan van Helsing

JAN VAN HELSING
Interview mit Jan van Helsing

Jan van Helsing stellt sich in einem fast dreistündigen Interview – geführt durch Stefan Erdmann – den wichtigsten Fragen seiner Leser. Auf 3 CDs hören Sie seine Ausführungen zu Themen wie: seinem eigenen Fernsehsender, sein Erlebnis mit dem schwarzen Mann, seinem Buchverbot, Reichsdeutsche, seiner geplanten Expedition zu den Samadhi-Höhlen, der Macht des Wünschens, seinem Dokumentarfilm über die Pyramiden in Kairo, die aktuelle Weltlage und den Konflikt mit dem Iran, die Illuminati und das Prinzip Luzifers, sein erstes Nahtoderlebnis und vieles anderes mehr...

3 Audio-CDs • Laufzeit: 170 Minuten • ISBN 3-938656-01-8 • 17,00 Euro

STEFAN ERDMANN
Geheimpolitik und verbotenes Wissen –
Interview mit Stefan Erdmann

Sind wir ein Produkt der Evolution? Oder hat der liebe Gott gar die Erde und den Menschen in sieben Tagen erschaffen? Oder ist der Mensch sogar eine Laune der Götter? Oder gab es womöglich noch einen weiteren Einfluss? Die Atlanter, Lemuria, Mu? Waren sie einst die Baumeister und Schöpfer der Pyramidenkultur rund um unseren Planeten? Auf diese und andere Fragen gibt Stefan Erdmann in diesem Interview – geführt durch Jan van Helsing – Antworten und zeigt die Bedeutung dieser unterdrückten Wahrheiten bis in die heutige Weltpolitik auf.

3 Audio-CDs • Laufzeit: zirka 190 Minuten • ISBN 3-938656-02-6 • 17,00 Euro

JO CONRAD
Die unerwünschte Wahrheit –
Interview mit Jo Conrad

Jan van Helsing befragt Jo Conrad zu den Angriffen gegen ihn, Hintergründen des Krieges gegen den Terror, scheinbar unheilbaren Krankheiten und Glaubensvorstellungen. Jo Conrad will mit seiner Arbeit klarmachen, wie sehr wir heute einseitige Informationen vorgesetzt bekommen, die uns davon abhalten sollen, uns von vorgegebenen Gedankenmustern zu befreien und zu einem Verständnis des Lebens zu finden. Viele Ängste werden gezielt genährt, um uns zu bestimmten Reaktionen zu bewegen. Jo Conrad will die Menschen anregen, über grundlegende Fragen des Lebens neu nachzudenken, sich von Ängsten zu befreien und Vertrauen in ein sinnvoll geordnetes Leben zu finden.

2 Audio-CDs • Laufzeit: zirka 100 Minuten • ISBN 3-938656-04-2 • 14,00 Euro

WER HAT ANGST VOR'M SCHWARZEN MANN?

Jan Udo Holey/Jan van Helsing

Immer wieder hört man Berichte – meist von Hospiz-Mitarbeitern, aber auch von Ärzten, Krankenschwestern und Pfarrern –, daß einem Sterbenden kurz vor seinem Ableben ein ‚schwarzer Mann' erschienen ist; eine Gestalt, die in unserem Kulturkreis als ‚Freund Hein', ‚Boandlkramer' oder ‚Sensenmann' bezeichnet wird.

Eine solche Begegnung hatte beispielsweise auch Herr Franz G. aus Berchtesgaden, bei dem in der Nacht vor einer Klettertour ein ‚schwarzer Mann" am Bett stand und diesem erklärte, dass *„die Zeit reif sei"*. Am nächsten Tag stürzten er und sein Kamerad ab, wobei der andere sein Leben verlor und er nur schwerverletzt überlebte.

Was denken Sie, wenn Sie solch eine Geschichte hören? Handelt es sich hierbei nur um eine Einbildung, Halluzination, Rauscherfahrung oder eine schlichte Ausschüttung von Bildern aus dem Unterbewusstsein?

Ähnlich nüchtern wäre Jan van Helsing auch mit solchen Berichten umgegangen, hätte er nicht selbst eine Begegnung mit diesem ‚schwarzen Mann' gehabt – zwei Wochen vor einem schweren Autounfall.

Fasziniert von der Erscheinung dieses Wesens, beeindruckt von dessen Präsenz und vor allem unheimlich neugierig geworden, versuchte Jan van Helsing über zwei Jahre hinweg mit diesem Wesen in direkte Verbindung zu treten, was schließlich im Dezember 2004 gelang.

In einem spannenden und weltweit einzigartigen Interview wurden unter anderem folgende Fragen erörtert:

Wer ist dieses Wesen?	Welche Rolle spielt der Schutzengel?
Holt es die Seelen ab?	Was denkt es über die Religionen?
Wo bringt es diese hin?	Hat es jemals Gott gesehen?
Gibt es einen Teufel?	Gibt es eine Hölle?
Wer beherrscht die Welt?	Gibt es kosmische Gesetze?
Wer ist der Antichrist?	Wie geht es im Himmel zu?
Was ist der Sinn des Lebens?	Wie sieht unsere Zukunft aus?

ISBN 3-9807106-5-3 • 19,70 Euro
ALDEBARAN-Versand
50670 Köln • Weißenburgstr. 10 a
Telefon 02 21 - 737 000 • Telefax 02 21 - 737 001

HÄNDE WEG VON DIESEM BUCH !

Jan Udo Holey/Jan van Helsing

Sie werden sich sicherlich fragen, wieso Sie dieses Buch nicht in die Hand nehmen sollen. Handelt es sich hierbei nur um eine clevere Werbestrategie?

Wohl kaum! Wie Sie wissen, wurden zwei Bücher von Jan van Helsing aufgrund ihres brisanten Inhalts verboten. Und die etablierten Medien lassen auch kaum einen Tag verstreichen, ohne die Bevölkerung vor den Ideen des *„gefährlichsten Sachbuchautoren Deutschlands"* zu warnen.

Nun rüttelt Jan van Helsing erneut an einem Weltbild – an Ihrem! Daher ist der Rat: *„Hände weg von diesem Buch!"* durchaus ernst gemeint. Denn nach diesem Buch wird es nicht leicht für Sie sein, so weiterzuleben wie bisher. Heute könnten Sie möglicherweise noch denken: *„Das hatte mir ja keiner gesagt, woher hätte ich denn das auch wissen sollen?"* Heute können Sie vielleicht auch noch meinen, dass Sie als Einzelperson sowieso nichts zu melden haben und nichts verändern können. Nach diesem Buch ist es mit dieser Sichtweise jedoch vorbei!

Sollten Sie ein Mensch sein, den Geheimnisse nicht interessieren, der nie den Wunsch nach innerem und äußerem Reichtum verspürt hat, der sich um Erfolg und Gesundheit keine Gedanken macht, dann ist es besser, wenn Sie den gut gemeinten Rat befolgen und Ihre Finger von diesem Buch lassen.

Sollten Sie jedoch immer schon gefühlt haben, dass mit dieser Welt etwas nicht stimmt, sollten Sie die letzten Geheimnisse unserer ‚aufgeklärten' Welt interessieren und sollten Sie jemand sein, der es vom Leben noch einmal wissen will, dann ist das Ihr Buch!

Sagen Sie aber nicht, man hätte Sie nicht gewarnt! Denn Jan van Helsing wird Ihnen von Dingen und Ereignissen berichten, die Ihnen die Möglichkeit einräumen werden, Macht über Ihr eigenes Leben zu bekommen und die Kraft, andere daran teilhaben zu lassen. Und wer über Macht verfügt, der trägt auch eine große Verantwortung.

Daher sind Sie vor die Wahl gestellt: Möchten Sie auch weiterhin gelebt werden, oder ist der Zeitpunkt jetzt gekommen, Ihr Schicksal selbst in die Hand zu nehmen?

Die Entscheidung liegt bei Ihnen!

ISBN 3-9807106-8-8 • 21,00 Euro
ALDEBARAN-Versand
50670 Köln • Weißenburgstr. 10 a
Telefon 02 21 - 737 000 •Telefax 02 21 - 737 001

www.secret.TV

Deutschlands erster Fernsehsender für Grenzwissenschaften und Hintergrundpolitik!

Was ist secret.TV?

Am 1.1.2007 ging secret.TV online - Deutschlands erster Fernsehsender für Spirituelles, Grenzwissenschaften und Hintergrundpolitik.

Neben Dokumentationen, einer Nachrichtensendung und Reportagen produzieren wir eine Talkshow mit dem Titel "unzensiert". Diese wird moderiert durch den bekannten Sachbuchautor Jo Conrad.

Der Hintergrund für diese Sendung war und ist, daß Personen, die eine unbequeme Meinung vertreten, in den etablierten Nachrichtensendungen, Magazinen und Talkshows zerrissen und lächerlich gemacht werden - und nicht zuletzt auch kriminalisiert. Solche Menschen haben hier die Möglichkeit, auszusprechen!
Ebenso haben wir Menschen zu Gast, die eine brisante Entdeckung gemacht oder etwas erfunden haben - sozusagen alles, was ungewöhnlich, ungeklärt, mysteriös und rätselhaft ist.

Bisherige Gäste waren:

Johannes von Buttlar, Erich von Däniken, Andreas von Rétyi, Udo Grube (Bleep), Günter Hannich, Hartwig Hausdorf, Trutz Hardo, Richard Weigerstorfer, Morpheus, John Rengen (Pharma-Insider), Martina Krämer, Hans-Peter Thietz, Prof. Michael Vogt, Elke von Linde, Dr. Helmut Pfeifer, Stephan Berndt, Rechtsanwalt Christian Steinpichler, Peter Köpfer (Handleser), Martin Frischknecht (Alpenparlament), und viele andere...

Schauen Sie bei uns rein und sehen Sie die Welt mit anderen Augen!

www.secret.TV